周易

华夏国学经典全本全注全译丛书

冯国超 ◎ 译注

华夏出版社
HUAXIA PUBLISHING HOUSE

前　言

在中国古代经典中,《周易》被誉为"群经之首",一直享有崇高的地位。《周易》中所揭示的阴阳理论、道器学说、以六十四卦模拟天下万物的整体观、物极必反的变化观,几千年来,一直影响着中国人的思维方式,对塑造中华民族的独特文化产生了巨大的作用。因此,深入挖掘《周易》中蕴含的智慧,并在新的历史时期加以创新、发展,使之更好地为人类服务,已经成为当今众多有识之士的一个共识。

然而,围绕《周易》一书,却又存在着诸多未解之谜,诸如阴爻和阳爻的符号是何时确立的?八卦是谁发明的?六十四卦是由六爻相叠而成的呢,还是由两个三画卦重叠而成的?《易经》的作者是谁?《易传》的作者又是谁?它们分别创作于什么年代?《周易》是一部卜筮(shì)书呢,还是一部哲理书?在此拟就最后两个问题作概括的说明。

首先,关于《易经》和《易传》的作者和创作年代,历史上一度流行的说法是:上古时期的伏羲创立了八卦,周文王把八卦重叠为六十四卦,并为每个卦和爻配上了卦爻辞,从而创作出了《易经》;《易传》的作者则是春秋时期的孔子。然而,自宋代开始,这一说法受到了质疑。此后,关于《周易》经传的作者和创作年代的不同观点层出不穷。如关于《易经》,或认为创作于西周初年,或认为创作于西周末年,或认为创作于春秋晚期;关于《易传》,或认为创作于战国时期,或认为创作于秦汉时期,或认为其中的有些篇章创作于汉武帝以后。至于《易经》和《易传》的作者,则更是众说纷纭,莫衷一是。我认为,综合历史典籍中的相关记述及前人的研究成果,关于《易经》和《易传》的作者和创作年代,较为公允的说法应该是:《易经》成书于西周时期,是总结此前的相关资料(尤其是周文王的创作)编纂而成的,作者已不可考,或非成于一人之手;《易传》成书于春秋战国之际,当由孔子的弟子或再传弟子编纂而成,其中绝大部分内容反映的是孔子的《易》学思想。

其次,关于《周易》一书的性质,也就是《周易》究竟是一本卜筮书,还是一本哲理书,目前较为流行的一种说法是:《易经》是一本卜筮书,《易传》则是一本哲理书。我认为,这种说法是非常值得商榷的。说《易经》是卜筮书,这没有错,因为《易经》在古代就是用来预测吉凶的,但是不够全面,因为在《易经》中蕴含着极为丰富的哲理:第一,其书名为《易》,易即变化的意思,此即表明其讲的是变化之道;第二,《易经》六十四卦皆由阴爻、阳爻或阴阳爻相配合而成,此即表明《易经》是建立在阴阳观念的基础上的;第三,《易经》中有不少充满哲理的卦爻辞,如《乾》卦上九爻辞"亢龙有悔",《泰》卦九三爻辞"无平不陂(bì),无往不复",《否(pǐ)》卦九五爻辞"其亡其亡,系于苞桑"等;第四,从《易经》六爻的爻辞来看,有一个共同的规律,即凡是上爻,几乎都意味着要向相反的方面转化,这无疑蕴含着物极必反的辩证思想……类似的思想还有不少,在此就不一一列举了。

至于说《易传》是一本哲理书,则更是显得片面。因为,《易传》中固然有极其丰富的哲学思想,诸如"一阴一阳之谓道"、"形而上者谓之道,形而下者谓之器"、"《易》有太极,是生两仪,两仪生四象，四象生八卦"，等等，但是，《易传》中同样有非常丰富的关于卜筮的思想：第一，《易传》中的《小象传》，即是对《易经》每爻爻辞为什么预示吉凶悔吝的直接说明；第二，《系辞传上》的第九章，对如何运用《易经》进行卜筮作了具体介绍；第三，《易传》对《易经》的卜筮功能充满赞赏之辞，如《系辞传上》第二章说："是故君子所居而安者，《易》之序也；所乐而玩者，爻之辞也。是故君子居则观其象而玩其辞，动则观其变而玩其占"，《系辞传上》第十章说："《易》有圣人之道四焉……以卜筮者尚其占"，还说"是以君子将有为也，将有行也，问焉而以言，其受命也如响，无有远近幽深，遂知来物"等。因此，我认为，无论是《易经》还是《易传》，均是兼具卜筮和哲理两方面内容的著作，只是《易经》偏重卜筮，《易传》则侧重哲理而已。而《易传》重视哲理阐发的一个重要目的，就在于揭示《易》道的博大精深、完美无缺，从而在客观上也起到了为《易经》所具的卜筮功能的有效性进行论证的作用。

  作为"群经之首"的《周易》，却又是"群经"中最难读懂的经典，故又有"天书"之称。为了使这部天书能让读者看懂，历代的注《易》、解《易》之作不计其数。近年来，各种《周易》通俗读物也不断面世。然而，令人遗憾的是，人们的种种努力似乎都改变不了这样一个事实：除了极少数研究《周易》的专家，即使是在有很高文化程度的知识群体中，不知《周易》究竟讲什么的仍大有人在；至于从头至尾看过《周易》并感觉自己已经看懂该书的人，则更是寥寥无几。

  之所以会造成这样一种吊诡的局面，除了《周易》确实深奥难读，也与人们一直找不到一种行之有效的解读《周易》的方法有极大的关系。虽然不少《周易》普及读物都自称"通俗易懂"、"深入浅出"，但是，所谓的"通俗"、"浅出"却往往是以牺牲《周易》的真实面貌为代价的，它们大多属于作者的一家之言，看似融会贯通，头头是道，细究之下，则似是而非，让人莫名所以。

正是为了解决这种《周易》注释中存在的混乱状况，同时也为了使读者能更好地掌握《周易》的内涵，我们撰作了这部《华夏国学经典全本全注全译丛书·周易》。概括地说，本书主要有以下几个方面的特点：

一、本书的原文以清代阮元主持校刻的《十三经注疏·周易正义》为底本，参考并综合了帛书《周易》及有代表性的各家《周易》研究成果。

二、注释简洁、准确、客观、全面。目前出版的许多古代经典注译本有一个较为明显的通病，就是注译者作注较为随意，这种随意表现在两个方面：一是哪些字词须注，哪些字词不用注，没有统一的标准，造成一些必须加注的疑难字词常常被有意无意地回避了，这必然会给读者阅读古代经典带来很大的困难；二是注释文字较为随意，注译者常常根据自己的理解来作注，而不是依据相关工具书上的解释，这就使注释文字缺乏权威性。本书则做到逢疑难必注，不回避问题，对于迄今仍存在分歧和争议的地方，坚持实事求是的原则，或明确表示存疑，或同时列举几种有代表性的观点，以提示读者此处内容并无确解。同时，注释文字一律采用《汉语大词典》《辞海》《辞源》《古代汉语词典》等权威工具书中的解释，以避免误导读者。

三、在白话翻译部分，尽量采用直译的做法，不作引申和发挥，并力求使译文精致、流畅。

衷心希望广大读者能在赏心悦目的阅读中，轻松把握《周易》的内容和精髓。

冯国超
2016年9月于北京

目 录

上经 ·· 001
  ☰(乾下乾上)乾第一················· 001
  ☷(坤下坤上)坤第二················· 016
  ☳(震下坎上)屯第三················· 025
  ☵(坎下艮上)蒙第四················· 030
  ☰(乾下坎上)需第五················· 036
  ☵(坎下乾上)讼第六················· 041
  ☵(坎下坤上)师第七················· 047
  ☷(坤下坎上)比第八················· 052
  ☰(乾下巽上)小畜第九··············· 057
  ☱(兑下乾上)履第十················· 062
  ☰(乾下坤上)泰第十一··············· 067
  ☷(坤下乾上)否第十二··············· 073
  ☲(离下乾上)同人第十三············· 079
  ☰(乾下离上)大有第十四············· 085

☷ （艮下坤上）谦第十五 ················· 090

☷ （坤下震上）豫第十六 ················· 095

☱ （震下兑上）随第十七 ················· 100

☶ （巽下艮上）蛊第十八 ················· 105

☷ （兑下坤上）临第十九 ················· 110

☴ （坤下巽上）观第二十 ················· 115

☲ （震下离上）噬嗑第二十一 ············· 121

☶ （离下艮上）贲第二十二 ··············· 126

☶ （坤下艮上）剥第二十三 ··············· 131

☷ （震下坤上）复第二十四 ··············· 136

☰ （震下乾上）无妄第二十五 ············· 142

☶ （乾下艮上）大畜第二十六 ············· 147

☶ （震下艮上）颐第二十七 ··············· 152

☱ （巽下兑上）大过第二十八 ············· 157

☵ （坎下坎上）坎第二十九 ··············· 163

☲ （离下离上）离第三十 ················· 168

下经 ······································· 173

☱ （艮下兑上）咸第三十一 ··············· 173

☳ （巽下震上）恒第三十二 ··············· 178

☰ （艮下乾上）遁第三十三 ··············· 183

☳ （乾下震上）大壮第三十四 ············· 188

☲ （坤下离上）晋第三十五 ··············· 193

☷ （离下坤上）明夷第三十六 ············· 198

☲(离下巽上)家人第三十七 …………… 203

☲(兑下离上)睽第三十八 …………… 208

☲(艮下坎上)蹇第三十九 …………… 214

☲(坎下震上)解第四十 ……………… 220

☲(兑下艮上)损第四十一 …………… 225

☲(震下巽上)益第四十二 …………… 230

☲(乾下兑上)夬第四十三 …………… 236

☲(巽下乾上)姤第四十四 …………… 242

☲(坤下兑上)萃第四十五 …………… 247

☲(巽下坤上)升第四十六 …………… 253

☲(坎下兑上)困第四十七 …………… 258

☲(巽下坎上)井第四十八 …………… 264

☲(离下兑上)革第四十九 …………… 269

☲(巽下离上)鼎第五十 ……………… 275

☲(震下震上)震第五十一 …………… 281

☲(艮下艮上)艮第五十二 …………… 287

☲(艮下巽上)渐第五十三 …………… 292

☲(兑下震上)归妹第五十四 ………… 298

☲(离下震上)丰第五十五 …………… 304

☲(艮下离上)旅第五十六 …………… 310

☲(巽下巽上)巽第五十七 …………… 315

☲(兑下兑上)兑第五十八 …………… 320

☲(坎下巽上)涣第五十九 …………… 325

☱（兑下坎上）节第六十 …………… 330

☴（兑下巽上）中孚第六十一 …………… 335

☳（艮下震上）小过第六十二 …………… 341

☲（离下坎上）既济第六十三 …………… 347

☵（坎下离上）未济第六十四 …………… 353

系辞传上 …………………………………… 359

系辞传下 …………………………………… 387

说卦传 ……………………………………… 417

序卦传 ……………………………………… 431

杂卦传 ……………………………………… 439

附录一：《周易》重要概念术语释义 ……… 444

附录二：古人用《周易》进行预测的方法 … 453

上　经

☰（乾下乾上）乾第一

【导读】

《乾》卦是《周易》六十四卦之首，乾象征天，具有刚健有力、运行不息的意义。不过，说乾象征天，这是《易传》提出来的，如《易传》中的《象传》说："天行，健"；《说卦传》说："乾为天"。在《易经》中，则并无乾象征天的说法。

乾为什么象征天？是因为《乾》卦由六个阳爻组成，属于纯阳之体；而在古人心目中，天由清而轻的阳气构成，如《淮南子·天文训》说："宇宙生气，气有涯垠（yín），清阳者薄靡而为天"，意即宇宙中生出气，这种气有一定的边际，其中的清轻纯阳之气上升而形成天。因此，天亦属于纯阳之体，尤其是天上的太阳，更是至阳之物，故以乾象征天。

为什么要把《乾》卦放在六十四卦之首？这是因为古人认为，有天地才有万物，天地是万物之宗；而地与天相比，又处于次要和从属的地位，故象征天的《乾》卦就理所当然地成了六十四卦之首。

由于《乾》卦在《周易》中特殊而又重要的地位，故《易传》用一则《象传》、两则《文言传》来反复申述《乾》卦卦辞的意义。

《乾》卦六爻，用龙的形象和龙在不同时期的不同表现来预示吉凶。那么，《乾》卦六爻为什么要取象于龙呢？这与乾的特性和人们心目中龙的形象有关。

上面已经说过,乾的意义是健,即刚健有力。那么,在各种动物中,什么动物是最刚健有力的呢？这就非龙莫属。众所周知,龙是神话传说中一种神异的动物,它身长有角,有鳞有爪,能上天入水,兴云布雾。在《尔雅翼·释龙》中,就提出了"龙有九似"的说法,认为龙的角像鹿角,头像骆驼头,脖子像蛇脖,膝像蜃膝,鳞片像鱼鳞,爪如鹰爪,掌似虎掌,耳像牛耳,等等。既然龙集各种动物之大成,它当然就是一种最刚健有力的动物,因此才会被《易经》的作者选中,来作为《乾》卦的象征物。

☰（乾下乾上①）乾②　元亨,利贞③。

初九　潜龙勿用④。

九二　见(xiàn)⑤龙在田⑥,利见⑦大人⑧。

九三　君子终日乾乾⑨,夕惕若⑩,厉⑪,无咎⑫。

九四　或跃在渊⑬,无咎。

九五　飞龙在天,利见大人。

上九　亢⑭龙有悔⑮。

用九⑯　见群龙无首⑰,吉。

【注释】

①乾下乾上:指六画的《乾》卦由两个三画的乾卦上下相叠而成。　②乾:卦名,象征天,意思是刚健。　③元亨,利贞:一说元指开始,亨指通达,利指适宜,贞指正;一说元指开始,亨指通达,利贞指利于占问;一说元亨指古人举行的一种大享之祭,古人在举行大享之祭时曾经占问,恰遇此卦,所以

将之记录下来,表示占问时遇到此卦,行事顺利。　④用:举用;使用。这里指采取行动。　⑤见:出现;显现。　⑥田:田野。　⑦见:一说指相见;一说指显现、出现。　⑧大人:有很高地位或有崇高品德的人。　⑨乾乾:即健而又健,形容勤奋、不懈息的样子。　⑩惕若:警惕小心的样子。若:语气助词。　⑪厉:危险。　⑫咎:灾殃。　⑬或跃在渊:前面省略"龙"字。指龙或跃离深渊,或待在渊中。或:表示不确定的意义。　⑭亢:极;过甚。　⑮悔:后悔。一说同"晦",指不好的事情。　⑯用九:用《易经》卜筮(shì)时,若筮得《乾》卦,且六爻皆变(即六爻的得数都是九),就称为用九。用:都、全的意思。用九是乾卦特有的爻题。　⑰无首:不以首领自居。一说龙首被遮住而见不到。

【译文】

乾　大为亨通,有利之占问。

初九　龙潜藏于水中,不宜采取行动。

九二　龙出现在田野上,有利于去见大人物。

九三　君子整天勤奋努力,毫不懈息,到晚上也谨慎小心,有危险,但不会造成灾殃。

九四　龙或跃离深渊,或待在渊中,没有灾殃。

九五　龙在天空中飞翔,有利于去见大人物。

上九　龙腾飞过高,将会发生令人后悔的事。

用九　群龙出现在天空,但都不以首领自居,吉祥。

《彖(tuàn)①》曰:大哉乾元②,万物资③始,乃统④天。云行雨施⑤,品物⑥流形⑦。大明⑧终始,六位⑨时⑩成,时⑪乘六龙以御⑫天。乾道⑬变化,各正⑭性命⑮,保合⑯大和⑰,乃利贞⑱。首出⑲庶物⑳,万国咸宁。

【注释】

①象:即《象传》,是对卦辞的解释。　②元:始;创始。　③资:依赖。　④统:统率;统领。　⑤施:布;散布。　⑥品物:万物。　⑦流形:形状不断变化。　⑧大明:指太阳。　⑨六位:指上、下、东、南、西、北六个方位,也指《乾》卦的六爻。　⑩时:通"是",指于是。　⑪时:按时。　⑫御:行。　⑬乾道:天道,阳刚之道。　⑭正:确定。一说指得其所。　⑮性命:万物的天赋和禀受。　⑯保合:保持;维持。　⑰大和:即太和,阴阳二气处于极为和谐的状态。大:即"太"。　⑱利贞:指利于万物,体现正道。　⑲首出:一说指开始产生;一说指出于众物之上。　⑳庶物:万物。

【译文】

《象传》说:乾的创始之功真是伟大啊,万物都依靠它而产生,它主宰着天。云在天空中飘移,雨水从天上降下,万物的形态处在不断变化之中。太阳升起降落,使上、下、东、南、西、北六个方位得以确定,它驾着六条飞龙在天空中有规律地运行。天道运行变化,使万物各自获得其天赋和禀受,它维持着一种极为和谐的状态,从而普利万物,体现天之正道。乾处于万物之上,使天下万国都得到安宁。

《象》①曰:天行,健②。君子以自强不息。

"潜龙勿用",阳在下③也。

"见龙在田",德施④普也。
"终日乾乾",反复道⑤也。
"或跃在渊",进无咎也。
"飞龙在天",大人造⑥也。
"亢龙有悔",盈⑦不可久也。
用九天德⑧,不可为首也。

【注释】
①象:即《象传》,分为《大象传》和《小象传》,《大象传》是对卦象、卦义的解释,《小象传》是对爻辞的解释。这里指《大象传》。　②天行,健:指天道运行不息,这就是《乾》卦的卦象。健:即"乾"。　③阳在下:指初九阳爻处于《乾》卦最下面的位置。　④施:给与;施与。　⑤反复道:一说指反复地行道;一说指世道有反有复;一说指君子的行为翻来覆去都合于道。　⑥造:作;为。　⑦盈:满;充满。
⑧天德:指天创生万物、却又功成而不居之德。

【译文】
《象传》说:《乾》卦下乾上乾,乾为天,象征天道运行不息,这就是《乾》卦的卦象。君子观此卦象,从而奋发向上,永远不懈怠。

"龙潜藏于水中,不宜采取行动",是因为初九阳爻处于《乾》卦的最下面,象征阳气初生,所处的位置低下。

"龙出现在田野上",表明大人的美德已广泛地惠及天下之人。

"君子整天勤奋努力,毫不懈怠",说明君子反复地行道。

"龙或跃离深渊,或待在渊中",表示可以积极进取而不会有灾殃。

"龙在天空中飞翔",说明大人物正大有作为。

"龙腾飞过高,将会发生令人后悔的事",说明盈满的状态是不可能保持长久的。

用九体现了天创生万物、却又功成而不居之德,所以不能以首领自居。

《文言①》曰:元者,善之长②也;亨者,嘉③之会④也;利者,义⑤之和⑥也;贞者,事之干⑦也。君子体⑧仁足以长(zhǎng)人⑨,嘉会足以合礼,利物足以和义,贞固⑩足以干⑪事。君子行此四德⑫者,故曰:"乾:元亨利贞。"

【注释】

①文言:即《文言传》,是对卦辞和爻辞的解释,为《乾》《坤》两卦所特有。详见"附录一"。　②长:首;首领。　③嘉:善;美好。　④会:合;聚合。　⑤义:道义。一说指宜、理应。　⑥和:一说指反应、响应;一说指和谐。　⑦干:主干;根本。　⑧体:履行;实践。　⑨长人:成为众人的尊长。　⑩贞固:坚守正道。固:坚。　⑪干:办理;主管。　⑫四德:指仁、礼、义、正。

【译文】

《文言传》说:元,是一切善的事物的统领;亨,是一切美好的事物的聚合;利,是道义的体现;贞,是做事取得成功的根本。君子履行仁德,足以成为众人的尊长;会聚美好的事物,足以使之合于礼仪;济人利物,足以使它体现道义;坚守正道,足以成就事业。君子是履行上述四种美德的人,所以说:"乾:包含着元始、亨通、有利、守正四种德性。"

初九曰"潜龙勿用",何谓也? 子①曰:"龙德②而隐者也。不易③乎世,不成乎名。遁世④无闷⑤,不见是⑥而无闷。乐则行之,忧则违⑦之。确⑧乎其不可拔⑨,潜龙也。"

九二曰"见龙在田,利见⑩大人",何谓也? 子曰:"龙德而正中⑪者也。庸⑫言之信,庸行之谨。闲⑬邪存其诚,善世⑭而不伐⑮,德博而化⑯。《易》曰'见龙在田,利见大人',君德也。"

九三曰"君子终日乾乾,夕惕若,厉,无咎",何谓也? 子曰:"君子进德修业⑰。忠信,所以进德也;修辞⑱立其诚,所以居⑲业也。知至至之⑳,可与言几㉑也;知终终之㉒,可与存义㉓也。是故居上位㉔而不骄,在下位㉕而不忧。故乾乾因其时㉖而惕,虽危无咎矣。"

九四曰"或跃在渊,无咎",何谓也? 子曰:"上下无常,非为邪也;进退无恒,非离群也㉗。君子进德修业,欲及时㉘也,故无咎。"

九五曰"飞龙在天,利见大人",何谓也? 子曰:"同声相应㉙,同气相求㉚。水流湿,火就㉛燥;云从龙,风从虎,圣人作㉜而万物㉝睹㉞。本乎天者㉟亲上,本乎地者㊱亲下,则各从其类也。"

上九曰"亢龙有悔",何谓也? 子曰:"贵而无位,高而无民,贤人在下位而无辅,是以动而有悔也。"

【注释】

①子:指孔子。一说此系假托孔子之名。　②龙德:龙一样的德行,比喻美好的德行。　③易:改变;更改。　④遁世:从世间退隐。　⑤闷:烦闷。　⑥不见是:不被称许、认同;不被认为对。　⑦违:离开;避开。　⑧确:坚定;坚贞。　⑨拔:变移;动摇。　⑩见:这里指显现、出现。　⑪正中:指九二阳爻居下卦之中位。　⑫庸:常;日常。　⑬闲:防止;防范。　⑭善世:有益于世;为善于世。　⑮伐:自夸。　⑯化:感化;教化。　⑰修业:建立功业。　⑱修辞:修饰言辞,指说话或写作。　⑲居:积储。　⑳知至至之:知道要达到的目标并努力去达到这一目标。前一个"至"字是名词,指要达到的目标;后一个"至"字是动词,指采取行动去达到这一目标。　㉑几:事物细微的征兆。清代阮元主持校刻的《十三经注疏·周易正义》中"几"前无"言"字,唐代李鼎祚(zuò)的《周易集解》中有"言"字,据之以补。　㉒知终终之:知道事情的终极结果而知道如何去终结。前一个"终"字是名词,指终极结果;后一个"终"字是动词,指终结某件事情。　㉓存义:省察如何使自己的行动保持适宜。存:省察。义:宜,理应。一说指存事业之正义;一说指守义不变。　㉔居上位:指九三爻居于下卦的最上位,象征人居于尊贵之位。　㉕在下位:指九三爻处于上卦的下面,象征人所处的地位较低。　㉖因其时:指随时。　㉗上下无常,非为邪也;进退无恒,非离群也:这两句话为互文,都是就经文中的"或"字而言的。因"或"表示不确定、没有规则,《易传》怕因此引起误解,导致有人为所欲为,故强调"无常"、"无恒"(即没有常规)并不是出于邪恶的动机或要脱离众人。"离"字多释

为脱离,一说应释为"丽",指依附、附着,亦可。 ㉘及时:得时;合时。 ㉙应:应和。 ㉚求:追求;求合。 ㉛就:归于;趋向。 ㉜作:兴起。 ㉝物:这里指人。 ㉞睹:看见,这里指仰视。 ㉟本乎天者:根源在天上的东西,如日月星辰。本:根源;来源。 ㊱本乎地者:根源在地的东西,如植物。

【译文】

初九爻辞说"龙潜藏于水中,不宜采取行动",这是什么意思呢?孔子说:"这是指具有龙一样的德行却隐居起来的人。他不因为世俗的观念而改变自己的志向,不去追逐俗世的功名。独自隐居而不感到烦闷,言行不被世人认同也不感到苦闷。自己乐意的事就积极去做,不乐意的事就坚决不做。意志坚定,不可动摇,这就是潜藏于水中的龙。"

九二爻辞说"龙出现在田野上,有利于出现大人物",这是什么意思呢?孔子说:"这是指具有龙一样的德行而立身中正、没有偏颇的人。他说话常常言而有信,做事常常小心谨慎。防止邪恶的侵害,保持内心的诚实。行善于世而不自夸,恩德广博而天下莫不感化。《易经》中说'龙出现在田野上,有利于出现大人物',说明这样的大人物具备担任君主的品德。"

九三爻辞说"君子整天勤奋努力,毫不懈怠,到晚上也谨慎小心,有危险,但不会造成灾殃",这是什么意思呢?孔子说:"指的是君子增进道德修养,建立功业。忠诚守信,可以增进道德;言辞反映内心的真实想法,可以使自己的事业积累壮大。知道自己要达到的目标,并为之积极努力,就可以跟他谈论事物细微的征兆;知道事情的终极结果并知道如何去终结,就可以跟他一起省察如何使自己的行为适宜。所以居于尊贵的地位而不骄傲,处于卑微的地位而不忧愁,能够随时振作并保持警惕,这样,即使面临危险,也不会有什么灾殃了。"

九四爻辞说"龙或跃离深渊,或待在渊中,没有灾殃",这是什么意思呢?孔子说:"或上或下,变化不定,并不是出于某种邪恶的动机;或进或退,变动无常,也不是要脱离众人。而是君子在增进自己的道德、建立功业时,想要使自己的行为合乎时宜,所以不会有灾殃。"

九五爻辞说"龙在天空中飞翔,有利于出现大人物",这是什么意思呢?孔子说:"同类的声音互相应和,气息相同的事物互相求合。水向低湿的地方流动,火向干燥的地方蔓延;云总是伴随着龙,风总是跟随着虎,圣人兴起而万人仰视。根源在天的就与上面的东西亲近,根源在地的就与下面的东西亲近,万物都归属于不同的类。"

上九爻辞说"龙腾飞过高,将会发生令人后悔的事",这是什么意思呢?孔子说:"处于尊贵的地位而没有实权,高高在上而没有直接归他管辖的民众,贤明的人居于下位而无法辅佐他,所以一有行动就会出现令人后悔的事。"

"潜龙勿用",下①也。"见龙在田",时舍②也。"终日乾乾",行事也。"或跃在渊",自试③也。"飞龙在天",上治④也。"亢龙有悔",穷⑤之灾也。乾元⑥用九,天下治也。

【注释】

①下:指初九阳爻位于《乾》卦的最下面。　②舍:一说通"舒",即舒展的意思;一说指居住、安置。　③试:尝试;试验。　④上治:居于上位而治理民众。一说指最好的统治

（上：通"尚",指最好）。　⑤穷：穷尽；极端。　⑥乾元：乾之善德。元：善。

【译文】

"龙潜藏于水中,不宜采取行动",因为此时其所处的地位还很低下。"龙出现在田野上",说明此时境遇已经开始变好。"整天奋发努力,不懈怠",说明正在从事自己的事业。"或跃离深渊,或待在渊中",说明其正在进行自我尝试。"龙在天空中飞翔",是说大人物居于上位来治理民众。"龙腾飞过高,将会发生令人后悔的事",说明事物走向极端,就会造成灾祸。用九体现了乾之善德,天下大治。

"潜龙勿用",阳气潜藏。"见龙在田",天下文明①。"终日乾乾",与时偕②行。"或跃在渊",乾道③乃革④。"飞龙在天",乃位乎天德⑤。"亢龙有悔",与时偕极⑥。乾元用九,乃见天则⑦。

【注释】

①文明：文采光明。　②偕：俱；共同。　③乾道：天道；阳刚之道。　④革：变化；变革。　⑤天德：天创造、养育万物的功德。因为九五阳爻居上卦之中位,不仅所处的位置恰当,而且居一卦之主位,象征既有君位又有君德,故有此说。　⑥极：尽；尽头。　⑦天则：天运行的规律。

【译文】

"龙潜藏于水中,不宜采取行动",因为此时阳气处于潜伏隐藏的状态。"龙出现在田野上",说明此时天下文采光明。"整天勤奋努力,不懈怠",说明君子能够与时俱进。"龙或跃离深渊,或待在渊中",说明天道正在发生变化。"龙在天空中飞翔",说明其具有与天创生万物一样的功德。"龙腾飞过高,将会发生令人后悔的事",说明随着时间的推展,事情已发展到了尽头。用九体现了乾之善德,从中可以发现天道运行的规律。

乾元①者,始而亨者也;利贞者,性情②也。乾始③能以美利利天下,不言所利,大矣哉!大哉乾乎!刚健中正④,纯粹精⑤也。六爻(yáo)⑥发挥⑦,旁通⑧情⑨也。时乘六龙,以御天也。云行雨施,天下平⑩也。

【注释】

①乾元:有学者认为应作"乾元亨",可从。　②情:指本性的发挥和作用。　③乾始:即"乾元"。　④中正:居中守正。一说此指九五阳爻,它居上卦之中位,又以阳爻居阳位(一、三、五位为阳位),所以称为中正。　⑤纯粹精:指纯粹之极。《乾》卦六爻皆为阳爻,是六十四卦中唯一不杂有阴爻的卦,所以说它纯粹之极。　⑥爻:组成八卦的长短横道,"—"为阳爻,"--"为阴爻。　⑦发挥:把内在的性质或能力表现出来。　⑧旁通:广泛会通。　⑨情:实情;情状。　⑩平:平安;太平。

【译文】

《乾》卦卦辞中的"元亨",是指乾创造万物并使它们发展亨通;"利贞",是乾具有的本性和真情。创造万物的乾能用美好的利益使天下万物受益,却从不夸耀自己的利物之功,真是博大啊!伟大的乾啊！它刚健有力，居中守正，纯粹之极。《乾》卦六爻把其内在的性质或能力表现出来，广通于万物的情状。太阳驾着六条飞龙在天空中有规律地运行。云在天空中飘移，雨水从天上降下，天下一片太平。

君子以成①德为行②，日可见之行也。"潜"之为言也，隐而未见，行而未成，是以君子弗"用"也。

君子学以聚③之，问以辩④之，宽以居⑤之，仁以行之。《易》曰"见龙在田，利见大人"，君德也。

九三重刚⑥而不中⑦，上不在天，下不在田⑧，故"乾乾"因其时而"惕"，虽危"无咎"矣。

九四重刚而不中，上不在天，下不在田，中不在人⑨，故"或"⑩之。"或"之者，疑之也，故"无咎"。

夫大人者，与天地合⑪其德，与日月合其明，与四时⑫合其序⑬，与鬼神合其吉凶。先天⑭而天弗违，后天而奉天时⑮。天且弗违，而况于人乎？况于鬼神乎？

"亢"之为言也，知进而不知退，知存而不知亡，知得而不知丧。其⑯唯圣人乎，知进退存亡而不失其正⑰者，其唯圣人乎！

【注释】

①成：完成；成就。　②为行：作为行动的目标。行：行动。
③聚：指积累知识。　④辩：通"辨"，指辨别。　⑤居：一说指居于其位；一说指容蓄；一说指处世。　⑥重刚：

九三爻下面的两个爻均为阳爻,阳爻为刚,所以称为重刚。 ⑦不中:一卦中只有二、五两爻居下、上卦之中位,九三不居中位,所以说不中。 ⑧上不在天,下不在田:每卦的六爻分为天、地、人三位,上两爻为天位,中两爻为人位,下两爻为地位(其中的上爻也称"田");九三处于人位,所以说上不在天,下不在田。 ⑨中不在人:在六爻的天、地、人三位中,九四应在人位,此处却说中不在人,对此,唐代孔颖达的《周易正义》认为,九四虽亦属人位,但与九三相比,它距天近而距地远,非人所宜处,所以说中不在人。 ⑩或:指爻辞"或跃在渊"中的"或"。 ⑪合:相同;与……相一致。 ⑫四时:四季。 ⑬序:次序;秩序。 ⑭先天:指先于天时的变化而采取行动。 ⑮天时:时序的自然运行。 ⑯其:副词,表示推测,意为"大概"。 ⑰不失其正:不偏离正道,指能正确地运用。

【译文】

君子把成就德行作为自己行动的目标,这一点每天都可以从他的行为中表现出来。"潜"的意思是隐藏着而不显露,正在进行道德修养而尚未完成,所以君子暂不"采取行动"。

君子通过不断学习来积累知识,通过询问来辨明是非,以宽厚的态度来处世,以仁爱之心来指导行动。《易经》中说"龙出现在田野上,有利于出现大人物",说明这样的大人物具备担任君主的品德。

九三爻处在重叠的两个阳爻之上,其位置又不居中,而且上不在天位,下不在地位,象征上不着天,下不着地,所以要随时振作并保持警惕,这样,即使面临危险也不会有什么灾殃。

九四爻处在重叠的阳爻之上,其位置又不居中,而且上不着天,下不着地,加上其所处的位置又非人所宜处,所以爻辞中才会用"或"字。"或"表示有疑虑,不妄作决断,所以才会没有灾殃。

大人物具有与天地一样的品德,与日月一样明亮的光辉,他的行为像四季更替一样井然有序,预知吉凶能与鬼神相一致。他先于天的变化而行动,随后发生的天的变化会证明他的正确;他若后于天的变化而行动,会严格遵循时序的自然运行。天尚且不违背他,更何况人呢?何况鬼神呢?

"亢"的意思是:只知道进取而不知道退让,只知道事物的存在而不知道它会消亡,只知道获得而不知道丧失。大概只有圣人吧,知道进退存亡的道理并且能正确地运用的,大概只有圣人吧!

䷁（坤下坤上）坤第二

【导读】

《坤》卦是《周易》六十四卦的第二卦，坤象征地，具有柔顺的意义。

坤为什么象征地？是因为《坤》卦由六个阴爻组成，属于纯阴之体。而在古人的心目中，大地由重而浊的阴气构成，故以坤象征地。

为什么要把《坤》卦放在六十四卦的第二位？是因为古人认为，天地是万物之宗，而地与天相比，又处于从属的地位，故象征地的《坤》卦就被放在了《乾》卦之后。

《乾》卦卦辞为"元亨，利贞"，《坤》卦卦辞的开头则为"元亨，利牝马之贞"，从而引出了坤与牝马的关系。《乾》卦六爻以龙为象征物，《坤》卦则以牝马为象征物。《坤》卦之所以以牝马为象征物，与牝马的特点有密切的关系。对于这一点，《易传》中说得十分明白："牝马地类，行地无疆，柔顺利贞。"即牝马与地属于同类，都具有柔顺的特性。

《坤》卦的《象传》和《文言传》则着重论述了坤德的特点：首先，坤与乾相配合，使万物得以产生和成长，因此，坤的化育万物的德性是极其伟大的；其次，坤的最大特性是柔顺，它遵奉天的旨意，"承天而时行"，以配合天的行动为自己的首要任务；第三，坤虽然极为柔顺,但同时又具有刚健、方正的品德,即所谓"坤至柔而动也刚,至静而德方"。

《象传》中的"地势,坤",历来多作"地势坤",并译为"大地的特性是柔顺",我则把它译为"大地浑厚宁静,这就是《坤》卦的卦象",其依据与把《乾》卦《象传》中的"天行,健"译为"天道运行不息,这就是《乾》卦的卦象"一样。

☷(坤下坤上①)坤② 元亨③,利牝马④之贞⑤。君子有攸⑥往,先⑦迷后得主⑧,利。西南得朋⑨,东北丧朋。安贞⑩吉。

初六 履⑪霜,坚冰至。

六二 直方大⑫,不习⑬无不利。

六三 含章⑭可贞⑮。或从王事⑯,无成⑰有终⑱。

六四 括囊⑲,无咎⑳无誉。

六五 黄裳㉑,元㉒吉。

上六 龙战㉓于野,其血玄黄㉔。

用六㉕ 利永贞㉖。

【注释】

①坤下坤上:指六画的《坤》卦由两个三画的坤卦上下相叠而成。 ②坤:卦名,象征地,意思是柔顺。 ③元亨:大为亨通。元:大。 ④牝马:雌马。 ⑤贞:占问。一说指"正"。 ⑥攸:助词,相当于"所"。 ⑦先:一说指时间在前的;一说指抢先、率先。 ⑧主:一说指主人;一说指做主;一说指预示。 ⑨朋:一说指朋友;一说指货币(古代以

串在一起的十个贝为一朋)。　⑩安贞:占问是否平安。　⑪履:踩;踏。　⑫直方大:正直、端方、广大。一说"大"字疑为衍文。　⑬习:一说指习惯、熟悉;一说指学习。　⑭含章:含有文采。　⑮可贞:占问之事可行。一说指可守正道。　⑯从王事:跟随君王做事。　⑰无成:功成而不居。一说指不能成功。　⑱有终:有好的结局。　⑲括囊:扎紧袋子。括:扎;束。　⑳咎:灾殃。　㉑黄裳:黄色的下衣,古人认为是象征吉祥的衣服。裳:古代指穿在下身的衣服。　㉒元:大。　㉓战:搏斗。一说指交合。　㉔玄黄:青色和黄色。玄:高空的深青色。　㉕用六:用《易经》卜筮(shì)时,若筮得《坤》卦,且六爻皆变(即六爻的得数都是六),就称为用六。用六是《坤》卦特有的爻题。用:都、全的意思。　㉖永贞:占问长远之事的吉凶。

【译文】

坤　大为亨通,对占问与雌马相关的事有利。君子有所前往,先迷失道路,后来受到主人款待,吉利。往西南方向去将会得到朋友,往东北方向去将会失去朋友。占问是否平安,吉祥。

初六　脚踩到霜,冻积着坚厚的冰的日子就要来临。

六二　正直、端方、广大,不熟悉也没有任何不利。

六三　蕴含着美丽的文采,占问之事可行。或者追随君王做事,取得成功而不居功。会有好的结果。

六四　扎紧袋子,既没有灾殃,也没有美誉。

六五　黄色的穿在下身的衣服,大吉。

上六　龙在原野上搏斗,流出的血青色和黄色混杂。

用六　占问长远之事,吉利。

《彖(tuàn)①》曰:至②哉坤元③,万物资④生,乃顺承⑤天。坤厚载物,德合⑥无疆。含弘⑦光大⑧,品物⑨咸亨。牝马地类⑩,行地无疆,柔顺利贞⑪。君子攸行,先迷失道,后顺得常⑫。西南得朋,乃与类行;东北丧朋,乃终有庆。安贞之吉,应⑬地无疆。

【注释】

①彖:见"乾第一"原文第二节注①。　②至:极。　③坤元:与《乾》卦的"乾元"相对应,指坤的化育之功。　④资:依赖。　⑤顺承:顺从,秉承。　⑥合:一说指结合、配合;一说指和合。　⑦弘:大。　⑧光大:即广大。　⑨品物:万物。　⑩地类:与地同类,即阴类。　⑪贞:正。　⑫常:常道;正道。　⑬应:适应;符合。

【译文】

《象传》说:坤的化育之功真是达到了极致,万物都依靠它而生长,它顺从、秉承着天的意志。大地厚重,承载万物,其德性与天配合,没有穷尽。它包含一切,广阔无垠(yín),使万物无不亨通畅达。雌马属于阴性,与地同类,可以在大地上无尽地自由驰骋;它柔和温顺,利于持守正道。君子出行时,如果抢先而行,会迷失方向;如果在后面跟随,则会走上正道。往西南方向去将会得到朋友,于是能与自己的朋类同行;往东北方向去将会失去朋友,但最终会有值得庆贺之事。安守正道所带来的吉祥,正如广袤的大地一样无边无际。

《象①》曰:地势②,坤。君子以厚③德载物。

"履霜,坚冰"④,阴始凝也。驯⑤致⑥其道,至坚冰也。

六二之动⑦,"直"以⑧"方"也。"不习无不利",地道光⑨也。

"含章可贞",以时发也。"或从王事",知(zhì)⑩光大也。

"括囊,无咎",慎不害也。

"黄裳,元吉",文⑪在中也。

"龙战于野",其道穷也。

用六"永贞⑫",以大终⑬也。

【注释】

①象:见"乾第一"原文第三节注①。 ②地势:大地的姿势。大地的姿势是浑厚宁静,所以这里指大地浑厚宁静。势:姿势。 ③厚:这里作动词,指加厚、增厚。 ④履霜,坚冰:"坚冰"两字可能是衍文。一作"初六履霜"。 ⑤驯:顺。 ⑥致:极;最。 ⑦动:一说指运动、变动;一说指行动、举动。 ⑧以:且;而。 ⑨光:广大。 ⑩知:同"智",指智慧。 ⑪文:文采,象征美德。 ⑫永贞:占问长远之事的吉凶。 ⑬以大终:以尽归于阳而结束。大:指阳。

【译文】

《象传》说:《坤》卦下坤上坤,坤为地,象征大地浑厚宁静,这就是《坤》卦的卦象。君子观此卦象,从而加强道德修养,以包容天下万物。

"脚踩到霜",说明阴气刚刚开始凝结。顺着其中的规律充分发展，阴气必然会最终凝结成坚厚的冰。

六二的行动，"正直"而且"端方"。"不熟悉也没有任何不利"，因为大地之道广大无边。

"蕴含着美丽的文采，占问之事可行"，是因为根据适当的时机发挥作用。"或者追随君王做事"，是因为他的智慧极其丰富。

"扎紧袋子，没有灾殃"，因为小心谨慎，所以不会有祸害。

"黄色的穿在下身的衣服，大吉"，是因为内中蕴含美德。

"龙在原野上搏斗"，说明坤阴之道已发展到了尽头。

用六"永远守正"，说明《坤》卦阴气的发展最后以尽归于阳而结束。

《文言》①曰：坤至柔而动也刚，至静而德方②，后得主③而有常，含万物而化光④。坤道⑤其顺乎，承天而时行。

积善之家，必有余庆⑥；积不善之家，必有余殃⑦。臣弑（shì）⑧其君，子弑其父，非一朝一夕之故，其所由来者渐矣，由辩⑨之不早辩也。《易》曰"履霜，坚冰至"，盖⑩言顺⑪也。

"直"，其正⑫也；"方"，其义也。君子敬以直内，义以方外⑬，敬义立而德不孤⑭。"直方大，不习无不利"，则不疑其所行也。

阴⑮虽有美，含之以从王事，弗敢成也。地道也，妻道也，臣道也。地道无成，而代⑯有终也。

天地变化⑰，草木蕃⑱；天地闭，贤人隐。《易》曰"括囊，无咎无誉"，盖⑲言谨也。

君子黄中⑳通理㉑,正位㉒居体㉓,美在其中,而畅㉔于四支㉕,发于事业,美之至也。

阴疑㉖于阳必战,为其嫌㉗于无阳也,故称龙焉;犹未离其类㉘也,故称血㉙焉。夫玄黄者,天地之杂也:天玄而地黄。

【注释】

①文言:见"乾第一"原文第四节注①。　②方:方正。　③后得主:指坤随在乾的后面。　④化光:化育万物,作用广大。　⑤坤道:大地的属性。　⑥余庆:留给子孙的福泽。　⑦余殃:留给子孙的灾殃。　⑧弑:臣子杀害君主或子女杀害父母。　⑨辩:通"辨",指明察。　⑩盖:句首语气词。　⑪顺:事物发展的必然趋势。一说应作"慎",指谨慎。　⑫正:一说根据下文的"敬以直内",此字应改为"敬"。　⑬外:指表现于外的行为。一说指外形;一说指外物。　⑭孤:孤独;孤立。一说指浅陋。　⑮阴:指处于阴柔地位的人。　⑯代:代替。这里指代替天。　⑰变化:与下文的"闭"相对,特指天地阴阳间的互相沟通。　⑱蕃:茂盛。　⑲盖:大概。　⑳黄中:黄是地的颜色,代表坤道,黄中即内心有大地柔顺的美德。　㉑通理:通达事理。一说指通达于外(理:纹理)。　㉒正位:正确的位置;应当居的位置。　㉓居体:一说指得体;一说指守礼(体:借为"礼")。　㉔畅:达。　㉕四支:即四肢。　㉖疑:即"拟",指相比、接近。这里指上六阴爻已达到阴之极盛,与阳类似。一说通"凝"。　㉗嫌:嫌疑。　㉘其类:指阴类。

㉙血:血属阴,故用来指代阴类。

【译文】

《文言传》说:大地极其柔顺,它的运动却是刚健的;大地极其宁静,它的品德十分方正。大地后于天而动,以天为主,并且有固定的规律。大地包含并化育万物,作用极其广大。大地之道多么驯顺啊,它秉承天的意志,按照时令而运行。

积德行善的人家,一定有福泽留给子孙;积恶行不善的人家,一定会给后代留下灾殃。臣子犯上杀害君主,儿子犯上杀害父亲,这种情况不是短时间内造成的,而是有一个逐渐积累的过程,关键在于能否及早明察。《易经》说"脚踩到霜,冻结着坚厚的冰的日子就要来临",说的是事物发展有其必然的趋势。

"直",是指内心正直;"方",是指行事合乎道义。君子以诚敬的态度使自己的内心正直,实行道义使自己的行为方正。内心诚敬,行动上践行道义,君子的德行就会产生广泛的影响。"正直、端方、广大,不熟悉也没有任何不利",这样他就不会对自己的行为产生怀疑了。

处于阴柔地位的人,虽然有美德美才,也是守持而不外露,默默地追随君王做事,不敢把功劳归于自己。这就是大地顺从天之道,妻子顺从夫之道,臣子顺从君主之道。大地顺从天之道是取得成功而不居功,它只是代替天完成功业。

天地阴阳互相沟通,草木就茂盛;天地阴阳闭塞隔绝,贤人就退隐。《易经》说"扎紧袋子,既没有灾殃,也没有美誉",大概说的就是处世要小心谨慎吧。

君子内蕴大地柔顺之德,通达事理,居于自己所应居的位置,存于内心的美德,表现在行动上,在事业中得到发挥,其美德真是达到了极致。

阴气发展到能与阳气相匹敌，必然会导致争斗，因为怕人们误以为其中只有阴没有阳，所以称龙在原野上搏斗；上六的阴气虽然到了能与阳气相匹敌的地步，但它毕竟仍属于阴类，所以爻辞中说"血"。血的颜色青黄相杂，说明天地的颜色混杂在一起：天是青色的，地是黄色的。

☷（震下坎上）屯第三

【导读】

《系辞传》中说，《乾》《坤》是《易》之门户，《乾》《坤》两卦一确立，其他六十二卦也就顺次产生，恰如天地创生万物。在这顺次产生的六十二卦中，第一卦就是《屯》卦，因此，屯意味着万物初生。万物初生，即新的生命诞生，象征吉祥、亨通，所以说"元亨，利贞"；万物初生时，又常常会面临各种艰难险阻，此时若盲目发展，必会遭遇凶险，所以卦辞中说"勿用有攸往"，即不宜有所前往。

但是，在面临风险时，一味消极地按兵不动，风险不会自我消除，因此，为了消除风险，又必须有所行动。那么怎么行动呢？卦辞中说"利建侯"，即利于册封诸侯。册封诸侯指帝王把爵位、土地分赐给亲戚或功臣，使他们在所封的区域内建立邦国，以拱卫中央政权。当然，这里所谓的"建侯"，除了指册封诸侯，也有事业初创时建立内部秩序，以应对变幻莫测的外部世界之义。

《象传》则以《屯》卦的卦画结构为依据，深入挖掘《屯》卦的意义。《屯》卦下震上坎，震为雷，坎为水为云，象征云行于上，雷动于下，阴与阳之间刚开始交接，处于艰难的磨合期；另外，震为动，坎为险，所以《屯》卦又象征着"动乎险中"即在危险中运动。《象传》认为，这种状况，与天地初生万物时的情形极为相似。由自然推导到人事，则相当于社稷初立、国家刚刚结束动荡之时，所以此时要册封诸侯，以使社会稳定。

现代生物学认为，地球上最初的生命的产生，与雷鸣电闪时放出的能量使无机物变为有机物有极为密切的关系。因此，《象传》中"雷雨之动满盈，天造草昧"的说法蕴含着极为深刻的智慧。

《象传》依据《屯》卦上坎下震象征"云雷"，推出君子应"经纶"，其间的逻辑关系可以从两个方面进行理解：一是《屯》卦象征万物初生、事业初创、国家始建，此时当然要用心考虑如何治理国家；二是云可比喻恩泽，雷可比喻刑罚，君子看到云行雷动，从中得到启发，从而注意恰当地运用恩泽和刑罚两种手段来治理天下。

《屯》卦六爻，大多反映了事业初创或刚接触新事物时徘徊犹豫、小心翼翼的特点。如初九之"磐桓"、六二之"屯如邅如"、六三之"舍"，以及六二、六四、上六中反复出现的"乘马班如"，都是要求人们在对事物缺乏清晰的认识和判断时，不要盲目行动。

☷（震下坎上①）屯（zhūn）② 元亨，利贞③。勿用④有攸⑤往。利建侯⑥。

《彖（tuàn）⑦》曰：屯，刚柔⑧始交而难生。动乎险中⑨，大亨贞⑩。雷雨之动满盈⑪，天造草昧⑫。宜建侯而不宁⑬。

《象⑭》曰：云雷⑮，屯。君子以经纶⑯。

【注释】

①震下坎上：指六画的《屯》卦由三画的坎卦和震卦上下相叠而成。　②屯：卦名，象征万物始生时面临的艰难。一说指村落、部落。　③元亨，利贞：见"乾第一"原文第一节注③。

④用:宜;可。　　⑤攸:助词,相当于"所"。　　⑥建侯:册封诸侯。　　⑦彖:见"乾第一"原文第二节注①。　　⑧刚柔:指阴阳。　　⑨动乎险中:《屯》卦下震上坎,震为动,坎为险,所以说动乎险中。　　⑩贞:正。　　⑪满盈:充满。　　⑫草昧:一说指草木;一说指冥昧、未开化。　　⑬不宁:一说指大安宁(不:读为"丕",是"大"的意思);一说指不安宁。　　⑭象:见"乾第一"原文第三节注①。　　⑮云雷:《屯》卦下震上坎,震为雷,坎为水为云,故称为云雷。　　⑯经纶:经指理出丝绪,纶指编丝成绳,比喻筹划国家大事。

【译文】

屯　大为亨通,有利之占问。不宜有所前往。有利于册封诸侯。

《彖传》说:屯,意味着阴阳二气刚开始交接,艰难也随之产生。《屯》卦下震上坎,震为动,坎为险,象征在危险中运动,有着广大、亨通、守正的品德。雷雨大作,充满天地之间,正是天开始创造万物、一切都冥昧未分之时。适宜于册封诸侯,从而获得安宁。

《象传》说:《屯》卦下震上坎,震为雷,坎为水为云,象征云行于上,雷动于下,这就是《屯》卦的卦象。君子观此卦象,从而考虑如何治理国家。

初九　磐桓①,利居贞②,利建侯。

《象》曰:虽磐桓,志行③正④也。以贵下贱⑤,大得民也。

六二　屯如邅(zhān)如⑥,乘马班如⑦,匪⑧寇婚媾⑨。女子贞不字⑩,十年乃字。

《象》曰:六二之难,乘刚⑪也。"十年乃字",反常⑫也。

六三　即鹿⑬无虞⑭,惟入于林中。君子几⑮,不如舍。往吝⑯。

《象》曰:"即鹿无虞",以从⑰禽⑱也。君子舍之,"往吝",穷⑲也。

六四　乘马班如,求婚媾,往吉,无不利。

《象》曰:"求"而"往",明⑳也。

九五　屯(tún)㉑其膏㉒,小贞吉,大贞凶。

《象》曰:"屯其膏",施㉓未光㉔也。

上六　乘马班如,泣血㉕涟(lián)如㉖。

《象》曰:"泣血涟如",何可长也。

【注释】

①磐桓:一说指大石柱(磐:大石。桓:柱子);一说即"盘桓",指徘徊、彷徨。　②居贞:占问居处。　③志行:心志和行为。　④正:指初九以阳爻居阳位,位置很正。　⑤以贵下贱:指初九阳爻处于六二、六三、六四这三个阴爻之下。　⑥屯如邅如:即"屯邅",行进艰难的样子,比喻处境艰难。如:语气词。　⑦班如:盘旋不进的样子。班:通"般",指盘旋、徘徊不进。　⑧匪:同"非",指不、不是。　⑨婚媾:嫁娶。　⑩字:女子许配。一说指生育。　⑪乘刚:指六二阴爻居于初九阳爻之上。　⑫反常:一说指返回常道(反:返回);一说指违反常道。　⑬即鹿:逐鹿。即:追逐。　⑭虞:虞人,古代掌管山泽之官,同时负责为狩猎的贵族驱出鸟兽。　⑮几:一说借为"机",指见机行事;一说即"祈",指求的意思;一说指几微,即事物的细微征兆。

⑯吝:悔恨。　⑰从:追赶。　⑱禽:兽的总名,这里指鹿。　⑲穷:处于困境。　⑳明:明智。　㉑屯:积聚。㉒膏:肥肉,引申指财物等。　㉓施:给予;施与。㉔光:广大。　㉕泣血:泪尽继之以血,形容极度悲痛。㉖涟如:(眼泪等)不断地往下流的样子。

【译文】

初九　徘徊不进,利于占问居处,利于册封诸侯。

《象传》说:虽然徘徊不进,但是志向和行为端正。地位尊贵的人以谦虚的态度对待地位低下的人,所以大得民心。

六二　行进艰难,骑着马来回盘旋,他们不是盗寇,而是为婚姻之事而来。女子进行占问,结果是不能嫁人,十年后才能嫁人。

《象传》说:六二爻之所以预示艰难,是因为它以阴爻居于阳爻之上。"女子十年后才能嫁人",是指十年后才回归正常。

六三　在没有虞人协助的情况下追逐鹿,进入树林中。君子如果能见机行事,不如停止追逐。若继续追逐,就会发生令人悔恨之事。

《象传》说:"在没有虞人协助的情况下追逐鹿",是因为急于追赶鹿。君子停止追逐鹿,是因为"若继续追下去,就会发生令人悔恨之事",即会陷于困境。

六四　骑着马来回盘旋,为的是求婚姻之事,前往必获吉祥,没有什么不利。

《象传》说:"求婚姻之事"而"前往",这种行为是明智的。

九五　积聚肥肉,占问小事吉利,占问大事则有凶险。

《象传》说:"积聚肥肉",说明未能广泛地施与恩泽。

上六　骑着马来回盘旋,眼中的血泪不断地往下流。

《象传》说:"眼中的血泪不断地往下流",这种局面怎么能长久呢?

䷃（坎下艮上）蒙第四

【导读】

　　蒙是蒙昧不明的意思，《蒙》卦卦辞讲的则是启蒙之道，它包括两个方面的内容：一是"匪我求童蒙，童蒙求我"，即启蒙时，必须是学生向老师求教，而不是老师主动去教学生。当然，对于老师不主动去教学生，不能作绝对化的理解，用《论语·述而》中的"不愤不启，不悱（fěi）不发"来理解，是较为恰当的，即不到学生苦思而不得其解时，不去开导他；不到学生想说而不知如何表达时，不去启发他。二是在占筮时，对方初次来问吉凶，就把占筮的结果告诉他；若对方就同一事情反复来占筮，这就是亵渎神灵，就不再告诉他吉凶。这里说的是占筮的一个基本原则。推而广之，若别人有疑问向你求教时，你可以把指导性的意见告诉他；若对方三番五次地就同一事情向你发问，这就是对你的不信任，当然也就用不着再帮他解疑。

　　从《蒙》卦的卦辞来看，筮到《蒙》卦，意味着亨通和吉利。为什么蒙昧不明会意味着亨通和吉利呢？这是因为，《蒙》卦承《屯（zhūn）》卦而来，《屯》卦象征万物初生，《蒙》卦则象征初生之物必幼小而蒙昧。但是，从事物发展的规律来看，幼小之物必然会发展壮大，无知之童最终会掌握知识和技能。因此，此时的蒙昧，只是暂时的，蒙昧最终会变成不蒙昧，所以说预示亨通、吉利。

《彖传》则以《蒙》卦的卦画结构为依据,对卦辞进行解释。首先,关于"蒙"的含义,《彖传》认为,从《蒙》卦的结构来看,《蒙》卦下坎上艮,坎为水为险,艮为山为止,所以《蒙》卦有"山下有险"、"险而止"之象。山下有危险,面临危险而停下来,原因不外乎两个,一是不知面临的危险是什么,二是不知该如何应对面临的危险,这两者都有蒙昧不明的意思,所以称之为蒙。其次,关于卦辞中的"亨"字,《彖传》认为,这是因为《蒙》卦的九二阳爻居下卦之中位,六五阴爻居上卦之中位,两者相应,象征合乎时宜,无过与不及之偏,所以必然亨通。至于卦辞中的"匪我求童蒙,童蒙求我"、"初筮告"等,《彖传》都以"志应"、"刚中"即九二阳爻与六五阴爻居中相应为据,予以解释。

值得我们关注的是,《彖传》在最后提出了"蒙以养正,圣功也"的观点。把培养孩子的纯正之德视作圣人的功业,反映了《彖传》作者对教育及如何进行教育的重视。与我们现在的教育常常把学生在考试中得高分视作教育的最高目标相比,《彖传》的这一观点非常具有启发意义。

《象传》依据《蒙》卦艮上坎下象征"山下出泉",推出君子应"果行育德",其间的逻辑关系是:"山下出泉"意味着泉水虽然受到大山的覆压,却仍然顽强地冲破山体而出,其特点正在于刚毅果决;君子受此启发,从而也像喷涌而出的泉水那样采取果敢的行动,克制自己的欲望,以培养高尚的品德。

《蒙》卦由两个阳爻和四个阴爻组成,学者们大多认为,其中的两个阳爻代表启蒙者,四个阴爻则代表蒙昧者。《蒙》卦六爻列举了各种不同类型的蒙昧者及启发、教育这些蒙昧者的不同方法。不过,《蒙》卦六爻爻辞只是不同情况的组合,爻与爻之间并无严格的逻辑关系。

☷(坎下艮[gèn]上①)蒙② 亨。匪③我④求童蒙⑤,童蒙求我。初筮(shì)⑥告,再三渎⑦,渎则不告。利贞⑧。

《彖(tuàn)⑨》曰:蒙,山下有险⑩,险而止⑪,蒙。"蒙,亨",以亨行时中⑫也。"匪我求童蒙,童蒙求我",志应⑬也。"初筮告",以刚中⑭也。"再三渎,渎则不告",渎蒙⑮也。蒙以养正,圣功也。

《象⑯》曰:山下出泉⑰,蒙。君子以果⑱行育德。

【注释】

①坎下艮上:指六画的《蒙》卦由三画的艮卦和坎卦上下相叠而成。　②蒙:卦名,意为蒙昧不明。　③匪:同"非",指不、不是。　④我:指替人占筮的人。　⑤童蒙:幼稚愚昧的人,这里指问筮者。　⑥筮:用蓍(shī)草占问。　⑦渎:通"嬻(dú)",指亵渎、轻慢。　⑧贞:占问。一说指"正"。　⑨彖:见"乾第一"原文第二节注①。　⑩山下有险:《蒙》卦上艮下坎,艮为山,坎为险,故说山下有险。　⑪险而止:《蒙》卦下坎上艮,坎为险,艮为山为止,故说险而止。　⑫时中:合乎时宜,无过与不及。一说指《蒙》卦的九二阳爻与六五阴爻所处的位置适中;一说中指"正",时中指既得其时又得其正。　⑬应:适应;符合。　⑭刚中:刚健适中。一说指九二阳爻居下卦之中位,象征阳刚居中。　⑮渎蒙:一说指渎乱启蒙的程序;一说指蒙昧之时过于轻慢;一说指既显轻慢,又很愚昧。　⑯象:见"乾第一"原文第三节注①。清代阮元主持校刻的《十三经注疏·周易正义》作"彖",应改为"象"。　⑰山下出泉:《蒙》卦上艮下坎,艮为山,坎为水为泉,所以说山下出泉。　⑱果:果断;果决。

【译文】

蒙 亨通。不是我去求幼稚蒙昧的人,而是幼稚蒙昧的人来求我。初次占问则告诉对方吉凶,若反复占问,那是对神灵不恭敬,所以就不告诉他吉凶。有利之占问。

《彖传》说:《蒙》卦上艮下坎,艮为山为止,坎为险,象征山下有危险,遇险而停止,这就是蒙的意义。"蒙,亨通",是因为九二阳爻与六五阴爻居下卦和上卦之中位,且互相应合,象征亨通之道合乎时宜地发挥作用。"不是我去求幼稚蒙昧的人,而是幼稚蒙昧的人来求我",说明双方的志趣是相合的。"初次占问则告诉对方吉凶",因为这种做法符合刚健适中的原则。"反复占问,那是对神灵的不恭敬,所以就不告诉他吉凶",因为反复占问有违启蒙之道。在蒙昧之时培养纯正之德,这是圣人的功业。

《象传》说:《蒙》卦上艮下坎,艮为山,坎为水为泉,象征山下流出泉水,这就是《蒙》卦的卦象。君子观此卦象,从而采取果断的行动,培养自己的品德。

初六 发蒙①,利用②刑人③,用④说(tuō)⑤桎梏(zhìgù)⑥,以⑦往,吝⑧。

《象》曰:"利用刑人",以正法⑨也。

九二 包⑩蒙,吉;纳妇⑪,吉。子克家⑫。

《象》曰:"子克家",刚柔⑬接⑭也。

六三 勿用⑮取⑯女,见金夫⑰,不有躬⑱,无攸⑲利。

《象》曰:"勿用取女",行不顺⑳也。

六四 困蒙㉑,吝。

《象》曰:"困蒙"之"吝",独远实㉒也。

六五　童蒙,吉。

《象》曰:"童蒙"之"吉",顺以巽(xùn)㉓也。

上九　击㉔蒙,不利为寇㉕,利御寇。

《象》曰:"利"用"御寇",上下㉖顺也。

【注释】

①发蒙:启发蒙昧之人。　②利用:利于。　③刑人:受刑的人。一说指用刑法惩罚人(刑:刑法,这里作动词);一说指用一定的规范塑造人(刑:即"型",作动词)。　④用:以。一说是"利用"的省写。　⑤说:通"脱",指解脱、脱落。　⑥桎梏:脚镣和手铐,泛指刑具。　⑦以:而。一说指用。　⑧吝:悔恨。　⑨正法:执行法律;按法律办事。　⑩包:包容;容纳。　⑪纳妇:娶女子为妻。　⑫克家:能管理家业。　⑬刚柔:一说指九二阳爻与六五阴爻;一说指九二阳爻与六三阴爻;一说泛指上下尊卑关系。　⑭接:清代阮元主持校刻的《十三经注疏·周易正义》作"节",应作"接"。　⑮勿用:不宜;不适合。用:适宜。　⑯取:通"娶"。　⑰金夫:一说指有钱的男子;一说指手持武器的男子;一说指强有力者;一说指美貌的男子。　⑱躬:身体。　⑲攸:助词,相当于"所"。　⑳行不顺:指六三阴爻居于九二阳爻之上,表示女子凌驾于男子之上,违反礼仪。　㉑困蒙:陷于困境中的蒙昧者。一说指为蒙昧者所困。　㉒远实:指六四阴爻远离九二和上九两个阳爻(《周易》以阳爻为实),比喻远离实际、贤明之人等。　㉓顺以巽:指六五阴爻位于上九阳爻之下,有柔顺而谦逊的意思。顺:柔顺。以:

而。巽：谦逊。 ㉔击：攻击。 ㉕为寇：侵犯别人，指率先发动进攻。寇：侵犯；侵略。一说指做盗寇；一说指攻取强寇（为：攻取）。 ㉖上下：一说上指大臣，下指庶民；一说相当于"进退"；一说指上面没有采取过暴的手段，解决了下面蒙昧的问题。

【译文】

初六 启发蒙昧的人，利于受刑的人解除刑具。若有所前往，则会发生令人悔恨之事。

《象传》说："利于受刑的人解除刑具"，这是按照法律来办事。

九二 包容蒙昧的人，吉祥；娶女子为妻，吉祥。儿子能管好家业。

《象传》说："儿子能管好家业"，是因为阴阳之间能互相感应、交接。

六三 不适合娶这个女子，她见到有钱的男子就委身相从，娶这种女子没有什么好处。

《象传》说："不适合娶这个女子"，因为这个女子的行为悖逆不顺。

六四 陷于困境中的蒙昧者，将会有令人悔恨之事。

《象传》说："陷于困境中的蒙昧者""将会有令人悔恨之事"，这是因为远离了可依靠者。

六五 幼稚蒙昧的人（保持纯真的天性），吉祥。

《象传》说："幼稚蒙昧的人（保持纯真的天性）""吉祥"，是因为他柔顺而谦逊。

上九 猛击蒙昧无知的人以使其觉悟，不利于率先发动进攻，利于防御对方的进攻。

《象传》说："利于防御对方的进攻"，是因为这样做上下和顺。

䷄（乾下坎上）需第五

【导读】

　　需是等待的意思。《需》卦卦辞告诉我们：恪守诚信，耐心等待，便会光明亨通，获得吉祥，且利于渡大河。

　　需为什么是等待的意思？《象传》认为，《需》卦下乾上坎，乾代表健动不已的阳刚者，坎象征危险，阳刚者遇到危险不能盲动，就需要等待，所以需有等待的意思。

　　筮到《需》卦，就预示着有诚信，光明亨通，占问得吉兆，这又是为什么呢？对此，《象传》以《需》卦的卦爻结构为据进行解释。它认为，《需》卦的九五爻是一卦之主，九五爻以阳爻居阳位，又处于上卦之中位，象征阳刚者居中守正；这样的阳刚者，必然有诚信，并会光明亨通，获得吉祥。

　　关于卦辞"利涉大川"，《象传》的解释是"往有功也"，即前往定可获得成功。"利涉大川"其实是一个象征性的说法，它可以泛指做一切事情，即筮到《需》卦，便意味着做事顺利。那么，卦辞中为什么要用"涉大川"来象征呢？这是因为，《需》卦下乾上坎，坎为水为川，正是阳刚者面临大川之象；阳刚者面临大川而能耐心等待时机，所以必然顺利。

《象传》依据《需》卦坎上乾下象征"云上于天",推出君子"以饮食宴乐",其间的逻辑关系是:云升上天空,过一段时间后便会凝结成雨,所以需有等待之义。君子从中受到启发,认识到在时机不成熟时,不能盲目行动,而要耐心等待;但是,这种等待,又不是消极的枯坐以待,而是"以饮食宴乐"即注重饮食安乐,调养好自己的身心,等待时机成熟时,以充沛的精力,一显身手。

在日常生活和工作中,我们常常会遇到需要等待的事情:等孩子长大了,等经济形势好转了,等事业有成了,等某个人回心转意了……等待,常常让人心烦,让人焦虑,让人急不可耐。《周易》则告诉我们,等待,是一种美德,只有学会等待,在时机成熟时采取行动,才会"光亨,贞吉,利涉大川";否则,就会像孟子笔下那个拔苗助长的宋国人那样,既白白浪费了心血,又毁掉了自己的事业。

《需》卦六爻,从"需于郊"、"需于沙"、"需于泥"、"需于血"、"需于酒食",到最后"入于穴",显得秩序井然,反映了在各种不同场合下等待的方法及预示的吉凶祸福。从每爻的吉凶判词来看,它们大多为吉祥、无咎,说明不管遇到什么情况,只要能谨慎从事,待时而动,多能获得好的结局。

䷄(乾下坎上①)需② 有孚③,光④亨,贞⑤吉,利涉大川。

《彖(tuàn)⑥》曰:需,须⑦也。险在前⑧也,刚健⑨而不陷,其义⑩不困穷矣。"需:有孚,光亨,贞吉",位乎天位⑪,以正中⑫也。"利涉大川",往有功也。

《象⑬》曰:云上于天⑭,需。君子以饮食宴⑮乐⑯。

【注释】

①乾下坎上：指六画的《需》卦由三画的坎卦和乾卦上下相叠而成。　②需：卦名，意为等待。　③孚：诚信。一说指俘虏；一说指征兆或证验。　④光：一说指广大；一说指光明。　⑤贞：占问。一说指"正"。　⑥彖：见"乾第一"原文第二节注①。　⑦须：等待。　⑧险在前：《需》卦下乾上坎，坎为险，故说险在前。　⑨刚健：《需》卦的下卦是乾，乾有刚健之德。　⑩义：宜；理应。　⑪天位：指六爻中最上面的两爻，这里指九五阳爻而言。　⑫正中：指九五阳爻居上卦之中位。　⑬象：见"乾第一"原文第三节注①。　⑭云上于天：《需》卦上坎下乾，坎为水为云，乾为天，所以说云上于天。　⑮宴：一说指安逸；一说指宴会。　⑯乐：一说指音乐；一说指快乐。

【译文】

需　有诚信，光明亨通，占问得吉兆，利于渡大河。

《彖传》说：需，是等待的意思。前面有危险，但是因为有刚健之德，不会沉陷其中，所以理应不会困穷。"需：有诚信，光明亨通，占问得吉兆"，这是因为九五阳爻处于天位，又居中守正。"利于渡大河"，说明前往一定可获成功。

《象传》说：《需》卦上坎下乾，坎为水为云，乾为天，象征云升上天空，这就是《需》卦的卦象。君子观此卦象，从而注重饮食安乐。

初九　需于郊①，利用②恒，无咎③。

《象》曰："需于郊"，不犯难④行也。"利用恒，无咎"，未失常⑤也。

九二　需于沙⑥，小有言⑦，终吉。

《象》曰："需于沙"，衍⑧在中⑨也。虽"小有言"，以"吉""终"⑩也。

九三　需于泥⑪，致⑫寇至。

《象》曰："需于泥"，灾在外也。自我"致寇"，敬慎不败也。

六四　需于血⑬，出自穴。

《象》曰："需于血"，顺以听⑭也。

九五　需于酒食⑮，贞吉。

《象》曰："酒食，贞吉"，以中正⑯也。

上六　入于穴⑰，有不速⑱之客三人⑲来，敬之，终吉。

《象》曰："不速之客""来"，"敬之，终吉"，虽不当位⑳，未大失也。

【注释】

①郊：周代指距离国都百里或五十里、三十里、十里的地方。　②利用：利于。　③咎：灾殃。　④犯难：冒险。　⑤失常：违背常道。常：常规；常道。　⑥沙：沙地；沙滩。　⑦言：指责怪之言。一说这里指过失。　⑧衍：一说指宽绰；一说借为"愆"，指罪过、过失。　⑨中：一说指九二阳爻居下卦之中位；一说指自身。　⑩吉终：清代阮元主持校刻的《十三经注疏·周易正义》作"终吉"，据该书的"校勘记"改。　⑪泥：淤泥；泥泞。　⑫致：招致。　⑬血：血泊，比喻凶险之地。一说是"洫（xù）"字的省写，指水沟。　⑭顺以

听：随顺并听从。因六四阴爻处于九五阳爻之下，须听顺九五阳爻。　⑮酒食：酒和食品，比喻好的处境。　⑯中正：指九五阳爻居上卦之中位。　⑰穴：洞穴。一说指居住的地方。　⑱速：召；邀请。　⑲三人：一说指初九、九二、九三这三个阳爻；一说泛指几个人。　⑳不当位：指上六所处的位置不适当。一说"位"字当删，因为上六以阴爻处阴位，正是当位，不是不当位。

【译文】

初九　在郊外停留等待，利在有恒心，没有灾殃。

《象传》说："在郊外停留等待"，意思是不要冒险行动。"利在有恒心，没有灾殃"，是因为没有违背常道。

九二　在沙滩中停留等待，受到小小的责怪，但最终获得吉祥。

《象传》说："在沙滩中停留等待"，这当然会有过失。虽然"受到小小的责怪"，但最终将获得吉祥。

九三　在淤泥中停留等待，招致盗寇到来。

《象传》说："在淤泥中停留等待"，灾难将从外面而来。虽然盗寇是自己招来的，但是只要恭敬审慎，就不会造成失败。

六四　在血泊中停留等待，后来通过洞穴逃出。

《象传》说："在血泊中停留等待"，是能随顺并听从命运的安排。

九五　在有酒和食品的地方停留等待，占问得吉兆。

《象传》说："在有酒和食品的地方停留等待，占问得吉兆"，这是因为九五阳爻居上卦之中位，象征其能行中正之道。

上六　进入洞穴，来了三位不速之客，恭敬地对待他们，最终获得吉祥。

《象传》说："来了""不速之客"，"恭敬地对待他们，最终获得吉祥"，说明虽然其所处的位置不适当，但没有大的失误。

䷅（坎下乾上）讼第六

【导读】

讼是争讼的意思，也就是打官司。打官司通常是不得已而为之的事，所以卦辞中说"终凶"、"不利涉大川"。"终凶"是就打官司的最终结局而言：官司输了，当然是凶；即使官司赢了，但打官司时必然要付出代价，官司赢后还有一系列的后遗症，都不是什么好事。"不利涉大川"则既指打官司时不利于渡大河，也象征打官司是冒险之事。"利见大人"，则是指打官司时利于去见大人物，以求得帮助。在人治社会中，权大于法，所以打官司需要得到有权有势的人物的帮助。

但是，卦辞中也不是绝对否定打官司，因为社会上既然存在纷争和冲突，那就谁也不能保证自己一辈子不会去打官司。因此，关键是该如何去对待打官司。卦辞中提出的原则是"有孚，窒惕"，即有诚信，怀着抑郁而惕惧的心情，这样就会"中吉"，即在中间阶段吉利。

《彖传》则以《讼》卦的卦画结构为据，对卦辞作出全面的解释。首先，《讼》卦上乾下坎，乾为刚为健，坎为险，象征阳刚者面临危险；阳刚者在面对危险时，必然会设法去排险，争讼也就由此产生。

因此，《讼》卦的卦画中即蕴含着争讼之义。其次，之所以在争讼的中间阶段会吉利，是因为九二阳爻居下卦之中位，有阳刚者遵行中道之象。第三，争讼最终会有凶险，是因为上九阳爻处《讼》卦之极，象征执着于争讼而不知停息，故必有凶险。第四，利于去见大人，是因为九五阳爻居上卦之中位，象征居于尊位的大人物行中正之道，会对官司作出公正的判决。第五，不利于渡大河，是因为《讼》卦的下卦为坎，坎象征危险，因此渡大河必会遇险。

《象传》依据《讼》卦乾上坎下象征"天与水违行"，推出君子应"作事谋始"，其间的逻辑关系是：乾为天，坎为水，水自西向东而流，天上的日月则自东向西而行，这说明天和水的运行方向是相反的，两者相背而行，必然会导致争讼；君子受此启发，认识到志向不同或利益不一致的人在一起容易造成争讼，从而在一开始做事时就周密地筹划，以防微杜渐。

《讼》卦六爻，有一个主旨相贯穿，就是以无讼为上，在不得不讼时，也要适可而止：初六之"不永所事"即不坚持长期争讼，九四之"渝"即改变原先争讼的想法，上九之认为靠争讼得来的好处很快又会失去，等等，反映的都是这一道理。

☰（坎下乾上①）讼② 有孚③，窒④惕⑤，中⑥吉，终凶。利见大人，不利涉大川。

《彖（tuàn）⑦》曰：讼，上刚下险，险而健⑧，讼。"讼：有孚，窒惕，中吉"，刚来而得中⑨也。"终凶"，讼不可成也。"利见大人"，尚⑩中正⑪也。"不利涉大川"，入于渊也。

《象⑫》曰：天与水违行⑬，讼。君子以作事谋始。

【注释】

①坎下乾上:指六画的《讼》卦由三画的乾卦和坎卦上下相叠而成。　②讼:卦名,指争讼,即因相争而诉讼。　③孚:见"需第五"原文第一节注③。　④窒:一说借为"恎(chì)",指惧怕的意思;一说指堵塞。　⑤惕:警惕。　⑥中:指中间阶段。一说指前半段;一说指守中、不过激。　⑦彖:见"乾第一"原文第二节注①。　⑧上刚下险,险而健:《讼》卦上乾下坎,乾为刚为健,坎为险,所以说上刚下险,险而健。　⑨刚来而得中:指九二阳爻居下卦之中位。一说指九二阳爻、九五阳爻分别居下、上卦之中位。　⑩尚:崇尚;尊崇。　⑪中正:指九五阳爻居上卦之中位。　⑫象:见"乾第一"原文第三节注①。　⑬天与水违行:天与水,指《讼》卦上乾下坎,乾为天,坎为水;古人认为天向西转,水向东流,其运动方向相反,故称为违行。一说指天在上行,水在下流,其运行方向相反。

【译文】

讼　有诚信,心中抑郁而警惕,事情进行到中间阶段时吉利,最终会有凶险。有利于去见大人物,不利于渡大河。

《彖传》说:《讼》卦上面是象征刚健的乾,下面是象征危险的坎,遇险而刚健,必然会发生争讼。"讼:有诚信,心中抑郁而警惕,事情进行到中间阶段时吉利",是因为九二阳爻居下卦之中位,象征刚健之人恪守中道。"最终会有凶险",说明争讼不可能获得成功。"有利于去见大人物",是因为崇尚中正之道。"不利于渡大河",因为这样做将会坠入深渊。

《象传》说:《讼》卦上乾下坎,乾为天,坎为水,象征日月向西而行,水向东奔流,两者的运行方向正好相反,这就是《讼》卦的卦象。君子观此卦象,从而在刚开始做事时就妥善地谋划。

初六　不永①所事,小有言②,终吉。

《象》曰:"不永所事",讼不可长③也。虽"小有言",其辩④明也。

九二　不克⑤讼,归而逋(bū)⑥其邑(yì)人⑦三百户,无眚(shěng)⑧。

《象》曰:"不克讼",归逋窜⑨也。自下讼上,患至掇(duō)⑩也。

六三　食⑪旧德⑫,贞厉⑬,终吉。或从王事⑭,无成⑮。

《象》曰:"食旧德",从上⑯吉也。

九四　不克讼,复⑰即⑱命,渝⑲。安贞⑳吉。

《象》曰:"复即命,渝,安贞㉑",不失也。

九五　讼,元㉒吉。

《象》曰:"讼,元吉",以中正㉓也。

上九　或锡(cì)㉔之鞶(pán)带㉕,终朝㉖三褫(chǐ)㉗之。

《象》曰:以讼受服,亦不足敬也。

【注释】

①永:长久,这里作动词。　②言:指责怪之言。一说这里指过失。　③长:指长久而为。　④辩:通"辨",指辨别。　⑤克:胜。　⑥逋:逃亡。　⑦邑人:封地上的人。　⑧眚:灾祸。　⑨窜:隐藏;逃匿。　⑩掇:拾取。

一说借为"辍(chuò)",指中止。　⑪食:享用。　⑫旧德:往日所积之德,这里指世袭的俸禄。　⑬贞厉:占问有危险。贞:占问。厉:危险。　⑭从王事:跟随君王做事。⑮无成:一说指不会获得成功;一说指功成而不居。　⑯上:一说指上卦乾;一说指九四爻;一说指上九爻。　⑰复:还、返回。　⑱即:按照;依据。　⑲渝:改变。一说读为"谕",指告谕。　⑳安贞:占问是否平安。　㉑贞:正。㉒元:大。　㉓中正:指九五阳爻居上卦之中位。　㉔锡:通"赐",指赐予、赏赐。　㉕鞶带:古代的一种腰带,用皮革制成。这里代指级别较高的官服。　㉖终朝:一天之内。㉗褫:剥夺。

【译文】

初六　对所从事的事情不长期坚持,受到小小的责怪,但最终获得吉祥。

《象传》说:"对所从事的事情不长期坚持",说明争讼之事不能长期不停地去做。虽然"受到小小的责怪",但是非曲直最终会分辨清楚。

九二　在争讼中失败,回来后逃到他有三百户人家的封邑中躲藏,可免于灾祸。

《象传》说:"在争讼中失败",回来后逃跑藏匿。处在下位的人与居于上位的人争讼,其祸患完全是自找的。

六三　享用世袭的俸禄,占问预示有危险,但最终可获吉祥。或者追随君王做事,但取得成功后不要居功。

《象传》说:"享用世袭的俸禄",因为顺从居于上位者,所以必获吉祥。

九四　在争讼中失败,回来后听从命令,改变自己的想法。占问是否平安,预示吉祥。

《象传》说:"回来后听从命令,改变自己的想法,安于守正道",所以不会有损失。

九五　争讼,大吉。

《象传》说:"争讼,大吉",因为九五阳爻居上卦之中位,象征其行中正之道。

上九　或许被赐予象征地位尊贵的腰带,但是一天之内多次被剥夺。

《象传》说:通过争讼而获得象征地位尊贵的服饰,这也不值得受到敬重。

䷆（坎下坤上）师第七

【导读】

师指军队，《师》卦讲的就是军队行军打仗之事。卦辞中的"丈人"似应作"大人"，指军队的统帅。卦辞"贞丈人吉"是就卦中的九二阳爻而言的，因为九二爻是《师》卦中唯一的阳爻，一阳配五阴，恰有军中统帅之象。九二阳爻居下卦之中位，与六五阴爻相应合，象征阳刚者持守中道，又得六五君主之信任，可自如地率领军队驰骋疆场，建功立业，所以预示吉祥。但是，卦辞中既然已说吉祥，为什么又要在后面加"无咎"两字呢？这是因为，在古人心目中，战争是不得已而为之事，这正如老子所说："兵者，不祥之器"，"战胜，以丧礼处之"（《老子·三十一章》），因此，《师》卦虽预示吉祥，但作《易》者为防止人们滥用武力，所以加"无咎"两字以示提醒。

《彖传》释"贞"为"正"，从而揭示战争中持守正义的重要性，认为只有能使众人都归于正义的人，才能称王于天下。这一观点，也是对历史经验的总结。黄帝战胜蚩（chī）尤，汤武革命推翻夏桀和商纣的残暴统治，建立新的政权，都证明了这一点。

《彖传》还以《师》卦的卦画结构为依据，来说明《师》卦为什么预示吉祥。首先是因为九二阳爻居下卦之中位，与居上卦之中位的六五阴爻相应合，象征阳刚的统帅得到君主之信任；其次是《师》卦下坎上坤,坎为险,坤为顺,象征虽面临危险,但因能顺从形势,从而能得到民众的信任和拥护。军中统帅上有君主的信任,下有民众的拥护,又能顺从形势,就肯定能在战争中取胜,所以预示吉祥。

《象传》依据《师》卦坤上坎下象征"地中有水",推出君子应"容民畜众",其间的逻辑关系是:地中有水即大地中聚积着水,此正与国家中民众聚居的状况相似;而统治者最重要的职责,就是让其治下的民众过上安定、幸福的生活,所以君子从"地中有水"的卦象中得到启示,从而很好地容纳并养育民众。

《师》卦六爻,则从不同的角度揭示了用兵打仗的一些基本原则,包括严明纪律、择将得当、师出有名、赏罚公平、勿用小人,等等。

䷆(坎下坤上①)师② 贞③丈人④吉,无咎⑤。

《彖(tuàn)⑥》曰:师,众也。贞,正也。能以⑦众正,可以王(wàng)⑧矣。刚中而应⑨,行险而顺⑩,以此毒⑪天下,而民从之,"吉"又何"咎"矣。

《象⑫》曰:地中有水⑬,师。君子以容民畜众。

【注释】

①坎下坤上:指六画的《师》卦由三画的坤卦和坎卦上下相叠而成。 ②师:卦名,指兵众、军队。 ③贞:占问。一说指"正"。 ④丈人:《子夏传》作"大人",似应改为"大人"。 ⑤咎:灾殃。 ⑥彖:见"乾第一"原文第二节注①。 ⑦以:使。 ⑧王:作动词,指称王于天下。 ⑨刚中而应:指九二阳爻居下卦之中位,与居上卦之中位的六五阴爻相应合。 ⑩行险而顺:《师》卦下坎上坤,坎为

险,坤为顺,故说行险而顺。　⑪毒:治理。一说指毒害;一说指役使;一说指攻伐。　⑫象:见"乾第一"原文第三节注①。　⑬地中有水:《师》卦上坤下坎,坤为地,坎为水,所以说地中有水。

【译文】

师　大人占问可获吉祥,没有灾殃。

《彖传》说:师,是指兵众。贞,是指正义。能使众人都来维护正义,就可以称王于天下。九二阳爻居下卦之中位,与居上卦之中位的六五阴爻相应合,象征统帅得到君主的信任;《师》卦下坎上坤,坎为险,坤为顺,象征行动虽然有危险,但是能顺从客观形势,这样来治理天下,民众自然会服从,其结果肯定吉祥,又怎么会有灾殃呢!

《象传》说:《师》卦上坤下坎,坤为地,坎为水,象征大地中聚积着水,这就是《师》卦的卦象。君子观此卦象,从而容纳并养育民众。

初六　师出以律①,否②臧③,凶。

《象》曰:"师出以律",失律凶也。

九二　在师中④,吉,无咎。王三锡(cì)命⑤。

《象》曰:"在师中,吉",承天⑥宠也。"王三锡命",怀⑦万邦也。

六三　师或舆尸⑧,凶。

《象》曰:"师或舆尸",大⑨无功也。

六四　师左次⑩,无咎。

《象》曰："左次,无咎",未失常⑪也。

六五　田⑫有禽⑬,利执言⑭,无咎。长子帅师,弟子⑮舆尸,贞凶。

《象》曰："长子帅师",以中行⑯也;"弟子舆尸",使不当也。

上六　大君⑰有命,开国⑱承家⑲,小人勿用。

《象》曰："大君有命",以正功⑳也。"小人勿用",必乱邦也。

【注释】

①律:纪律。　②否:不。　③臧:善。　④师中:军队之中。一说指"中军",即统帅之位;一说指在师而守中道。　⑤锡命:即赐命,指天子赏赐诸侯爵位、车马、服饰等的诏令。锡:通"赐"。　⑥天:指六五阴爻。　⑦怀:安抚。　⑧舆尸:用车装载尸体。舆:用车装载。　⑨大:副词,表示程度高或范围广。一说指刚愎自大。　⑩左次:军队驻扎在高险之地的左侧(次:驻扎)。一说指后退驻扎(左:退)。　⑪失常:违背常道。常:常规;常道。　⑫田:田野。一说指狩猎。　⑬禽:泛称鸟兽。　⑭言:语气助词。一说指言语。　⑮弟子:泛指少年。一说指次子。　⑯中行:行中道。　⑰大君:国君,此处当指天子。　⑱开国:分封诸侯。　⑲承家:受邑(yì)为卿大夫。　⑳正功:公正地评定功劳大小。

【译文】

初六　军队行动时一定要纪律严明,若纪律不严明,就会有凶险。

《象传》说:"军队行动时一定要纪律严明",因为失去纪律的约束就必然会有凶险。

九二　身在军中,吉祥,没有灾殃。君王多次颁令嘉奖。

《象传》说:"身在军中,吉祥",是因为九二与六五阴爻相应合,象征受到天子的恩宠。"君王多次颁令嘉奖",是为了安抚天下万国。

六三　军队或许会用车装载尸体而归,有凶险。

《象传》说:"军队或许会用车装载尸体而归",说明军队在作战时大大失利。

六四　军队驻扎在高险之地的左侧,没有灾殃。

《象传》说:"军队驻扎在高险之地的左侧,没有灾殃",是因为没有违背作战的规律。

六五　田野中有禽兽,宜于把它们逮住,没有灾殃。长子率领军队,无知的少年被用车装载尸体而归,占问预示有凶险。

《象传》说:"长子率领军队",说明行动符合中道;"无知的少年被用车装载尸体而归",这是用人不当而造成的。

上六　天子颁布命令,有功人员或封为诸侯,或受邑为卿大夫,小人则不得任用。

《象传》说:"天子颁布命令",是指公正地评定功劳大小以确定封赏。"小人不得任用",因为任用小人必然会危害国家。

䷇（坤下坎上）比第八

【导读】

比是亲密、亲近的意思，人与人之间能够友好相处、亲密无间，当然是极好之事，所以卦辞中一开头就说"吉"。人与人之间能亲密交往，则有利于发展长期、稳定的友好关系，所以卦辞中又说"元永贞"，即占问长远之事有利。卦辞"不宁方来，后夫凶"则以诸侯来朝说明亲附之道在于积极、主动，若犹豫拖沓则会面临凶险。

《彖传》则主要依据《比》卦的卦画结构来解释卦辞，具体内容可分为四个方面：一是认为比有辅佐的意思，因为《比》卦的九五阳爻居上卦之中位，下面为四个阴爻，有处于下位的人顺从居于上位的人之意。二是认为《比》卦为什么利于占问长远之事，而且没有灾殃，是因为九五阳爻居上卦之中位，象征阳刚者持守中道。《彖传》此说是把九五爻视为《比》卦之主爻，故以九五爻的特征来解释卦辞。三是认为原来不安顺的诸侯之所以纷纷来朝，是因为《比》卦由一个阳爻、五个阴爻组成，阳爻居上卦之中位，五个阴爻对之皆表服从，故有诸侯纷纷来朝之象。四是认为迟到者之所以有凶险，是因为其已陷入走投无路之绝境；这是以上六阴爻为据来释"后夫凶"，因为上六处《比》卦之极，有无法与人亲近、陷于彻底孤立之象。

《象传》依据《比》卦坤下坎上象征"地上有水",推出先王应"建万国,亲诸侯",其间的逻辑关系是:地上有水,意味着水依附大地而存在;《象传》以地比喻君主,以水比喻民众,因此,地上有水又好比民众依附君主,所以先王要建立万国,亲近诸侯,以更好地治理民众。

《比》卦六爻,以与人亲近为吉,以无人可以亲近为凶。九五爻是《比》卦中唯一的阳爻,因此成为其他各爻亲近的对象。而每一爻的吉凶祸福,也都以能否与九五爻亲近为转移。

䷇(坤下坎上①)比② 吉。原③筮(shì)④,元⑤永贞⑥,无咎⑦。不宁方⑧来,后⑨夫⑩凶。

《彖(tuàn)⑪》曰:比,吉也⑫。比,辅也,下顺从⑬也。"原筮,元永贞,无咎",以刚中⑭也。"不宁方来",上下应⑮也。"后夫凶",其道穷也。

《象⑯》曰:地上有水⑰,比。先王以建万国,亲诸侯。

【注释】

①坤下坎上:指六画的《比》卦由三画的坎卦和坤卦上下相叠而成。　②比:卦名,有亲密、亲近的意思。　③原:推究;考察。一说指初次;一说指再;一说指先。　④筮:用蓍(shī)草占问。　⑤元:一说应作"元亨";一说指善。　⑥永贞:占问长远之事的吉凶。贞:占问。一说指"正"。　⑦咎:灾殃。　⑧不宁方:不安顺的邦国。方:邦国。　⑨后:一说指时间上晚的;一说指不。　⑩夫:语气助词。　⑪彖:见"乾第一"原文第二节注①。　⑫比,吉也:一说此

三字系衍文。　　⑬下顺从：指《比》卦有四个阴爻位于九五阳爻之下，象征处于下位的人顺从居于上位的人。　　⑭刚中：指九五阳爻居上卦之中位。　　⑮上下应：一说指《比》卦的五个阴爻与九五阳爻相应合；一说指九五阳爻下面的四个阴爻与九五相应合。　　⑯象：见"乾第一"原文第三节注①。　　⑰地上有水：《比》卦下坤上坎，坤为地，坎为水，所以说地上有水。

【译文】

比　吉祥。考察该筮的预兆，它对占问长远之事有利，没有灾殃。原来不安顺的诸侯纷纷来朝，后到的将有凶险。

《彖传》说：比，预示着吉祥。比，是辅佐的意思，《比》卦有四个阴爻位于九五阳爻之下，象征处于下位的人顺从居于上位的人。"考察该筮的预兆，它对占问长远之事有利，没有灾殃"，这是因为九五阳爻居上卦之中位，象征阳刚者持守中道。"原来不安顺的诸侯纷纷来朝"，这是因为居于上位者与处于下位者互相应合。"后到的将有凶险"，因为后到者将陷入走投无路的绝境。

《象传》说：《比》卦下坤上坎，坤为地，坎为水，象征大地上有水，这就是《比》卦的卦象。先王观此卦象，从而建立众多国家，亲近各地诸侯。

初六　有孚①，比之，无咎。有孚，盈缶（fǒu）②，终来有它③，吉。

《象》曰：比之初六，"有它"，吉也。

六二　比之自内④，贞吉。

《象》曰："比之自内"，不自失⑤也。

六三　比之匪人⑥。

《象》曰："比之匪人"，不亦伤⑦乎。

六四　外⑧比之，贞吉。

《象》曰：外比于贤，以从上⑨也。

九五　显⑩比。王用三驱⑪，失前禽⑫，邑（yì）人⑬不诫⑭，吉。

《象》曰："显比"之"吉"，位正中⑮也。舍逆⑯取顺，"失前禽"也。"邑人不诫"，上⑰使中⑱也。

上六　比之无首⑲，凶。

《象》曰："比之无首"，无所终⑳也。

【注释】

①孚：见"需第五"原文第一节注③。　②缶：一种大腹小口的瓦器，用来盛酒或汲水。　③终来有它：一说即"终有它来"，即终究会有他人来亲近自己；一说应作"终未有它"，即终究不会有意外之患（它：即蛇，用来指外患）；一说终将有他患。　④内：指内卦。六二爻居下卦之中位，而下卦又称内卦。也可以理解为内部、自己等。　⑤失：指失去原则。　⑥匪人：不该亲近的人。一说指不正派的人；一说指不合适的人。　⑦伤：一说指悲伤；一说指伤害。　⑧外：指外卦。六四爻居上卦之初，而上卦又称外卦。也可以理解为外部、别人等。　⑨上：指九五爻。　⑩显：明显、显明。一说指尊贵。　⑪三驱：古代的一种狩猎方式，三面围网，一面无网，把兽往网中赶，若有兽从无网的一面逃走，即不予捕杀。　⑫禽：兽的总名。　⑬邑人：封地上的人。　⑭诫：一说指告；一

说指戒备、警戒；一说通"骇"，指惊惧的意思。　⑮位正中：指九五阳爻居阳位，又居上卦之中位。　⑯逆：迎，指迎面而来。　⑰上：指九五爻，代指君王。　⑱中：指中道。⑲首：一说指开始、开端；一说指首领；一说指脑袋；一说指居先。　⑳终：善终；好的结局。

【译文】

初六　有诚信，与人亲近，没有灾殃。有诚信，就像缶中装满东西一样，终究会有他人来亲近自己，吉祥。

《象传》说：《比》卦的初六爻，因为"终究会有他人来亲近自己"，所以吉祥。

六二　发自内心地与人亲近，占问预示吉祥。

《象传》说："发自内心地与人亲近"，说明自己没有失去为人处事的原则。

六三　与不该亲近的人亲近。

《象传》说："与不该亲近的人亲近"，岂不令人悲伤？

六四　与外人亲近，占问预示吉祥。

《象传》说：与外面的贤人亲近，是顺从居于上位的人。

九五　公开、广泛地与人亲近。君王狩猎时三面围网，听任跑在前面的禽兽从无网的一面跑掉，封地上的人也不去阻挡拦截，吉祥。

《象传》说："公开、广泛地与人亲近"而"预示吉祥"，是因为九五阳爻居上卦之中位，象征其持守中正之道。舍弃迎面奔来的兽，捉取背对着狩猎者奔跑的兽，这就是"听任跑在前面的兽从无网的一面跑掉"的意思。"封地上的人也不去阻挡拦截"，这是因为君王恪守中道。

上六　与人亲近而没有好的开端，有凶险。

《象传》说："与人亲近而没有好的开端"，就不会有好的结局。

䷈（乾下巽上）小畜第九

【导读】

小畜即小有蓄聚的意思。《小畜》卦由六四阴爻和五个阳爻组成，且六四阴爻处于阴位，居位得正，象征阴柔者居于正位而得到众多阳刚者的辅助，所以亨通。但六四所居属于臣位，因此，虽有众多阳刚者的辅助，其成就终究有限，所以称之为小畜。"密云不雨"则是以具体的天象来说明小畜的状况：天空中虽积聚了不少云，但最终没有形成雨降下来，说明云积聚的程度仍然不够，只是"小畜"而已。"自我西郊"是对"密云不雨"的补充解释，它可能与古人对天象的观察有关。在中国古代曾长期流传这样的谚语："云往东，一场空"，"云行东，车马通"，即如果天空中的云自西向东而行，是不会下雨的。而云"自我西郊"，正是指云自西向东而行。

《象传》则从三个方面来解释卦辞。一是指出该卦的卦名为什么叫小畜，是因为《小畜》卦的六四阴爻居于阴位而上下的五个阳爻都与其相应合，有阴柔者得众多阳刚者相助之象。二是说明《小畜》卦为什么象征亨通，是因为《小畜》卦下乾上巽，有阳刚者刚健而谦逊之象；加上九二和九五两个阳爻分别居下、上卦之中位，象征阳刚者持守中道，既然阳刚者具备众多美德，当然就预示着亨通。

三是就天象本身来解释"密云不雨,自我西郊"的含义,而没有作更多的发挥。

《象传》以《小畜》卦巽上乾下象征"风行天上",推出君子应"懿文德",其间的逻辑关系是:《象传》以风比喻礼乐教化政策,"风行天上"说明礼乐教化政策还未在天下百姓中推行,在这种情况下,君子就要以"懿文德"即使自己的文章、道德更加完美为自己努力的方向。

《小畜》卦六爻,则讲述了阴气逐渐蓄聚,最后达到能与阳气相匹敌的过程。同时反映了蓄聚过程中谨慎、诚信、互相帮助的重要性。

☰(乾下巽[xùn]上)①小畜② 亨。密云不雨,自我西郊。

《彖(tuàn)③》曰:小畜,柔得位④而上下应之⑤,曰小畜。健而巽⑥,刚中⑦而志行,乃"亨"。"密云不雨",尚往⑧也。"自我西郊",施⑨未行也。

《象⑩》曰:风行天上⑪,小畜。君子以懿⑫文德⑬。

【注释】

①乾下巽上:指六画的《小畜》卦由三画的巽卦和乾卦上下相叠而成。 ②小畜:卦名,意为小有蓄聚。一说指小牲畜。 ③彖:见"乾第一"原文第二节注①。 ④柔得位:指六四阴爻居于阴位。 ⑤上下应之:指五个阳爻与六四阴爻相应合。 ⑥健而巽:《小畜》卦下乾上巽,乾的特点是健,所以

说健而巽。巽:谦逊。　⑦刚中:指九二阳爻和九五阳爻分别居下、上卦之中位。　⑧尚往:上行。尚:即"上"。　⑨施:布;散布。　⑩象:见"乾第一"原文第三节注①。　⑪风行天上:《小畜》卦上巽下乾,巽为风,乾为天,所以说风行天上。　⑫懿:美,这里作动词。　⑬文德:文章和道德。

【译文】

小畜　亨通。天空中浓云密布,但是没有下雨,云来自西郊。

《彖传》说:小畜,六四阴爻居于阴位,上下五个阳爻与它相应合,象征阴柔之人得到众多阳刚者的辅佐,故能小有蓄聚。《小畜》卦下乾上巽,象征刚健而谦逊;九二和九五阳爻分别居下、上卦之中位,象征阳刚者持守中道,其志向能得到实行,所以"亨通"。"天空中浓云密布,但是没有下雨",说明云正在上行发展。"云来自西郊",说明云只是在空中聚积,还没有形成雨降下来。

《象传》说:《小畜》卦下乾上巽,乾为天,巽为风,象征天空中刮着风,这就是《小畜》卦的卦象。君子观此卦象,从而努力使自己的文章、道德更加完美。

初九　复①自道②,何其咎③,吉。

《象》曰:"复自道",其义④"吉"也。

九二　牵⑤复,吉。

《象》曰:"牵复"在中⑥,亦不自失也。

九三　舆⑦说(tuō)⑧辐⑨,夫妻反目⑩。

《象》曰:"夫妻反目",不能正室⑪也。

六四　有孚⑫,血⑬去惕⑭出,无咎。

《象》曰:"有孚","惕出",上⑮合志也。

九五　有孚挛(luán)如⑯,富以⑰其邻。

《象》曰:"有孚挛如",不独富也。

上九　既⑱雨既处⑲,尚⑳德㉑载㉒。妇贞㉓厉㉔。月几㉕望㉖,君子征,凶。

《象》曰:"既雨既处",德积载也。"君子征,凶",有所疑㉗也。

【注释】

①复:还;返回。　②道:路;道路。　③咎:灾殃。　④义:宜;理应。　⑤牵:拉;挽引。一说指牵连。　⑥中:指九二阳爻居下卦之中位。　⑦舆:车。　⑧说:通"脱",指解脱、脱落。　⑨辐:车轮上起连接支撑作用的众多直条。一说同"輹(fù)",指捆绑车伏兔与车轴的绳子。　⑩反目:翻脸;关系变得不和睦。　⑪室:妻室;妻子。　⑫孚:见"需第五"原文第一节注③。　⑬血:通"恤",指忧虑、忧患。　⑭惕:忧伤。一说指警惕;一说借为"逖(tì)",远的意思。　⑮上:指位于六四爻之上的九五爻。一说指九五爻与上九爻;一说通"尚",指尚且。　⑯挛如:系连不断的样子。一说挛同"娈",指好。　⑰以:与。　⑱既:已经。　⑲处:停止。　⑳尚:即"上"。一说指尚且。　㉑德:一说指得、能够;一说指道德。　㉒载:一说指装载;一说指积满;一说指过分。　㉓贞:占问。一说指"正"。　㉔厉:危险。　㉕几:接近。　㉖望:月亮圆满。　㉗疑:一说指疑惑;一说即"拟",指相比、接近。

【译文】

初九　从原路返回,会有什么灾殃呢？吉祥。

《象传》说:"从原路返回",理应是吉祥的。

九二　被牵引着返回,吉祥。

《象传》说:"被牵引着返回",因为九二阳爻居下卦之中位,象征其能持守中道,所以也不会给自己带来什么损失。

九三　车上的辐条脱落,夫妻间翻脸不和。

《象传》说:"夫妻间翻脸不和",说明不能使夫妻关系正常有序。

六四　有诚信,忧患已经过去,从忧伤的情绪中摆脱出来,没有灾殃。

《象传》说:"有诚信","从忧伤的情绪中摆脱出来",是因为能与居于上位的阳刚者心志相合。

九五　持续不断地保持诚信,与其邻居共同富裕。

《象传》说:"持续不断地保持诚信",说明不是独自享有财富。

上九　雨已经降落并且停止,上位者的阳刚之德已经积满。妇女占问预示有危险。月亮将变成满月时,君子出征会有凶险。

《象传》说:"雨已经降落并且停止",说明阳刚之德已经积满。"君子出征将有凶险",是因为阴气的力量已能与阳气相抗衡。

䷉（兑下乾上）履第十

【导读】

履是踩踏、践行的意思。六三爻是《履》卦中唯一的阴爻，也是《履》卦的主爻。《履》卦下兑上乾，六三爻处于下卦兑中，象征柔顺和悦；乾象征刚劲强健，因此，《履》卦有柔弱者尾随刚健者而偶有触犯之象。但柔弱者触犯刚健者后，又能以和悦的态度去处理，故最终能得到刚健者的谅解。卦辞用"履虎尾，不咥人"来形容，可谓十分恰当。因为虎是刚健者，与虎相比，人是柔弱者，人不小心踩了老虎的尾巴，这是极为凶险之事，但因为采取了和悦的态度，所以老虎没有咬人。对人来说，这样的结果当然是十分幸运的，所以卦辞说预示亨通。

《彖传》以《履》卦的卦画结构为依据，来展开对《履》卦及卦辞的解释。首先，它明确指出，《履》卦象征"柔履刚"。这里的"柔履刚"，既指六三阴爻居于九二、初九阳爻之上，也指六三阴爻处于上卦乾之下。其次，它解释为什么"履虎尾，不咥人"，是因为《履》卦下兑上乾，兑为和悦，乾为刚健，象征柔弱者以和悦的态度应合刚健者，从而得到刚健者的宽容和谅解。最后，它以九五阳爻所处的位置为据，来解释卦辞中"亨"的意义：九五阳爻居上卦之中位，象征阳刚者居于至尊的帝位而能行中正之道，所以必将亨通。

《象传》以《履》卦乾上兑下象征"上天下泽"推出君子应"辩上下,定民志",其间的逻辑关系是:《象传》以天象征统治者,泽象征民众;天上泽下,意味着天尊泽卑,因此,君子应据此确定统治者和民众之间的上下尊卑之序,并使民众遵行不误。

《履》卦六爻爻辞则为我们总结了为人处事的一些基本准则:首先要朴素自守,不可追求浮华;其次要小心谨慎,时时警惕;第三要心有定见,不被外界环境所左右;第四要反躬自省,及时总结经验,若能力不足而强行强为,则必会遭遇凶险。

☰(兑下乾上①)履② 履虎尾,不咥(dié)③人,亨。

《彖(tuàn)④》曰:履,柔履刚⑤也。说(yuè)⑥而应乎乾⑦,是以"履虎尾,不咥人,亨"。刚中正⑧,履帝位⑨而不疚⑩,光明也。

《象⑪》曰:上天下泽⑫,履。君子以辩⑬上下,定民志。

【注释】

①兑下乾上:指六画的《履》卦由三画的乾卦和兑卦上下相叠而成。　②履:卦名,有踩踏、践行的意思。清代阮元主持校刻的《十三经注疏·周易正义》中无此"履"字,今据清儒刘沅之说补。　③咥:咬。　④彖:见"乾第一"原文第二节注①。　⑤柔履刚:柔指六三阴爻;刚一说指九二和初九阳爻,一说指九四阳爻,一说指《履》卦的上乾。　⑥说:通"悦",指喜悦、高兴。这里指下卦兑。　⑦应乎乾:指下卦兑与上卦乾应合。　⑧刚中正:指九五阳爻居上卦之中位。　⑨帝位:九五阳爻居上卦之中位,象征帝王之位。　⑩疚:

病;灾患。 ⑪象:见"乾第一"原文第三节注①。 ⑫上天下泽:《履》卦上乾下兑,乾为天,兑为泽,所以说上天下泽。⑬辩:通"辨",指分别。

【译文】

履 脚踩在老虎尾巴上,老虎不咬人,亨通。

《彖传》说:履,就像柔弱的东西踩在刚健的东西之上一样。《履》卦下兑上乾,兑为悦,乾为健,象征柔弱者以和悦的态度去应合刚健者,所以"脚踩在老虎尾巴上,老虎不咬人,亨通"。九五阳爻居上卦之中位,象征阳刚者居中守正,身居帝位而不会有灾患,因为其有光明之德。

《象传》说:《履》卦上乾下兑,乾为天,兑为泽,象征天在上,泽在下,这就是《履》卦的卦象。君子观此卦象,从而分别上下尊卑,统一民众的思想。

初九 素履①往,无咎②。

《象》曰:"素履"之"往",独行愿也。

九二 履道坦坦③,幽人④贞⑤吉。

《象》曰:"幽人贞吉",中⑥不自乱也。

六三 眇(miǎo)⑦能⑧视,跛⑨能履,履虎尾,咥人,凶。武人⑩为⑪于大君⑫。

《象》曰:"眇能视",不足以有明也。"跛能履",不足以与行也。"咥人"之"凶",位不当⑬也。"武人为于大君",志刚也。

九四 履虎尾,愬(shuò)⑭愬,终吉。

《象》曰:"愬愬,终吉",志行也。

九五　夬(guài)⑮履,贞厉⑯。

《象》曰:"夬履,贞厉",位正当⑰也。

上九　视⑱履考⑲祥⑳,其旋㉑元㉒吉。

《象》曰:"元吉"在上㉓,大有庆也。

【注释】

①素履:白色、无纹饰的鞋。　②咎:灾殃。　③坦坦:宽阔平坦的样子。　④幽人:隐居无争的人。一说指囚犯。　⑤贞:占问。一说指"正"。　⑥中:指九二阳爻居下卦之中位;也指内心。　⑦眇:眼睛瞎。一说指一只眼睛瞎。　⑧能:而。　⑨跛:腿瘸。　⑩武人:勇武的人,这里指六三爻。　⑪为:一说指用;一说指代;一说指做;一说指效力。　⑫大君:国君,这里指上九爻。　⑬位不当:指六三阴爻居于阳位,所处的位置不适当。　⑭愬:恐惧的样子。　⑮夬:一说指刚决、果断;一说指断裂。　⑯厉:危险。　⑰位正当:指九五阳爻居上卦之中位,所处的位置正当。　⑱视:看;观察。　⑲考:考察。　⑳祥:吉凶的征兆。　㉑旋:返回;归来。　㉒元:大。　㉓在上:指上九爻居《履》卦之最上位。

【译文】

初九　穿着白色而无纹饰的鞋前往,没有灾殃。

《象传》说:"穿着白色而无纹饰的鞋"而"前往",说明坚定地按自己的志向行事。

九二　脚下的道路宽阔平坦,隐居无争的人占问预示吉祥。

《象传》说:"隐居无争的人占问预示吉祥",是因为九二阳爻居下卦之中位,象征其不会自乱心志。

六三　眼睛瞎了却去视物,腿瘸了却强行走路,脚踩在老虎尾巴上,老虎咬人,有凶险。赳赳武夫得到国君的重用。

《象传》说:"眼睛瞎了却去视物",根本不可能见到事物;"腿瘸了却强行走路",肯定不能走远。"老虎咬人"的"凶险",是因为六三阴爻所处的位置不当。"赳赳武夫得到国君的重用",是因为他的意志十分刚强。

九四　脚踩在老虎尾巴上,感到恐惧,最终吉祥。

《象传》说:"感到恐惧,最终吉祥",因为其志向得以实行。

九五　决然而行,占问预示有危险。

《象传》说:"决然而行,占问预示有危险",因为九五阳爻居上卦之中位,所处的位置正当。

上九　回视走过的路程,考察其中的吉凶,返回时大为吉祥。

《象传》说:上九爻居于最高位而"大为吉祥",是指有值得大加庆贺的事情。

䷊（乾下坤上）泰第十一

【导读】

泰是通泰的意思。《泰》卦下乾上坤，象征阳气下降，阴气上升，阴阳之气相交合，从而云行雨施，万物旺盛生长，所以卦辞中说《泰》卦预示着吉祥、亨通。

卦辞中的"小往大来"是就《泰》卦的上下卦而言的。《周易》以阴为小，以阳为大，《泰》卦的上卦为坤为阴，又属外卦，所以有"小往"之象；下卦为乾为阳，又属内卦，所以有"大来"之象。"小"又可用来比喻小人、坏的事物等，"大"则可用来比喻君子、好的事物等，这样，"小往大来"又有坏事离去、好事到来的意思，这当然就意味着吉祥、亨通。

《象传》对《泰》卦的卦画结构及卦辞作了深入的剖析，具体包括以下三个方面的内容。一是认为《泰》卦的卦画结构意味着"内阳而外阴，内健而外顺"。因为《泰》卦下乾上坤，乾为阳，为内卦，有刚健之德，所以是"内阳"、"内健"；坤为阴，为外卦，有柔顺之德，所以是"外阴"、"外顺"。二是由内阳外阴推出《泰》卦是内君子而外小人（因为君子属阳，小人属阴，故有此说），并继而得出"君子道长，小人道消"的结论，因为君子居于内，小人处于外，有君子居于朝内行权、小人被摒弃于朝外的意思，所以意味着君子之道增长,小人之道消退。三是认为《泰》卦卦辞中说吉祥、亨通,是因为《泰》卦下乾上坤,象征天地中阴阳之气交合,万物通泰;同时也象征君臣上下志趣相同,相处融洽。

从《泰》卦的卦画结构来看,是乾下坤上,即天在下,地在上。天下地上,这与天地的正常位置恰好相反,为什么会预示吉祥、亨通呢?原来,《周易》把阴阳之气交合看成吉祥、亨通的前提,若天在上,地在下,则天气上升(因为天气属清阳飘浮之气),地气下沉(因为地气属浊阴沉滞之气),天地阴阳之气无法交合。而天在下,地在上,则意味着在下的天气上升,在上的地气下降,阴阳之气恰好能够交合。所以《周易》以天下地上为"泰",而天上地下则是"否",意味着闭塞不通。

《象传》以《泰》卦乾下坤上象征"天地交",推出君主要"财成天地之道,辅相天地之宜,以左右民",其间的逻辑关系是:只有当天地阴阳之气相交时,万物才能通泰,所以君主必须根据这一原则来治理民众,使他们的生产和生活适应天时的变化和四季的更替。其中的"辅相天地之宜"即有根据天地之时宜安排耕作稼穑等事务、以人力辅助天工的意思。

《泰》卦六爻,除了上六爻因处于《泰》卦之极,预示会有令人悔恨之事,其他各爻则不是无咎、吉,就是大吉,可见《泰》卦在《周易》六十四卦中属吉利之卦,这当然与《泰》卦象征天地阴阳相交、万物通泰有关。

☰☷(乾下坤上①)泰② 小③往大④来,吉,亨。

《彖(tuàn)⑤》曰:"泰:小往大来,吉,亨。"则是天地交⑥而万物通也,上下⑦交而其志同也。内阳而外阴⑧,内健而外顺⑨,内君子而外小人⑩。君子道长,小人道消也。

《象⑪》曰:天地交,泰。后⑫以财⑬成天地之道,辅相⑭天地之宜⑮,以左右⑯民。

【注释】

①乾下坤上:指六画的《泰》卦由三画的坤卦和乾卦上下相叠而成。　②泰:卦名,指通泰的意思。　③小:指《泰》卦中的坤,也比喻坏的事物、小人等。　④大:指《泰》卦中的乾,也比喻好的事物、君子等。　⑤彖:见"乾第一"原文第二节注①。　⑥天地交:《泰》卦下乾上坤,乾为天,坤为地,天下地上,天气上升,地气下降,所以说天地交。　⑦上下:指《泰》卦的上坤与下乾,这里以上下比喻君臣。　⑧内阳而外阴:《泰》卦下乾上坤,下为内,上为外;乾为阳,坤为阴,所以说内阳而外阴。　⑨内健而外顺:指《泰》卦之内卦乾的特点为刚健而外卦坤的特点为柔顺。　⑩内君子而外小人:指《泰》卦之内卦乾象征君子而外卦坤象征小人。　⑪象:见"乾第一"原文第三节注①。　⑫后:君主。　⑬财:通"裁",指裁度调节、节制。　⑭辅相:辅佐。　⑮宜:适宜,这里指时序变化之所宜。　⑯左右:支配;治理。一说指帮助;一说指保佑。

【译文】

泰　小的去了,大的来到,吉祥,亨通。

《彖传》说:"泰:小的去了,大的来到,吉祥,亨通。"说明天地中阴阳之气相交合而万物亨通,君臣上下相沟通,其志趣相同。《泰》卦下乾上坤,乾阳居内而坤阴居外,内卦乾刚健而外卦坤柔顺,象征君子在内而小人在外。君子之道增长,小人之道消退。

《象传》说:《泰》卦下乾上坤,乾为天,坤为地,象征天地阴阳之气相交,这就是《泰》卦的卦象。君主观此卦象,从而根据天地运行的规律进行裁度调节,安排相应的活动以辅助天地间的变化,以此来治理百姓。

初九　拔茅茹①以②其汇③,征吉。

《象》曰:"拔茅","征吉",志在外④也。

九二　包⑤荒⑥,用冯(píng)河⑦,不遐遗⑧,朋⑨亡,得尚⑩于中行⑪。

《象》曰:"包荒","得尚于中行",以光大⑫也。

九三　无平不陂(bì)⑬,无往不复⑭,艰贞⑮无咎⑯。勿恤⑰其孚⑱,于食⑲有福。

《象》曰:"无往不复",天地际⑳也。

六四　翩翩㉑,不富㉒以㉓其邻,不戒㉔以㉕孚。

《象》曰:"翩翩,不富",皆失实㉖也。"不戒以孚",中心愿也。

六五　帝乙㉗归㉘妹㉙,以祉㉚,元㉛吉。

《象》曰:"以祉,元吉",中㉜以行愿也。

上六　城复㉝于隍㉞,勿用师,自邑(yì)告命㊱,贞吝㊲。

《象》曰:"城复于隍",其命㊳乱㊴也。

【注释】

①茅茹:茅草的根。茹:根茎。　②以:及。　③汇:类。

④外:指外卦的六四阴爻,其与内卦的初九阳爻正相应合。
⑤包:一说通"匏(páo)",即葫芦;一说通"庖",指厨房;一说指包容、容纳。 ⑥荒:一说指空虚;一说指广大。 ⑦冯河:无舟而渡河。 ⑧遗:弃。一说指馈赠。 ⑨朋:一说指朋友;一说指朋党。 ⑩尚:一说指赏;一说指崇尚、尊崇;一说指帮助。 ⑪中行:一说指中途、中道;一说指行中道。 ⑫光大:一说指光明正大;一说指广大。 ⑬陂:倾斜。 ⑭复:还;返回。 ⑮艰贞:占问艰难之事。 ⑯咎:灾殃。 ⑰恤:忧虑;担忧。 ⑱孚:见"需第五"原文第一节注③。 ⑲食:食物;饮食。一说指俸禄。 ⑳天地际:指九三阳爻处于阳爻向阴爻转化之际。 ㉑翩翩:鸟飞轻疾的样子。这里比喻阴气上升以就阳气。 ㉒不富:不富有。这里指阴爻。《周易》中的"不富",常就阴爻而言。 ㉓以:与。 ㉔戒:告诫。 ㉕以:而。 ㉖实:指阳爻,《周易》以阳爻为实。 ㉗帝乙:商代帝王,系商纣王之父。 ㉘归:女子出嫁。 ㉙妹:妹妹。一说指少女。 ㉚祉:福。 ㉛元:大。 ㉜中:指六五阴爻居上卦之中位。 ㉝复:通"覆",指倾覆、倒塌。 ㉞隍:城墙外无水的护城壕。 ㉟邑:城镇;村落。 ㊱告命:传达命令。一说指请命;一说即"诰命",指训诰政令。 ㊲吝:悔恨。 ㊳命:天命;命运。 ㊴乱:变;改变。一说指变乱;一说指混乱。

【译文】

初九　拔起茅草的根,连带拔起了其同类植物的根,出征可获吉祥。

《象传》说:"拔起茅草","出征可获吉祥",说明其志向是要向外发展。

九二　包容广大，涉水过河，不遗弃远方的人，失去朋友，在中途得到赏赐。

《象传》说："包容广大"，"在中途得到赏赐"，是因为九二的行为光明正大。

九三　没有只平坦而不倾斜的地方，没有只出去而不回来的事物，占问面临的艰难之事，预示没有灾殃。不要为自己的诚信而担心，在食物方面会有福气。

《象传》说："没有只出去而不回来的事物"，因为九三阳爻位于与阴爻交接的边际，象征事物正处于向反面转化的临界点。

六四　轻捷地下降，与其邻居都不富有，不用互相告诫，心中都充满诚信。

《象传》说："轻捷地下降，不富有"，是因为六四与六五、上六皆属阴爻，没有阳气。"不互相告诫而充满诚信"，说明保持诚信是其心愿。

六五　帝乙的妹妹出嫁，因而得福，大为吉祥。

《象传》说："因而得福，大为吉祥"，是因为六五阴爻居上卦之中位，象征其通过行中道来实现自己的意愿。

上六　城墙倾塌到护城壕中，不要用兵，从城邑中传出命令，占问预示会有令人悔恨之事。

《象传》说："城墙倾塌到护城壕中"，说明天命已经改变。

䷋（坤下乾上）否第十二

【导读】

否是闭塞不通的意思。《否》卦下坤上乾，与《泰》卦的下乾上坤恰好相反。《否》卦地在下，天在上，象征阴气下降，阳气上升，阴阳之气不相交，久旱不雨，大地干涸，万物枯萎。以此比喻人事，则是君臣离心，小人得志，所以卦辞中说"不利君子贞"。

卦辞中的"大往小来"与《泰》卦卦辞中的"小往大来"亦恰成对照。《周易》以阳为大，以阴为小，《否》卦的上卦为乾为阳，又属外卦，所以有"大往"之象；下卦为坤为阴，又属内卦，所以有"小来"之象。"大"又可用来比喻君子、好的事物等，"小"则可用来比喻小人、坏的事物等，这样，"大往小来"又有好事离开、坏事到来的意思，这种状况，对君子当然是极为不利的。

《象传》对《否》卦的卦画结构及卦辞的解释基本上采用了与《泰》卦相同的模式。一是认为《否》卦的卦画结构意味着"内阴而外阳，内柔而外刚"，因为《否》卦下坤上乾，坤为阴，为内卦，有柔顺之德，所以是"内阴"、"内柔"；乾为阳，为外卦，有刚健之德，所以是"外阳"、"外刚"。二是由内阴外阳推出《否》卦是内小人而外君子（因为小人属阴，君子属阳，故有此说），并继而得出"小人道长，君子道消"的结论，因为小人居于内，君子处于外，有小人居于朝廷内行权、君子被摒弃于朝廷之外的意思，所以意味着小人之道增长，君子之道消退。三是认为《否》卦卦辞中说的"不利君子贞，大往小来"是因为《否》卦下坤上乾，象征天地中阴阳之气不相交合，万物闭塞不通；同时也象征君臣上下离心，导致国家灭亡。

从《否》卦的卦画结构来看，是坤下乾上，即天在上，地在下。天上地下，这不正是天地间的正常位置吗，怎么会意味着闭塞不通呢？原来，《周易》把阴阳之气交合看成吉祥、亨通的前提，若天在下，地在上，则天气上升（因为天气属清阳飘浮之气），地气下沉（因为地气属浊阴沉滞之气），天地阴阳之气能够交合。而天在上，地在下，则意味着在上的天气上升，在下的地气下降，阴阳之气无法交合。所以《周易》以天上地下为"否"，而天下地上则是"泰"，意味着万物通泰。

《象传》以《否》卦乾上坤下象征"天地不交"，推出君子应"以俭德辟难，不可荣以禄"，其间的逻辑关系是：天地间闭塞不通的情况，恰如政治上君臣离心、小人当道，在这种情况下，君子就要及时辞官引退，若贪恋爵位，则必会遭遇不测。秦朝末年，宦官赵高把持朝政，丞相李斯因抛不下荣华富贵的生活，被迫与赵高同流合污，但最终仍为赵高所忌杀，可谓这方面的典例。

《否》卦六爻，上三爻皆阳，下三爻皆阴，虽然相互间都存在应合关系，但因处"否"之时，象征天地阴阳之气不相交合，故爻辞中无上下应合之言。《否》卦六爻还有一个明显的特点，就是下面的三爻多对小人而言，象征小人用事；上面的三爻则对君子而言，指出君子应奋力改变闭塞不通的局面。

☰（坤下乾上①）否（pǐ）② 之匪人③，不利君子贞④，大⑤往小⑥来。

《彖(tuàn)⑦》曰："否:之匪人,不利君子贞,大往小来。"则是天地不交⑧而万物不通也,上下⑨不交而天下无邦⑩也。内阴而外阳⑪,内柔而外刚⑫,内小人而外君子⑬。小人道长,君子道消也。

《象⑭》曰:天地不交,否。君子以俭⑮德辟⑯难,不可荣以禄⑰。

【注释】

①坤下乾上:指六画的《否》卦由三画的乾卦和坤卦上下相叠而成。　②否:卦名,有闭塞不通的意思。　③之匪人:朱熹认为此三字属衍文,可从。　④贞:占问。一说指"正"。　⑤大:见"泰第十一"原文第一节注④。　⑥小:见"泰第十一"原文第一节注③。　⑦彖:见"乾第一"原文第二节注①。　⑧天地不交:《否》卦下坤上乾,坤为地,乾为天,天上地下,天气上升,地气下降,所以说天地不交。　⑨上下:见"泰第十一"原文第一节注⑦。　⑩天下无邦:指国家灭亡。　⑪内阴而外阳:《否》卦下坤上乾,下为内,上为外;坤为阴,乾为阳,所以说内阴而外阳。　⑫内柔而外刚:指《否》卦之内卦坤的特点为柔顺而外卦乾的特点为刚健。　⑬内小人而外君子:指《否》卦之内卦坤象征小人而外卦乾象征君子。　⑭象:见"乾第一"原文第三节注①。　⑮俭:一说指节俭;一说同"敛",指收敛。二说皆可通。　⑯辟:通"避",指避免、避开。　⑰禄:俸禄。

【译文】

　　否　君子占问预示不利,大的去了,小的来到。

《象传》说:"否:君子占问预示不利,大的去了,小的来到。"说明天地中阴阳之气不相交而万物不亨通;君臣上下不相沟通,国家灭亡。《否》卦下坤上乾,坤阴居内而乾阳居外,内卦坤柔顺而外卦乾刚强,象征小人在内而君子在外。小人之道增长,君子之道消退。

《象传》说:《否》卦上乾下坤,乾为天,坤为地,象征天地阴阳之气不相交合,这就是《否》卦的卦象。君子观此卦象,从而遵循节俭的美德以躲避灾难,不要以享受俸禄为荣。

初六　拔茅茹①以②其汇③,贞吉亨。

《象》曰:"拔茅","贞吉",志在君也。

六二　包承④,小人吉,大人否⑤,亨。

《象》曰:"大人否,亨",不乱群⑥也。

六三　包羞⑦。

《象》曰:"包羞",位不当⑧也。

九四　有命⑨,无咎⑩,畴⑪离(lí)⑫祉⑬。

《象》曰:"有命,无咎",志行也。

九五　休⑭否,大人吉。其⑮亡其亡,系⑯于苞桑⑰。

《象》曰:"大人"之"吉",位正当⑱也。

上九　倾⑲否,先否后喜。

《象》曰:否终则倾,何可长也。

【注释】

①茅茹:茅草的根。茹:根茎。　②以:及。　③汇:类。
④包承:包容顺承。一说指用茅包裹祭肉(包:以茅包裹。承:

指祭肉)。　⑤否:一说指闭塞;一说指否定。　⑥不乱群:指大人不与小人混为一群。　⑦包羞:包容羞辱。一说指包裹熟肉(羞:即"馐",指美味的食物或熟肉)。　⑧位不当:指六三阴爻居于阳位,所处的位置不适当。　⑨命:天命;命运。　⑩咎:灾殃。　⑪畴:即"俦",指同类。这里指九五和上九阳爻。　⑫离:通"丽",指依附、附着。　⑬祉:福。　⑭休:停止;罢休。　⑮其:副词,表示未来,意为"将"。　⑯系:拴缚。　⑰苞桑:丛生的桑树。苞:草木丛生。　⑱位正当:指九五阳爻居于阳位,所处的位置正当。　⑲倾:倾覆。

【译文】

初六　拔起茅草的根,连带拔起了其同类植物的根,占问时预示吉祥、亨通。

《象传》说:"拔起茅草","占问时预示吉祥",因为其志向在于辅佐国君。

六二　包容顺承,这种做法对小人吉利,大人不这么做,亨通。

《象传》说:"大人不这么做,亨通",是因为大人不与小人混为一群。

六三　含羞忍耻。

《象传》说:"含羞忍耻",是因为六三阴爻居于阳位,所处的位置不适当。

九四　有天命,没有灾殃,自己的同类会一起得福。

《象传》说:"有天命,没有灾殃",说明其志向得到了实行。

九五　终止闭塞的局面,大人获得吉祥。时时提醒自己:将要灭亡,将要灭亡,就会像拴系在丛生的桑树上一样稳固。

《象传》说:"大人"获得"吉祥",是因为九五阳爻居于阳位,所处的位置正当。

上九　倾覆闭塞的局面,开始时闭塞,后来喜悦。

《象传》说:闭塞到极点就会倾覆,闭塞的局面怎么能长久呢!

䷌（离下乾上）同人第十三

【导读】

　　同人指与别人相同，这种相同包括心意相同、行为一致等内容。《同人》卦下离上乾，离为火，火性炎上；乾为天，天在地上。就其向上的一面来说，离和乾是一致的。另外，六二是《同人》卦唯一的阴爻，也是《同人》卦的主爻，六二阴爻与九五阳爻正相应合。正因为《同人》卦的卦画结构有一致、相同、应合等意义，所以此卦意味着与别人心意、行为相同。与别人在心意、行为等方面相同，大家就能同心同德，团结一致，所以预示着亨通，有利于渡大河。卦辞中的"同人于野"，指在旷野之地与别人相同，之所以强调在旷野之地，是因为旷野之地广阔无边，没有阻隔，正可用来象征人与人相和同时心胸的宽广、无私。

　　《同人》卦的这一宗旨，与儒家的大同理想亦存在内在联系。据《礼记·礼运》篇："大道之行也，天下为公，选贤与能，讲信修睦，故人不独亲其亲，不独子其子……是谓大同。""天下为公"、"讲信修睦"、"不独亲其亲，不独子其子"，正是《同人》卦与人心意、行为相同的核心内容。需要指出的是，《同人》卦所说的与人心意、行为相同，不是毫无原则地赞同、应和别人，不是盲目地为同而同，而是在正义前提下的相同,卦辞中的"利君子贞",就指明了这一点。《论语·子路》中说:"君子和而不同,小人同而不和",即君子追求和谐而不是完全相同,小人追求完全相同而不是和谐,可谓对"同人"之义的极好注脚,也是我们在理解"同人"之含义时必须把握的原则。

《象传》对《同人》卦的卦名和卦辞作了具体的解释。首先,它认为《同人》卦之所以以"同人"命名,是因为该卦中的六二阴爻处于阴位,又居下卦之中位,与居上卦之中位的九五阳爻相应合,象征阴柔者和阳刚者心意一致。其次,卦辞中说"同人于野,亨,利涉大川",是因为九五阳爻居上卦之中位,象征阳刚者持守中道,使刚健之道得以推行。第三,以"正"释"贞",并以《同人》卦的卦画结构为依据,详细解释了"君子贞"的含义:一是《同人》卦下离上乾,离为火为文明,乾为刚健,因此《同人》卦意味着文明而又刚健;二是六二阴爻居下卦之中位,与居上卦之中位的九五阳爻相应合,象征阴柔者与阳刚者持守中道且心意相通;三是君子注重道德修养,以仁义为原则,所以能使天下之人的心意相沟通。

《象传》以《同人》卦上乾下离象征"天与火",推出君子应该"类族辨物",其间的逻辑关系是:天与火虽是两种不同的事物,但它们都具有向上的特性,因此,两者可以归为一类;君子受此启发,从而要根据人与事物的性质来对其进行归类。

《同人》卦六爻,则经历了由同到异、再由异到同的过程。初九、六二两爻"同人于门"、"同人于宗",讲的都是同;九三、九四两爻"伏戎于莽"、"乘其墉",讲的是不同与争斗;九五、上九两爻"同人"、"同人于郊",讲的又是同。这充分说明,《易经》中已蕴含否定之否定、螺旋式上升与回归等深刻的辩证法思想。

☲☰（离下乾上①）同人② 同人于野③，亨，利涉大川，利君子贞④。

《彖(tuàn)⑤》曰：同人，柔得位得中⑥而应乎乾⑦，曰同人。同人曰⑧："同人于野，亨，利涉大川"，乾行⑨也。文明以健⑩，中正而应⑪，"君子"正也。唯君子为能通天下之志。

《象⑫》曰：天与火⑬，同人。君子以类族⑭辨物。

【注释】

①离下乾上：指六画的《同人》卦由三画的乾卦和离卦上下相叠而成。　②同人：卦名，指与别人心意、行为相同。一说指聚集众人。清代阮元主持校刻的《十三经注疏·周易正义》无此"同人"二字，今据高亨的《周易大传今注》补。　③野：旷野；郊外。　④贞：占问。一说指"正"。　⑤彖：见"乾第一"原文第二节注①。　⑥柔得位得中：指六二阴爻处于阴位，且居下卦之中位。　⑦乾：指九五阳爻。　⑧同人曰：朱熹认为此三字系衍文，因其他六十三卦的彖辞无此体例。　⑨乾行：指九五爻的刚健之道得以推行。　⑩文明以健：《同人》卦下离上乾，离为火为文明，乾为刚健，所以说文明以健。以：而。　⑪中正而应：指六二阴爻居下卦之中位，与居上卦之中位的九五阳爻相应合。　⑫象：见"乾第一"原文第三节注①。　⑬天与火：《同人》卦上乾下离，乾为天，离为火，所以说天与火。　⑭类族：对人群进行归类。

【译文】

同人　在旷野之地与别人心意、行为相同，亨通。利于渡大河，君子占问预示有利。

《象传》说:同人,六二阴爻处于阴位,且居下卦之中位,与居上卦之中位的九五阳爻相应合,所以能与别人心意、行为相同。《同人》卦的卦辞说:"在旷野之地与人心意、行为相同,亨通,利于渡大河",是因为刚健之道得以推行。《同人》卦下离上乾,离为火为文明,乾为刚健,合起来象征文明刚健;六二阴爻居下卦之中位,与居上卦之中位的九五阳爻相应合,说明君子恪守正道。只有君子才能贯通天下之人的心志。

《象传》说:《同人》卦上乾下离,乾为天,离为火,象征天与火性质一致,这就是《同人》卦的卦象。君子观此卦象,从而对人群进行归类,对事物加以分别。

初九　同人于门,无咎[1]。

《象》曰:出门同人,又谁咎[2]也。

六二　同人于宗[3],吝[4]。

《象》曰:"同人于宗","吝"道也。

九三　伏戎[5]于莽[6],升[7]其高陵,三岁不兴[8]。

《象》曰:"伏戎于莽",敌[9]刚[10]也。"三岁不兴",安行[11]也。

九四　乘[12]其墉(yōng)[13],弗克[14]攻,吉。

《象》曰:"乘其墉",义[15]弗克也。其"吉",则困而反[16]则[17]也。

九五　同人先号咷(táo)[18]而后笑,大师克[19]相遇。

《象》曰:"同人"之"先[20]",以中直[21]也。"大师""相遇",言相"克"也。

上九　同人于郊㉒，无悔。

《象》曰："同人于郊"，志未得㉓也。

【注释】

①咎：灾殃。　②咎：责怪；追究罪责。　③宗：宗庙；祖庙。　④吝：悔恨。　⑤戎：军队；士兵。　⑥莽：草丛。　⑦升：登；攀登。　⑧兴：一说指兴兵；一说指振兴。　⑨敌：对抗。一说指敌人。　⑩刚：刚强，指上九阳爻。　⑪安行：一说指"安于其行"，即安于暂不发动进攻；一说指"安可行"，即怎么能采取行动呢。　⑫乘：登。　⑬墉：城墙。　⑭克：能。　⑮义：道义。一说指宜、理应。　⑯反：返回。　⑰则：准则；法则。　⑱号咷：同"号啕"，形容大声哭。咷：哭。　⑲克：战胜。一说指最终。　⑳先："先号咷而后笑"的省略用法。　㉑中直：指九五阳爻居上卦之中位。直：正。　㉒郊：见"需第五"原文第二节注①。　㉓得：成功；实现。

【译文】

初九　在门外与别人心意、行为相同，没有灾殃。

《象传》说：出门与别人心意、行为相同，又有谁会来责备呢？

六二　在宗庙内与别人心意、行为相同，将会有令人悔恨之事。

《象传》说："在宗庙内与别人心意、行为相同"，这是会造成悔恨的做法。

九三　把军队埋伏在茂密的草丛中，又登上高陵，三年不能与对方兴兵作战。

《象传》说："把军队埋伏在茂密的草丛中"，是要与刚强的对手

（离下乾上）同人第十三

为敌。"三年不能与对方兴兵作战",是因为判明了形势,所以暂时按兵不动。

九四　登上敌人的城墙,却没有攻下城池,吉祥。

《象传》说:"登上敌人的城墙,却没有攻下城池",是因为从道义上不应该攻占对方的城池。之所以"吉祥",是因为其面临困境时能回头按正确的原则办事。

九五　与别人心意、行为相同,先号啕大哭,后欢笑欣喜,大部队克敌会师。

《象传》说:"与别人心意、行为相同"而"先号啕大哭,后欢笑欣喜",是因为九五阳爻居上卦之中位,象征其行中正之道。"大部队""会师",说明与敌人作战取得了胜利。

上九　在郊外与别人心意、行为相同,没有令人后悔之事。

《象传》说:"在郊外与别人心意、行为相同",说明其志向未能实现。

䷍（乾下离上）大有第十四

【导读】

大有即极其富有。无论对一个国家、一个家庭或一个人来说，当其极其富有之时，也就是极其亨通之时，所以卦辞中说"元亨"。当然，这里的极其富有，不光指财富，也包括知识、道德等。在《周易》六十四卦的卦辞中，只有《大有》卦的卦辞为"元亨"，可见"大有"之时是多么的吉祥。

《象传》具体解释了该卦取名为"大有"的原因：六五阴爻居上卦之中位，上下的五个阳爻都与其相应，象征阴柔者居于尊位而得到众多阳刚者的全力辅佐，这必然会带来极其富有的局面，所以称为大有。《象传》还以《大有》卦的卦画结构为依据，解释了《大有》卦为什么预示大为亨通：《大有》卦下乾上离，乾象征刚健，离象征文明；六五阴爻与九二阳爻相应合，象征阴柔者顺应天道。这样，《大有》卦既具刚健文明之德，又能顺应天道，当然就意味着大为亨通。

《象传》以《大有》卦上离下乾象征"火在天上"，推出君子应"遏恶扬善，顺天休命"，其间的逻辑关系是：火在天上，则天下万物之美丑善恶无不显明；君子观此卦象，从而对恶的事情要严加制止，对善的事情要尽力褒扬；而这种做法本身，正体现了美善的天道，因为天道也是遏恶扬善的。

《大有》卦六爻,其九三爻辞中有"用亨",六五和上九爻辞为"吉",初九、九二和九四爻辞为"无咎",没有一爻预示凶或不吉,充分说明"大有"是古人心目中的理想状态。值得注意的是,爻辞中也向我们讲述了处"大有"之时应当遵循的一些基本原则:一是要避免交友不慎,二是要不忘财富积聚时的艰辛,三是不要炫耀富有,四是要有诚信。

☰(乾下离上①)大有② 元亨③。

《彖(tuàn)④》曰:大有,柔得尊位大中⑤,而上下⑥应之,曰大有。其德刚健而文明⑦,应乎天⑧而时行,是以"元亨"。

《象⑨》曰:火在天上⑩,大有。君子以遏恶扬善,顺天休命⑪。

【注释】

①乾下离上:指六画的《大有》卦由三画的离卦和乾卦上下相叠而成。　②大有:卦名,指极其富有的意思。　③元亨:大为亨通。元:大。　④彖:见"乾第一"原文第二节注①。　⑤柔得尊位大中:指六五阴爻居上卦之中位。　⑥上下:指六五阴爻上下的五个阳爻。　⑦刚健而文明:《大有》卦下乾上离,乾为刚健,离为火为文明,所以说刚健而文明。　⑧应乎天:指六五阴爻与九二阳爻相应合;九二阳爻处于下卦乾中,乾为天,所以说应乎天。　⑨象:见"乾第一"原文第三节注①。　⑩火在天上:《大有》卦上离下乾,离为火,乾为天,所以说火在天上。　⑪休命:美善的命令。

休：美善。一说指完美性命；一说指使命运美好。

【译文】

大有　大为亨通。

《彖传》说：大有，六五阴爻居上卦之中位，象征阴柔者居于尊位并持守中道，上下的阳刚者都纷纷表示响应，所以意味着极其富有。《大有》卦下乾上离，乾为刚健，离为文明，象征具有刚健而文明之德，又能顺应天道，适时而行，所以"大为亨通"。

《象传》说：《大有》卦下乾上离，乾为天，离为火，象征天上有火，这就是《大有》卦的卦象。君子观此卦象，从而制止恶行，褒扬善行，顺从美善的天命。

初九　无交①害，匪②咎③，艰④则无咎。

《象》曰：大有初九，"无交害"也。

九二　大车以载，有攸⑤往，无咎。

《象》曰："大车以载"，积中⑥不败也。

九三　公⑦用亨⑧于天子，小人弗克⑨。

《象》曰："公用亨于天子"，"小人"害也。

九四　匪其彭⑩，无咎。

《象》曰："匪其彭，无咎"，明辩⑪晳（zhé）⑫也。

六五　厥⑬孚⑭交⑮如⑯，威如，吉。

《象》曰："厥孚交如"，信以发⑰志也。"威如"之"吉"，易⑱而无备⑲也。

上九　自天佑之，吉，无不利。

《象》曰：大有上⑳"吉"，"自天佑"也。

【注释】

①交:一说指互相;一说指交往、交接。 ②匪:同"非",指无。 ③咎:灾殃。一说指责怪、追究罪责。 ④艰:这里指时刻想到艰难。 ⑤攸:助词,相当于"所"。 ⑥积中:既指物品堆积在车中,也指九二阳爻居下卦之中位。 ⑦公:指王公大人。 ⑧亨:通"享",一说指宴会;一说指祭祀;一说指朝献。 ⑨克:能。 ⑩彭:一说借为"尪(wāng)",指椎骨向后弯曲的病,引申指邪曲不正;一说指盛多的样子;一说指旁、近。 ⑪辩:通"辨",指辨别。 ⑫晢:明察;明智。 ⑬厥:其。 ⑭孚:见"需第五"原文第一节注③。 ⑮交:一说通"皎",指明亮;一说指交往、交接;一说指交通;一说指好。 ⑯如:形容词后缀,表示状态。 ⑰发:引发;启发。一说指"明"。 ⑱易:简易。 ⑲备:防备。 ⑳上:指上九爻。

【译文】

初九 没有因交往不当而带来的祸害,不会有灾殃;时刻想到艰难的处境,就不会有灾殃。

《象传》说:初九爻处《大有》卦之初,"没有因交往不当而带来的祸害"。

九二 用大车装载,有所前往,没有灾殃。

《象传》说:"用大车装载",是指把物品装积在车中,不会毁坏。

九三 王公把财物献给天子,小人则不能。

《象传》说:"王公把财物献给天子",若是小人,则会有祸害。

九四 盛多而不炫耀,没有灾殃。

《象传》说:"盛多而不炫耀,没有灾殃",说明其能非常明智地辨别事物。

六五　诚实守信,光明正大,充满威严,吉祥。

《象传》说:"诚实守信,光明正大",是用诚信来引发他人产生相同的志向。"充满威严"而"吉祥",是因为六五行为简易而无所防备。

上九　有上天保佑,吉祥,没有任何不利。

《象传》说:《大有》卦的上九爻之所以"吉祥",是因为"有上天保佑"。

☷ (艮下坤上)谦第十五

【导读】

谦是谦虚的意思。《周易》把谦虚看作一种重要的德行,对之极其推崇,这一点,光从卦辞中就可以看出来:谦虚,意味着亨通,君子有好的结局。

《谦》卦的卦画结构形象地反映了谦虚的特点:《谦》卦下艮上坤,艮为山,坤为地,有山在地中之象;山应该在大地之上,现在却在大地之下,比喻有才德的君子却甘居于平庸之人的下面,这不正是谦虚吗?

中国人历来崇尚谦虚,反对盈满,在《尚书·大禹谟》中,即有"满招损,谦受益"的说法。另据《韩诗外传》,周公旦曾告诫自己的儿子伯禽说:"《易》有一道,大足以守天下,中足以守其国家,小足以守其身:谦之谓也。"而在《象传》中,更是对谦虚之德作了集中而深入的发挥。首先,《象传》认为,《谦》卦的卦画结构意味着"天道下济而光明,地道卑而上行"。因为《谦》卦下艮上坤,艮为阳卦,代表天道,艮处于坤下,有天道下济之象;艮代表天道,天空中日、月、星高悬,能照耀万物,所以说"天道下济而光明"。坤代表地道,天尊地卑,所以说"地道卑";但地气蒸腾上升,大地位于山之上,又都是地道上行之象,所以说"地道卑而上行"。《彖传》的这一论述,既解释了《谦》卦卦名的来历,又解释了卦辞中"亨"的意义,因为"下济"、"上行"都有亨通的意思。

其次,《彖传》解释了为什么卦辞中说"君子有终"。《彖传》认为,无论是天道、地道、鬼神之道还是人道,都是褒扬谦虚,贬抑盈满,它们使谦虚者得福,使盈满者遭祸。君子有谦虚之德,所以在地位尊贵时光明显耀,而在遭受磨难、地位卑下时不会受到凌辱,因此,正是谦虚,才使君子有好的结局。

《象传》以《谦》卦坤上地下象征"地中有山",推出君子应"裒多益寡,称物平施",其间的逻辑关系是:地中有山,表示高大的山甘愿处于卑下的大地之下,体现了谦虚之德;而天、地、鬼神之道的特点是"亏盈而益谦"、"变盈而流谦"、"害盈而福谦",因此,作为君子,在治理国家时,就要认识到盈满的坏处,从而取有余以补不足,把财物公平地分给众人。

《谦》卦六爻,下三爻爻辞预示吉祥,上三爻爻辞预示有利,这在《周易》六十四卦的爻辞中是极其罕见的,充分反映了《周易》作者对谦虚之德的推崇。

☷☶(艮[gèn]下坤上)①谦② 亨。君子有终③。

《彖(tuàn)》④曰:谦,"亨"。天道下济⑤而光明⑥,地道卑而上行。天道亏⑦盈⑧而益⑨谦,地道变⑩盈而流⑪谦,鬼神害盈而福谦,人道恶(wù)盈而好谦。谦,尊而光,卑而不可逾⑫,"君子"之"终"也。

《象⑬》曰:地中有山⑭,谦。君子以裒(póu)⑮多益寡,称⑯物平⑰施⑱。

【注释】

①艮下坤上:指六画的《谦》卦由三画的坤卦和艮卦上下相叠而成。　②谦:卦名,意为谦虚。　③有终:有好的结局。④彖:见"乾第一"原文第二节注①。　⑤济:一说指成就;一说指通达;一说指渡、过河;一说指救助;一说指得益。⑥光明:照耀。　⑦亏:减损;减少。　⑧盈:满;充满。⑨益:补充;增益。　⑩变:改变。一说指毁。　⑪流:补益;充实。　⑫逾:越。　⑬象:见"乾第一"原文第三节注①。　⑭地中有山:《谦》卦上坤下艮,坤为地,艮为山,所以说地中有山。　⑮裒:减少。一说指取。　⑯称:称量;衡量。　⑰平:公平。　⑱施:给予;施与。

【译文】

谦　亨通。君子有好的结局。

《彖传》说:谦,"亨通"。天之道是成就并照耀天下万物,地之道是居位卑下但地气能向上蒸腾。天之道是减损盈满者而增益谦虚者,地之道是改变盈满者而充实谦虚者,鬼神之道是使盈满者受害而使谦虚者得福,人之道是厌恶盈满者而爱好谦虚者。谦虚这一美德,使人处于尊位时光明显耀,地位低下时不会受到凌辱,"君子"正是因为谦虚才有"好的结局"。

《象传》说:《谦》卦上坤下艮,坤为地,艮为山,象征大地的下面有山,这就是《谦》卦的卦象。君子观此卦象,从而取有余以补不足,称量财物的多少,公平地施与众人。

初六　谦谦①君子,用②涉大川,吉。

《象》曰:"谦谦君子",卑以自牧③也。

六二　鸣谦④,贞⑤吉。

《象》曰:"鸣谦,贞吉",中心得⑥也。

九三　劳谦⑦君子,有终,吉。

《象》曰:"劳谦君子",万民服也。

六四　无不利,㧑(huī)谦⑧。

《象》曰:"无不利,㧑谦",不违则也。

六五　不富⑨以⑩其邻,利用⑪侵伐⑫,无不利。

《象》曰:"利用侵伐",征不服也。

上六　鸣谦,利用行师征邑(yì)国⑬。

《象》曰:"鸣谦",志未得也。可"用行师","征邑国"也。

【注释】

①谦谦:谦而又谦,表示十分谦虚。　②用:用来。一说同"利",指利于。　③自牧:自我修养。一说指自我约束、要求。　④鸣谦:有名而仍然谦虚。鸣:闻名。　⑤贞:占问。一说指"正"。　⑥中心得:即"心得中",指内心能守中道。六二阴爻居下卦之中位,故有此说。　⑦劳谦:有功劳而仍然谦虚。劳:功劳。　⑧㧑谦:发挥谦逊之德。㧑:发挥。　⑨不富:见"泰第十一"原文第二节注㉒。　⑩以:与。一说指因为;一说指用。　⑪利用:利于。　⑫侵伐:兴兵讨罪。　⑬邑国:封邑小国。

【译文】

初六　君子十分谦虚,用这种态度去渡大河,吉祥。

《象传》说:"君子十分谦虚",指用谦卑的态度来自我修养。

六二　虽然有名,仍保持谦虚,占问预示吉祥。

《象传》说:"虽然有名,仍保持谦虚,占问预示吉祥",是因为内心能持守中道。

九三　君子有功劳而仍保持谦虚,有好的结局,吉祥。

《象传》说:"君子有功劳而仍保持谦虚",会受到万民的敬服。

六四　没有任何不利,发挥谦逊之德。

《象传》说:"没有任何不利,发挥谦逊之德",说明这样做不违背原则。

六五　与其邻国一起都不富裕,利于向造成这种状况的国家兴兵讨罪,没有任何不利。

《象传》说:"利于兴兵讨罪",是因为前去征讨不顺服者。

上六　虽然有名,仍保持谦虚,利于出兵征讨封邑小国。

《象传》说:"虽然有名,仍保持谦虚",是因为其志向尚未实现。可以"出兵",是去"征讨封邑小国"。

䷏（坤下震上）豫第十六

【导读】

豫是和悦欢乐的意思。《豫》卦下坤上震，坤为地，震为雷，象征大地上春雷震动，万物复苏，一派欣欣向荣的景象，所以豫意味着和悦欢乐。同时，《豫》卦的下坤又象征民众，君主在面对天下民众时，考虑的是如何进行统治，以使民众能安定地生活，而"建侯"即册封诸侯正是治理万民的重要手段，故爻辞中说"利建侯"；《豫》卦的上震象征雷，雷的特点是威严肃杀，奋动不已，此正可用来象征出兵打仗，故卦辞中又说利于"行师"。

《彖传》首先解释《豫》卦卦画结构的特点是"刚应而志行，顺以动"：因为《豫》卦由一阳爻五阴爻组成，五个阴爻都要与阳爻应合，所以说"刚应"；阳刚者得到众阴柔者的协助，其志向必能实现，所以说"志行"；《豫》卦下坤上震，坤的特点是顺，震的特点是动，所以《豫》卦象征"顺以动"。接下来，《彖传》集中揭示了"顺以动"的深刻意义，认为，所谓"顺以动"，即顺从物性或规律而动，无论是天地万物还是社会人事，都要顺从规律而动，天地顺从规律而动，从而使日月的运行和四季的更替都不会出现差错；圣人顺从规律而动，从而使政治清明，民众悦服，因此，顺从规律而动的意义是十分重大的。至于卦辞中的"利建侯，行师"，《彖传》认为，这不过是顺从规律而动的具体事例罢了。

《象传》以《豫》卦震上坤下象征"雷出地奋",推出先王应"作乐崇德,殷荐之上帝,以配祖考",其间的逻辑关系是:雷出地而震动,标志着大地复苏,万物开始生长,天地之间充满了欢乐祥和的气氛,而这一切都体现了天地的化育之功,所以先王要"作乐崇德";同时,上帝是万物的主宰,祖先使人类的生命得以延续,所以当雷出地而动、万物旺盛生长之时,先王要把丰厚的祭品献给上帝和祖先。

《豫》卦六爻,则主要讲述了如何正确对待享乐的问题。古人提倡居安思危、乐不可极、天下同乐,因此,符合这一原则的享乐就预示吉祥,否则就会有凶险。如初六爻有名声而安于享乐、六三爻贪慕他人的安逸快乐,就预示有凶险或会有后悔之事;六二爻在享受面前耿介如石、九四爻享受欢乐而有充分的理由,则预示吉祥或大有所得。

☷☳(坤下震上)①豫② 利建侯③,行师。

《彖(tuàn)④》曰:豫,刚应⑤而志行,顺以动⑥,豫。豫,顺以动,故天地如⑦之,而况"建侯,行师"乎。天地以顺动,故日月不过⑧,而四时⑨不忒(tè)⑩。圣人以顺动,则刑罚清而民服。豫之时义大矣哉。

《象⑪》曰:雷出地奋⑫,豫。先王以作乐崇德,殷⑬荐⑭之上帝,以配⑮祖考⑯。

【注释】

①坤下震上:指六画的《豫》卦由三画的震卦和坤卦上下相叠

而成。　②豫：卦名，有和悦欢乐的意思。　③建侯：册封诸侯。　④象：见"乾第一"原文第二节注①。　⑤刚应：指《豫》卦的五个阴爻与九四阳爻应合。　⑥顺以动：《豫》卦下坤上震，坤的特点是顺，震的特点是动，所以说顺以动。　⑦如：遵循；依照。　⑧过：过失；错误。　⑨四时：四季。　⑩忒：差错。　⑪象：见"乾第一"原文第三节注①。　⑫雷出地奋：《豫》卦上震下坤，震为雷，坤为地，象征雷在大地上震动。古人认为雷是从地中而出，所以说雷出地奋。奋：动。　⑬殷：丰盛。　⑭荐：祭祀时进献祭品。　⑮配：配享，指祭祀时兼祀他神以配其所祭。　⑯祖考：祖先。

【译文】

豫　利于册封诸侯，出兵打仗。

《彖传》说：豫，五个阴爻与九四阳爻应合，表明阳刚者受到阴柔者的协助，其志向得以推行；《豫》卦下坤上震，坤为顺，震为动，象征随顺物性而动，从而得以和悦快乐。和悦快乐，需要随顺物性而动，天地运行也是遵循这一规律，更何况"册封诸侯，出兵打仗"这类事情呢？天地顺从规律而运动，所以日月的交替没有过失，四季的变化不会出差错。圣人顺从规律而行动，从而使刑罚清明，百姓服从。《豫》卦顺时而动的意义真是太大了。

《象传》说：《豫》卦上震下坤，震为雷，坤为地，象征雷出地而震动，这就是《豫》卦的卦象。先王观此卦象，从而制作音乐，推崇功德，并把丰盛的祭品进献给上帝和祖先。

初六　鸣①豫，凶。

《象》曰：初六"鸣豫"，志穷"凶"也。

六二　介于石②，不终日③，贞④吉。

《象》曰："不终日，贞吉"，以中正⑤也。

六三　盱（xū）⑥豫，悔；迟，有⑦悔。

《象》曰："盱豫"，"有悔"，位不当⑧也。

九四　由豫⑨，大有得。勿疑，朋盍簪（hézān）⑩。

《象》曰："由豫，大有得"，志大行也。

六五　贞疾，恒⑪不死。

《象》曰：六五"贞疾"，乘刚⑫也。"恒不死"，中⑬未亡⑭也。

上六　冥⑮豫，成⑯有渝⑰，无咎⑱。

《象》曰："冥豫"在上⑲，何可长也。

【注释】

①鸣：有名声。一说指鸣叫、发声。　②介于石：一说指处身于石中（介：处于中间）；一说指耿介如石（介：耿介。于：如）；一说指坚硬如石（介：同"砎[jiè]"，指坚硬）。　③不终日：不到一天，形容迅速。　④贞：占问。一说指"正"。　⑤中正：指六二阴爻居下卦之中位。　⑥盱：睁眼看，这里有贪慕的意思。一说指"睢（huī）盱"，小人喜悦的样子。　⑦有：又。　⑧位不当：指六三阴爻居于阳位，所处的位置不适当。　⑨由豫：有缘由的欢乐。由：缘由。一说同"犹豫"；一说指"由之以豫"，即依靠它而得欢乐。　⑩盍簪：指朋友相聚。盍：合。簪：古代固定发髻或连接冠发的针形首饰。　⑪恒：长久。　⑫乘刚：指六五阴爻位于九四阳爻

之上。　⑬中：指六五阴爻居上卦之中位。　⑭亡：失去；丢失。一说指死亡；一说指败亡。　⑮冥：昏暗；昏昧。⑯成：终。一说指形成；一说指成习性；一说指已成之事。⑰渝：改变。　⑱咎：灾殃。　⑲在上：指上六阴爻居《豫》卦之最上位。

【译文】

初六　有名声而安于享乐，有凶险。

《象传》说：初六爻辞说"有名声而安于享乐"，这种做法因为失去了志向，所以"有凶险"。

六二　耿介如石，很快就能悟知事理，占问得吉兆。

《象传》说："很快就能悟知事理，占问得吉兆"，这是因为六二阴爻居下卦之中位，象征其能行中正之道。

六三　贪慕他人的安逸快乐，会有后悔之事；迟缓不改，又会有新的后悔之事。

《象传》说："贪慕他人的安逸快乐"，"会有后悔之事"，这是因为六三阴爻居于阳位，所处的位置不适当。

九四　有缘由的欢乐，大有所得；不要怀疑，朋友们会前来相聚。

《象传》说："有缘由的欢乐，大有所得"，说明其志向已经广泛推行。

六五　占问疾病，得病的人还可以活很长时间。

《象传》说：六五爻辞说"占问疾病"，是因为六五阴爻居于九四阳爻之上，象征阴柔者凌乘阳刚者，所以会产生疾患。"可以活很长时间"，是因为六五阴爻居上卦之中位，象征其没有违背中道。

上六　昏昧地沉迷于享乐，这种状况最终得以改变，没有灾殃。

《象传》说："昏昧地沉迷于享乐"又高居上位，这种状况怎么能长久呢？

䷐（震下兑上）随第十七

【导读】

随指随从的意思。随之所以表示随从，主要有两个原因：一是《随》卦下震上兑，震为阳卦，兑为阴卦，阳卦处于阴卦之下；同时，《随》卦上下卦中的阳爻均处于阴爻的下面。阳在阴下，象征阳刚者谦逊地对待阴柔者，尊贵者虚心对待低贱者，后者必会心悦诚服地追随前者。二是《随》卦下震上兑，震为动，兑为悦，象征阳刚者积极有为，阴柔者因之而喜悦，喜悦则必来追随。阳刚者积极有为，又能以谦逊之德吸引别人前来追随，所以必然会"元亨，利贞，无咎"。

《随》卦的上述意义，《彖传》中把它概括为"刚来而下柔"、"动而悦"，这都是依据《随》卦的卦画结构而言的。《彖传》还进一步告诉我们，所谓随从，并不是盲目追随，而是要"随时"，即随顺合适的时机而动。在中国历史上，刘邦斩白蟒而起义，可谓随时；诸葛亮随刘备出山，亦可谓随时。而战国时燕国国君子之让国，民国时袁世凯复辟帝制，则不是随时，而是逆时了。关于《彖传》中的"随时"、"随时之义"，朱熹的《周易本义》等书作"随之"、"随之时义"，有其合理之处。

《象传》由《随》卦兑上震下象征"泽中有雷",推出君子应"向晦入宴息",其间的逻辑关系是:1.泽中有雷,则泽水随着雷的震动而起伏动荡,亦即雷动泽随;君子观此卦象,也要随着客观环境的变化安排自己的活动。2.古人认为,每当秋冬季节,雷便会进入泽中休息;君子观此卦象,也要像雷一样动息有则,在天将黑时入室休息。

《随》卦六爻爻辞有一个重要的特点,就是不讲爻与爻之间的应合关系,而重下爻对上爻的追随,如六二的"系小子"、六三的"系丈夫"、九四的"随有获"等,都充分反映了这一点。《随》卦爻辞的这一特点,与"随"具有前后相随的意义有关。

☷(震下兑上①)随② 元亨,利贞③,无咎④。

《彖(tuàn)⑤》曰:随,刚来而下柔⑥,动而说(yuè)⑦,随。大亨贞,无咎,而天下随时⑧,随时之义⑨大矣哉。

《象⑩》曰:泽中有雷⑪,随。君子以向晦⑫入⑬宴息⑭。

【注释】

①震下兑上:指六画的《随》卦由三画的兑卦和震卦上下相叠而成。 ②随:卦名,有随从的意思。 ③元亨,利贞:见"乾第一"原文第一节注③。 ④咎:灾殃。 ⑤彖:见"乾第一"原文第二节注①。 ⑥刚来而下柔:《随》卦下震上兑,震为阳为刚,兑为阴为柔(《周易》把震、坎、艮〔gèn〕三个只有一个阳爻的三画卦称为阳卦,把巽〔xùn〕、离、兑三个只有一个阴爻的三画卦称为阴卦),刚下柔上,所以说刚来而下柔。 ⑦动而说:《随》卦下震上兑,震为动,兑为悦,所以说动而说。说:即"悦",指喜悦。 ⑧随时:一说应作"随

之"。　⑨随时之义:一说应作"随之时义"。　⑩象:见"乾第一"原文第三节注①。　⑪泽中有雷:《随》卦上兑下震,兑为泽,震为雷,所以说泽中有雷。　⑫向晦:傍晚;天将黑时。向:方;将。晦:天黑;夜晚。　⑬入:指入室。　⑭宴息:安息;休息。宴:安。

【译文】

随　大为亨通,有利之占问,没有灾殃。

《彖传》说:《随》卦下震上兑,震为阳卦,兑为阴卦,象征阳刚位于阴柔之下,有所行动而使人喜悦,从而有随从的意义。占问预示大为亨通,没有灾殃,从而天下万物都根据合适的时机而动,根据合适的时机而动的意义真是太大了。

《象传》说:《随》卦上兑下震,兑为泽,震为雷,象征雷在泽中,这就是《随》卦的卦象。君子观此卦象,从而在天将黑时入室休息。

初九　官①有渝②,贞吉。出门交③有功。

《象》曰:"官有渝",从正"吉"也。"出门交有功",不失④也。

六二　系⑤小子⑥,失丈夫⑦。

《象》曰:"系小子",弗兼与⑧也。

六三　系丈夫,失小子。随有求得⑨,利居贞⑩。

《象》曰:"系丈夫",志舍下⑪也。

九四　随有获,贞凶。有孚⑫在道⑬,以明⑭,何咎。

《象》曰:"随有获",其义⑮"凶"也。"有孚在道",明功也。

九五　孚于嘉⑯,吉。

《象》曰:"孚于嘉,吉",位正中⑰也。

上六　拘系⑱之,乃从⑲维⑳之;王㉑用亨㉒于西山。

《象》曰:"拘系之",上穷㉓也。

【注释】

①官:一说指官吏;一说即古"馆"字,指馆舍;一说指官能,即人的思想观念。　②渝:一说指改变;一说指败。　③交:一说指交往;一说意为"俱",指一起。　④失:一说指过失;一说指丧失、失去。　⑤系:牵挂;系恋。一说指系缚;一说指关系。　⑥小子:一说指未成年的男子;一说指小人;一说指小民。　⑦丈夫:一说指成年的男子;一说指大人;一说指官吏。　⑧与:有。　⑨有求得:即"求有得",意为有求必得或得其所求。　⑩居贞:占问居处。　⑪下:指六二爻。一说指初九爻。　⑫孚:见"需第五"原文第一节注③。　⑬在道:一说指合乎正道;一说指在途中。　⑭明:明察。　⑮义:宜;理应。　⑯嘉:善;美好。一说指喜庆的典礼;一说指兴旺之时。　⑰位正中:指九五阳爻居于阳位,又居上卦之中位。　⑱拘系:拘禁。　⑲从:借为"纵",指放。一说指服从;一说指从而。　⑳维:系物的绳索。一说指解开。　㉑王:君王。一说指周文王,此爻当指周文王被商纣王拘于羑(yǒu)里又获释之事。　㉒亨:通"享",指祭祀。　㉓穷:处于困境。

【译文】

初九　思想观念发生改变,占问得吉兆。出门与人交往会有收获。

《象传》说:"思想观念发生改变",因为顺从正道,所以"吉利"。"出门与人交往会有收获",是因为不违背正道。

六二　系恋随从小子,失去了丈夫。

《象传》说:"系恋随从小子",说明两者不能兼得。

六三　系恋随从丈夫,失去了小子。随从别人,有求必得,利于占问居处。

《象传》说:"系恋随从丈夫",说明其志向是舍弃处于下面的小子。

九四　随从别人而有所获,占问得凶兆。有诚信,合乎正道,而且能明察,会有什么灾殃呢。

《象传》说:"随从别人而有所获",这当然会有"凶险"。"有诚信,合乎正道",这是明察产生的功效。

九五　对美善者施以诚信,吉祥。

《象传》说:"对美善者施以诚信,吉祥",是因为九五阳爻居上卦之中位,象征其行中正之道。

上六　把他拘禁起来,后来又把他释放;君王在西山举行祭祀活动。

《象传》说:"把他拘禁起来",说明上六处于上位而陷于困境。

☷（巽下艮上）蛊第十八

【导读】

蛊本指腹中的寄生虫，也指人工培殖出来用来害人的一种毒虫，这里指坏事、弊乱，也指整治坏事、弊乱。蛊的这两个意义与其卦画结构有关。《蛊》卦下巽上艮，巽为阴卦，艮为阳卦，因此，《蛊》卦是下阴上阳，恰如《否》卦的下坤上乾，象征阴阳不相交通，弊乱丛生，所以蛊有坏事、弊乱之义。但是，《蛊》卦下阴上阳，又有阴柔者顺从阳刚者之义；《蛊》卦下巽上艮，巽为顺，艮为止，亦有阴柔者逊顺静止之义；而阳刚者在上奋发有为，阴柔者顺服听从，正有治理弊乱之义。正因为蛊有治理弊乱之义，所以卦辞中说预示"元亨"即大为亨通。

卦辞中的"先甲三日，后甲三日"，是用来说明治弊之道的。关于其具体含义，历来说法不一。一说指辛日和丁日（因甲日以前的第三日为辛日，甲日以后的第三日为丁日）；一说指从辛日至丁日；一说指甲日前的三天和甲日后的三天；一说这里的"三日"指多日。在此姑且不说哪一种理解正确（因为我们确实没有充分的依据来判定谁对谁错），我认为，我们首先应关注的，是为什么卦辞中会出现这一说法。总结前人的观点，它至少包含这样两个方面的原因：一是如《象传》所说，这反映了"终则有始"的原则。这里所谓的"终则有始"，既指"先甲三日"与"后甲三日"间的反复循环，也指弊乱和整治弊乱之间的反复循环，因为人类社会正是以一治一乱的形式向前发展的。二是整治弊乱时既需要深思熟虑，也需要深入考察，而"先甲三日"也可以理解为治弊前花时间反复思量，"后甲三日"则可以视为在治弊措施实行后仔细观察其效果。

《象传》由《蛊》卦上艮下巽象征"山下有风"，推出君子要"振民育德"，其间的逻辑关系是：山有静止涵养之义，又有仁人君子之象（如《论语·雍也》中说"仁者乐山"）；风则有道德教化之义，因此，君子看到山下有风吹动，认识到进行道德教化是仁人君子的职责，从而去济助民众，并努力培养他们的道德。有不少学者认为"山下有风"的寓意是：风遇山而回，则物皆散乱、树木摧败，意味着弊病丛生；君子观此卦象，因此起而"振民育德"。这种说法过于牵强：风遇山而回，物皆散乱，这符合人们的常识吗？

《蛊》卦六爻，则倡导子女、晚辈应积极、主动地纠正父母或前辈的弊病，明确指出宽容父母、前辈的弊病会造成悔恨，而纠正父母、前辈的弊病则会赢得美誉。这在以忠孝相尚的古代社会是极其可贵的，即使对现代人，也具有很大的启发意义。

☷（巽[xùn]下艮[gèn]上①）蛊② 元亨③。利涉大川，先甲④三日，后甲三日。

《彖（tuàn）⑤》曰：蛊，刚上而柔下⑥，巽而止⑦，蛊。蛊，"元亨"，而天下治也。"利涉大川"，往有事也。"先甲三日，后甲三日"，终则有⑧始，天行⑨也。

《象⑩》曰：山下有风⑪，蛊。君子以振⑫民育德。

【注释】

①巽下艮上:指六画的《蛊》卦由三画的艮卦和巽卦上下相叠而成。　②蛊:卦名,意指坏事、弊乱,也指治理坏事或弊乱。　③元亨:大为亨通。元:大。　④甲:指甲日。古代每月分为三旬,每旬以甲、乙、丙、丁、戊、己、庚、辛、壬、癸十天干记日,甲日即每旬的第一天。　⑤彖:见"乾第一"原文第二节注①。　⑥刚上而柔下:《蛊》卦上艮下巽,艮为阳卦,为刚;巽为阴卦,为柔,所以说刚上而柔下。　⑦巽而止:《蛊》卦下巽上艮,艮为山为止,所以说巽而止。巽:谦逊。　⑧有:又。　⑨天行:自然界运行的规律。　⑩象:见"乾第一"原文第三节注①。　⑪山下有风:《蛊》卦上艮下巽,艮为山,巽为风,所以说山下有风。　⑫振:通"赈",指救济、济助。一说指"正";一说指振奋;一说指动。

【译文】

蛊　大为亨通。利于渡大河,时间在甲日前的三天和甲日后的三天。

《彖传》说:《蛊》卦上艮下巽,阳刚在上而阴柔在下,阴柔者逊顺而静止,有整治弊乱之义。《蛊》卦卦辞中的"大为亨通",是指天下得到大治。"利于渡大河",说明是有事而前往。"时间在甲日前的三天和甲日后的三天",说明事情在结束后又会有新的开始,这是自然界运行的规律。

《象传》说:《蛊》卦上艮下巽,象征山下在刮风,这就是《蛊》卦的卦象。君子观此卦象,从而济助民众,并培养他们的道德。

初六　干①父之蛊,有子,考②无咎③。厉④,终吉。

《象》曰："干父之蛊"，意承⑤考也。

九二　干母之蛊，不可贞⑥。

《象》曰："干母之蛊"，得中道⑦也。

九三　干父之蛊，小有悔，无大咎。

《象》曰："干父之蛊"，终"无咎"也。

六四　裕⑧父之蛊，往见吝⑨。

《象》曰："裕父之蛊"，往未得⑩也。

六五　干父之蛊，用⑪誉⑫。

《象》曰："干父"，"用誉"，承以德也。

上九　不事⑬王侯，高尚其事⑭。

《象》曰："不事王侯"，志可则⑮也。

【注释】

①干：匡正；纠正。　②考：父亲，特指死去的父亲。一说指"成"，即成就。　③咎：灾殃。　④厉：危险。　⑤承：继承。一说指"正"。　⑥贞：占问。一说指"正"。　⑦得中道：指九二阳爻居下卦之中位。　⑧裕：宽容。一说指宽缓。　⑨吝：悔恨。　⑩得：一说指得到好结果；一说指得当。　⑪用：介词，表示原因或结果，相当于"因而"。一说指受到。　⑫誉：称誉；美名。　⑬事：一说指服侍；一说指从事。二说均可。　⑭其事：指自己所从事的事情。　⑮则：效法。

【译文】

初六　纠正父亲的弊病，有这样的儿子，父亲不会有灾殃。虽然会遭遇危险，但最终获得吉祥。

《象传》说:"纠正父亲的弊病",说明其志向是继承父亲的事业。

九二　纠正母亲的弊病,不适合占问。

《象传》说:"纠正母亲的弊病",这样做符合守中之道。

九三　纠正父亲的弊病,会有小小的令人后悔之事,但没有大的灾殃。

《象传》说:"纠正父亲的弊病",最终"不会有灾殃"。

六四　宽容父亲的弊病,前往会有令人悔恨之事。

《象传》说:"宽容父亲的弊病",这样前往不会得到什么好的结果。

六五　纠正父亲的弊病,因而获得好的声誉。

《象传》说:"纠正父亲的弊病","因而获得好的声誉",说明是用美德来继承先辈的事业。

上九　不服侍王侯,崇尚自己所从事的事业。

《象传》说:"不服侍王侯",这种志向值得效法。

䷒（兑下坤上）临第十九

【导读】

临指居高临下进行统治的意思。《临》卦下兑上坤，兑为泽，坤为地，地在上而泽在下，而且泽又处于大地的包围之中；卦辞以地比喻统治者，以泽比喻民众，因此《临》卦有统治者在上治理民众，民众又服从统治的意思。这种情况，正是政治清明、国泰民安的理想状态，所以预示"元亨，利贞"。不过，地虽能包围大泽，但当雨水过多、堤坝又不牢固时，泽水就不会再在大地之下，而是会在大地上横溢；这就好比民众造反，统治者面临灭顶之灾，这种状况，当然是统治者必须预加防范的。因为雨水过多的情况通常发生在八月份，所以卦辞中说"至于八月，有凶"。

《象传》主要从三个方面解释《临》卦的卦画结构和卦辞。一是从《临》卦的卦画结构看，《临》卦的初九、九二两个阳爻居下，有阳气渐长之象；《临》卦下兑上坤，兑为悦，坤为顺，象征和悦而柔顺；《临》卦的九二阳爻居下卦之中位，与居上卦之中位的六五阴爻相应合，因此，《临》卦有阳刚之气渐长、和悦柔顺、阳刚者得众人响应的特点。这一特点，与统治者在上治民、民众悦服的情形极其相似，所以称之为"临"。二是《临》卦之所以预示"元亨，利贞"，是因为《临》卦泽下地上、阴柔者和悦柔顺、九二阳爻与六五阴爻相应合等都符合正道,而符合正道必致大为亨通,这是天道运行的规律,此即《彖传》所谓"大'亨'以正,天之道也"。三是为什么到八月份会有凶险?《彖传》认为,这是因为《临》卦从六三开始变为阴爻,象征阳气渐消、阴气渐长,而且阴气越来越盛,所以预示有凶险。至于这种阴气渐长的情况与八月份有什么关系,《彖传》中虽未作交代,但天气从农历八月后转凉,则是众所周知的常识。

《象传》由《临》卦兑下坤上象征"泽上有地",推出君子应"教思无穷,容保民无疆",其间的逻辑关系是:地好比统治者,泽好比民众,地在泽上,正如统治者在上统治民众,因此要对民众进行教化,并关心他们的生活;大地包容着泽水,使泽水安居于大地的怀抱之中,因此,统治者也应该像大地那样包容民众,并保护民众的安全。

《临》卦六爻,每爻爻辞中均有"临"字,主要讲述了什么是正确的治民之道。爻辞中除了六三"甘临"即以甜言蜜语治理民众预示不会有什么好处,其他如"咸临"(用感化的手段治民)、"至临"(亲近民众并进行治理)、"知临"(用智慧来治民)、"敦临"(用诚恳的态度治民)都预示吉祥或没有灾殃。

☱ (兑下坤上)[①]临[②]　元亨,利贞[③]。至于八月,有凶。

《彖(tuàn)[④]》曰:临,刚浸而长[⑤],说(yuè)而顺[⑥],刚中而应[⑦]。大"亨"以[⑧]正,天之道也。"至于八月,有凶",消[⑨]不久也。

《象[⑩]》曰:泽上有地[⑪],临。君子以教思[⑫]无穷,容保[⑬]民无疆。

【注释】

①兑下坤上：指六画的《临》卦由三画的坤卦和兑卦上下相叠而成。　②临：卦名，有居高临下进行统治的意思。　③元亨，利贞：见"乾第一"原文第一节注③。　④彖：见"乾第一"原文第二节注①。　⑤刚浸而长：指初九、九二两个阳爻表示阳气渐渐增长之势。浸：渐渐。　⑥说而顺：《临》卦下兑上坤，兑为悦，坤为顺，所以说说而顺。说：即"悦"。　⑦刚中而应：指九二阳爻居下卦之中位，与居上卦之中位的六五阴爻相应合。　⑧以：一说指而；一说指因为。　⑨消：《临》卦上面的四爻均为阴爻，象征阳气消而阴气长。　⑩象：见"乾第一"原文第三节注①。　⑪泽上有地：《临》卦下兑上坤，兑为泽，坤为地，所以说泽上有地。⑫思：思念；关心。一说指督察。　⑬容保：包容，保护。一说指容蓄。

【译文】

临　大为亨通，有利之占问。到了八月份，则有凶险。

《彖传》说：临，初九、九二两个阳爻说明阳刚之气渐渐增长；《临》卦下兑上坤，兑为悦，坤为顺，象征和悦柔顺；九二阳爻居下卦之中位，与居上卦之中位的六五阴爻相应合，象征阳刚者恪守中道而得他人响应。因为坚守正道而大为"亨通"，这是天的法则。"到了八月份，则有凶险"，因为到了八月份，阳刚之气渐消，不能保持长久。

《象传》说：《临》卦下兑上坤，兑为泽，坤为地，象征水泽上面有大地，这就是《临》卦的卦象。君子观此卦象，从而不断地教育、关心民众，无止境地包容、保护民众。

初九　咸①临,贞吉。

《象》曰:"咸临,贞吉",志行②正也。

九二　咸临,吉,无不利。

《象》曰:"咸临,吉,无不利",未顺命③也。

六三　甘④临,无攸⑤利。既忧之,无咎⑥。

《象》曰:"甘临",位不当⑦也。"既忧之","咎"不长也。

六四　至⑧临,无咎。

《象》曰:"至临,无咎",位当⑨也。

六五　知(zhì)⑩临,大君⑪之宜,吉。

《象》曰:"大君之宜",行中⑫之谓也。

上六　敦⑬临,吉,无咎。

《象》曰:"敦临"之"吉",志在内⑭也。

【注释】

①咸:通"感"。一说指感化的意思;一说指感应的意思。②志行:心志和行为。　③未顺命:其意众解纷纭,迄今未能统一,朱熹说"未详"。　④甘:甜,指甜言蜜语。一说即"拑",有强制的意思;一说指宽缓。　⑤攸:助词,相当于"所"。　⑥咎:灾殃。　⑦位不当:指六三阴爻居于阳位,所处的位置不适当。　⑧至:极,指极为亲近。一说指妥善。　⑨位当:指六四阴爻居于阴位,所处的位置适当。　⑩知:同"智",指智慧。　⑪大君:国君。　⑫行中:实行中道。"中"又指六五阴爻居上卦之中位。　⑬敦:诚恳;

淳厚。　⑭内：一说指内卦,比喻民众;一说指邦国之内。

【译文】

初九　用感化的手段治理民众,占问预示吉祥。

《象传》说:"用感化的手段治理民众,占问预示吉祥",是因为其心志和行为端正。

九二　用感化的手段治理民众,吉祥,没有任何不利。

《象传》说:"用感化的手段治理民众,吉祥,没有任何不利",因为民众还未能顺从统治,所以要对他们进行感化。

六三　以甜言蜜语为手段来治理民众,没有什么好处。对这种做法感到忧虑并予以改正,不会造成灾殃。

《象传》说:"以甜言蜜语为手段来治理民众",这是因为六三阴爻居于阳位,所处的位置不适当。"对这种做法感到忧虑并予以改正",所以造成的"灾殃"不会长久。

六四　与民众十分亲近并进行治理,没有灾殃。

《象传》说:"与民众十分亲近并进行治理,没有灾殃",因为六四阴爻居于阴位,所处的位置适当。

六五　运用智慧来治理民众,作为国君是应当这么做的,吉祥。

《象传》说:"作为国君应当这么做",说的是实行中道。

上六　用诚恳的态度来治理民众,吉祥,没有灾殃。

《象传》说:"用诚恳的态度来治理民众"而"吉祥",是因为其心系民众。

䷓（坤下巽上）观第二十

【导读】

观有观看、仰观的意义。观看，指居于尊位者自上往下看；仰观，指民众抬头仰望尊贵者、盛大的典礼等。从《观》卦的卦画结构看，下面为四个阴爻，上面为两个阳爻，即有阴柔的民众仰观阳刚尊者和阳刚尊者俯观民众之象；尤其是九五阳爻居上卦之中位，更是民众仰视的对象。卦辞用举行祭祀时祭祀者虔诚地祀神、吸引民众前来观看这一现象来表达《观》卦的仰观之义。

对于卦辞中的"盥而不荐"，学者们多理解成只洒酒在地以降神而不向神献祭品，并解释这一现象说：祭祀宗庙之时，须观初始盛美的降神礼，其后的献食礼则可略而不观。我认为，这种理解过于牵强，因为"盥"和"荐"作为祭祀时不可或缺的两个环节，不存在一个值得观而另一个不值得观的问题，若"荐"不值得观，为什么不干脆去掉这种仪式，或代之以别的值得观的仪式呢？因此，问题的关键，是对"不"字作了错误的理解。"不"通常表示否定的意思，但在某些特殊用法中，则不表示否定的意义，而是指"后"。如《论语·乡党》中说："厩焚。子退朝，曰：'伤人乎？'不问马。"马厩着火了，孔子退朝回来，得知这一情况，便问身边的人：有没有伤到人?而"不问马"。对"不问马",历来的解释都是不问有没有伤到马,这种解释至少存在两个问题:一是不合常情,在孔子的时代,马是极为珍贵的,马棚失火了,孔子怎么可能不问有没有伤到马;二是不合孔子的仁道,孔子提倡的仁,不光是爱人,而是仁民爱物,是天地万物一体之仁,若孔子只关心人而不关心动物,则只能凸现孔子为人的狭隘,而不能体现其博大。所以,这里的"不",指的是"后",即孔子先问人的情况,后问马的情况,以体现爱有差等。因此,《观》卦卦辞中的这一"不"字,应与《论语》此处的用法相同,指的是"后"而不是表示否定。

也有学者认识到把"不"作否定意义的理解存在问题,如金景芳在《周易全解》中说:"'不'字在此应作'未'字解",但把"不"理解成"未",在逻辑上仍存在问题,因此,不如理解成"后"更为恰当。

《彖传》主要从两个方面来揭示《观》卦的卦画结构及卦辞的意义。首先,它认为,《观》卦的九五阳爻居上卦之中位,既有阳刚尊者在上位而受到众人仰观的意义,也有阳刚尊者守中正之道以观天下的意义;同时,《观》卦下坤上巽,坤为顺,巽为谦逊,所以《观》卦又象征柔顺而谦逊。《观》卦同时具有上面几层意义,因此,卦辞中虽无吉凶之断语,但应预示吉祥无疑。其次,《彖传》认为,卦辞中的"盥而不荐,有孚颙若"体现的是圣人神道设教的意义。神道设教指圣人利用天的神妙规律来设立教化,同时也指通过祀神的仪式引导百姓信仰神的存在,从而利用神的名义来统治天下。《彖传》中的"下观而化"、"而天下服矣",述说的正是神道设教的巨大功效。中国历代王朝都重视祭祀,有名目繁多、仪式复杂的祀神、祀天、祀日、祀山川等活动,都与神道设教有直接的联系。

《象传》由《观》卦巽上坤下象征"风行地上",推出先王应"省方观民设教",其间的逻辑关系是:风在大地上吹拂,万物无不受到它的影响;《周易》以大地喻民众,以风喻教化,因此,先王受此启发,从而巡视四方,观察民情,并设立教化。

《观》卦六爻,处于下面的四个阴爻,其特点是以下观上,并以距九五阳爻越近越好,因为越近,其所见越真切,越易受到感化;居于上面的两个阳爻,则是被仰观的对象,它们的特点是自观观他,即既要自我反省,反观自己的得失,又要观察下面的民情,以更好地实施教化。

䷓(坤下巽[xùn]上①)观② 盥③而不④荐⑤,有孚⑥颙(yóng)若⑦。

《彖(tuàn)⑧》曰:大观⑨在上,顺而巽⑩,中正⑪以观天下,观。"盥而不荐,有孚颙若",下⑫观而化⑬也。观天之神道⑭,而四时⑮不忒(tè)⑯。圣人以神道设教,而天下服矣。

《象⑰》曰:风行地上⑱,观。先王以省(xǐng)方⑲观民设教。

【注释】

①坤下巽上:指六画的《观》卦由三画的巽卦和坤卦上下相叠而成。 ②观:卦名,有观看、仰观的意思。 ③盥:祭祀时把酒洒在地上以降神。 ④不:后。一说指"未"。学者们多把它理解为否定字。 ⑤荐:祭祀时进献祭品。 ⑥孚:见"需第五"原文第一节注③。 ⑦颙若:昂头表示敬仰的样子。若:语气助词。 ⑧彖:见"乾第一"原文第二节注①。 ⑨大观:一说指遍观;一说指《观》卦的九五阳爻象

征阳刚尊者,为众人所仰观。 ⑩顺而巽:《观》卦下坤上巽,坤为顺,所以说顺而巽。巽:谦逊。 ⑪中正:指九五阳爻居上卦之中位。 ⑫下:处于下位的人,指民众。 ⑬化:感化;教化。 ⑭神道:神妙的规律。 ⑮四时:四季。 ⑯忒:差错。 ⑰象:见"乾第一"原文第三节注①。 ⑱风行地上:《观》卦上巽下坤,巽为风,坤为地,所以说风行地上。 ⑲省方:巡视四方。

【译文】

观 祭祀时把酒洒在地上以降神,而后向神进献祭品,心中十分虔诚,举头向上望,对神充满敬仰之情。

《彖传》说:阳刚尊者居于上位,为众人所仰观;《观》卦下坤上巽,坤为顺,巽为谦逊,象征柔顺而谦逊;九五阳爻居上卦之中位,象征阳刚尊者守中正之道以观察天下,这就是观的意义。"祭祀时把酒洒在地上以降神,而后向神进献祭品,心中十分虔诚,举头向上望,对神充满敬仰之情",这样,民众就能通过观看这种仪式而得到感化。看到正是因为天的神妙规律的作用,一年四季才会有序地变化。圣人利用天的神妙规律来设立教化,从而使天下民众服从。

《象传》说:《观》卦下坤上巽,坤为地,巽为风,象征大地上刮着风,这就是《观》卦的卦象。先王观此卦象,从而巡视四方,观察民情,设立教化。

初六 童观①,小人无咎②,君子吝③。

《象》曰:初六"童观","小人"道也。

六二 窥观④,利女贞⑤。

《象》曰:"窥观","女贞",亦可丑⑥也。

六三　观我生⑦,进退⑧。

《象》曰:"观我生,进退",未失道⑨也。

六四　观国之光⑩,利用⑪宾于王⑫。

《象》曰:"观国之光",尚⑬"宾"也。

九五　观我生,君子无咎。

《象》曰:"观我生",观民也。

上九　观其⑭生,君子无咎。

《象》曰:"观其生",志未平⑮也。

【注释】

①童观:指像孩童般幼稚地观察。　②咎:灾殃。　③吝:悔恨。　④窥观:指暗中偷看。　⑤贞:占问。一说指"正"。　⑥丑:羞耻;惭愧。　⑦生:一说指生长历程,即所作所为;一说同"姓",指亲族;一说指庶民。　⑧进退:指决定如何进退。　⑨失道:违背正道。　⑩光:光辉,指兴旺发达的景象。　⑪利用:利于。　⑫宾于王:服从于君王,指出仕辅佐君王。宾:服从。一说指做君王的宾客。　⑬尚:一说即"上";一说指崇尚、尊崇。　⑭其:一说指他人;一说指自己。　⑮平:安定。一说指满足;一说指辨明。

【译文】

初六　像孩童般幼稚地观察事物,这对小人没有灾殃,对君子则会有令人悔恨之事。

《象传》说:初六爻辞说"像孩童般幼稚地观察事物",这是"小人"观察事物的方式。

六二　暗中偷看,利于女子占问。

《象传》说:"暗中偷看","女子占问",对于男子来说则是让人羞耻之事。

六三　反观自己生命的历程,以决定进退。

《象传》说:"反观自己生命的历程,以决定进退",说明没有违背正道。

六四　观看国家兴旺发达的景象,利于出仕辅佐君王。

《象传》说:"观看国家兴旺发达的景象",从而愿意出仕辅佐君王。

九五　反观自己生命的历程,君子没有灾殃。

《象传》说:"反观自己生命的历程",也就是观察民情。

上九　考察他人生命的历程,君子没有灾殃。

《象传》说:"考察他人生命的历程",是因为自己的心志尚未安定。

䷔（震下离上）噬嗑第二十一

【导读】

噬嗑指咬断口中的食物以合上嘴的意思，引申指听讼断案。《噬嗑》卦的卦画结构颇具特色：上下的两个阳爻像张着的嘴的上下唇，六五和六三、六二这三个阴爻像上下牙齿，九四阳爻则像横在嘴中待咬之物。因此，《噬嗑》卦的卦画结构极为形象地反映了噬嗑的意思。上下牙齿咬断嘴中之物后，使上下唇得以合上，所以《噬嗑》卦预示亨通；因为咬断嘴中之物使嘴得以合上与断案决狱、清除社会上的不法行为以使社会和谐相似，所以卦辞中又说"利用狱"。

《象传》主要从两个方面来解释《噬嗑》卦的卦画结构及卦辞。首先，《象传》认为，《噬嗑》卦的卦画结构象征口中有物、通过咬嚼口中的食物而使嘴得以合上，所以预示亨通。其次，《噬嗑》卦之所以意味着利于听讼断案，也与其卦画结构密切相关：一、《噬嗑》卦下震上离，震为阳卦为刚，离为阴卦为柔；《噬嗑》卦由三个阳爻和三个阴爻组成，所以象征刚柔相济。二、《噬嗑》卦下震上离，震为动，离为明，象征行动明察。三、《噬嗑》卦下震上离，震为雷，离为电，电闪雷鸣，万物彰显，象征明断善恶。四、六五阴爻居上卦之中位,象征阴柔者居刚得中,虽以阴居阳,处位不当,但以柔济刚,最适于听讼。上述四点,都与听讼断案相关,且又是听讼断案之人的必备之德,所以《噬嗑》卦"利用狱"。

《象传》以《噬嗑》卦下震上离象征"雷电",推出先王"明罚敕法",其间的逻辑关系是:雷动可震慑万物,电闪可照察万物,先王效法电闪时的明察,从而严明刑罚;效法雷动时的威严,从而整饬法令。

对《噬嗑》卦六爻爻辞尤其是其中的六二、六三、九四、六五爻辞的解释,历来存在不少争议,主要集中在主语究竟是施刑者还是受刑者。以六二爻辞"噬肤,灭鼻"为例,若释为施刑者,则为:像吃肉一样顺利地施刑,割去犯人的鼻子;若释为受刑者,则为:偷吃肉,受到割鼻的刑罚。两者均有一定道理,但相比之下,释为受刑者,似于理更顺。

☲(震下离上)①噬嗑(shìhé)② 亨。利用③狱④。

《彖(tuàn)⑤》曰:颐⑥中有物,曰噬嗑。噬嗑而"亨"。刚柔分⑦,动而明⑧,雷电合⑨而章⑩。柔得中⑪而上行⑫,虽不当位⑬,"利用狱"也。

《象⑭》曰:雷电⑮,噬嗑。先王以明罚敕(chì)⑯法。

【注释】

①震下离上:指六画的《噬嗑》卦由三画的离卦和震卦上下相叠而成。 ②噬嗑:卦名,指咬口中之物并合上嘴,这里引申指听讼断案。噬:咬。嗑:合。 ③利用:利于。 ④狱:指听讼断案。 ⑤彖:见"乾第一"原文第二节注①。

⑥颐：腮；颊。　⑦刚柔分：《噬嗑》卦由三个阳爻和三个阴爻组成，阳爻和阴爻的数量相等；同时，下卦震为阳卦为刚，上卦离为阴卦为柔，所以说刚柔分。　⑧动而明：《噬嗑》卦下震上离，震为动，离为明，所以说动而明。　⑨雷电合：《噬嗑》卦下震上离，震为雷，离为火为电，所以说雷电合。　⑩章：显著；明显。　⑪柔得中：指六五阴爻居上卦之中位。　⑫上行：指六五阴爻居于上位。一说指六二、六三、六五三个阴爻渐次上升。　⑬不当位：指六五阴爻居阳位，所处的位置不适当。　⑭象：见"乾第一"原文第三节注①。　⑮雷电：《噬嗑》卦下震上离，震为雷，离为火为电，所以说雷电。一说应作"电雷"。　⑯敕：通"饬（chì）"，指整饬。

【译文】

噬嗑　亨通。有利于听讼断案。

《彖传》说：口腔中有食物，称为噬嗑。通过咬合口腔中的食物才能"亨通"。《噬嗑》卦由三个阳爻和三个阴爻组成，下卦为阳刚而上卦为阴柔，象征刚柔相济；《噬嗑》卦下震上离，震为动为雷，离为火为电，象征行动明察，雷电相合而万物显明。六五阴爻居上卦之中位，虽然是以阴爻居阳位，所处的位置不适当，却"有利于听讼断案"。

《象传》说：《噬嗑》卦下震上离，震为雷，离为火为电，象征雷鸣电闪，这就是《噬嗑》卦的卦象。先王观此卦象，从而严明刑罚，整饬法令。

初九　屦校（jùjiào）①灭②趾③，无咎④。

《象》曰："屦校灭趾"，不行⑤也。

六二　噬肤⑥灭鼻,无咎。

《象》曰:"噬肤灭鼻",乘刚⑦也。

六三　噬腊肉,遇毒,小吝⑧,无咎。

《象》曰:"遇毒",位不当⑨也。

九四　噬干胏(zǐ)⑩,得金矢,利艰贞⑪,吉。

《象》曰:"利艰贞,吉",未光⑫也。

六五　噬干肉,得黄金,贞厉⑬,无咎。

《象》曰:"贞厉,无咎",得当⑭也。

上九　何⑮校灭耳,凶。

《象》曰:"何校灭耳",聪⑯不明也。

【注释】

①屦校:脚上戴着刑具。屦:古代一种用麻、葛等制成的鞋,这里作动词用,相当于脚上穿或戴。校:古代的一种刑具。　②灭:割去。一说指遮住。　③趾:脚指头。　④咎:灾殃。　⑤行:行动,指继续犯罪。　⑥肤:肉。　⑦乘刚:指六二阴爻居于初九阳爻之上。　⑧吝:悔恨。　⑨位不当:指六三阴爻居于阳位,所处的位置不适当。　⑩胏:带骨头的肉脯。　⑪艰贞:占问艰难之事。贞:占问。一说指"正"。　⑫光:光明。　⑬厉:危险。　⑭得当:指六五阴爻居上卦之中位。　⑮何:通"荷",指肩扛。　⑯聪:听觉。

【译文】

初九　脚上戴着刑具,脚指头被割去,没有别的灾殃。

《象传》说:"脚上戴着刑具,脚指头被割去",目的是不让他继续犯罪。

六二　偷吃肉,被割去鼻子,没有别的灾殃。

《象传》说:"偷吃肉,被割去鼻子",因为六二阴爻居于初九阳爻之上,象征阴柔小人贪求不该得的东西。

六三　吃腊肉而肉中有毒,有小小的令人悔恨之事,没有灾殃。

《象传》说:"所吃的腊肉中有毒",因为六三阴爻居于阳位,所处的位置不适当。

九四　吃带骨头的干肉脯,发现其中有金属箭头,利于占问艰难之事,得吉兆。

《象传》说:"利于占问艰难之事,得吉兆",说明还未进入光明之境。

六五　吃干硬的肉脯,发现其中有黄金,占问预示有危险,但最终没有灾殃。

《象传》说:"占问预示有危险,但最终没有灾殃",是因为六五居上卦之中位,所处的位置适当。

上九　肩扛刑具,耳朵被割去,有凶险。

《象传》说:"肩扛刑具,耳朵被割去",是因为其太不聪明。

䷕（离下艮上）贲第二十二

【导读】

贲是文饰、修饰的意思，好比在纸上绘画，在木上雕刻，通过装饰而使原来的东西更好看、更有价值。《贲》卦下离上艮，离为火为日，艮为山，好比山边的太阳，放射出五彩霞光，把天空点缀得绚烂无比；也好比山下闪耀的火光，使山上的景色显得十分壮美，所以贲有文饰的意思。经过文饰的事物，往往会显得更为精致、完美，容易打动人心，惹人喜爱，所以预示亨通。但是，对事物进行文饰要有一定的度，若文饰过分，则好比过度包装，亦好比搞形象工程，不值得人们仿效，所以《贲》卦又预示"小利有攸往"即前往只可获得小利。

《彖传》主要从两个方面来揭示《贲》卦的卦画结构及卦辞的意义。一是《贲》卦由三个阳爻和三个阴爻组成，又由阳卦艮和阴卦离组成，象征其结构的特点是刚柔相济。这种结构既意味着用柔来文饰刚，体现了刚主柔从的特色，所以预示亨通；又意味着用刚来文饰柔，柔主而刚副，有违阳尊阴卑之道，所以只是"小利有攸往"。二是说明正是阴阳刚柔的组合变化，形成了丰富多彩的"天文"即自然景色；而《贲》卦下离上艮，离为火为文明，艮为山为止，又体现了"人文"即用礼仪制度来约束人的行为。在此，《彖传》提出了

"天文"和"人文"这两个重要的概念,并认为通过观察天文,可以察知四季的变化;而通过观察人文,则可以教化成就天下民众。

《象传》由《贲》卦艮上离下象征"山下有火",推出君子"以明庶政,无敢折狱",其间的逻辑关系是:山下有火,则火光所照的范围有限,不能使整座山的景物毕现;君子以火比喻人的智慧,由此发现人的认识的局限性,从而通过考察各项政事以扩大自己的知识面,而且不敢根据一面之词或主观推断来判决案件。

《贲》卦六爻,则主要讲述文饰之道,其主旨是文饰不宜太过,而以能更好地反映事物的本质为度。如初九的舍车不乘、六五的"束帛戋戋"、上九的"白贲"等,都反映了这一主旨。

☰☰(离下艮[gèn]上①)贲(bì)② 亨。小利有攸③往。

《彖(tuàn)④》曰:贲,亨,柔来而文刚⑤,故"亨"。分⑥,刚⑦上而文柔⑧,故"小利有攸往"。刚柔交错⑨,天文⑩也;文明以止⑪,人文⑫也。观乎天文,以察时变;观乎人文,以化成⑬天下。

《象⑭》曰:山下有火⑮,贲。君子以明庶政⑯,无敢折狱⑰。

【注释】

①离下艮上:指六画的《贲》卦由三画的艮卦和离卦上下相叠而成。 ②贲:卦名,有文饰的意思。 ③攸:助词,相当于"所"。 ④彖:见"乾第一"原文第二节注①。 ⑤柔来而文刚:一说指六二阴爻文饰九三阳爻(文:文饰);一说指六二阴爻文饰初九和九三阳爻;一说指下卦离文饰上卦艮(离

为阴卦为柔,艮为阳卦为刚)。　　⑥分:指刚柔分布。一说疑为衍文。　　⑦刚:一说指上九阳爻;一说指上卦艮。⑧柔:一说指六五阴爻;一说指六四和六五阴爻;一说指下卦离。　　⑨刚柔交错:清代阮元主持校刻的《十三经注疏·周易正义》无此四字,据郭京《周易举正》补。　　⑩天文:天然的文饰,指自然界的景象。　　⑪文明以止:《贲》卦下离上艮,离为火为文明,艮为止,所以说文明以止。　　⑫人文:指人类社会的制度、礼仪等。　　⑬化成:教化成就。　　⑭象:见"乾第一"原文第三节注①。　　⑮山下有火:《贲》卦上艮下离,艮为山,离为火,所以说山下有火。　　⑯庶政:各项政事。　　⑰折狱:断案;判决案件。

【译文】

贲　亨通。有所前往可获小利。

《彖传》说:贲,亨通,《贲》卦下离上艮,离为阴卦为柔,艮为阳卦为刚,象征阴柔者文饰阳刚者,所以"亨通"。《贲》卦刚柔的分布是刚上柔下,象征阳刚者在上面文饰阴柔者,所以"有所前往可获小利"。刚和柔互相配合,形成了自然界的景象;《贲》卦下离上艮,离为火为文明,艮为止,象征用制度礼仪来约束人们的行为,这就是所谓的人文。观察自然界的景象,从而察知时序的变化;观察人类社会的制度礼仪,从而教化成就天下之人。

《象传》说:《贲》卦上艮下离,艮为山,离为火,象征山下有火闪耀,这就是《贲》卦的卦象。君子观此卦象,从而明察各项政事,不敢轻易判决案件。

初九　贲其趾①,舍车而徒②。

《象》曰:"舍车而徒",义③弗乘也。

六二　贲其须④。

《象》曰:"贲其须",与上兴⑤也。

九三　贲如⑥濡⑦如,永贞⑧吉。

《象》曰:"永贞"之"吉",终莫⑨之陵⑩也。

六四　贲如皤(pó)⑪如,白马翰⑫如,匪⑬寇婚媾⑭。

《象》曰:六四,当位⑮疑也。"匪寇婚媾",终无尤⑯也。

六五　贲于丘园⑰,束帛⑱戋(jiān)戋⑲,吝⑳,终吉。

《象》曰:六五之"吉",有喜也。

上九　白㉑贲,无咎㉒。

《象》曰:"白贲,无咎",上得志也。

【注释】

①趾:脚。　②徒:步行。　③义:宜;理应。　④须:胡须。　⑤与上兴:与九三阳爻一起行动。上:指九三阳爻。兴:动;兴起。　⑥如:形容词后缀,表示状态。　⑦濡:鲜艳光亮。　⑧永贞:占问长远之事的吉凶。贞:占问。一说指"正"。　⑨莫:没有谁。　⑩陵:侵犯;欺侮。　⑪皤:白色。　⑫翰:一说指白色;一说指奔驰;一说指毛长。　⑬匪:同"非",指不、不是。　⑭婚媾:嫁娶。　⑮当位:指六四阴爻居于阴位,所处的位置适当。　⑯尤:错误;罪过。　⑰丘园:山丘中的园圃,指隐居的地方。一说指婚嫁时女家所居之地。　⑱束帛:捆成束的帛,用作礼品。　⑲戋戋:一说指众多的样子;一说指极少。　⑳吝:悔恨。　㉑白:素白。　㉒咎:灾殃。

【译文】

初九　修饰自己的脚,舍车不乘,徒步行走。

《象传》说:"舍车不乘,徒步行走",初九按理就不应乘车。

六二　修饰自己的胡须。

《象传》说:"修饰自己的胡须",象征六二与居于上位者一起行动。

九三　修饰得鲜艳光亮,占问长期之事的吉凶,得吉兆。

《象传》说:"占问长期之事的吉凶"而"得吉兆",说明最终没有人敢来欺侮。

六四　修饰得浑身洁白,骑着白马奔驰前来,他们不是盗寇,而是为婚姻之事而来。

《象传》说:六四阴爻居于阴位,其所居的位置适当,但仍有疑虑。"不是盗寇,而是为婚姻之事而来",所以最终不会有罪过。

六五　装饰丘园,用很少的捆成束的帛作为礼物,有令人悔恨之事,但最终获得吉祥。

《象传》说:六五爻辞中说的"吉祥",是指有喜庆之事。

上九　素白的装饰,没有灾殃。

《象传》说:"素白的装饰,没有灾殃",说明上九的志向得到了实现。

䷖（坤下艮上）剥第二十三

【导读】

　　剥是剥落的意思。《剥》卦由五个阴爻和一个阳爻组成，阳爻处于最上端，好比阳气受到阴气的侵蚀，力量越来越小，只好僻处一隅，而阴气则大行其道；又好比阳刚君子势单力薄，而阴柔小人则人多势众。在这种情况下，君子应潜藏以待时，不宜有所作为，故卦辞说"不利有攸往"。

　　《彖传》从四个方面来解释《剥》卦的卦画结构、卦辞及其意义。首先，《彖传》认为，《剥》卦之所以称为"剥"，是因为"柔变刚"，即阴柔者改变阳刚者，此种情形，恰如《乾》卦(䷀)下面的五个阳爻逐一被阴爻取代，从而形成了《剥》卦。其次，《彖传》认为，卦辞中之所以说"不利有攸往"，是因为"小人长也"，即小人的势力很旺盛，这也是依据《剥》卦由五个阴爻和一个阳爻组成的状况而说的。第三，《彖传》认为，《剥》卦下坤上艮，坤为地为顺，艮为山为止，顺而止，这就是《剥》卦的卦象；君子观此卦象，从而顺应客观的形势，停止采取行动。第四，虽然《剥》卦要求君子"顺而止"，且"不利有攸往"，但《彖传》认为，事物都是处在发展变化之中，消亡和滋长、盈满和亏虚，总是会相互转化的，因此，君子"顺而止"，只是暂时的情况，随着时间的推移，必将迎来君子大有作为的时代。

《象传》由《剥》卦上艮下坤象征"山附于地",推出统治者应"厚下安宅",其间的逻辑关系是:山附着在大地上,则山与大地接触的部位会不断地受到侵蚀,如岩石风化、表层脱落、山体滑坡等;统治者由此认识到基础稳固的重要性,从而加厚房屋的基础,使房屋更加坚固。若进一步引申,则此基础又好比民众,这样,"厚下安宅"又有统治者厚待民众,使他们安居乐业的意思:因为只有老百姓安居乐业,统治者的统治才能安如磐石。

《剥》卦六爻,则主要以床为象征物,揭示了事物逐渐剥落的过程及其中所蕴含的吉凶。《剥》卦只有上九一个阳爻,因此,每爻的吉凶都以与上九的关系为转移。如初六、六二远离上九,故"贞凶";六三虽远离上九,但与上九相应合,故"无咎";六四虽接近上九,但与上九无应,故"凶";六五顺承上九,故"无不利"。

䷖(坤下艮[gèn]上①)剥②　不利有攸③往。

《彖(tuàn)④》曰:剥,剥也,柔变刚⑤也。"不利有攸往",小人⑥长也。顺而止之⑦,观象⑧也。君子尚⑨消息⑩盈虚,天行⑪也。

《象⑫》曰:山附于地⑬,剥。上以厚下安宅⑭。

【注释】

①坤下艮上:指六画的《剥》卦由三画的艮卦和坤卦上下相叠而成。　②剥:卦名,意为剥落。　③攸:助词,相当于"所"。　④彖:见"乾第一"原文第二节注①。　⑤柔变刚:柔指阴爻,刚指阳爻,《剥》卦由五个阴爻和一个阳爻组成,阴盛而阳衰,表示阳刚被阴柔所改变。　⑥小人:指阴爻。

⑦顺而止之:《剥》卦下坤上艮,坤为顺,艮为止,所以说顺而止之。　⑧象:指《剥》卦的卦象。　⑨尚:崇尚;尊崇。　⑩消息:消长。　⑪天行:自然界运行的规律。　⑫象:见"乾第一"原文第三节注①。　⑬山附于地:《剥》卦上艮下坤,艮为山,坤为地,所以说山附于地。附:附着。一说指倾覆。清代阮元主持校刻的《十三经注疏·周易正义》"山"作"出",应改为"山"。　⑭厚下安宅:加厚房屋的基础,使房屋坚固。

【译文】

剥　不利于有所前往。

《彖传》说:剥,是剥落的意思,《剥》卦由五个阴爻和一个阳爻组成,反映阳刚被阴柔所改变。"不利于有所前往",是因为此时小人的势力很盛。《剥》卦下坤上艮,坤为顺,艮为止,因此顺从形势而停下来,这是从观察《剥》卦卦象而体悟到的道理。君子重视事物消亡和滋长、盈满和亏虚之间的变化,因为这是自然界运行的规律。

《象传》说:《剥》卦上艮下坤,艮为山,坤为地,象征山附着在大地上,这就是《剥》卦的卦象。在上的统治者观此卦象,从而加厚房屋的基础,使房屋更加坚固。

初六　剥床以①足,蔑②,贞③凶。

《象》曰:"剥床以足",以灭下也。

六二　剥床以辨④,蔑,贞凶。

《象》曰:"剥床以辨",未有与⑤也。

六三　剥之,无咎⑥。

《象》曰:"剥之,无咎",失上下⑦也。

六四　剥床以肤⑧,凶。

《象》曰:"剥床以肤",切近⑨灾也。

六五　贯鱼⑩以宫人宠,无不利。

《象》曰:"以宫人宠",终无尤⑪也。

上九　硕果不食,君子得舆⑫,小人剥庐⑬。

《象》曰:"君子得舆",民所载⑭也;"小人剥庐",终不可用⑮也。

【注释】

①以:一说意为"之";一说意为"及"。　②蔑:一说通"灭",指蚀灭;一说指小;一说指梦;一说指无。　③贞:占问。一说指"正"。　④辨:这里指床身与床足的连接处。一说指床头;一说指床板;一说指床腿。　⑤与:帮助。　⑥咎:灾殃。　⑦上下:指六三爻上下的阴爻。　⑧肤:外表,这里当指床面。一说指人的皮肤;一说指床上的席子。　⑨切近:贴近;相近。　⑩贯鱼:穿成串的鱼。比喻有秩序。　⑪尤:抱怨;指责。一说指错误、罪过。　⑫舆:车。　⑬庐:房屋。　⑭载:盛载,这里有拥戴的意思。　⑮用:一说指行;一说指信用;一说是语气词。

【译文】

初六　床足脱落、朽败,占问得凶兆。

《象传》说:"床足脱落",是因为下面的基础朽败了。

六二　床身与床足的连接处脱落、朽败,占问得凶兆。

《象传》说:"床身与床足的连接处脱落",说明没有人来帮助六二。

六三　剥落它,没有灾殃。

《象传》说:"剥落它,没有灾殃",因为六三不与上下的阴柔小人为伍。

六四　床面剥蚀,有凶险。

《象传》说:"床面剥蚀",说明灾祸已经逼近。

六五　宫女们像穿成串的鱼那样依次得到君王的宠爱,没有任何不利。

《象传》说:"宫女们依次得到君王的宠爱",所以最终不会有抱怨。

上九　有大的果实而不吃,君子将得到车辆,小人的房屋将倒塌。

《象传》说:"君子将得到车辆",说明君子得到民众的拥戴;"小人的房屋将倒塌",说明小人之道终究行不通。

☷☳（震下坤上）复第二十四

【导读】

　　复是返还、回复的意思。《复》卦的返还之意应当是相对于《剥》卦而言。《剥》卦与《复》卦一样，都由一个阳爻和五个阴爻组成，但《剥》卦的阳爻位于最上面，《复》卦的阳爻则位于最下面。两者的关系，仿佛阳气在《剥》卦中被剥落殆尽，又从《复》卦的初爻开始重新生长，故《剥》卦是阴气尽可能地剥落阳气，《复》卦则是阳气顽强地重新生长。阳气被阴气剥落殆尽，故《剥》卦的卦辞是"不利有攸往"；阳气重新生长，则蕴含着无限的生机和活力，所以《复》卦的卦辞是"亨"，是"利有攸往"。

　　《复》卦卦辞中的"出入无疾，朋来无咎"，是用来具体说明亨通的内涵的：外出、居家都没有疾病，朋友前来相会也没有灾殃，这当然意味着亨通。至于为什么要用"出入无疾，朋来无咎"来说明亨通，有学者认为，这里的"出入"指阳气的生长过程，阳气由初爻产生，这是"入"，即由内生长；阳气不断向上爻推展，这是"出"，即向外发展。至于"朋来"，是指上面的五个阴爻，它们与初九阳爻互相配合，协调行动，所以预示亨通。此亦可备一说。

　　"反复其道，七日来复"，其字面意思是：从路上返还，七天就可以回来。深层的含义是：从《乾》卦的六个阳爻由下往上逐次被阴爻取代，到变成《复》卦的一个阳爻五个阴爻，要经历七次变化；所谓"七日来复"，即经过七次变化后返还自身。不过，关于"七日来复"，还有众多别的理解，迄今未能统一。

《象传》从四个方面来解释《复》卦的卦画结构、卦辞及其意义。首先，《象传》认为，卦辞中说"出入无疾，朋来无咎"，是因为《复》卦的卦画结构具有"刚反，动而以顺行"的特点。所谓"刚反"，是指《复》卦的初九阳爻系由《剥》卦的上九阳爻变化而来，象征阳气重新由内生长。所谓"动而以顺行"，则有两方面的意思：一是初九阳爻意味着阳气必将逐渐增长，六二、六三等阴爻将逐一为阳爻所取代；二是《复》卦下震上坤，震为动，坤为顺，所以《复》卦的卦象是"动而以顺行"。阳气按照规律不断变动、生长，所以就会"出入无疾，朋来无咎"。其次，说明"反复其道，七日来复"是自然界运行的规律。第三，卦辞中说利于有所前往，是因为"刚长"即阳刚之气不断增长，这恰如君子逐渐得势，小人的势力越来越小，所以有利于君子采取行动。第四是揭示"复"所蕴含的深刻意义：体现了天地运行的内在规律。因为自然界中四季的更替，阴晴的变化，万物的消长，无不体现了循环往复、向起点回复的特点。

《象传》由《复》卦下震上坤象征"雷在地中"，推出先王"至日闭关"，君主"不省方"，其间的逻辑关系是：古人认为，雷在冬天入于地中，雷入地中的目的是蓄积阳气，以待来年开春时奋其神威；先王及君主受此启发，从而在冬至日封闭关卡，也不巡视四方，以养精蓄锐，以便在大地回春时大有作为。

《复》卦六爻，只有初九一个阳爻，因此，初九是《复》卦的主爻，其他五爻的吉凶，大多视其与初九的关系而定。如六二紧挨初九，所以预示"吉"；六四与初九相应合，所以《象传》说其顺从正道；上六远离初九，则预示"凶，有灾眚"。

☷(震下坤上①)复② 亨。出入③无疾,朋④来无咎⑤。反复⑥其道⑦,七日⑧来复⑨。利有攸⑩往。

《彖(tuàn)⑪》曰:复,亨。刚反⑫,动而以顺行⑬,是以"出入无疾,朋来无咎"。"反复其道,七日来复",天行⑭也。"利有攸往",刚长⑮也。复,其见天地之心⑯乎。

《象⑰》曰:雷在地中⑱,复。先王以至日⑲闭关,商旅不行,后⑳不省(xǐng)方㉑。

【注释】

①震下坤上:指六画的《复》卦由三画的坤卦和震卦上下相叠而成。 ②复:卦名,意为返还、回复。 ③出入:一说指出行和归来;一说指阳气的生长。 ④朋:一说指钱财;一说指朋友;一说指阳爻。 ⑤咎:灾殃。 ⑥反复:返还。反:返回。 ⑦道:路。一说指规律。 ⑧七日:《周易》每卦由六爻组成,则每一爻经七次变化而回复自身,此以七日象征七次变化。一说指古代一种记日的周期。 ⑨来复:往还;去而复来。 ⑩攸:助词,相当于"所"。 ⑪彖:见"乾第一"原文第二节注①。 ⑫刚反:指从《剥》卦的上九阳爻变为《复》卦的初九阳爻,象征阳刚之气返回。刚:指初九阳爻。 ⑬动而以顺行:《复》卦下震上坤,震为动,坤为顺,所以说动而以顺行。 ⑭天行:自然界运行的规律。 ⑮刚长:指阳刚之气增长。 ⑯天地之心:指天地运行的内在规律。 ⑰象:见"乾第一"原文第三节注①。 ⑱雷在地中:《复》卦下震上坤,震为雷,坤为地,所以说雷在地中。 ⑲至日:冬至日。 ⑳后:君主。 ㉑省方:巡视四方。

【译文】

　　复　亨通。外出、居家都没有疾病,朋友前来相会也没有灾殃。从路上返还,七天就可以回来。利于有所前往。

　　《彖传》说:复,亨通。从《剥》卦的上九阳爻变为《复》卦的初九阳爻,表示阳刚之气返回;《复》卦下震上坤,震为动,坤为顺,象征顺乎规律而行动,所以"外出、居家都没有疾病,朋友前来相会也没有灾殃"。"循环往复,以七天为一个周期",这是大自然运行的规律。"利于有所前往",是因为阳刚之气逐渐增长。向起点回复,这体现了天地运行的内在规律吧。

　　《象传》说:《复》卦下震上坤,震为雷,坤为地,象征雷藏于大地之中,这就是《复》卦的卦象。先王观此卦象,从而在冬至日封闭关卡,不使商旅之人往来,君主不巡视四方。

　　初九　不远复,无祗(zhī)①悔,元②吉。

　　《象》曰:"不远"之"复",以修身也。

　　六二　休③复,吉。

　　《象》曰:"休复"之"吉",以下仁④也。

　　六三　频⑤复,厉⑥,无咎。

　　《象》曰:"频复"之"厉",义⑦"无咎"也。

　　六四　中行⑧独复。

　　《象》曰:"中行独复",以从道也。

　　六五　敦⑨复,无悔。

　　《象》曰:"敦复,无悔",中⑩以自考⑪也。

　　上六　迷复,凶,有灾眚(shěng)⑫。用⑬行师,终有大败,以其⑭国君凶,至于十年不克⑮征。

《象》曰:"迷复"之"凶",反君道也。

【注释】

①祗:一说是助词;一说当为"祇(qí)"字之误,意为"大";一说指病;一说同"抵",意为至、至于。　②元:大。

③休:美善。一说指停止。　④下仁:谦恭地对待仁人。仁:指初九阳爻。　⑤频:皱着眉头。一说指频繁。

⑥厉:危险。　⑦义:宜;理应。　⑧中行:指行至中途。

⑨敦:诚恳;淳厚。一说指敦促;一说指考察。　⑩中:指六五阴爻居上卦之中位。　⑪考:考察。一说指成就。

⑫灾眚:灾难。　⑬用:用来。　⑭以其:与其;及其。

⑮克:能。

【译文】

初九　刚走不远就返回,没有后悔之事,大吉。

《象传》说:"刚走不远"就"返回",是为了进行自身修养。

六二　中止行程而返回,吉祥。

《象传》说:"中止行程返回"而"吉祥",是因为能谦恭地对待仁人。

六三　皱着眉头返回,有危险,但没有灾殃。

《象传》说:"皱着眉头返回"而"有危险",理应"没有灾殃"。

六四　行至中途,独自一人返回。

《象传》说:"行至中途,独自一人返回",是为了遵循正道。

六五　敦厚地返回,没有后悔之事。

《象传》说:"敦厚地返回,没有后悔之事",是因为六五居上卦之中位,能进行自我反省。

上六　迷路后往回返,凶险,有灾难。用来领兵打仗,最终被打得大败,国君也会有凶险,以至于十年都不能出兵征战。

《象传》说:"迷路后往回返"而"凶险",是因为违背了为君之道。

䷘（震下乾上）无妄第二十五

【导读】

无妄即不妄为的意思。《无妄》卦上乾下震，乾为天，震为雷，象征天下有雷。在古人心目中，雷有赏善罚恶的功能，故在天下雷动之时，人们都不敢妄为，更不敢为非作歹。同时，天下雷动，意味着寒冬已经过去，万物重新开始生长，所以预示"元亨，利贞"。既然天下雷动时不应妄为，所以那些胆大妄为的人，自然会遭遇灾祸，其所行亦将不利，故卦辞中说："其匪正，有眚，不利有攸往。"

《彖传》主要从三个方面来解释《无妄》卦的卦画结构和卦辞。首先，《彖传》认为，《无妄》卦之所以称为无妄，是因为其卦画结构有三个特点：一是初九阳爻来自外部而成为一卦之主；二是《无妄》卦下震上乾，震为动，乾为健，象征行动刚健；三是卦中的九五阳爻居上卦之中位，与居下卦之中位的六二阴爻相应合。这样，《无妄》卦既有刚健之德，又有阳刚者在内做主，且得阴柔中正之人的辅助，所以才不会随意妄为。其次，《彖传》指出，《无妄》卦之所以预示"元亨，利贞"，是因为其奉行正道，而奉行正道者必将大为亨通，这是天理使然。第三，指出为什么卦辞中说不守正道的人将有灾殃，并不利于有所前往，是因为不守正道的人不会得到天命的保佑，而得不到天命保佑的人，怎么能行得通呢？当然，这里所谓的得不到天命保佑，指的是其行为违背自然规律，所以必然会遭到失败。

《象传》由《无妄》卦上乾下震象征"天下有雷"，推出先王"茂对时育万物"，其间的逻辑关系是：天下雷动，意味着冬去春来，万物都按照时令生长发育，秩序井然，不会有任何例外。先王观此卦象，意识到天时不可违，从而积极行动，通过人力来配合天时，养育万物。在中国历史上，每逢春耕大忙季节，一些有为的君主，常常会主动参与耕作活动，以劝勉民众不失时机地把握农时，正与此同。《象传》中的"物与"两字，历来歧见颇多，观《周易》其他六十三卦的《大象传》，均为卦象后接卦名，中间不插入别的内容，此处在"天下雷行"与"无妄"之间插入"物与"两字，颇觉突兀，因此，属于衍文的可能性较大。

《无妄》卦六爻，则从不同角度强调了"无妄"即不妄为的重要性。从各爻爻辞中可以看出，无妄是人们处世行事的重要原则，但有了这个原则，并非万事大吉，因为生活中有时也会有"无妄之灾"、"无妄之疾"、"无妄之眚"；正确的应对之道，就是根据具体的形势和条件，采取相应的对策，该行动时就行动，不该行动时则绝不能盲动。

☰（震下乾上）①无妄② 元亨，利贞③。其匪④正，有眚（shěng）⑤，不利有攸⑥往。

《彖（tuàn）⑦》曰：无妄，刚自外来而为主于内⑧，动而健⑨，刚中而应⑩。大"亨"以正，天之命⑪也。"其匪正，有眚，不利有攸往"，无妄之往⑫，何之⑬矣？天命不佑，行矣哉？

《象》⁴曰:天下雷行⁵,物与⁶,无妄。先王以茂⁷对⁸时育万物。

【注释】

①震下乾上:指六画的《无妄》卦由三画的乾卦和震卦上下相叠而成。　②无妄:卦名,意为不妄为。　③元亨,利贞:见"乾第一"原文第一节注③。　④匪:同"非",指不、不是。　⑤眚:灾祸。　⑥攸:助词,相当于"所"。　⑦彖:见"乾第一"原文第二节注①。　⑧刚自外来而为主于内:《无妄》卦的初九阳爻为一卦之主爻,初九位于内卦震,所以说"主于内";内卦震系由三画卦坤的初爻变为阳爻而成,所以说"刚自外来"。一说"刚自外来"指初九阳爻系由外卦乾而来。　⑨动而健:《无妄》卦下震上乾,震为动,乾为健,所以说动而健。　⑩刚中而应:指九五阳爻居上卦之中位,与居下卦之中位的六二阴爻相应合。　⑪天之命:即天命,指大自然的规律。　⑫无妄之往:即在不应妄为之时非要前往。　⑬之:到;往。　⑭象:见"乾第一"原文第三节注①。　⑮天下雷行:《无妄》卦上乾下震,乾为天,震为雷,所以说天下雷行。　⑯物与:一说指万物都随之生长(与:跟随);一说指万物生长而伸展(与:同"舒",指伸展);一说应与下面的"无妄"连读,意为万物都不妄为;一说为衍文。　⑰茂:通"懋(mào)",勉力的意思。　⑱对:应对;配合。

【译文】

无妄　大为亨通,有利之占问。不守正道的人将有灾祸,不利于有所前往。

《彖传》说:《无妄》卦的初九阳爻来自外部而成为一卦之主,且其运动刚健;九五阳爻居上卦之中位而与居下卦之中位的六二阴爻相应合。因为行正道而大为"亨通",这是天理使然。"不守正道的人将有灾祸,不利于有所前往",在不应妄为之时非要前往,又能去哪里呢?没有天命的保佑,怎么能行得通呢?

《象传》说:《无妄》卦下震上乾,震为雷,乾为天,象征雷在天的下面震动,万物随之生长,这就是《无妄》卦的卦象。先王观此卦象,从而努力配合时令,养育万物。

初九　无妄,往吉。

《象》曰:"无妄"之"往",得志也。

六二　不耕获,不菑(zī)①畬(yú)②,则利有攸往。

《象》曰:"不耕获",未富也。

六三　无妄之灾,或③系④之牛,行人之得,邑(yì)人⑤之灾。

《象》曰:"行人"得牛,"邑人"灾也。

九四　可贞,无咎⑥。

《象》曰:"可贞,无咎",固有之也。

九五　无妄之疾,勿药⑦有喜⑧。

《象》曰:"无妄"之"药",不可试⑨也。

上九　无妄,行有眚,无攸利。

《象》曰:"无妄"之"行",穷⑩之灾也。

【注释】

①菑:初耕一年的田地,这里指开垦荒地。　②畬:开垦过

三年的田地,指熟地。　③或:有人。　④系:拴缚。 ⑤邑人:同邑的人;同乡。　⑥眚:灾殃。　⑦药:指服药。　⑧有喜:指病愈。　⑨试:指试着去服药。 ⑩穷:极;尽。

【译文】

初九　不妄为,前往可获吉祥。

《象传》说:"不妄为"而"前往",说明其志向必能实现。

六二　不期望通过耕种而有收获,也不期望通过垦荒而有熟地,这样就有利于有所前往。

《象传》说:"不期望通过耕种而有收获",说明六二没有去追求富有。

六三　不妄为而有灾祸,有人把牛拴于某处,路上的行人顺手把牛牵走,当地的村民却因此受到牵连而有灾。

《象传》说:"路上的行人"得到了牛,却给"当地的村民"带来了灾祸。

九四　适合占问,没有灾殃。

《象传》说:"适合占问,没有灾殃",这是理应如此的。

九五　不妄为而有疾病,不必服药,病自会痊愈。

《象传》说:"不妄为而有疾病","不必服药",是说不要尝试去服药。

上九　不妄为,若行动则将有灾,得不到什么利益。

《象传》说:"不妄为"而"采取行动",因为此时事物已发展到极端,所以会有灾祸。

䷙（乾下艮上）大畜第二十六

【导读】

　　大畜是大有蓄聚的意思。《大畜》卦下乾上艮，乾为天，艮为山，象征天在山中。天比山要大得多，现在却是山把天包容于内，正是蓄聚极大之象。财富、学问、善行、品德等等总是蓄聚得越多越好，因此，《大畜》卦预示是有利之占问，且"利涉大川"即有利于渡大河。"利涉大川"是一种比喻的说法，指有利于克服重重困难，在事业上取得成功。卦辞中"不家食，吉"的说法较为费解：大畜之时，为什么不在家里吃饭，就预示吉祥呢？要解决这个问题，我们最好来看一下《遁》卦。《遁》卦的卦画结构是艮下乾上，象征天下有山，与《大畜》卦正好相反。"遁"的意思是贤人隐遁，则"大畜"便有贤人为朝廷所用、朝廷蓄养贤人的意思，因此，这里的"不家食"，当指贤人离开家庭为朝廷效力、朝廷以俸禄养贤的意思。朝廷大规模地养贤，则野无遗贤，政通人和，所以预示吉祥。

　　《象传》从四个方面来解释《大畜》卦的卦画结构、卦辞及其意义。首先，《大畜》卦下乾上艮，乾象征刚健，艮为山，有厚实的特点，因此，《大畜》卦象征刚健而厚实。同时，《大畜》卦下乾上艮，乾为天，艮为山，又有天在山中之象，这样，天光山色互相映照，万物在其中不断生长变化,气象日日更新。《大畜》卦既有刚健厚实之德,又意味着万物日新月异地生长变化,所以有大有蓄聚的意思。其次,《大畜》卦的上九阳爻居上,反映了崇尚贤能的特点;《大畜》卦下乾上艮,乾为健,艮为止,又有蓄止刚健的贤者之义。崇尚和蓄止贤者,这是治国的重要原则,因此《彖传》中称之为"大正"即极大的正道。这实际上是在解释卦辞中"利贞"二字的意义(《彖传》此处把"贞"理解为"正")。第三,对于卦辞中的"不家食,吉",《彖传》明确指出,这是指"养贤",因为贤人在家里自食其力,说明他们得不到朝廷的重用;而不让贤人待在家里,让他们为国家出力,并享受俸禄,则证明朝廷尊重并重用贤才。第四,用"应乎天"释卦辞中的"利涉大川",意即蓄聚贤才是顺应天道之举,所以利于渡大河,什么样的艰难险阻都能克服。

《象传》由《大畜》卦下乾上艮象征"天在山中",推出君子要"多识前言往行,以畜其德",其间的逻辑关系是:山比天小,在《大畜》卦中却能把天蕴含进去,这说明小和大的区别是相对的,如能虚怀若谷,则能包容一切。人的学问、品德的修养也是如此。因此,君子要通过广泛记取前人有价值的言行,来培养自己的道德,因为只有有了高尚的道德,才能广蓄世上所有美善的东西。

《大畜》卦六爻,除了九三和上九阳爻,其他四爻均有停止或加以控制的意思,如初九的"利已",九二的"舆说輹",六四的"牿",六五的"豶"。而从爻位来看,初九阳爻与六四阴爻、九二阳爻与六五阴爻恰为应合关系,这正体现了《彖传》中所说的"止健"即蓄止刚健者之义。这种停止或加以控制的过程,也正是阳气蓄聚的过程。从九三到上九,正体现了阳气蓄聚从渐趋充盈到最终完成的过程。

☰(乾下艮[gèn]上①)大畜② 利贞③。不家食④,吉。利涉大川。

《彖(tuàn)⑤》曰:大畜,刚健笃实⑥,辉光⑦日新。其德刚上⑧而尚⑨贤,能止健⑩,大正也。"不家食,吉",养贤也。"利涉大川",应乎天也。

《象⑪》曰:天在山中⑫,大畜。君子以多识(zhì)⑬前言往行,以畜其德。

【注释】

①乾下艮上:指六画的《大畜》卦由三画的艮卦和乾卦上下相叠而成。　②大畜:卦名,意指大有蓄聚。一说指大牲畜。③贞:占问。一说指"正"。　④家食:即"食于家",指在家中吃饭。　⑤彖:见"乾第一"原文第二节注①。　⑥刚健笃实:《大畜》卦下乾上艮,乾为天为刚健,艮为山为笃实,所以说刚健笃实。　⑦辉光:指太阳的光辉和山的景色。⑧刚上:指上九阳爻居于上位。一说指艮卦在乾卦之上(艮卦为阳卦,属刚)。　⑨尚:崇尚;尊崇。　⑩能止健:《大畜》卦上艮下乾,艮为止,乾为健,所以说能止健,意为能蓄止刚健者。一说应作"健能止",意为"健而止"。　⑪象:见"乾第一"原文第三节注①。　⑫天在山中:《大畜》卦下乾上艮,乾为天,艮为山,所以说天在山中。　⑬识:记住。

【译文】

大畜　有利之占问。不在家里吃饭,吉祥。利于渡大河。

《彖传》说:《大畜》卦下乾上艮,乾为刚健,艮为笃实,象征刚健笃实,太阳的光辉与山色相映,其气象日日更新。《大畜》卦所反映的德行是阳刚者处于上位而崇尚贤人,从而能蓄止刚健的贤者,这是极大的正道。"不在家里吃饭,吉祥",这是指提供财物来养贤才。"利于渡大河",说明其行为能顺应天道。

《象传》说:《大畜》卦上艮下乾,艮为山,乾为天,象征山中蕴含着天,这就是《大畜》卦的卦象。君子观此卦象,从而广泛地记取前人有价值的言行,以培养自己的道德。

初九 有厉①,利已②。

《象》曰:"有厉,利已",不犯灾也。

九二 舆③说(tuō)④輹(fù)⑤。

《象》曰:"舆说輹",中⑥无尤⑦也。

九三 良马逐,利艰贞⑧。曰⑨闲⑩舆卫⑪,利有攸⑫往。

《象》曰:"利有攸往",上⑬合志也。

六四 童⑭牛之牿(gù)⑮,元⑯吉。

《象》曰:六四"元吉",有喜也。

六五 豮豕(fénshǐ)⑰之牙,吉。

《象》曰:六五之"吉",有庆也。

上九 何⑱天之衢⑲,亨。

《象》曰:"何天之衢",道大行也。

【注释】

①厉:危险。 ②已:止;停下来。 ③舆:车。 ④说:通"脱",指解脱、脱落。 ⑤輹:车厢下面钩住车轴的木头。 ⑥中:指九二阳爻居下卦之中位。 ⑦尤:错误;罪过。

⑧艰贞：占问艰难之事。　⑨曰：语气助词。一说应作"日"，指每天。　⑩闲：练习；熟习。　⑪舆卫：指驾车与防卫。　⑫攸：助词，相当于"所"。　⑬上：指上九爻。　⑭童：没有长角或无角的牛羊。　⑮牿：缚在牛角上使牛不能触人的横木。　⑯元：大。　⑰豶豕：阉割过的猪。豕：猪。　⑱何：通"荷"，指承受。一说为语气助词；一说为衍文。　⑲衢：四通八达的道路；大路。

【译文】

初九　有危险，利于停下来。

《象传》说："有危险，利于停下来"，这样就不会招来灾祸。

九二　车辆的车厢下面钩住车轴的木头脱落。

《象传》说："车辆的车厢下面钩住车轴的木头脱落"，是说九二阳爻居下卦之中位，能持守中道，所以不会有过失。

九三　良马互相追逐，利于占问艰难之事。熟习驾车与防卫之术，利于有所前往。

《象传》说："利于有所前往"，是因为九三与上九心志相合。

六四　小牛的牛角部位缚着使之不能触人的横木，大吉。

《象传》说：六四爻辞中说的"大吉"，是指有喜庆之事。

六五　阉割过的猪的牙齿，吉祥。

《象传》说：六五爻辞中说的"吉祥"，是指有值得庆贺之事。

上九　承载着天之大道，亨通。

《象传》说："承载着天之大道"，说明道大行于天下。

☶(震下艮上)颐第二十七

【导读】

颐指颐养的意思,确切地说,是指通过吃食物来养好身体的意思。《颐》卦的卦画结构颇有意味:初九和上九为阳爻,恰像人的上下唇;中间为四个阴爻,恰像口的中空部分,或像口中的上下牙齿,因此,《颐》卦正像用来进食的口的形状。另外,《颐》卦下震上艮,震为动,艮为止,正像咀嚼食物时下颚动而上颚不动。因此,《颐》有吃食物以养人之身的含义。人吃进食物,就能保证身体有充足的营养,所以预示吉祥。不过,卦辞同时认为,人吃食物以自养,亦要奉行正道,这个正道就是"自求口实",即通过自己的劳动来获取食物,而不是不劳而获,做寄生虫。卦辞中的"观颐",指考察颐养之道,也有学者认为,这是指看他人的口相,反映的是古代的一种相骨之法,亦可备一说。

《象传》从三个方面来解释《颐》卦的卦辞及其意义。首先,《象传》认为,卦辞中的"贞吉",是指用正道来颐养则吉祥。由此可见,《象传》是以"正"释"贞",与卦辞中"贞"指占问的意思并不相同。其次,指出卦辞中的"观颐"是指观察用什么方法来颐养;而"自求口实",则是指如何来养自己。因此这里基本上是重复卦辞中的内容,并未作更多的发挥。第三,对颐养的意义进行了扩展,认为颐养不光指吃下食物以养人之身,天地养育万物、圣人养贤人和万民,都可称为颐养,关键在于颐养要得时,要顺应时势。如植物春天开始生长,冬季则敛藏生机,若违背时令,则必会导致植物死亡。

《象传》由《颐》卦上艮下震象征"山下有雷",推出君子应"慎言语,节饮食",其间的逻辑关系是:山有静止蓄养的意义,雷有震动戒惧的意义,因此,山下有雷表示谨慎地蓄养;君子观此卦象,从而说话小心谨慎,并节制自己的饮食。古人认为,祸从口出,因此,提醒人们说话必须慎重。

《颐》卦六爻,上三爻爻辞皆吉,下三爻爻辞皆凶,这是因为:上三爻处于上卦艮中,下三爻处于下卦震中,艮为静止,震为奋动,颐养之时,当以静止为好,故上三爻爻辞皆吉;盲目行动,有违颐养之道,故下三爻爻辞皆凶。

☷(震下艮[gèn]上)①颐② 贞③吉。观颐,自求口实④。

《彖(tuàn)⑤》曰:颐"贞吉",养正⑥则吉也。"观颐",观其所养⑦也;"自求口实",观其自养也。天地养万物,圣人养贤以及万民。颐之时大矣哉。

《象⑧》曰:山下有雷⑨,颐。君子以慎言语,节饮食。

【注释】

①震下艮上:指六画的《颐》卦由三画的艮卦和震卦上下相叠而成。　②颐:卦名,有颐养的意思。　③贞:占问。一说

指"正"。　④口实：食物。　⑤彖：见"乾第一"原文第二节注①。　⑥养正：以正道来颐养。　⑦所养：指如何来颐养。　⑧象：见"乾第一"原文第三节注①。　⑨山下有雷：《颐》卦上艮下震，艮为山，震为雷，所以说山下有雷。

【译文】

颐　占问得吉兆。考察颐养之道，关键在于靠自己来获取食物。

《彖传》说：《颐》卦卦辞中的"贞吉"，是指用正道来颐养则吉祥的意思。"观颐"，是指观察如何来颐养；"自求口实"，是指观察如何来养自己。天地养育万物，圣人养育贤人和万民。适时而颐养的意义真是太大了。

《象传》说：《颐》卦上艮下震，艮为山，震为雷，象征山下有雷震动，这就是《颐》卦的卦象。君子观此卦象，从而说话小心谨慎，并注意节制自己的饮食。

初九　舍尔灵龟①，观我朵颐②，凶。

《象》曰："观我朵颐"，亦不足贵③也。

六二　颠④颐，拂经⑤于丘颐⑥，征⑦凶。

《象》曰：六二"征凶"，行失类⑧也。

六三　拂颐，贞凶，十年勿用，无攸⑨利。

《象》曰："十年勿用"，道大悖⑩也。

六四　颠颐，吉。虎视眈眈⑪，其欲逐逐⑫，无咎⑬。

《象》曰："颠颐"之"吉"，上⑭施⑮光⑯也。

六五　拂经，居贞⑰吉，不可涉大川。

《象》曰："居贞"之"吉"，顺以从上⑱也。

上九　由颐[19]，厉[20]，吉。利涉大川。

《象》曰："由颐，厉，吉"，大有庆也。

【注释】

①舍尔灵龟：一说指舍去你的灵龟之肉不食；一说指舍弃像灵龟食气一样的养生之道；一说指舍弃用灵龟占卜的方法。　②朵颐：鼓动腮颊，指咀嚼。　③贵：看重；重视。　④颠：一说借为"填"，指塞的意思；一说指顶；一说通"慎"，指慎重；一说指颠倒。　⑤拂经：违背常道。拂：违逆。经：常道。一说指不自己去经营（经：经营）。　⑥丘颐：一说指向高丘上的尊者求得颐养；一说指丘陵的两坡。　⑦征：行动；远行。　⑧类：法则；准则。一说指同类。　⑨攸：助词，相当于"所"。　⑩悖：违逆；违背。　⑪眈眈：瞪目逼视的样子。　⑫逐逐：紧追不放的样子。　⑬咎：灾殃。　⑭上：一说指六四阴爻；一说指上九阳爻。　⑮施：给予；施与。　⑯光：一说指光明；一说指广大。　⑰居贞：占问居处。　⑱上：指上九阳爻。　⑲由颐：遵循颐养之道。由：遵循。一说指"由之以颐"，即依靠他获得颐养；一说指颐养的理由；一说指走上谋生的正路。　⑳厉：危险。

【译文】

初九　舍弃你自己拥有的灵龟之肉不吃，却来看我咀嚼食物的样子，有凶险。

《象传》说："看我咀嚼食物的样子"，这种做法也不值得推重。

六二　颠倒的颐养之道，违背常道而向居于尊位者求得颐养，行动有凶险。

《象传》说：六二爻辞中说"行动有凶险"，是因为这种做法违背了准则。

六三　违背颐养之道，占问时得凶兆，十年之内不可采取行动，得不到任何利益。

《象传》说："十年之内不可采取行动"，是因为与道大相违背。

六四　颠倒的颐养之道，吉祥。像老虎紧盯食物一样逼视，对想要的东西紧追不放，没有灾殃。

《象传》说："颠倒的颐养之道"而"获吉祥"，是因为居于上位者能下施光明之德。

六五　违背常道，占问居处，得吉兆，不要去渡大河。

《象传》说："占问居处"而"得吉兆"，是因为六五顺从居于上位者。

上九　遵循颐养之道，起初有危险，最终吉祥。利于渡大河。

《象传》说："遵循颐养之道，起初有危险，最终吉祥"，说明值得大加庆贺。

☴☱（巽下兑上）大过第二十八

【导读】

　　大过即过于大的意思,过于大即比正常的要大。《大过》卦由四个阳爻和两个阴爻组成,阳爻的数目多于阴爻;《周易》以阳为大,以阴为小,所以《大过》卦有阳爻过大的意思。另外,《大过》卦下巽上兑,巽为木,兑为泽,象征泽水淹没了树木;树木本当在泽水之上,现在则被泽水淹没,则有泽水过大、过盛甚至过分的意思。由泽水过大、过分,又可引申出"大过"的大有过失、大有差误的意义。中国古代建筑多为木质结构,因此,由泽水淹没树木又可引申为泽水淹没房屋建筑;房屋被泽水淹没浸泡,则会使房屋的栋梁发生弯曲,并进一步造成房屋垮塌,在这种情况下,人们尽快离开房屋则可免于灾祸,因此卦辞中说:"栋桡,利有攸往,亨。"

　　《象传》主要从四个方面来揭示《大过》卦的卦画结构、卦辞及其意义。首先,所谓"大过",是指"大者过",这里的"大者",是指《大过》卦中的阳爻。《大过》卦由四个阳爻和两个阴爻组成,阳爻比阴爻多,所以说"大者过"。其次,解释"栋桡"即栋梁向下弯曲的原因,是"本末"过于细弱。这里的"本末"是双关语,既指做栋梁用的木材的两端太细,也指《大过》卦只有初六和上六两个阴爻,象征阴爻太弱。第三,以《大过》卦的卦画结构为依据,解释为什么《大过》卦预示前往可获亨通。因为《大过》卦由四个阳爻和两个阴爻组成,阳为刚,所以象征"刚过";卦中的九二、九五两个阳爻分别居下、上卦之中位,又有阳刚者恪守中道之象;《大过》卦下巽上兑,巽象征谦逊,兑象征和悦,所以《大过》卦又象征谦逊而和悦。这样,阳刚者恪守中道,而又谦逊和悦地采取行动,当然就会获得亨通。第四,赞叹"大过之时"的意义。所谓"大过之时",亦指"栋桡"之时,"栋桡"意味着房屋即将垮塌,也可比喻大的变动即将产生或即将改朝换代,因此,"栋桡"之时,正是君子"利有攸往"即大有作为之时;君子一定要把握这样的时机,一展身手,以造福社会,造福民众。所以,君子从《大过》卦中体会到在社会发生变革的关键时刻要把握时机、顺时而行,其意义是十分重大的。

　　《象传》由《大过》卦上兑下巽象征"泽灭木",推出君子应"独立不惧,遁世无闷",其间的逻辑关系是:泽本应在木下滋润木,现在却处在木的上面,把木淹没了,这是极其过分、反常的现象。《象传》以君子比喻木,以小人比喻泽,因此,所谓泽灭木也意味着小人得志猖獗,君子处于小人的压制之下。君子当此之时,就应该采取大过于常人之行,这就是"独立不惧,遁世无闷",即特立独行,志向坚定,心中毫不畏惧,即使遁世隐居也丝毫不感到烦闷。

　　《大过》卦六爻,有一个明显的特点,就是既不看重爻与爻之间的应合,也不讲每一爻是否得位,而重刚柔间的相济。如九三阳爻与上六阴爻相应合,又以阳爻居阳位,却预示凶;九二以阳爻居阴位,却预示无不利;九四以阳爻居阴位,也预示吉;等等。这是因为,《大过》卦以阳刚过盛为不吉,故凡以柔济刚者,均预示吉或无咎。

☰（巽[xùn]下兑上）① 大过② 栋桡（náo）③，利有攸④往，亨。

《彖(tuàn)⑤》曰：大过，大者⑥过也。"栋桡"，本末⑦弱也。刚过而中⑧，巽而说（yuè）行⑨，"利有攸往"，乃"亨"。大过之时大矣哉。

《象⑩》曰：泽灭木⑪，大过。君子以独立不惧，遁世⑫无闷⑬。

【注释】

①巽下兑上：指六画的《大过》卦由三画的兑卦和巽卦上下相叠而成。　②大过：卦名，有过于大的意思。　③栋桡：栋梁向下弯曲。桡：弯曲。清代阮元主持校刻的《十三经注疏·周易正义》"桡"作"挠"，应改为"桡"。　④攸：助词，相当于"所"。　⑤彖：见"乾第一"原文第二节注①。　⑥大者：这里指阳爻。　⑦本末：树木的根与树梢，这里也指《大过》卦的初六和上六两个阴爻。　⑧刚过而中：《大过》卦由四个阳爻和两个阴爻组成，有阳刚过盛之象；九二阳爻与九五阳爻又分别居下、上卦之中位，故称之为刚过而中。　⑨巽而说行：《大过》卦下巽上兑，兑为悦，所以说巽而说行。巽：谦逊。说：即"悦"。　⑩象：见"乾第一"原文第三节注①。　⑪泽灭木：《大过》卦上兑下巽，兑为泽，巽为木，有泽水把木淹没之象，所以说泽灭木。灭：淹没。　⑫遁世：从世间退隐。　⑬闷：烦闷。

【译文】

大过　房屋的栋梁向下弯曲，利于有所前往，亨通。

《象传》说:大过,是指大的方面过盛。"栋梁向下弯曲",说明做栋梁的树木的两端太细。《大过》卦由四个阳爻和两个阴爻组成,有阳刚过盛之象;九二和九五阳爻分别居下、上卦之中位,象征阳刚过盛但能恪守中道。《大过》卦下巽上兑,巽为谦逊,兑为和悦,象征谦逊和悦地采取行动,所以"利于有所前往",而且"亨通"。《大过》卦关于适时而行的意义太重大了。

《象传》说:《大过》卦上兑下巽,兑为泽,巽为木,象征泽水把树木淹没,这就是《大过》卦的卦象。君子观此卦象,从而特立独行,毫不畏惧,隐居避世而不感到烦闷。

初六　藉①用白茅②,无咎③。

《象》曰:"藉用白茅",柔在下也。

九二　枯杨生稊(tí)④,老夫得其女⑤妻,无不利。

《象》曰:"老夫""女妻",过⑥以相与⑦也。

九三　栋桡,凶。

《象》曰:"栋桡"之"凶",不可以有辅也。

九四　栋隆⑧,吉;有它⑨,吝⑩。

《象》曰:"栋隆"之"吉",不桡乎下也。

九五　枯杨生华⑪,老妇得其士夫⑫,无咎无誉。

《象》曰:"枯杨生华",何可久也。"老妇""士夫",亦可丑⑬也。

上六　过涉⑭灭顶,凶,无咎。

《象》曰:"过涉"之"凶",不可咎⑮也。

【注释】

①藉:铺垫;衬垫。　②白茅:洁白的茅草。　③咎:灾殃。　④稊:通"荑(tí)",指植物的嫩芽。　⑤女:指少女。　⑥过:过失;错误。　⑦相与:相处;相交往。　⑧隆:隆起;凸起。　⑨它:"蛇"的古字,指意外之患。　⑩吝:悔恨。　⑪华:同"花"。　⑫士夫:年轻的丈夫。　⑬丑:羞耻;惭愧。　⑭过涉:一说指涉水过深;一说指误涉;一说指水势过大时涉水。　⑮咎:责怪;追究罪责。

【译文】

初六　祭祀时用洁白的茅草来衬垫祭品,没有灾殃。

《象传》说:"祭祀时用洁白的茅草来衬垫祭品",说明初六柔顺地居于下位。

九二　枯槁的杨树长出新芽,老年男子娶得年少的妻子,没有任何不利。

《象传》说:"老年男子"与"年少的妻子",这是一种不适当的结合。

九三　栋梁向下弯曲,有凶险。

《象传》说:"栋梁向下弯曲"导致"凶险",是因为没有办法可以帮助九三避免凶险。

九四　栋梁向上隆起,吉祥;若出现意外之患,则会有令人悔恨之事。

《象传》说:"栋梁向上隆起"而"吉祥",是因为它不向下弯曲。

九五　枯槁的杨树开了花,老年妇女得到了年轻的丈夫,既没有灾殃,也没有称誉。

《象传》说:"枯槁的杨树开了花",这种状况怎么能保持长久呢?"老年妇女"与"年轻的丈夫",这也是让人感到羞愧的事。

上六　涉水时水淹没头顶,有凶险,但最终没有灾殃。

《象传》说:"涉水时水淹没头顶"而"有凶险",对此不应加以责备。

䷜（坎下坎上）坎第二十九

【导读】

坎是险难的意思。《坎》卦由两个三画的坎卦上下重叠而成，因此又有重重险难的意思。《坎》卦的九二和九五两个阳爻都处在阴爻的包围之中，阴为虚，故《坎》卦有阳刚者陷入阴虚之象，所以有险难之义。人在陷入险难时，首先要考虑的就是如何摆脱险难，而摆脱险难的最佳办法，就是保持内心诚信，并以此取信于人。而当你真正按照诚信的原则去行动时，便可化解一切困难；所谓诚能感天，说的就是这个道理，所以《坎》卦预示亨通。《坎》卦又叫《习坎》卦，现在则通常称为《坎》卦。

《彖传》从四个方面来解释《坎》卦的卦画结构、卦辞及其意义。首先，所谓习坎，是指重重的险难。《坎》卦下坎上坎，坎为水，所以《坎》卦就像水不断流入陷穴，却又永远注不满一样，由此可见其危险的程度。其次，解释卦辞"有孚维心，亨"，认为"有孚"即有诚信，具体地说，就是行于险境而仍不失诚信；而《坎》卦之所以预示亨通，则是因为卦中的九二和九五阳爻分别居下、上卦之中位，象征阳刚者奉行中道。第三，解释"行有尚"，认为之所以其行动会受到人们的崇尚，是因为前往必可获得成功。第四，发挥坎所蕴含的险的意义,认为天地间既有天险,也有地险;天险无法逾越,地险则会阻碍人们的行动。王公从中受到启发,从而设立险隘来保护自己的国家。既然险有如此巨大的作用,人们就应该根据时势的不同,对险进行灵活运用。

《象传》由《坎》卦下坎上坎象征"水洊至",推出君子应"常德行,习教事",其间的逻辑关系是:水接续而至,说明水长流不断,有恒久持续的特性;君子仿效水的这一特性,从而恒久保持其德行,并持续不断地学习政教之事,以提高自己治理国家的能力。

《坎》卦六爻,因其都处于险难之中,故爻辞中不见一"吉"字,最好的亦只是"无咎"或"求小得"。但爻辞中也反映了应对险境的正确方法,这就是:对于阳刚者来说,要奋发有为,努力设法去摆脱险境;对于阴柔者来说,则要顺从阳刚者,无论是以阴居阳,还是以阴乘阳,都意味着不吉或凶。

䷜（坎下坎上①）习坎② 有孚③维④心,亨。行有尚⑤。

《彖(tuàn)⑥》曰:习坎,重险也,水流而不盈⑦。行险而不失其信,"维心,亨",乃以刚中⑧也。"行有尚",往有功也。天险不可升⑨也,地险山川丘陵也。王公设险以守其国。险之时用⑩大矣哉。

《象⑪》曰:水洊(jiàn)⑫至,习坎。君子以常⑬德行,习教事⑭。

【注释】

①坎下坎上:指六画的《坎》卦由两个三画的坎卦上下相叠而成。 ②习坎:指重重险难。习:重叠。坎:坑,这里指险难。

一说"习"为衍文。　　③孚:见"需第五"原文第一节注③。
④维:维系。一说是语气助词;一说指束缚;一说指顺。
⑤尚:崇尚;尊崇。　　⑥彖:见"乾第一"原文第二节注①。
⑦盈:溢出;上涨。一说指"止"。　　⑧刚中:指九二和九五阳爻分别居下、上卦之中位。　　⑨升:登;攀登。　　⑩时用:因时而用。　　⑪象:见"乾第一"原文第三节注①。
⑫洊:通"荐",意为再、一次又一次。　　⑬常:恒常,这里指恒久保持。一说同"尚",即崇尚。　　⑭教事:政教之事。

【译文】

习坎　有诚信,并以此维系人心,亨通。行动会得到人们崇尚。

《彖传》说:习坎,就是双重的险难,就像水流入坑中而不溢出一样。行于险境而不失诚信,"以诚信维系人心,亨通",这是因为《坎》卦的九二和九五阳爻分别居下、上卦之中位,象征阳刚者奉行中道。"行动会得到人们崇尚",说明前往必可获成功。天险是无法攀登的,地险指山川丘陵之类。王公设立险隘以保护自己的国家。根据不同的时势而用险的意义实在是太大了。

《象传》说:《坎》卦下坎上坎,坎为水,象征水接续而至,这就是《习坎》卦的卦象。君子观此卦象,从而恒久保持其德行,并不断地学习政教之事。

初六　习坎,入于坎窞(dàn)①,凶。

《象》曰:"习坎",入坎,失道②"凶"也。

九二　坎有险,求小得。

《象》曰:"求小得",未出中③也。

六三　来之④坎坎⑤,险且枕⑥,入于坎窞,勿用⑦。

《象》曰:"来之坎坎",终无功也。

六四　樽⑧酒,簋(guǐ)⑨贰,用缶(fǒu)⑩,纳约⑪自牖(yǒu)⑫,终无咎⑬。

《象》曰:"樽酒,簋贰",刚柔际⑭也。

九五　坎不盈,祇⑮既平,无咎。

《象》曰:"坎不盈",中⑯未大也。

上六　系⑰用徽纆(mò)⑱,寘(zhì)⑲于丛棘⑳,三岁不得,凶。

《象》曰:上六失道,凶三岁也。

【注释】

①窞:坎中的小坎;深坑。　②失道:违背正道。　③未出中:指九二阳爻居下卦坎之中位,象征处于坎险中。　④之:往;到。　⑤坎坎:坑连着坑,指坑很多。　⑥枕:一说借为"沈",指深;一说即"检",指束缚;一说指安;一说指枕靠。　⑦用:指行动。　⑧樽:盛酒的器皿。　⑨簋:古代盛食物的器具,多为圆形。　⑩缶:一种大腹小口的瓦器,用来盛酒或汲水。　⑪纳约:一说指结纳信约;一说指送入取出;一说指进献结好。　⑫牖:窗户。　⑬咎:灾殃。　⑭刚柔际:指九五阳爻与六四阴爻相交接之处。刚:指九五阳爻。柔:指六四阴爻。际:交界;交接。　⑮祇:一说借为"坻(chí)",指水中的小块高地;一说同"抵",意为至、达;一说为语气助词。　⑯中:指九五阳爻居上卦之中位。　⑰系:拴缚;捆绑。　⑱徽纆:绳索。　⑲寘:放置。　⑳丛棘:古代囚禁犯人的地方,即监狱。因四周用荆棘堵塞,

以防犯人逃跑,故称。

【译文】

初六　险难重重,陷入深坑之中,有凶险。

《象传》说:"险难重重",陷入坑中,因为违背正道,所以"有凶险"。

九二　坑中有危险,所求小有所获。

《象传》说:"所求小有所获",但九二尚未脱离危险。

六三　前后来去都是坑,坑很深而且充满危险,陷入深坑之中,不宜采取行动。

《象传》说:"前后来去都是坑",说明终究不会取得成功。

六四　一壶酒,两盒饭食,用瓦器盛物,通过窗户送入,以示结约,最终没有灾殃。

《象传》说:"一壶酒,两盒饭食",是指六四阴爻处于与九五阳爻的交接之处,故以此奉献给九五尊者。

九五　坑还没有填满,水中的小块高地已被铲平,没有灾殃。

《象传》说:"坑还没有填满",说明九五所行之中道还未发扬光大。

上六　捆上绳子,投入监狱,三年得不到释放,有凶险。

《象传》说:上六违背了正道,所以有被囚三年的凶险。

䷝（离下离上）离第三十

【导读】

离即附丽、依附的意思。《离》卦由两个三画的离卦上下重叠组成，三画的离卦上下皆为阳爻，中间为阴爻，正有阴柔者依附阳刚者之意。六二和六五两个阴爻分别居于下、上卦之中位，则又意味着阴柔者秉持中道去依附阳刚者。也就是说，阴柔者对于阳刚者的依附，不是出于谄媚、乞求，或有什么不可告人的目的，而是出于对阳刚者的崇拜和信任。正因为阴柔者对阳刚者的依附符合正道，所以卦辞中说《离》卦为有利之占问，预示亨通。

三画的离卦二阳夹一阴，又有阳刚者蓄养阴柔者之象。牛性温顺，母牛之性则更为温顺，因此，以母牛来指代此阴柔者，是极为恰当的，故卦辞中又说"畜牝牛，吉"。不过，"畜牝牛，吉"还有另外一层意思，这就是：一物要依附于另一物，则该物以柔顺为佳，正如毛发之依附于皮肤、油漆之被涂刷于物体表面，皆以柔软、易于被改变为佳；母牛之性至为柔顺，故蓄养母牛意味着吉祥。

《象传》主要从三个方面来解释《离》卦的卦画结构、卦辞及其意义。首先，离是附丽的意思，在自然界中，附丽的现象是极其普遍的，如日月附丽于天、各种植物附丽于地，等等。其次，事物之间的附丽必须合于正道。《离》卦下离上离,离为明,象征两明相重,此两明亦可指日月;同时,六二和六五两个阴爻分别居下、上卦之中位,又象征两明相重且合于正道,此正如日月在天空中有规律地运行,从而才化育成就天下万物一样。第三,解释卦辞"利贞,亨。畜牝牛,吉"。《彖传》以"正"释"贞",认为"贞"即六二和六五阴爻居于中位,因为六二和六五居于中位,所以才能亨通;又以"柔"释牝牛之性,认为既然柔顺者遵循中正之道预示着亨通,而母牛之性至为柔顺,所以蓄养母牛,也就意味着吉祥。

《象传》由《离》卦下离上离象征"明两作",从而推出大人应"继明照于四方",其间的逻辑关系是:光明之物(如太阳)持续地出现在天空中,才能照耀万物,因此,大人也只有接连不断地用道德之光明影响、教化民众,才能使道德教化传承不绝,四方民众普受恩惠。

《离》卦由四个阳爻和两个阴爻组成,从爻辞来看,阴爻均为吉祥,而阳爻最好也只得"无咎",这是因为,当一物附丽于另一物时,以柔顺为佳,故阴爻预示吉祥。

☲(离下离上①)离② 利贞③,亨。畜牝牛④,吉。

《彖(tuàn)⑤》曰:离,丽⑥也。日月丽乎天,百谷草木丽乎土,重明⑦以丽乎正,乃化成⑧天下。柔丽乎中正⑨,故"亨",是以"畜牝牛,吉"也。

《象⑩》曰:明两作⑪,离。大人以继⑫明照于四方。

【注释】

①离下离上:指六画的《离》卦由两个三画的离卦上下相叠而

成。　②离:卦名,意为附丽、依附。　③贞:占问。一说指"正"。　④牝牛:母牛。牝:雌性禽兽。　⑤彖:见"乾第一"原文第二节注①。　⑥丽:附丽;依附。　⑦重明:《离》卦下离上离,离为明,所以说重明。　⑧化成:化育成就。　⑨柔丽乎中正:指六二和六五阴爻分别居于下、上卦之中位。　⑩象:见"乾第一"原文第三节注①。　⑪明两作:《离》卦下离上离,离为明,两明相并,所以说明两作。作:兴起。　⑫继:接续;连续不断。

【译文】

离　有利之占问,亨通。畜养母牛,吉利。

《彖传》说:离,是附丽的意思。日月附丽在天空中,百谷和草木附丽在土地上;《离》卦下离上离,离为明,象征二明相重并遵循正道,从而化育成就天下万物。六二和六五阴爻分别居下、上卦之中位,象征柔顺者遵循中正之道,所以"亨通",并且"畜养母牛,吉利"。

《象传》说:《离》卦下离上离,离为明,象征光明接续而起,这就是《离》卦的卦象。大人观此卦象,从而连续不断地用光明之德照耀四方。

初九　履①错然②,敬③之,无咎④。

《象》曰:"履错"之"敬",以辟⑤咎也。

六二　黄离,元⑥吉。

《象》曰:"黄离,元吉",得中道⑦也。

九三　日昃(zè)⑧之离,不鼓⑨缶(fǒu)⑩而歌,则大耋(dié)⑪之嗟(jiē)⑫,凶。

《象》曰:"日昃之离",何可久也。

九四 突如⑬其来如⑭,焚如,死如,弃如。

《象》曰:"突如其来如",无所容也。

六五 出涕⑮沱(tuó)⑯若⑰,戚⑱嗟若,吉。

《象》曰:六五之"吉",离王公也。

上九 王用出征,有嘉⑲折首⑳,获匪㉑其丑㉒,无咎。

《象》曰:"王用出征",以正㉓邦也。

【注释】

①履:践行。一说指鞋;一说指脚步。 ②错然:一说指谨慎的样子;一说指杂乱。 ③敬:一说指恭敬;一说指警觉。 ④咎:灾殃。 ⑤辟:通"避",指避免、避开。 ⑥元:大。 ⑦得中道:指六二阴爻居下卦之中位,象征其符合守中之道。 ⑧昃:太阳偏西。 ⑨鼓:敲击。 ⑩缶:一种瓦质的打击乐器。 ⑪大耋:指老年人。 ⑫嗟:叹息。 ⑬突如:突然。 ⑭如:形容词后缀,表示状态。 ⑮涕:眼泪。 ⑯沱:涕泪如雨而下的样子。 ⑰若:形容词或副词后缀,表示状态。 ⑱戚:忧愁。 ⑲有嘉:有喜庆之事。一说指有嘉国(周初国名)。 ⑳折首:斩首。 ㉑匪:一说指匪徒;一说当读为"彼";一说同"非",指不、不是。 ㉒丑:众。一说指丑类,即敌人;一说指类。 ㉓正:正定;安定。

【译文】

初九 行动时急躁混乱,保持内心恭敬,没有灾殃。

《象传》说:"行动时急躁混乱"而要"保持内心恭敬",是为了避免灾殃。

六二　附丽着黄色，大吉。

《象传》说："附丽着黄色，大吉"，是因为六二阴爻符合中正之道。

九三　将要落山的太阳附丽于西边的天空，此时不是击缶而歌唱，就是老年人发出悲叹，有凶险。

《象传》说："将要落山的太阳附丽于西边的天空"，这种状况怎么能长久呢？

九四　突然而来，然后焚烧、死亡，最后被抛弃。

《象传》说："突然而来"，是指九四没有容身之处。

六五　泪如雨下，忧愁叹息，吉祥。

《象传》说：六五的"吉祥"，是因为能依附于王公大人。

上九　君王率兵征讨，有斩获敌人首级的喜事，抓获很多俘虏，没有灾殃。

《象传》说："君王率兵征讨"，目的是为了使国家安定。

下　经

䷞（艮下兑上）咸第三十一

【导读】

　　咸是交互感应的意思。《咸》卦下艮上兑，艮为少男，兑为少女，象征少男少女互相感应。同时，艮为止，有诚笃之义；兑为悦，意为和悦，象征男子诚心与女子交往，女子则和悦地相从。另外，艮为止，又有男子欲娶妻安家定居之意；兑为悦，表示女子乐意满足男子的愿望，所以卦辞中说"取女吉"。男女之间和悦地相感应，使阴阳之间得以感通，所以《咸》卦预示亨通。

　　《象传》从三个方面来解释《咸》卦的卦名、卦画结构、卦辞及其意义。首先，说明"咸"是交互感应的意思。其次，以《咸》卦的卦画结构为依据，来解释卦辞"亨，利贞。取女吉"：《咸》卦上兑下艮，兑为阴卦为柔，艮为阳卦为刚，所以《咸》卦的卦象是阴柔在上而阳刚在下，阴阳二气互相交感而亲密结合；艮为止，兑为悦，所以《咸》卦的卦象又是静止而和悦，即男子追求安定而女子和悦相从；艮为少男，兑为少女，艮下兑上，《咸》卦又是少男在下而少女在上，象征少男谦逊地求娶少女。《咸》卦的卦画结构包含上述丰富意义，所以卦辞中说"亨通，有利之占问。娶妻，吉祥"。第三，引申发挥交互感应的意义，认为交互感应不光发生在男女夫妻之间，无论是天地万物,还是人的精神领域,都会发生交互感应。而正是通过交互感应,万物才得以生长变化,圣人才能教化万民,使天下太平。因此,通过考察交互感应,就可以把握天地万物的真实情状。《象传》的这一思想是十分深刻的,因为科学的认识论告诉我们,只有通过考察事物间的相互作用和影响,才能真正了解事物的本质。

《象传》由《咸》卦下艮上兑象征"山上有泽",推出君子应"以虚受人",其间的逻辑关系是:山顶必有虚空之处,方能容纳大泽;君子只有虚心,才能包容、团结众人,从而在众人的支持和拥护下成就大业。

《咸》卦六爻,则把每一爻在卦中的不同位置与人体的各个部位相对应,然后再根据不同部位的特点来指示吉凶。如初六为脚趾,六二为小腿肚,九三为大腿,九四为心脏,九五为背脊肉,上六为脸颊和舌头。从具体内容来看,虽然《咸》卦讲的是交互感应,但爻辞却多以守正不动为佳。

☷(艮[gèn]下兑上①)咸② 亨,利贞③。取④女吉。

《彖(tuàn)⑤》曰:咸,感也。柔上而刚下⑥,二气感应以相与⑦,止而说(yuè)⑧,男下女⑨,是以"亨,利贞。取女吉"也。天地感而万物化生⑩,圣人感人心而天下和平。观其所感,而天地万物之情⑪可见矣。

《象⑫》曰:山上有泽⑬,咸。君子以虚受人。

【注释】

①艮下兑上:指六画的《咸》卦由三画的兑卦和艮卦上下相叠而成。 ②咸:卦名,意为交互感应。 ③贞:占问。一说

指"正"。　　④取：通"娶"。　　⑤彖：见"乾第一"原文第二节注①。　　⑥柔上而刚下：《咸》卦上兑下艮，兑为阴卦为柔，艮为阳卦为刚，所以说柔上而刚下。　　⑦相与：相处；相交往。　　⑧止而说：《咸》卦下艮上兑，艮为止，兑为悦，所以说止而说。说：即"悦"。　　⑨男下女：《咸》卦下艮上兑，根据《易传》，艮为少男，兑为少女，艮下兑上，所以说男下女。　　⑩化生：化育生长。　　⑪情：实情；情状。　　⑫象：见"乾第一"原文第三节注①。　　⑬山上有泽：《咸》卦下艮上兑，艮为山，兑为泽，所以说山上有泽。

【译文】

咸　亨通，有利之占问。娶妻，吉祥。

《彖传》说：咸，是交互感应的意思。《咸》卦下艮上兑，兑为阴卦为柔，艮为阳卦为刚，象征阴柔在上而阳刚在下，阴阳二气互相感应并亲密相处，静止专一而和悦，男子在下对女子以礼相求，所以卦辞中说"亨通，有利之占问。娶妻，吉祥"。天地互相交感而万物化育生长，圣人感化人心而使天下和谐平安。考察交互感应的现象，就可以明白天地万物的情状了。

《象传》说：《咸》卦下艮上兑，艮为山，兑为泽，象征山上有泽，这就是《咸》卦的卦象。君子观此卦象，从而虚心接纳别人。

初六　咸其拇①。

《象》曰："咸其拇"，志在外也。

六二　咸其腓（féi）②，凶。居③吉。

《象》曰：虽"凶""居吉"，顺不害也。

九三　咸其股④，执⑤其随⑥，往吝⑦。

《象》曰:"咸其股",亦不处⑧也;志在"随"人,所"执"下也。

九四　贞吉,悔亡。憧(chōng)憧⑨往来,朋从尔思⑩。

《象》曰:"贞吉,悔亡",未感⑪害也。"憧憧往来",未光大⑫也。

九五　咸其脢(méi)⑬,无悔。

《象》曰:"咸其脢",志末⑭也。

上六　咸其辅颊⑮舌。

《象》曰:"咸其辅颊舌",滕口⑯说也。

【注释】

①拇:大脚趾。　②腓:腿肚子。　③居:停息。④股:大腿。　⑤执:一说指执意;一说指执持。　⑥随:追随;随从。一说指相随者,即初六和六二阴爻。　⑦吝:悔恨。　⑧处:停止。　⑨憧憧:往来不绝的样子。⑩思:一说指思念、心思;一说是语气助词。　⑪感:感应。一说指感受。　⑫光大:即广大。　⑬脢:背脊肉。⑭末:微小。一说指处于末位的上六阴爻。　⑮辅颊:面颊。　⑯滕口:张口放言。

【译文】

初六　大脚趾交互感应。

《象传》说:"大脚趾交互感应",说明初六的志向是向外发展。

六二　腿肚子交互感应,有凶险。停下来不妄动,吉祥。

《象传》说:虽然"有凶险",但"停下来不妄动,吉祥",说明顺理而行可以避免祸害。

九三　大腿交互感应,执意随从,如此前往,必有令人悔恨之事。

《象传》说:"大腿交互感应",也说明无法停下来;志向在于"追随"别人,说明其"追求"是很低下的。

九四　占问得吉兆,没有后悔之事。相互之间往来不绝,朋友顺从你的想法。

《象传》说:"占问得吉兆,没有后悔之事",说明没有因为感应不正而遭受侵害。"相互之间往来不绝",说明交互感应的范围还不够广泛。

九五　背脊肉交互感应,没有后悔之事。

《象传》说:"背脊肉交互感应",说明其志向极小。

上六　面颊、舌头交互感应。

《象传》说:"面颊、舌头交互感应",说明只是夸夸其谈而已。

䷟（巽下震上）恒第三十二

【导读】

恒是恒久的意思。《恒》卦下巽上震，巽为风，震为雷，象征风在地上吹动，雷在天上震动，这是自然界中经常出现的现象，所以《恒》卦有恒久之义。同时，震为长男，巽为长女，长男在上，长女在下，象征男尊女卑，男动于外，女顺于内，这符合中国古代社会的常道，所以也从另一个角度说明《恒》卦有恒久之义。人能恪守常道，做事持之以恒，必能导致亨通，没有灾殃，有利于事业发展，所以卦辞中说"亨，无咎，利贞，利有攸往"。

《彖传》主要从四个方面来解释《恒》卦的卦画结构、卦辞及其意义。首先，详细地分析了《恒》卦的卦画结构，认为它有四个特点：一是《恒》卦上震下巽，震为阳卦为刚，巽为阴卦为柔，因此，《恒》卦是阳刚在上而阴柔在下，这符合阳尊阴卑之常道；二是震为雷，巽为风，《恒》卦象征雷和风相助益，这也符合自然界常常风雷并作的特点；三是巽为顺，震为动，因此，《恒》卦又有顺理而动的特点，而这也是万物运动的重要准则；四是初六阴爻与九四阳爻、九二阳爻与六五阴爻、九三阳爻与上六阴爻相应合，象征刚柔之间和谐地配合，从而使事物和谐、顺利地发展。其次，解释了为什么卦辞中说"亨,无咎,利贞"。《彖传》认为,因为天地自然之道具有恒久存在、运动不息的特点,《恒》卦象征恒久地守持正道,所以就能亨通、没有灾殃、有利。第三,解释了卦辞中为什么说"利有攸往"。《彖传》认为,事物的发展总是呈现出循环往复的特点,旧的过程结束了,新的过程又会开始,而这一切都是因为"往",即不断地向前发展,所以卦辞说利于有所前往。第四,揭示了恒久之道在自然界和人类社会中的意义。《彖传》认为,正是日月的长久照耀,四季的恒常变化,使万物得以不断成长;同样,也正是圣人持久地奉行正道,才使天下民众得以教化成就,使他们的道德素质不断提高。因此,通过对恒常之道的考察,就可以把握天地万物的真实情形。

《象传》由《恒》卦上震下巽象征"雷风",推出君子"立不易方",其间的逻辑关系是:雷迅风动,雷与风相伴而作,这是自然界的恒常现象;君子受此启发,认识到恒常之道和持之以恒的重要性,从而确立恒常不变的处世行事准则。

《恒》卦六爻,则有一个重要的特点,就是居中则吉,不居中就不吉。九二和六五居中,其爻辞分别为"悔亡"和"贞妇人吉";其他四爻,则不是"凶"、"吝",就是"无攸利"。这说明在《周易》的中、正、应诸原则中,《恒》卦尤重不偏不倚之中道。

☰(巽[xùn]下震上①)恒② 亨,无咎③,利贞④,利有攸⑤往。

《彖(tuàn)⑥》曰:恒,久也。刚上而柔下⑦,雷风相与⑧,巽而动⑨,刚柔皆应⑩,恒。恒"亨,无咎,利贞",久于其道也。天地之道恒久而不已也。"利有攸往",终则有始也。日月得天⑪而能久照,四时⑫变化而能久成⑬,圣人久于其道,而天下化成⑭。观其所恒,而天地万物之情⑮可见矣。

《象⑯》曰:雷风⑰,恒。君子以立不易⑱方⑲。

【注释】

①巽下震上:指六画的《恒》卦由三画的震卦和巽卦上下相叠而成。　②恒:卦名,意为恒久。　③咎:灾殃。
④贞:占问。一说指"正"。　⑤攸:助词,相当于"所"。
⑥彖:见"乾第一"原文第二节注①。　⑦刚上而柔下:《恒》卦上震下巽,震为阳卦为刚,巽为阴卦为柔,所以说刚上而柔下。　⑧雷风相与:《恒》卦上震下巽,震为雷,巽为风,所以说雷风相与。与:帮助。　⑨巽而动:《恒》卦下巽上震,震为动,所以说巽而动。巽:谦逊。　⑩刚柔皆应:《恒》卦的初六阴爻与九四阳爻、九二阳爻与六五阴爻、九三阳爻与上六阴爻都属于同位爻之间以阴阳刚柔相应合。
⑪得天:指遵循自然规律。　⑫四时:四季。　⑬成:指成就万物。　⑭化成:教化成就。　⑮情:实情;情状。
⑯象:见"乾第一"原文第三节注①。　⑰雷风:《恒》卦上震下巽,震为雷,巽为风,所以说雷风。　⑱不易:不变。
⑲方:道理;规范。

【译文】

恒　亨通,没有灾殃,有利之占问,利于有所前往。

《彖传》说:恒,是恒久的意思。《恒》卦上震下巽,震为阳卦,巽为阴卦,象征阳刚在上而阴柔在下;雷与风相助,顺理而动;上下卦中同位的阴阳爻之间均相应合,这些都是《恒》卦的特点。《恒》卦卦辞中说"亨通,没有灾殃,有利之占问",是因为能恒久地保持正道。天地之道的特点是恒久并且不停地运动。"利于有所前往",说明事情发展到终点,又会有新的开始。日月按自然规律运行,才能恒久地照耀;四季按规律更替,才能使万物不断地成长;圣人恒久地守持正道,从而能教化成就天下万民。考察恒久的特点,就可以明白天地万物的情状了。

《象传》说:《恒》卦上震下巽,震为雷,巽为风,象征雷和风并作,这就是《恒》卦的卦象。君子观此卦象,从而确立恒常不变的规则。

初六　浚(jùn)①恒,贞凶,无攸利。
《象》曰:"浚恒"之"凶",始求深也。
九二　悔亡。
《象》曰:九二"悔亡",能久中②也。
九三　不恒其德,或承③之羞,贞吝④。
《象》曰:"不恒其德",无所容也。
九四　田⑤无禽⑥。
《象》曰:久非其位⑦,安得"禽"也。
六五　恒其德,贞妇人吉,夫子⑧凶。
《象》曰:"妇人"贞"吉",从一而终也。"夫子"制义⑨,从妇"凶"也。
上六　振⑩恒,凶。
《象》曰:"振恒"在上⑪,大无功也。

【注释】

①浚:深。　②中:指九二阳爻居下卦之中位。　③承:受。一说指施加。　④吝:悔恨。　⑤田:狩猎。　⑥禽:泛称鸟兽。　⑦非其位:指九四阳爻居于阴位,居位不当。　⑧夫子:古代对男子的尊称。也指丈夫。　⑨制义:确定合宜的原则、办法等。义:宜;理应。一说指裁制事宜。　⑩振:动。　⑪在上:指上六阴爻居《恒》卦之最上位。

【译文】

初六　深求恒久,占问得凶兆,得不到什么利益。

《象传》说:"深求恒久"而"得凶兆",是因为一开始就过于求深。

九二　没有后悔之事。

《象传》说:九二爻辞中说"没有后悔之事",是因为九二能恒久地持守中道。

九三　不能恒久保持其德行,有时会受到羞辱,占问预示会有令人悔恨之事。

《象传》说:"不能恒久保持其德行",这样做将会无处容身。

九四　狩猎时没有猎获鸟兽。

《象传》说:长久地处于不当处的位置,怎么能猎获"鸟兽"呢?

六五　恒久保持其德行,妇女占问得吉兆,男子占问得凶兆。

《象传》说:"妇女"占问而"得吉兆",是因为妇女的准则是从一而终。"男子"有因事制宜之权,却去按妇人之道行事,所以"得凶兆"。

上六　不断地变动,有凶险。

《象传》说:居于上位而"不断地变动",这样做不可能取得任何成功。

䷠（艮下乾上）遯第三十三

【导读】

遯是退避、退隐的意思。《遯》卦的初六、六二为两个阴爻，象征阴柔小人的势力逐渐增长，若再向前发展，九三亦变为阴爻，则《遯》卦将成为"小人道长，君子道消"之《否》卦。君子见微知著，故在看到小人不断得势而自己又无力阻止之时，便毅然离开朝廷，避世隐居。另外，《遯》卦上乾下艮，乾为天，艮为山，象征天下有山；若把《遯》卦的上下卦颠倒，则为下乾上艮的《大畜》卦，《大畜》卦有君王蓄养贤人之意，故《遯》卦有君王不蓄养贤人、听任贤人退隐之意。君子能知机隐退，则可避免小人之迫害，以保全性命于乱世，所以预示亨通。但君子既已退隐，则不能有大的作为，故卦辞又说"小利贞"，即占问小事有利。

《象传》从三个方面来解释《遯》卦的卦画结构、卦辞及其意义。首先，解释《遯》卦为什么预示亨通。《象传》认为，阳刚君子毅然采取退隐的措施，这一行为符合对客观形势的正确判断，所以亨通。为什么这么说呢？因为从《遯》卦的卦画结构来看，九五阳爻居上卦之中位，与居下卦之中位的六二阴爻相应合；九五阳爻处于外卦，有阳刚君子远离朝廷之象；六二阴爻居于内卦，有阴柔小人把持朝政之象。因此，九五与六二应合，说明九五的退隐之举恰合小人的心意，这样,小人就不会再对君子施加迫害,所以君子得以亨通。其次,解释卦辞中的"小利贞"。《彖传》认为,初六、六二两个阴爻有阴柔小人的势力不断增长之意,小人势力越来越盛,君子已不能有大的作为,而只能做一些无关大局的小事,所以说"小利贞"。第三,指出根据时势而退避有十分重大的意义。儒家有一个为官出仕的重要原则,叫作"天下有道则见,无道则隐",因此,所谓的时势,也就是天下有道还是无道,即政治清明还是混乱。当政治清明时,正是君子大有作为之时;当政治混乱时,便是君子退隐之时。若君子在政治混乱时仍恋栈官位,必会遭遇不测。

《象传》由《遁》卦上乾下艮象征"天下有山",推出君子应"远小人,不恶而严",其间的逻辑关系是:《象传》以天比朝廷,以山比贤人,天下有山,则说明贤人不在朝廷之上,也就是离开朝廷而退隐;贤人离朝退隐的原因是朝廷中小人当道,贤人无立足之地。君子当此之时,就应该远离小人。但远离小人也要讲究一定的策略,因为君子远离小人只是权宜之计,当时机成熟时,就要出而彻底清除小人,因此,若君子明显表现出与小人水火不容、势不两立的样子,则必会遭小人的暗算和迫害。所以君子就应不明显表现出对小人的厌恶,而内心则坚守自己的原则。

《遁》卦六爻,则集中阐述了君子在不同情势下的退隐之策。具体而言,下三爻均为当退隐而不能成功,上三爻则能圆满实现其退隐之志。这是因为,下三爻处于下卦艮中,艮为止,故行动不顺;上三爻处于上卦乾中,乾为动,故退隐之行动可成。

☰(艮[gèn]下乾上①)遁② 亨,小利贞③。

《彖(tuàn)④》曰:遁,"亨",遁而亨也;刚当位而应⑤,

与时行也。"小利贞",浸⑥而长也。遁之时义⑦大矣哉。

《象⑧》曰：天下有山⑨，遁。君子以远小人，不恶(wù)而严⑩。

【注释】

①艮下乾上：指六画的《遁》卦由三画的乾卦和艮卦上下相叠而成。　②遁：卦名，意为退避、退隐。　③小利贞：有利于占问小事。贞：占问。一说指"正"。　④彖：见"乾第一"原文第二节注①。　⑤刚当位而应：指九五阳爻居上卦之中位，与六二阴爻相应合。　⑥浸：渐渐。　⑦义：意义。一说指宜、理应。　⑧象：见"乾第一"原文第三节注①。　⑨天下有山：《遁》卦上乾下艮，乾为天，艮为山，所以说天下有山。　⑩严：严格，指严守原则。一说指威严；一说指严分界限。

【译文】

遁　亨通，有利于占问小事。

《彖传》说：遁，"亨通"，是指退避则亨通的意思；九五阳爻居上卦之中位，与六二阴爻相应合，象征阳刚者根据时势而采取行动。"有利于占问小事"，是因为阴柔者的势力逐渐增长。根据时势而退避的意义太重大了。

《象传》说：《遁》卦上乾下艮，乾为天，艮为山，象征天空下面矗立着大山，这就是《遁》卦的卦象。君子观此卦象，从而远离小人，不明显表现出对小人的厌恶，内心则严守原则。

初六　遁尾①，厉②，勿用③有攸④往。

《象》曰:"遁尾"之"厉",不往何灾也。

六二　执⑤之用黄牛之革⑥,莫⑦之胜⑧说(tuō)⑨。

《象》曰:"执""用黄牛",固志也。

九三　系⑩遁,有疾,厉;畜臣妾⑪,吉。

《象》曰:"系遁"之"厉",有疾惫⑫也。"畜臣妾,吉",不可大事⑬也。

九四　好⑭遁,君子吉,小人否。

《象》曰:"君子""好遁","小人否"也。

九五　嘉⑮遁,贞吉。

《象》曰:"嘉遁,贞吉",以正⑯志也。

上九　肥⑰遁,无不利。

《象》曰:"肥遁,无不利",无所疑也。

【注释】

①尾:末尾。　②厉:危险。　③勿用:不宜;不适合。用:适宜。　④攸:助词,相当于"所"。　⑤执:控制,这里指捆缚。一说通"絷(zhí)",指拴、捆。　⑥革:皮革。　⑦莫:没有谁。　⑧胜:能。　⑨说:通"脱",指解脱、脱落。　⑩系:牵挂;系恋。　⑪臣妾:臣仆侍妾。　⑫惫:极度疲乏;困顿。　⑬事:指做事。　⑭好:喜爱。一说指美好。　⑮嘉:赞美;赞许。　⑯正:一说指端正;一说指中正。　⑰肥:通"蜚",飞的意思。

【译文】

初六　退隐时落在最后面,有危险,不要有所前往。

《象传》说:"退隐时落在最后面"而"有危险",此时若不跟在后面前往,又会有什么灾祸呢?

六二　用黄牛皮革紧紧捆住,没有人能解开。

《象传》说:"用黄牛皮革紧紧捆住",说明其志向十分坚定。

九三　欲退隐而心有系恋,身患疾病,有危险;蓄养臣仆侍妾,吉利。

《象传》说:"欲退隐而心有系恋",因而有"危险",是因为患疾病而极度疲乏。"蓄养臣仆侍妾,吉利",说明不可采取大的行动。

九四　心有喜好而退隐,这对于君子是吉利的,小人则做不到。

《象传》说:"君子""心有喜好而退隐","小人则做不到"。

九五　令人赞美的退隐,占问得吉兆。

《象传》说:"令人赞美的退隐,占问得吉兆",是因为其志向合于正道。

上九　飞身远遁,没有任何不利。

《象传》说:"飞身远遁,没有任何不利",因为心中对自己所采取的行动没有丝毫疑虑。

☳☰（乾下震上）大壮第三十四

【导读】

大壮是大为强壮的意思。《大壮》卦由四个阳爻和两个阴爻组成，阳爻的势力由下往上不断发展，超过了阴爻；又《周易》以阳为大为健，故《大壮》卦意味着大为强壮。同时，《大壮》卦下乾上震，乾为天，震为雷，象征雷在天上震动；雷应当在天下震动，现在则在天的上面震动，也有阳刚极盛的意思。阳刚者的势力占据主导地位，好比君子之道增长，小人之道消退，所以该卦预示"利贞"即有利之占问。

不过，需要强调的是，大壮除了指大为强壮的意思，又隐含着太过强壮的意思。从卦画结构来看，《泰》卦由三个阳爻和三个阴爻组成，阳下阴上，阴阳平衡，象征万物通泰；《大壮》卦则由《泰》卦的三个阳爻发展为四个阳爻，阳多阴少，则有可能脱离万物通泰之局面。故君子处大壮之时，当防阳刚过盛，阴柔不足。

《彖传》从四个方面来解释《大壮》卦的卦名、卦画结构、卦辞及其意义。首先，《彖传》明确指出，大壮就是"大者壮"的意思，这里的"大"指阳爻，《大壮》卦下面为四个阳爻，象征阳刚的势力强壮，所以说大壮。其次，解释"大壮"之"壮"的意义，认为"大壮"之所以称为"壮"，是因为《大壮》卦下乾上震，乾为天，震为动，象征刚健而运动，故有强壮之义。第三，解释卦辞"利贞"。《彖传》释"贞"为"正"，认为"利贞"是"大者正"即阳刚者持守正道的意思；而卦辞之所以强调阳刚者持守正道，是因为若阳刚者不持守正道，会使天下失序、百弊丛生而无法挽救。第四，说明通过正直而又强大这一特性，就可以把握天地的情状。因为天地的特点，正是巨大无比，却又恪守正道，并有规律地运行，所以，了解了正直而强大，也就把握了天地的情状。

《象传》由《大壮》卦上震下乾象征"雷在天上"，推出君子要"非礼弗履"，其间的逻辑关系是：雷在天上震动，这是极其壮盛之象，此种壮盛之象的形成，乃阳刚者持守正道的结果；君子观此卦象，意识到崇高品德的养成，需要时时奉行正道，不能有丝毫违越，因此"非礼弗履"，不敢去做违背礼的事情。

《周易》以阳爻居阳位、阴爻居阴位为得位，并通常以得位为佳。《大壮》卦六爻，则反而以阳爻居阴位为吉，而以阳爻居阳位为凶为厉。如九二、九四皆为"贞吉"，初九、九三则分别为"征凶"和"贞厉"。究其原因，是因为大壮之时，阳刚本已十分壮盛，故宜稍加抑制，不可恃壮而躁进不已。

☰（乾下震上）①大壮② 利贞③。

《彖（tuàn）④》曰：大壮，大者⑤壮也。刚以动⑥，故壮。大壮"利贞"，大者正也。正大，而天地之情⑦可见矣。

《象⑧》曰：雷在天上⑨，大壮。君子以非礼弗履⑩。

【注释】

①乾下震上：指六画的《大壮》卦由三画的震卦和乾卦上下相

叠而成。　②大壮:卦名,有大为强壮的意义。　③贞:占问。一说指"正"。　④彖:见"乾第一"原文第二节注①。　⑤大者:这里指阳爻。　⑥刚以动:《大壮》卦下乾上震,乾为刚,震为动,所以说刚以动。　⑦情:实情;情状。　⑧象:见"乾第一"原文第三节注①。　⑨雷在天上:《大壮》卦上震下乾,震为雷,乾为天,所以说雷在天上。　⑩履:行。

【译文】

大壮　有利之占问。

《彖传》说:大壮,是阳刚者强壮的意思。《大壮》卦下乾上震,乾为刚,震为动,象征刚健而运动,所以称为壮。《大壮》卦卦辞中说的"利于守正",是阳刚者持守正道的意思。正直而又强大,就可以明白天地的情状了。

《象传》说:《大壮》卦上震下乾,震为雷,乾为天,象征雷在天空中震动,这就是《大壮》卦的卦象。君子观此卦象,从而不去做不符合礼的事情。

初九　壮于趾①,征凶有孚②。

《象》曰:"壮于趾",其"孚"穷也。

九二　贞吉。

《象》曰:九二"贞吉",以中③也。

九三　小人用壮,君子用罔(wǎng)④,贞厉⑤。羝(dī)羊⑥触藩⑦,羸⑧其角。

《象》曰:"小人用壮","君子""罔"也。

九四　贞吉,悔亡。藩决⑨不羸,壮于大舆⑩之輹(fù)⑪。

《象》曰:"藩决不羸",尚⑫往也。

六五　丧羊于易⑬,无悔。

《象》曰:"丧羊于易",位不当⑭也。

上六　羝羊触藩,不能退,不能遂⑮,无攸⑯利,艰⑰则吉。

《象》曰:"不能退,不能遂",不详⑱也。"艰则吉",咎⑲不长也。

【注释】

①趾:脚指头。　②孚:信,这里有肯定无疑的意思。③中:指九二阳爻居下卦之中位。　④罔:无;没有。一说指网。　⑤厉:危险。　⑥羝羊:公羊。　⑦藩:藩篱。　⑧羸:束缚;缠绕。一说指毁坏。　⑨决:打开缺口。　⑩舆:车。　⑪輹:车厢下面钩住车轴的木头。⑫尚:一说即"上";一说指爱好;一说指还。　⑬易:通"埸(yì)",指田界、疆界。一说即"狄"(我国古代称北方的民族),指狄人。　⑭位不当:指六五阴爻居于阳位,所处的位置不适当。　⑮遂:前进;前往。　⑯攸:助词,相当于"所"。　⑰艰:艰难,这里指经历艰难。　⑱详:一说同"祥",指吉祥;一说指周详。　⑲咎:灾殃。

【译文】

初九　脚指头强健,出征肯定会有凶险。

《象传》说:"脚指头强健",说明初九"肯定"会面临窘境。

九二　占问得吉兆。

《象传》说:九二爻辞中说的"占问得吉兆",是因为九二阳爻居下卦之中位,象征其恪守中道。

九三　小人凭借强壮来解决问题,君子则不靠强壮来解决问题,占问预示有危险。公羊用它的角去顶触藩篱,结果角被卡住。

《象传》说:"小人凭借强壮来解决问题","君子"则"不这么做"。

九四　占问得吉兆,没有令人后悔之事。公羊冲破藩篱,其角没有被卡住;大车的车厢下面钩住车轴的木头极为粗壮。

《象传》说:"公羊冲破藩篱,其角没有被卡住",说明有利于向前发展。

六五　在边界丢失了羊,没有令人后悔之事。

《象传》说:"在边界丢失了羊",是因为六五所处的位置不适当。

上六　公羊用它的角去顶触藩篱,结果角被卡住,既不能退,又不能进,得不到什么利益,经历艰难后可获吉祥。

《象传》说:"既不能退,又不能进",说明上六的处境很不好。"经历艰难后可获吉祥",说明遭受灾殃的时间不会长久。

䷢（坤下离上）晋第三十五

【导读】

　　晋是前进、升进的意思。《晋》卦上离下坤，离为火为日，坤为地，仿佛太阳从大地上升起，并越升越高，故晋有前进、升进的意思。卦辞中则用臣子地位的提高来表示升进之义：康侯得到天子的信任，所以得到天子的多次接见，并收到了天子赏赐给他的许多马；天子此举，必将使康侯的影响和地位有很大的提高。那么，康侯又是谁呢？历代学者多认为此康侯非确指某人，"康"只是美好或安康的意思。顾颉（jié）刚则认为，此康侯就是周初的康叔，是周武王之弟，历代易学家之所以不敢这么说，是因为他们认为《易经》是周文王所作，康叔是文王之子，若承认康侯即康叔，那就会动摇文王作《易经》的成说。我认为，顾颉刚的论述是较具说服力的。

　　《象传》从两个方面来解释《晋》卦的卦名及卦辞。首先，说明晋是升进的意思，而晋之所以有升进的意思，是因为《晋》卦上离下坤，离为火为日，坤为地，有太阳从大地上升起并不断上升前进之象。其次，以《晋》卦的卦画结构为依据，来解释整句卦辞。《晋》卦下坤上离，坤为顺，离为大明，也就是太阳，象征充满明德的尊长，因此，《晋》卦有顺从并依附充满明德的尊长之象。同时，《晋》卦中有初六、六二、六三、六五这四个阴爻,它们由下往上,仿佛阴柔者的地位不断提高;而阴柔者地位的提高,与天子的信任和重用直接相关。正是基于《晋》卦中蕴含上述两层意思,所以卦辞中说"康侯用锡马蕃庶,昼日三接"。

《象传》由《晋》卦上离下坤象征"明出地上",推出君子应"自昭明德",其间的逻辑关系是:太阳从大地上升起,其光明显耀于天下,并造福天下万物;君子从中受到启发,从而也让自己的光明美德昭显出来,以影响天下民众。

《晋》卦六爻,由四个阴爻和两个阳爻组成。从爻辞来看,凡阴爻皆预示"吉"或"悔亡",阳爻则不是有危险就是有令人悔恨之事。这说明升进之时,当以柔顺为主要手段,此与老子的"无为而无不为"之旨颇相吻合。

☷(坤下离上①)晋② 康侯③用锡(cì)④马蕃庶⑤,昼日⑥三接⑦。

《彖(tuàn)⑧》曰:晋,进也,明出地上⑨。顺而丽乎大明⑩,柔进而上行⑪,是以"康侯用锡马蕃庶,昼日三接"也。

《象⑫》曰:明出地上,晋。君子以自昭⑬明德⑭。

【注释】

①坤下离上:指六画的《晋》卦由三画的离卦和坤卦上下相叠而成。　②晋:卦名,有"进"即前进、升进的意思。
③康侯:一说指周武王之弟,名封,因初封于康,所以称康侯或康叔;一说指尊贵的公侯,康是尊贵美好的意思。　④锡:通"赐",指赐予、赏赐。　⑤蕃庶:繁多。　⑥昼日:一

日;一天。 ⑦接:一说指接受;一说指接见。 ⑧象:见"乾第一"原文第二节注①。 ⑨明出地上:《晋》卦上离下坤,离为明,坤为地,所以说明出地上。 ⑩顺而丽乎大明:《晋》卦坤下离上,坤为顺,离为明,所以说顺而丽乎大明。丽:附丽。 ⑪柔进而上行:《晋》卦的初六、六二、六三、六五皆为阴爻,仿佛阴柔者不断地上升。一说指六五阴爻居于尊位。 ⑫象:见"乾第一"原文第三节注①。 ⑬昭:显示;显扬。 ⑭明德:光明之德。

【译文】

晋 康侯得到天子赏赐的马很多,一天之内三次受到接见。

《彖传》说:晋,是升进的意思;《晋》卦上离下坤,离为火为日,坤为地,象征太阳从大地上升起。阴柔者顺从并依附充满光明的尊长,不断地向上升进,所以卦辞中说"康侯得到天子赏赐的马很多,一天之内三次受到接见"。

《象传》说:《晋》卦上离下坤,离为火为日,坤为地,象征太阳从大地上升起,这就是《晋》卦的卦象。君子观此卦象,从而昭显自己光明的美德。

初六 晋如①摧②如,贞③吉。罔(wǎng)④孚⑤,裕⑥,无咎⑦。

《象》曰:"晋如摧如",独行正也。"裕,无咎",未受命⑧也。

六二 晋如愁⑨如,贞吉。受兹⑩介⑪福,于其王母⑫。

《象》曰:"受兹介福",以中正⑬也。

六三 众允⑭,悔亡。

《象》曰:"众允"之,志上行也。

九四　晋如鼫(shí)鼠⑮,贞厉⑯。

《象》曰:"鼫鼠,贞厉",位不当⑰也。

六五　悔亡,失得勿恤⑱,往吉,无不利。

《象》曰:"失得勿恤",往有庆也。

上九　晋其角⑲,维⑳用㉑伐邑(yì)㉒,厉,吉,无咎,贞吝㉓。

《象》曰:"维用伐邑",道未光㉔也。

【注释】

①如:语气助词。　②摧:挫折,这里指退。　③贞:占问。一说指"正"。　④罔:无;没有。　⑤孚:见"需第五"原文第一节注③。　⑥裕:宽缓。　⑦咎:灾殃。　⑧受命:接受任命。一说指接受命令。　⑨愁:一说指忧愁;一说通"揪",指收敛;一说借为"遒",指逼迫。　⑩兹:此。　⑪介:大。　⑫王母:祖母,这里指六五阴爻。一说指六二阴爻。　⑬中正:指六二阴爻居下卦之中位。　⑭允:信;诚信。　⑮鼫鼠:鼠的一种,一说即鼯(wú)鼠,外形像松鼠,前后肢之间有宽大的薄膜;一说指硕鼠,即大的老鼠。　⑯厉:危险。　⑰位不当:指九四阳爻居于阴位,所处的位置不适当。　⑱恤:忧虑;担忧。　⑲角:指兽角。　⑳维:语气助词。　㉑用:宜;可。　㉒邑:城镇;村落。　㉓吝:悔恨。　㉔光:发扬光大。

【译文】

初六　前进,后退,占问得吉兆。不能取信于人,且宽以时日,没有灾殃。

《象传》说："前进，后退"，说明初六能独自遵行正道。"且宽以时日，没有灾殃"，是因为暂时还没有接到任命。

六二　前进，忧愁，占问得吉兆。将从祖母那里获得大的福气。

《象传》说："将要获得大的福气"，是因为六二居中得正。

六三　受到众人的信任，没有令人后悔之事。

《象传》说："众人都信任"他，因为其志向是向上行进。

九四　前进时像鼯鼠一样，占问预示有危险。

《象传》说："像鼯鼠一样，占问预示有危险"，这是因为九四所处的位置不适当。

六五　没有令人后悔之事，不用忧虑得失，前往可获吉祥，没有任何不利。

《象传》说："不用忧虑得失"，因为六五前往必有值得庆贺之事。

上九　动物向前伸出它的角，可以攻伐城邑，有危险，最终吉祥，没有灾殃，占问预示会有令人悔恨之事。

《象传》说："可以攻伐城邑"，说明升进之道尚未发扬光大。

䷣（离下坤上）明夷第三十六

【导读】

　　明夷即光明受到遮蔽的意思。《明夷》卦下离上坤，离为火为日，坤为地，象征太阳没入大地之中。太阳没入大地之中，则大地上一片黑暗。以此比喻社会政治，则好比昏君在上，小人得志，贤明的君子纷纷被贬斥。君子面临这样的时代，当守志退避，不可盲目行动，所以卦辞中说"利艰贞"，即有利于占问艰难之事。

　　《象传》从三个方面来解释《明夷》卦的卦画结构、卦辞及其意义。首先，以《明夷》卦下离上坤的卦画结构为依据，说明明夷象征光明没入大地之中。其次，认为《明夷》卦有内文明而外柔顺的特性，因为《明夷》卦的下卦离为火为文明，上卦坤为地为柔顺，故有此说；并继而把这种特性推广到社会政治领域，认为周文王遭受商纣王迫害，被囚禁在羑里，就是依靠内具文明之德而外示柔弱顺从，才躲过了这一劫难。第三，解释卦辞"利艰贞"就是在面临艰难时要善于掩藏其明智，并指出，这种掩藏，只是一种自保的策略，其内心的志向则不会因此而改变。《象传》接着以商朝时的箕子为例，来说明这一道理：箕子是商纣王的诸父，纣王无道，箕子加以劝谏，结果反被纣王囚禁。箕子为免遭纣王的进一步迫害，便假装发疯，从而得以幸免于难。

《象传》由《明夷》卦下离上坤象征"明入地中",推出君子在治理民众时要"用晦而明",其间的逻辑关系是:太阳没入大地之中,是为了更好地积蓄能量;同时,太阳没入大地之中,并不代表太阳的光明从此永远消失,而只是暂时把光明掩藏起来,以更好地照耀天下。君子从中受到启发,从而在治理民众时,也暂时深藏不露,内心则明察一切。君子深藏不露,可使小人失去戒心,充分暴露其罪恶,从而能一举殄(tiǎn)灭之。

纵观《明夷》卦六爻爻辞,主要有三个特点:一是《周易》通常以六五或九五为君位,《明夷》卦则以上六为君位,而以六五为臣位;二是下五爻爻辞中均有"明夷"二字,唯独上六爻辞中为"不明,晦",这说明下五爻的明夷均是上六造成的,下五爻皆象征君子,而上六则象征昏君;三是《明夷》卦下离上坤,离为明,坤为地为暗,六爻爻辞皆以此明、暗为据而阐发"明夷"之义。

䷣(离下坤上①)明夷② 利艰贞③。

《彖(tuàn)④》曰:明入地中⑤,明夷。内文明而外柔顺⑥,以⑦蒙⑧大难,文王⑨以⑩之。"利艰贞",晦⑪其明也。内难而能正其志,箕(jī)子⑫以之。

《象⑬》曰:明入地中,明夷。君子以莅众⑭,用晦而明。

【注释】

①离下坤上:指六画的《明夷》卦由三画的坤卦和离卦上下相叠而成。 ②明夷:卦名,意为光明受到遮蔽。 ③艰贞:占问艰难之事。 ④彖:见"乾第一"原文第二节注①。 ⑤明入地中:《明夷》卦下离上坤,离为明,坤为地,所以说明

入地中。　⑥内文明而外柔顺：《明夷》卦下离上坤,离为内卦,象征文明;坤为外卦,象征柔顺,所以说内文明而外柔顺。　⑦以：用。　⑧蒙：承受。　⑨文王：指周文王,商末周族首领。姓姬,名昌。商纣时为西伯,曾被商纣囚禁于羑(yǒu)里(今河南汤阴北)。　⑩以：通"似",指相似。　⑪晦：掩蔽;掩藏。　⑫箕子：商代贵族,商纣王的诸父(伯父、叔父的统称),官至太师。曾劝谏纣王,纣王不听,将其囚禁。　⑬象：见"乾第一"原文第三节注①。　⑭莅众：治理民众。莅：治理。

【译文】

明夷　利于占问艰难之事。

《彖传》说：《明夷》卦下离上坤,离为光明,坤为地,象征光明没入大地之中,这就是明夷的意思。内具文明之德,对外显示柔顺的态度,这样去承受大难,周文王的经历正好与此相似。"利于占问艰难之事",是指要暂时掩藏自己的智慧。在内部遭受险难的情况下仍能坚定自己的志向,箕子的经历正好与此相似。

《象传》说：《明夷》卦下离上坤,离为日,坤为地,象征太阳没入大地之中,这就是《明夷》卦的卦象。君子观此卦象,从而在治理民众时深藏不露,却明察一切。

　　初九　明夷①于②飞,垂其翼。君子于行,三日不食。有攸③往,主人有言④。

《象》曰："君子于行",义⑤不食⑥也。

六二　明夷,夷⑦于左股⑧,用拯⑨马壮,吉。

《象》曰：六二之"吉",顺以则⑩也。

九三　明夷于南狩⑪,得其大首⑫,不可疾⑬贞。

《象》曰:"南狩"之志,乃大得⑭也。

六四　入于左腹⑮,获明夷之心⑯,于出门庭⑰。

《象》曰:"入于左腹",获心意也。

六五　箕子⑱之明夷,利贞。

《象》曰:"箕子"之"贞⑲",明不可息⑳也。

上六　不明,晦㉑。初登㉒于天,后入于地。

《象》曰:"初登于天",照四国㉓也;"后入于地",失则也。

【注释】

①明夷:这里指太阳没入大地后天色昏暗。一说指一种名为鸣鹓(yí)的鸟。　②于:助词,用来凑足音节。　③攸:助词,相当于"所"。　④言:指责怪之言。　⑤义:宜;理应。一说指道义。　⑥食:这里有食禄即享用俸禄的意思。　⑦夷:伤。　⑧股:大腿。　⑨拯:救。一说通"乘"。　⑩则:准则;法则。　⑪狩:打猎,这里指征伐。　⑫大首:元凶;首恶。一说指头很大的野兽。　⑬疾:迅速;快速。　⑭大得:清代阮元主持校刻的《十三经注疏·周易正义》作"得大",应作"大得"。　⑮腹:腹地;靠近中心的地区。一说指内室。　⑯心:内情;实情。　⑰门庭:门口和庭院。　⑱箕子:商纣王的诸父。一说即"亥子",指亥末子初之时。　⑲贞:正。　⑳息:熄灭。　㉑晦:昏暗;不明。　㉒登:升。　㉓四国:四方各国。

【译文】

初九　鸟在天色昏暗时飞行,低垂着翅膀。君子远行,三天不吃东西。有所前往,会受到主人的责怪。

《象传》说:"君子远行",说明他理应不留下来食禄。

六二　天色昏暗,左腿受伤,前来拯救的马很强壮,吉祥。

《象传》说:六二爻辞中所说的"吉祥",是因为六二柔顺而又能坚持原则。

九三　昏暗不明时南征,能俘获元凶,占问预示不宜急于求成。

《象传》说:"南征"的志向,将得到充分实现。

六四　进入左边的腹地,获知光明受到遮蔽的真实情状,然后跨出门庭。

《象传》说:"进入左边的腹地",是为了获知真实的情况。

六五　箕子掩藏自己的智慧,有利之占问。

《象传》说:"箕子"的"坚守正道",说明光明是不会熄灭的。

上六　不明亮,昏暗。开始时升上天空,后来坠入地下。

《象传》说:"开始时升上天空",说明此时其光明可以照耀四方各国;"后来坠入地下",是因为上六的所作所为失去了准则。

䷤（离下巽上）家人第三十七

【导读】

家人即一家之人，包括父母、兄弟、姐妹等。《家人》卦上巽下离，巽为木，象征房屋；离为火，象征炊火。屋子里有炊火，正是家庭之象。中国古代女主内，男主外，家庭内部的事务，主要由女子来操持，所以卦辞说"利女贞"，即有利于女子占问。

《彖传》主要从三个方面来阐述《家人》卦的卦名、卦画结构、卦辞及其意义。首先，以《家人》卦的卦画结构为依据，说明家人就是"女正位乎内，男正位乎外"的意思，因为《家人》卦的六二阴爻居下卦（亦即内卦）之中位，有女子在家里居中守正之象；九五阳爻居上卦（亦即外卦）之中位，有男子在外面居中守正之象，故有此说。其次，说明卦辞"利女贞"的意思。《彖传》以"正"释"贞"，再把"女贞"即女子持守正道推扩到"男女正"即男女同时持守正道，并认为这是天地之间的大原则。这是因为，《家人》卦上为九五阳爻，下为六二阴爻，象征阳上阴下，阳尊阴卑，男尊女卑，而这正是《周易》认为的天地间的大原则。第三，阐发了《家人》卦指家庭中的成员皆持守正道的意义。《彖传》认为，家庭关系包括父母、父子、夫妇、兄弟等各个方面，家庭中的每一个成员，都要按照其在家庭中的角色定位去行事;父母是家庭中的尊长,在这一前提下,父亲按父亲应有的样子去做,儿子按儿子应有的样子去做,妻子按妻子应有的样子去做,这样,家道就会端正;而家庭是社会的细胞,社会是由众多的家庭组成的,因此,家道端正了,天下也就安定了。《周易》认为治国必先安家,这对现代社会治理极具启发意义,因为,如果每个家庭成员都能严格按其角色应有的要求去做,每个家庭都像一个和谐的细胞,整个社会不就和谐了吗!

《象传》由《家人》卦上巽下离象征"风自火出",推出君子应"言有物而行有恒",其间的逻辑关系是:《象传》以风比喻教化,以火比喻人之明德,"风自火出",即教化依据人之明德的意思;君子受此启发,从而努力培养自己的明德,而说话有事实依据、行动持之以恒正是培养明德的重要手段。

《家人》卦六爻,则主要阐述男女家长在治家时应注意的各个环节和方面,包括要对意外之事预作防范,不要让家庭成员嬉笑放纵,要发家致富,要有诚信,家长要保持威严,等等。爻辞中不分君子小人,其中的四个阳爻系对男性家长而言,两个阴爻则对女性家长而言。

☲（离下巽[xùn]上①）家人② 利女贞③。

《彖(tuàn)④》曰:家人,女正位乎内⑤,男正位乎外⑥。男女正,天地之大义也。家人有严君⑦焉,父母之谓也。父父⑧,子子,兄兄,弟弟,夫夫,妇⑨妇,而家道⑩正。正家,而天下定矣。

《象⑪》曰:风自火出⑫,家人。君子以言有物⑬而行有恒。

【注释】

①离下巽上:指六画的《家人》卦由三画的巽卦和离卦上下相叠而成。　②家人:卦名,意为一家之人或家中之人。　③贞:占问。一说指"正"。　④彖:见"乾第一"原文第二节注①。　⑤女正位乎内:指六二阴爻居下卦(即内卦)之中位。　⑥男正位乎外:指九五阳爻居上卦(即外卦)之中位。　⑦严君:对父母的尊称。　⑧父父:指父亲按父亲应有的样子去做。下面的"子子"、"兄兄"等与此同。　⑨妇:妻子。　⑩家道:指家庭赖以成立和维持的规则、道理。　⑪象:见"乾第一"原文第三节注①。　⑫风自火出:《家人》卦上巽下离,巽为风,离为火,所以说风自火出。　⑬物:实际内容;事实。

【译文】

家人　有利于女子占问。

《彖传》说:《家人》卦的六二阴爻居下卦之中位,象征女子在家中守正道;九五阳爻居上卦之中位,象征男子在外面守正道。男女都守正道,这是天地间的大原则。一家之中有威严的君长,就是父亲和母亲。父亲按父亲应有的样子去做,儿子按儿子应有的样子去做,兄按兄应有的样子去做,弟按弟应有的样子去做,丈夫按丈夫应有的样子去做,妻子按妻子应有的样子去做,立家之道就能端正。家道端正了,天下也就安定了。

《象传》说:《家人》卦上巽下离,巽为风,离为火,象征风从火中吹出,这就是《家人》卦的卦象。君子观此卦象,从而说话有事实根据,行动能持之以恒。

初九　闲①有②家,悔亡。

《象》曰:"闲有家",志③未变④也。

六二　无攸⑤遂⑥,在中馈⑦,贞吉。

《象》曰:六二之"吉",顺以⑧巽⑨也。

九三　家人嗃(hè)嗃⑩,悔,厉⑪,吉。妇子嘻嘻,终吝⑫。

《象》曰:"家人嗃嗃",未失也。"妇子嘻嘻",失家节⑬也。

六四　富家,大吉。

《象》曰:"富家,大吉",顺在位⑭也。

九五　王假⑮有家,勿恤⑯,吉。

《象》曰:"王假有家",交⑰相爱也。

上九　有孚⑱,威如⑲,终吉。

《象》曰:"威如"之"吉",反身⑳之谓也。

【注释】

①闲:防止;防范。　②有:一说是助词,无实义;一说通"于";一说指保有。　③志:心意。一说指志向。　④变:变故;事变。一说指改变。　⑤攸:助词,相当于"所"。　⑥遂:前进;前往。一说指成功;一说借为"坠",指失误;一说指自专。　⑦中馈:家中的饮食之事。　⑧以:而。　⑨巽:谦逊。　⑩嗃嗃:一说指严酷的样子;一说即"嗷(áo)嗷",众口哀怨之声。　⑪厉:危险。　⑫吝:悔恨。　⑬节:礼节;法度。　⑭顺在位:指六四阴爻居九五阳爻之下,有顺从之德;六四阴爻居于阴位,位置适当,所以说顺在

位。　⑮假:一说通"格",指至、到;一说通"格",指感格、感化;一说指大。　⑯恤:忧虑;担忧。　⑰交:互相。　⑱孚:见"需第五"原文第一节注③。　⑲如:形容词后缀,表示状态。　⑳反身:要求自己;检查自己。

【译文】

初九　家中有防范,没有令人后悔之事。

《象传》说:"家中有防范",说明初九用心于事情还没有发生变化之前。

六二　不外出行动,在家中主持饮食之事,占问得吉兆。

《象传》说:六二爻辞中所说的"吉祥",是因为六二温顺而又谦逊。

九三　家中之人因治家严酷而紧张,有令人后悔之事,有危险,但最终吉祥。妇女和孩子嬉笑不已,最终会有令人悔恨之事。

《象传》说:"家中之人因治家严酷而紧张",说明没有违背治家之道。"妇女和孩子嬉笑不已",这就违背了治家的原则。

六四　使家庭富有,大为吉祥。

《象传》说:"使家庭富有,大为吉祥",是因为六四性格柔顺,而且所居的位置适当。

九五　君王来到家中,不用忧虑,预示吉祥。

《象传》说:"君王来到家中",说明人们互相友爱。

上九　有诚信,充满威严,最终吉祥。

《象传》说:"充满威严"而"得吉祥",说明上九能严格要求自己。

☲☱（兑下离上）睽第三十八

【导读】

睽是违背、不相合的意思。《睽》卦上离下兑，离为火，兑为泽，火性上炎，泽水下流，两者的性质相反，所以睽有违背、不相合之义。众人一起从事某项事业，若上下之人离心离德，必将一事无成，因此，当大家各怀心思时，最好不要在一起共事，也不要去做只有众人一起做才能做成的大事，而要踏踏实实地去做凭一人之力就能做成的小事情，故卦辞说"小事吉"，即做小事情吉利。有的学者把"小事吉"释为小心做事可获吉祥，似有发挥过度之嫌。

《象传》从三个方面解释《睽》卦的卦名、卦画结构、卦辞及其意义。首先，以《睽》卦的卦画结构为依据，解释睽的意思。《象传》认为，《睽》卦上离下兑，离为火，兑为泽，象征火焰跃动于上，泽水流动于下；离为中女，兑为少女，因此，《睽》卦又是两女同处，但心志各不相同。因为《睽》卦的卦画结构象征上下之间性质相反、心意不同，所以睽有违背、不相合的意思。其次，解释卦辞"小事吉"。《象传》认为，《睽》卦下兑上离，兑为悦，离为明，象征和悦地依附光明；阴爻从六三上升至六五，六五阴爻又居上卦之中位，与居下卦之中位的九二阳爻相应合，好比阴柔者的地位不断上升，且与阳刚者心意相通。正因为《睽》卦有上述特性，所以预示小事情吉利。为什么只是小事情吉利，而不是大事情吉利或所有的事情都吉利呢？这是因为六五阴爻居于阳位，居位不正；加上六五在上而九二在下，象征阴柔在上而阳刚在下，有违阳尊阴卑之道。第三，深入揭示睽即乖违所蕴含的意义。《象传》认为，从表面来看，事物之间的相异、不同是不好的，正如水与火的性质不同，则不能相容；人与人之间的志向不同，则不能共事。但是，这只是问题的一个方面，若从另一个方面来看，这些不同的背后却又包含着相同，如天和地不同，但从化育万物这个角度来看，两者是相同的；男和女不同，但从互相需要、生育后代的角度来看，他们又是一样的；万物各有其不同的性质，但从本质上来说，它们都属于物，这一点又是相同的。因此，《象传》最后指出：认识到乖违在不同时候的作用，其意义是十分巨大的。

《象传》由《睽》卦上离下兑象征"上火下泽"，推出君子应"同而异"，其间的逻辑关系是：《睽》卦上离下兑，离为火，兑为泽，火和泽处于一个共同体中；但是，火性上炎，泽水下流，两者又是有明显区别的。君子受此启发，从而去探究同类事物的不同之处。关于"同而异"，学者们有各种不同的理解，他们或理解为既同且异，或理解为求同存异，或理解为异中求同、同中求异，等等。我认为，从根本上说，《象传》在此要揭示的是同和异的辩证关系，因此，从这个角度说，上述理解均有一定的道理。但是，从《象传》的逻辑关系来说，它是从"上火下泽"象征的火和泽的不同来推出"同而异"，因此，此"同而异"只能是指一个共同体中的相同事物中的不同。

纵观《睽》卦六爻爻辞，可以发现一个明显的特点，就是虽然每一爻的具体情况各不相同，最后却不是"无咎"，就是"有终"或"吉"。这说明，事物之间不管如何乖离、相背，最后一定会走向融合、和谐。

☲☱（兑下离上①）睽（kuí）② 小事吉。

《彖（tuàn）③》曰：睽，火动而上，泽动而下④；二女⑤同居，其志不同行。说（yuè）而丽乎明⑥，柔进而上行⑦，得中而应乎刚⑧，是以"小事吉"。天地睽而其事同也，男女睽而其志通也，万物睽而其事⑨类⑩也。睽之时用⑪大矣哉。

《象⑫》曰：上火下泽⑬，睽。君子以同而异⑭。

【注释】

①兑下离上：指六画的《睽》卦由三画的离卦和兑卦上下相叠而成。 ②睽：卦名，指乖违即违背、不合的意思。 ③彖：见"乾第一"原文第二节注①。 ④火动而上，泽动而下：《睽》卦上离下兑，离为火，象征火焰跃动于上；兑为泽，象征泽水流动于下，所以说火动而上，泽动而下。 ⑤二女：《睽》卦的上离为中女，下兑为少女，故称二女。 ⑥说而丽乎明：《睽》卦下兑上离，兑为悦，离为明，象征和悦地依附光明，所以说说而丽乎明。说：即"悦"。丽：附丽。 ⑦柔进而上行：指阴爻由六三上升至六五。 ⑧得中而应乎刚：指六五阴爻居上卦之中位，与居下卦之中位的九二阳爻相应合。 ⑨事：这里指事理。 ⑩类：类似。 ⑪时用：因时而用。 ⑫象：见"乾第一"原文第三节注①。 ⑬上火下泽：《睽》卦上离下兑，离为火，兑为泽，所以说上火下泽。 ⑭同而异：从相同中探究不同。

【译文】

睽 小事情吉利。

《彖传》说:《睽》卦上离下兑,离为火,象征火焰跃动于上;兑为泽,象征泽水流动于下。离为中女,兑为少女,就像两个女子同居一室,但心志各不相同。兑为悦,离为明,所以《睽》卦又象征和悦地依附光明;阴爻由六三上升至六五,象征阴柔者的地位不断上升;六五阴爻居上卦之中位,与居下卦之中位的九二阳爻相应合,象征其持守中道而与阳刚者相应,所以说"小事情吉利"。天和地乖违,但是它们相合而化育万物则是相同的;男和女乖违,但是他们的心志是相通的;万物之间互相乖违,但是它们的本质是相似的。乖违根据不同的时间条件而起作用的意义是十分重大的。

《象传》说:《睽》卦上离下兑,离为火,兑为泽,象征火焰上炎而泽水下流,这就是《睽》卦的卦象。君子观此卦象,从而探究同类事物的不同之处。

初九　悔亡。丧马,勿逐①自复②。见③恶人,无咎④。

《象》曰:"见恶人",以辟⑤"咎"也。

九二　遇主⑥于巷,无咎。

《象》曰:"遇主于巷",未失道⑦也。

六三　见舆⑧曳(yè)⑨,其牛掣⑩,其人天⑪且劓(yì)⑫。无初有终⑬。

《象》曰:"见舆曳",位不当⑭也。"无初有终",遇刚⑮也。

九四　睽孤⑯,遇元夫⑰,交⑱孚⑲,厉⑳,无咎。

《象》曰:"交孚""无咎",志行也。

六五　悔亡,厥㉑宗㉒噬(shì)肤㉓,往何咎?

《象》曰:"厥宗噬肤",往有庆也。

上九　睽孤,见豕(shǐ)㉔负㉕涂㉖,载鬼一车,先张之弧㉗,后说(tuō)㉘之弧。匪㉙寇婚媾㉚。往遇雨则吉。

《象》曰:"遇雨"之"吉",群疑亡也。

【注释】

①逐:追求;求取。　②复:还;返回。　③见:接见。一说指往见、拜见。　④咎:灾殃。　⑤辟:通"避",指避免、避开。　⑥主:主人,这里指六五阴爻。　⑦失道:违背正道。一说指迷失道路。　⑧舆:车。　⑨曳:拖;拉。　⑩掣:牵拉时不驯服。　⑪天:古代在额上刺字后涂墨的刑罚。　⑫劓:古代割去鼻子的刑罚。　⑬有终:有好的结局。　⑭位不当:指六三阴爻居于阳位,所处的位置不适当。　⑮遇刚:指六三阴爻与上九阳爻相应合。　⑯睽孤:乖违孤独。一说指惊顾。　⑰元夫:一说指大夫;一说指大丈夫;一说指国君。　⑱交:互相。　⑲孚:见"需第五"原文第一节注③。　⑳厉:危险。　㉑厥:其。　㉒宗:宗亲;宗族。　㉓噬肤:吃肉。肤:肉。　㉔豕:猪。　㉕负:以背载物。　㉖涂:污泥。　㉗张之弧:拉开弓。弧:弓。　㉘说:通"脱",指免除、松开。　㉙匪:同"非",指不、不是。　㉚婚媾:嫁娶。

【译文】

初九　没有令人后悔之事。丢失马匹,不用去追寻,它自己会回来。接待恶人,没有灾殃。

《象传》说:"接待恶人",是为了避免"灾殃"。

九二　在巷中遇见主人,没有灾殃。

《象传》说:"在巷中遇见主人",说明九二没有违背正道。

六三　看见牵拉大车,拉车的牛不听话,赶车的人额上刺着字,鼻子被割去。开始时不顺利,但有好的结局。

《象传》说:"看见牵拉大车"而不顺利,是因为六三所处的位置不适当。"开始时不顺利,但有好的结局",是因为六三得到了阳刚者的帮助。

九四　乖违孤独,遇见一位大夫,互相信任,有危险,但最终没有灾殃。

《象传》说:"互相信任"而"没有灾殃",是因为志向得到了实行。

六五　没有令人后悔之事,自己同宗族的人正在吃肉,前往会有什么灾殃呢?

《象传》说:"自己同宗族的人正在吃肉",说明前往必有吉庆之事。

上九　乖违孤独,看见一头背上满是污泥的猪,又看见一辆满载着鬼怪的车,一开始拉开弓欲射,后来松开弓。原来他们不是强盗,而是为婚姻之事而来。前往时碰到下雨则吉祥。

《象传》说:"碰到下雨"而"吉祥",是因为此时所有的疑虑都消失了。

䷦（艮下坎上）蹇第三十九

【导读】

蹇是艰难的意思。《蹇》卦下艮上坎，艮为山，坎为水，象征山上有水流出。水在山上而不在平地，则其流动时必会遇到重重障碍，故蹇有艰难的意思。人在面临艰难之时，就会想办法去排除艰难，卦辞中为我们提出了两种排除艰难的方法，一种是"利西南，不利东北"，即有利于往西南走，不利于往东北走。为什么这么说呢？因为《周易》以西南为坤方，坤为地，有平易柔顺之义；东北为艮方，艮为山，有高而险难之义。卦辞用象征性的手法说明，要排除艰难，一定要选择容易实行的方法，而不要去选择难以实行的方法。一种是去见大人物，因为大人物有足够的智慧和力量，来帮你渡过难关。

《象传》从四个方面来说明《蹇》卦的卦名、卦画结构、卦辞及其意义。首先，以《蹇》卦的卦画结构为依据，说明蹇的含义。《象传》认为，《蹇》卦的上卦为坎，坎为险，所以蹇有艰难的意思；同时，《象传》又认为，因为《蹇》卦下艮上坎，艮为止，所以蹇又有遇到危险而能停下来的意思，而遇险能止，无疑是十分明智的。其次，解释卦辞"利西南，不利东北。利见大人"。《象传》认为，利于往西南方向走，是因为这么做符合正道；不利于往东北方向走，是因为往东北方向会面临绝境;利于去见大人,是因为这样做肯定能获得成功。第三,解释卦辞"贞吉"。《象传》以"正"释"贞",并以六二象征臣,九五象征君,认为《蹇》卦的六二阴爻居下卦之中位,九五阳爻居上卦之中位,说明君臣各得其位,并能行正道,从而使国家的治理走上正轨,因此必然预示吉祥。第四,揭示根据适当的时机应对艰难的意义。在人的一生中,随时都会有各种各样的艰难险阻等待我们去克服,因此,如何采取正确的办法去克服这些艰难险阻,就显得极为重要。《象传》在此特别强调了"时用"的重要性,"时用"即因时而用,亦即根据适当的时机运用正确的方法去克服艰难。上面所述的见险而能止、请求大人的帮助、坚守正道,等等,则正是因时而用的具体表现。

《象传》由《蹇》卦下艮上坎象征"山上有水",推出君子应该"反身修德",其间的逻辑关系是:水在山上,说明其面临阻挡,难以下流以汇入江河;而要改变这一状况,最好的办法就是加大水量。君子从中受到启发,从而在事业上面临险难时,反身内求,重视道德修养,以提高自己克服险难的心理素质和能力。

《蹇》卦六爻,除了六二和九五两爻,其他四爻爻辞中均有"往蹇,来"三字,意为前往会面临险难,退回来则或有荣誉,或有功劳,等等,充分体现了《象传》中所说的"见险而能止"的意义。但面临险难时只知往回退,则永无克服险难之时,故《蹇》卦把克服险难的任务交给了六二和九五。六二和九五分别居下、上卦之中位,有臣和君之象;而当社会面临大的危机时,克服危难,正是君臣之职责。

☳(艮[gèn]下坎上)①蹇(jiǎn)② 利西南,不利东北。利见大人,贞③吉。

《彖(tuàn)④》曰:蹇,难也,险在前⑤也;见险而能止⑥,知(zhì)⑦矣哉。蹇,"利西南",往得中⑧也;"不利东北",其道穷也。"利见大人",往有功也。当位⑨"贞吉",以正邦也。蹇之时用⑩大矣哉。

《象⑪》曰:山上有水⑫,蹇。君子以反身⑬修德。

【注释】

①艮下坎上:指六画的《蹇》卦由三画的坎卦和艮卦上下相叠而成。　②蹇:卦名,意为艰难。　③贞:占问。一说指"正"。　④彖:见"乾第一"原文第二节注①。　⑤险在前:《蹇》卦下艮上坎,坎在上,为险,所以说险在前。　⑥止:指艮,艮为止。　⑦知:同"智",指智慧。　⑧中:正。　⑨当位:指六二阴爻居于阴位,九五阳爻居于阳位,所处的位置适当。　⑩时用:因时而用。　⑪象:见"乾第一"原文第三节注①。　⑫山上有水:《蹇》卦下艮上坎,艮为山,坎为水,所以说山上有水。　⑬反身:要求自己;检查自己。

【译文】

蹇　利于往西南方向走,不利于往东北方向走。利于去见大人,占问得吉兆。

《彖传》说:蹇,是艰难的意思,《蹇》卦下艮上坎,坎为险,表示前面有险难;发现险难而能停下来,这是明智的。《蹇》卦卦辞说"利于往西南方向走",说明前往符合正道;"不利于往东北方向走",说明前往会陷入困境。"利于去见大人",说明前往可获成功。六二阴爻居于阴位,九五阳爻居于阳位,所处的位置皆适当,象征君臣各得其位,"坚守正道而获吉祥",说明这样做可以使国家的治理走上正轨。把握时机正确地应对艰难的意义是十分重大的。

《象传》说:《蹇》卦下艮上坎,艮为山,坎为水,象征高山上有水,这就是《蹇》卦的卦象。君子观此卦象,从而严格要求自己,修养自己的道德。

初六　往蹇,来①誉。

《象》曰:"往蹇,来誉",宜待也。

六二　王臣蹇蹇②,匪③躬④之故。

《象》曰:"王臣蹇蹇",终无尤⑤也。

九三　往蹇,来反⑥。

《象》曰:"往蹇,来反",内⑦喜之也。

六四　往蹇,来连⑧。

《象》曰:"往蹇,来连",当位⑨实⑩也。

九五　大蹇,朋来。

《象》曰:"大蹇,朋来",以中⑪节⑫也。

上六　往蹇,来硕⑬,吉。利见大人。

《象》曰:"往蹇,来硕",志在内⑭也。"利见大人",以从贵⑮也。

【注释】

①来:这里指退回来。　②蹇蹇:十分艰难的样子。
③匪:同"非",指不、不是。　④躬:自身。　⑤尤:错误;罪过。　⑥反:返回。一说指相反;一说指反身,即要求自

己。　⑦内：一说指内心；一说指初六和六二阴爻，因其属于内卦，故称。　⑧连：连接，这里指与九三阳爻相连接。一说指牵连；一说指接连不断。　⑨当位：指六四阴爻居于阴位，所处的位置适当。　⑩实：《周易》以阳爻为实，这里指九三阳爻。一说指九五阳爻。　⑪中：指九五阳爻居上卦之中位。　⑫节：气节；节操。　⑬硕：大，指大的功业或收获。　⑭内：一说指九三阳爻；一说指九五阳爻；一说指九三和九五阳爻。　⑮从贵：跟从尊贵的人，这里指九五阳爻。

【译文】

初六　前往面临艰难，退回来则得到荣誉。

《象传》说："前往面临艰难，退回来则得到荣誉"，说明宜于等待时机。

六二　君王的大臣处境十分艰难，这不是为了自身利益的缘故。

《象传》说："君王的大臣处境十分艰难"，但最终不会有什么罪过。

九三　前往面临艰难，转身退回来。

《象传》说："前往面临艰难，转身退回来"，说明九三内心喜欢这么做。

六四　前往面临艰难，返回来与下面相连接。

《象传》说："前往面临艰难，返回来与下面相连接"，说明六四居位适当并因得到阳刚者相助而充实。

九五　碰上大的艰难，朋友前来相助。

《象传》说："碰上大的艰难，朋友前来相助"，是因为九五有中正的气节。

上六　前往面临艰难，退回来可获得大的成功，吉利。利于去见大人。

《象传》说:"前往面临艰难,退回来可获得大的成功",说明其志向在于与内部之人联合。"利于去见大人",是要跟从地位尊贵的人。

䷧（坎下震上）解第四十

【导读】

解有解脱、纾解的意义。《解》卦下坎上震，坎为险，震为动，象征行动于危险之外，即已经摆脱险难；又坎为水为雨，震为雷，象征雷动于上，雨降于下，《屯》卦中所说的密云不雨的情况已经解除，故解有解脱、纾解的意义。卦辞中说"利西南"，是因为西南为坤方，坤为大地，有平实简易的特点；无论是对于一个人，一个单位，还是一个国家，在刚刚脱离险境、摆脱危机时，最需要的就是休养生息，从事一些简单易行的事，故说"利西南"。同样，在刚刚摆脱危机后，就不要盲目去做事情，因此"来复"即回来休息可获吉祥。而当"有攸往"即必须前往去处理问题时，则"夙吉"，早解决早好，不宜人为拖延。

《象传》从三个方面来解释《解》卦的卦名、卦画结构、卦辞及其意义。首先，以《解》卦的卦画结构为依据，解释解的意义。《象传》认为，《解》卦下坎上震，坎为险，震为动，象征面临危险而采取行动，并通过行动而脱离危险，因此，解有解除的意义。其次，对卦辞逐句作解，其中解释"利西南"的原因是这么做可以得到众人的拥护；《象传》在此是以西南为坤方，而坤有众的意思，因此，当危难刚刚解除时，往西南方向走，便可得众人之拥护。第三，揭示适时而解的意义。《象传》认为,天地间严寒解除后,雷雨大作,使万物得以萌芽生长,因此,解的作用是十分巨大的。其实,解的作用不光体现在自然界,在社会领域也是如此,只有当黑暗势力被推翻了,旧的王朝灭亡了,正义才能得到伸张,社会的发展才会充满活力。

　　《象传》由《解》卦上震下坎象征"雷雨作",推出君子应"赦过宥罪",其间的逻辑关系是:雷雨兴作,则万物都得到纾解;《象传》以雷比刑罚,以雨比恩泽,从而指出君子在执行刑罚时要施以恩泽,所以要赦免他人的过失,宽恕他人的罪行,实行宽松之策。

　　《解》卦六爻爻辞,除了初六,其余五爻均涉及如何除去或对待小人的问题。如九二之"狐"、九四之"拇"、上六之"隼",都代表要除去之小人;六三讥刺小人"负且乘"之丑行;六五则讲要以诚信感化小人。这说明,《解》卦之解,其主旨是清除小人而使君子之道畅行。

☷(坎下震上)① 解② 利西南。无所往,其来复③,吉。有攸④往,夙⑤吉。

《彖(tuàn)⑥》曰:解,险以动⑦,动而免乎险⑧,解。解"利西南",往得众也。"其来复,吉",乃得中⑨也。"有攸往,夙吉",往有功也。天地解而雷雨作⑩,雷雨作而百果草木皆甲⑪坼(chè)⑫。解之时大矣哉。

《象⑬》曰:雷雨作⑭,解。君子以赦过宥(yòu)⑮罪。

【注释】
①坎下震上:指六画的《解》卦由三画的震卦和坎卦上下相叠而成。　②解:卦名,有解脱、纾解等义。　③来复:往

还;去而复来。一说指七日之内,因《复》卦卦辞有"七日来复"之语。　　④攸:助词,相当于"所"。　　⑤夙:早。　　⑥彖:见"乾第一"原文第二节注①。　　⑦险以动:《解》卦下坎上震,坎为险,震为动,所以说险以动。　　⑧动而免乎险:《解》卦震上坎下,震为动,坎为险,象征在危险的上面(即外面)行动,有行动而没有危险之义。　　⑨中:正。一说指九二阳爻,九二阳爻居下卦之中位,故说中。　　⑩作:兴起。⑪甲:植物种子的皮壳。　　⑫坼:裂开。　　⑬象:见"乾第一"原文第三节注①。　　⑭雷雨作:《解》卦上震下坎,震为雷,坎为水为雨,所以说雷雨作。　　⑮宥:宽恕;赦免。

【译文】

解　利于往西南方向走。没有目的地前往,则往回返可获吉祥。若有所前往,早去可获吉祥。

《彖传》说:《解》卦下坎上震,坎为险,震为动,象征遇险而行动,通过行动而免于危险,这就是解的意义。《解》卦卦辞说"利于往西南方向走",是因为前往必能得到众人的拥护。"往回返可获吉祥",是因为这么做符合正道;"有所前往,早去可获吉祥",说明前往可获得成功。天地解除严寒而雷雨兴起,雷雨兴起而百果草木的种子无不裂开甲壳而长出嫩芽。适时而解的意义太伟大了。

《象传》说:《解》卦上震下坎,震为雷,坎为水为雨,象征雷雨兴作,这就是《解》卦的卦象。君子观此卦象,从而赦免他人的过失,宽宥他人的罪行。

初六　无咎①。

《象》曰:刚柔②之际③,义④"无咎"也。

九二　田⑤获三狐,得黄矢⑥,贞⑦吉。

《象》曰:九二"贞吉",得中⑧道也。

六三　负⑨且乘,致⑩寇至,贞吝⑪。

《象》曰:"负且乘",亦可丑⑫也。自我致戎⑬,又谁咎⑭也。

九四　解而⑮拇⑯,朋至斯⑰孚⑱。

《象》曰:"解而拇",未当位⑲也。

六五　君子维⑳有解,吉;有孚于小人。

《象》曰:"君子""有解","小人"退也。

上六　公㉑用射隼(sǔn)㉒于高墉(yōng)㉓之上,获之,无不利。

《象》曰:"公用射隼",以解悖㉔也。

【注释】

①咎:灾殃。　②刚柔:一说指九二阳爻和初六阴爻;一说指九四阳爻和初六阴爻。　③际:交接。　④义:宜;理应。一说指道理。　⑤田:狩猎。　⑥矢:箭。　⑦贞:占问。一说指"正"。　⑧中:指九二阳爻居下卦之中位。　⑨负:以背载物。　⑩致:招致。　⑪吝:悔恨。　⑫丑:羞耻。　⑬戎:盗寇。　⑭咎:责怪;追究罪责。　⑮而:你。　⑯拇:大脚趾。　⑰斯:乃;于是。　⑱孚:见"需第五"原文第一节注③。　⑲未当位:指九四阳爻居于阴位,所处的位置不适当。　⑳维:一说指系缚;一说是语气助词。　㉑公:王公大人。　㉒隼:一种凶猛的鸟。　㉓墉:城墙。　㉔悖:叛逆;叛乱。

【译文】

初六　没有灾殃。

《象传》说:阳刚和阴柔相交接,初六理应"没有灾殃"。

九二　打猎时猎获三只狐狸,并得到黄色的箭,占问得吉兆。

《象传》说:九二爻辞中说"占问得吉兆",是因为九二能持守中道。

六三　背负着东西乘车,招来了盗寇,占问预示有令人悔恨之事。

《象传》说:"背负着东西乘车",这种做法也太让人感到羞耻了。自己的行为招来了盗寇,又能责怪谁呢?

九四　解开你大脚趾上的束缚,朋友来了以后才能以诚信相待。

《象传》说:"解开你大脚趾上的束缚",说明九四所处的位置不适当。

六五　君子解脱系缚,吉祥;对小人示以诚信。

《象传》说:"君子""得到解脱","小人"就会退缩。

上六　王公站在高高的城墙上用箭射隼,射中后把它捕获,没有任何不利。

《象传》说:"王公用箭射隼",目的是除去叛逆者。

䷨（兑下艮上）损第四十一

【导读】

　　损是减损的意思。关于《损》卦的损为什么指减损，有学者指出，《损》卦上艮下兑，艮为山，兑为泽，象征山下有泽；泽深山高，泽在内而山在外，又象征内低外高；内用来指自己，外用来指他人，自己低而他人高，有贬抑自己而抬高他人之义；而一个人贬抑自己，也就是减损的意思，故《损》卦的损指减损。人能发自内心地减损自己，则会带来诸多好处，对此，卦辞中罕见地用"元吉，无咎，可贞，利有攸往"一连串吉祥之语来描绘。卦辞中的"曷之用？二簋可用享"，是指只要出于诚心，即使是很简单的祭品也可用来祭祀。此语包含两层意思：一是内心有诚信、甘愿自我贬抑的人，即使祭品很简单，也能得到神的福佑；二是处于减损之时，祭品以简单为佳。

　　《象传》从三个方面来解释《损》卦的卦名、卦画结构、卦辞及其意义。首先，以《损》卦的卦画结构为依据，解释损的意义。《损》卦下兑上艮，兑为阴卦，象征柔顺；艮为阳卦，象征止息。因此，《损》卦有阴柔者在下服从在上的阳刚者、自愿贬损自己以供奉阳刚者之象，故《象传》说损是"损下益上，其道上行"，亦即在下位者自我减损以奉上位者的意思。其次，认为自我减损是一种美德，人能自我减损,就会如卦辞中所说的那样:"元吉"、"无咎"、"利有攸往",等等。第三,解释卦辞"曷之用?二簋可用享",并由此发挥"与时偕行"的思想。《彖传》认为,祭祀鬼神,祭品应以丰盛为佳,但有的时候简单地用二簋食物也可以,这当然是因为遇到了特殊情况,如贫穷、发生灾害等等,在这种情况下,只要心中虔诚,则祭品从简亦无妨。《彖传》进一步认为,损下益上,这是常道,但有时候也可以损上益下即"损刚益柔",因《损》卦下为阴卦为柔,上为阳卦为刚,故有此说;但损刚益柔,也要看具体的时机,比如当处于下位者遇到水涝旱灾,无力供养居于上位者时,上位者就需反过来帮助下位者。因此,什么时候该减损,什么时候该增益;什么时候该盈满,什么时候该亏虚,都要视具体的时间和条件而定,此即"与时偕行"。

《象传》由《损》卦上艮下兑象征"山下有泽",推出君子应"惩忿窒欲",其间的逻辑关系是:山下有泽,则山体受到泽水的浸润而不断遭受损坏;君子由此认识到事物容易受到其他力量的侵害,而最容易对人的身体及德行造成伤害的,则无外乎过度的欲望和愤怒的情绪,因此,君子要抑制自己的欲望,控制自己愤怒的情绪。

《损》卦六爻,其同位爻之间皆存在应合关系,如初九阳爻与六四阴爻、九二阳爻与六五阴爻、六三阴爻与上九阳爻,而其或减损或受益的关系也体现在这种应合中。从六爻爻辞来看,基本上贯穿了自损以益人、损下以益上之宗旨。

☲(兑下艮[gèn]上)①损② 有孚③,元④吉,无咎⑤,可贞⑥,利有攸⑦往。曷(hé)⑧之⑨用?二簋(guǐ)⑩可用享⑪。

《彖(tuàn)⑫》曰:损,损下益上,其道上行⑬。损而"有孚,元吉,无咎,可贞,利有攸往"。"曷之用?二簋可用享",二簋应有时,损刚益柔有时,损益盈虚,与时偕⑭行。

《象⑮》曰:山下有泽⑯,损。君子以惩⑰忿⑱窒⑲欲。

【注释】

①兑下艮上:指六画的《损》卦由三画的艮卦和兑卦上下相叠而成。　②损:卦名,意为减损。　③孚:见"需第五"原文第一节注③。　④元:大。　⑤咎:灾殃。　⑥贞:占问。一说指"正"。　⑦攸:助词,相当于"所"。　⑧曷:何;什么。　⑨之:一说指减损之道;一说指二簋。　⑩簋:古代盛食物的器皿,多为圆形。　⑪享:祭祀。　⑫象:见"乾第一"原文第二节注①。　⑬行:奉。一说指推行。　⑭偕:俱;共同。　⑮象:见"乾第一"原文第三节注①。　⑯山下有泽:《损》卦上艮下兑,艮为山,兑为泽,所以说山下有泽。　⑰惩:抑制。　⑱忿:愤怒。　⑲窒:堵塞。

【译文】

损　有诚信,大吉,没有灾殃,适合占问,利于有所前往。用什么来体现减损?只用两簋食物就可以祭祀鬼神。

《彖传》说:损,就是减损下面的,增益上面的,其特点是处于下位者自愿供奉居于上位者。能自我减损而"有诚信,大吉,没有灾殃,适合占问,利于有所前往"。"用什么来体现减损?只用两簋食物就可以祭祀鬼神",用两簋食物来祭祀鬼神,要根据具体的时间;减损阳刚者,增益阴柔者,也要根据具体的时间;减损还是增益,盈满还是亏虚,都要随着具体的时间而发生变化。

《象传》说:《损》卦上艮下兑,艮为山,兑为泽,象征山的下面有水泽,这就是《损》卦的卦象。君子观此卦象,从而克制自己愤怒的情绪,遏抑自己过度的欲望。

初九　巳^①事遄(chuán)^②往,无咎,酌^③损之。
《象》曰:"巳事遄往",尚^④合志也。
九二　利贞,征凶。弗损益之。
《象》曰:九二"利贞",中^⑤以为志也。
六三　三人行,则损一人;一人行,则得其友。
《象》曰:"一人行","三"则疑也。
六四　损其疾,使遄有喜^⑥,无咎。
《象》曰:"损其疾",亦可喜也。
六五　或^⑦益之十朋^⑧之龟,弗克^⑨违^⑩,元吉。
《象》曰:六五"元吉",自上^⑪佑也。
上九　弗损益之,无咎,贞吉。利有攸往,得臣无家^⑫。
《象》曰:"弗损益之",大得志也。

【注释】

①巳:通"祀",指祭祀。一作"已"。　②遄:迅速。
③酌:斟酌;考虑。　④尚:通"上"。一说指崇尚、尊崇;一说指尚且。　⑤中:指九二阳爻居下卦之中位。　⑥有喜:指病愈。　⑦或:有人。　⑧朋:古代的货币单位,十个贝为一朋。　⑨克:能。　⑩违:违背,这里有推辞、拒绝的意思。　⑪上:一说指上九阳爻;一说指上天。
⑫无家:没有家庭。一说指不止一家;一说指没有家室;一说指不闲居于家。

【译文】

初九　举行祭祀之事时要迅速前往,没有灾殃,祭品可以酌情减损。

《象传》说:"举行祭祀之事时要迅速前往",是为了与居于上位者心志相合。

九二　有利之占问,出征有凶险。不自我减损,即是增益他人。

《象传》说:九二爻辞中说"有利之占问",是因为九二以持守中道为自己的志向。

六三　三个人同行,会减损一个人;一个人独行,则会得到朋友。

《象传》说:"一个人独行",是因为"三个人"同行会产生猜疑。

六四　减轻疾病,并使之迅速痊愈,没有灾殃。

《象传》说:"减轻疾病",这也是值得高兴的事。

六五　有人赠送给他价值十朋的龟,无法拒绝,大吉。

《象传》说:六五爻辞中说的"大吉",是因为得到了来自上天的保佑。

上九　不要减损,而要补益他人,没有灾殃,占问得吉兆。利于有所前往,得到无家可归的臣民。

《象传》说:"不要减损,而要补益他人",说明其志向得到了充分实现。

☷ (震下巽上) 益第四十二

【导读】

益是增益的意思。《益》卦上巽下震,巽为风,震为雷,象征风吹动于上,雷震动于下。风得雷助,其势益猛;雷得风助,其震益烈。两者相互助益,效果均得以增强,故《益》卦的益指增益。事物之间互相增益,则力量明显壮大,所以有利于前往,有利于渡大河。

《彖传》从四个方面来解释《益》卦的卦名、卦画结构、卦辞及其意义。首先,以《益》卦的卦画结构为依据,解释《益》卦的卦名及其意义。《益》卦下震上巽,震为阳卦为尊,巽为阴卦为卑,阳刚尊者反而居于阴柔卑者之下,象征居于上位的统治者谦逊地对待和帮助民众,即"自上下下",所以民众感到无限欢悦;另外,震为动,巽为顺,象征阴柔卑者虽居于上,却能柔顺地服从在下的阳刚尊者,使双方得以和睦相处。这样,阳刚尊者减损自己以助阴柔卑者,阴柔卑者顺从阳刚尊者,双方互相助益,这就是益的含义。另有学者认为,《益》卦系由《否》卦变来,《否》卦的九四阳爻下行至初六,从而使初六变为初九,九四变为六四,就成了《益》卦;因此,"损上益下"、"自上下下"是指《否》卦的上卦乾之一个阳爻自损变为阴爻而下行补益下卦坤之阴爻。此亦可备一说。其次,以《益》卦的卦画结构为依据,解释卦辞"利有攸往"。《益》卦的六二阴爻与九五阳爻分别居下、上卦之中位,且阴爻处于阴位,阳爻处于阳位,两爻均属居中得正,象征人遵行中正之道;人能遵行中正之道,则所行必顺,所以说利于有所前往。第三,仍以《益》卦的卦画结构为依据,解释卦辞"利涉大川"。《彖传》认为,《益》卦下震上巽,巽为木,震为动,象征木舟在水上移动;人乘木舟以渡河,必能顺利抵达彼岸,故说利于渡大河。第四,阐述增益之道的意义。《彖传》认为,《益》卦下震上巽,震为动,巽为顺,象征顺从事理而采取行动;人能做到顺理而动,就能不断取得进步。天地增益万物有一个重要的特点,就是"无方",即没有固定不变的模式。关于"无方"二字,学者们或解释为不分方域处所,或解释为无所不在,或解释为没有穷尽,均未得其真意。其实,"无方"就是没有常规、没有一定之规,正如《孟子·离娄下》中的"汤执中,立贤无方",是指商汤持守中道,不拘一格地选用贤人一样。正因为天地增益万物没有固定的模式,所以下文才说增益之道的特点是"与时偕行",即根据合适的时机而实施增益,这是《易传》中第三次提到"与时偕行"。

《象传》由《益》卦上巽下震象征"风雷",推出君子要"见善则迁,有过则改",其间的逻辑关系是:风与雷相互助益,则风迅雷烈。君子见此情形,从而一方面知道天威之可畏,不敢为非;另一方面,则由风雷之迅烈,知道迅速采取行动之重要,因此见到善行就赶快去仿效,有过错就立即改正。战国时期,赵国大将廉颇因蔺相如官位比自己高,心中不服,便处处与蔺相如作对;后见蔺相如对己不断谦让,且襟怀坦白,终于悔悟,主动上门向蔺相如负荆请罪,可谓"有过则改"的典范。

《益》卦六爻,始终贯穿损上益下之宗旨,下三爻讲受益,上三爻讲益人。从爻辞来看,受益者不能因受益而安于享受,而应利用受益的机会积极有为,如初九之"利用为大作",六三之"益之用凶事"。益人者则应真诚地增益下民,因此,九五"有孚惠心",预示大吉;上九"立心勿恒",企图损人以益己,则预示有凶险。

☷(震下巽[xùn]上①)益② 利有攸③往,利涉大川。

《彖(tuàn)④》曰:益,损上益下,民说(yuè)⑤无疆;自上下⑥下⑦,其道大光⑧。"利有攸往",中正⑨有庆。"利涉大川",木道⑩乃行。益动而巽⑪,日进无疆。天施⑫地生,其益无方⑬。凡益之道,与时偕⑭行。

《象⑮》曰:风雷⑯,益。君子以见善则迁⑰,有过则改。

【注释】

①震下巽上:指六画的《益》卦由三画的巽卦和震卦上下相叠而成。 ②益:卦名,意为增益。 ③攸:助词,相当于"所"。 ④彖:见"乾第一"原文第二节注①。 ⑤说:通"悦",指喜悦、高兴。 ⑥下:往下。 ⑦下:处于下位的人,指民众。 ⑧光:发扬光大。 ⑨中正:指六二阴爻居下卦之中位,九五阳爻居上卦之中位,两爻居中得正。一说单指九五阳爻。 ⑩木道:《益》卦的上卦为巽,巽为木,故称木道。 ⑪动而巽:《益》卦下震上巽,震为动,所以说动而巽。巽:逊顺。 ⑫施:给予;施与。 ⑬方:常规。一说指方域。 ⑭偕:俱;共同。 ⑮象:见"乾第一"原文第三节注①。 ⑯风雷:《益》卦上巽下震,巽为风,震为雷,所以说风雷。 ⑰迁:归向;跟从。

【译文】

益 利于有所前往,利于渡大河。

《象传》说：益，就是减损上面的，增益下面的，民众因此喜悦无限；居于上位的人自愿处于下层民众之下，增益之道必能发扬光大。"利于有所前往"，是因为六二阴爻与九五阳爻居中得正，象征其持行中正之道，所以前往必有吉庆。"利于渡大河"，是因为《益》卦的上卦为巽，巽为木，象征木舟通行无阻。《益》卦下震上巽，震为动，巽为顺，象征顺理而动，日有进益，没有止境。天施与万物以恩泽，地促进万物生长，天地对万物的增益没有固定不变的模式。实施增益的原则，是要根据合适的时机采取行动。

《象传》说：《益》卦上巽下震，巽为风，震为雷，象征风雷激荡，这就是《益》卦的卦象。君子观此卦象，从而见到善行就去追随仿效，有过失就立刻改正。

初九　利用①为②大作③，元④吉，无咎⑤。

《象》曰："元吉，无咎"，下⑥不厚⑦事也。

六二　或益之十朋之龟，弗克违⑧，永贞⑨吉。王用享⑩于帝⑪，吉。

《象》曰："或益之"，自外来⑫也。

六三　益之用凶事⑬，无咎。有孚⑭，中行⑮，告公⑯用圭⑰。

《象》曰："益""用凶事"，固⑱有之也。

六四　中行，告公，从，利用为⑲依⑳迁国㉑。

《象》曰："告公，从"，以益㉒志也。

九五　有孚惠㉓心，勿问㉔，元吉，有孚惠我德。

《象》曰："有孚惠心"，"勿问"之矣。"惠我德"，大得志也。

上九　莫㉕益之,或击之,立心勿恒,凶。

《象》曰:"莫益之",偏㉖辞㉗也。"或击之",自外来也。

【注释】

①利用:利于。　②为:做。　③大作:大事。一说指大兴土木;一说指大建筑。　④元:大。　⑤咎:灾殃。　⑥下:指初九爻处于《益》卦的最下位。　⑦厚:大。一说即"后",指落在后面;一说指丰厚;一说有过分之义。　⑧或益之十朋之龟,弗克违:见"损第四十一"六五爻注。　⑨永贞:占问长远之事的吉凶。贞:占问。一说指"正"。　⑩享:祭祀。　⑪帝:指天帝。　⑫外来:指来自九五阳爻(九五位于外卦巽)。　⑬凶事:灾荒、丧葬等事。　⑭孚:见"需第五"原文第一节注③。　⑮中行:一说指行中道;一说指人名,即中行氏,西周初年人。　⑯公:指王公大人。　⑰圭:古玉器名。长条状,是古代贵族朝聘、祭祀、丧葬时所用的礼器。　⑱固:本来。一说指牢固。　⑲为:有。　⑳依:一说指依附、依靠;一说指依顺。　㉑国:这里指国都。　㉒益:一说指增强、使坚定;一说指增益。　㉓惠:恩惠,这里作动词。一说指顺。　㉔问:一说指占问;一说指解释;一说指疑问。　㉕莫:没有谁。　㉖偏:一说指片面;一说即"遍",指普遍。　㉗辞:一说指言辞;一说指拒绝。

【译文】

初九　利于做大事,大吉,没有灾殃。

《象传》说:"大吉,没有灾殃",是因为初九处于最下位,本来就不适合做大事。

六二　有人赠送给他价值十朋的龟,无法拒绝,占问长远之事的吉凶,预示吉祥。君王祭祀天帝,吉祥。

《象传》说:"有人赠送给他价值十朋的龟",说明这种增益来自外部。

六三　把得到的财物用于凶事,没有灾殃。有诚信,行中道,手持着圭向王公报告。

《象传》说:"把得到的财物""用于凶事",这是本来就该这么做的。

六四　行中道,向王公报告,王公听从,利于在有所依靠的情况下迁移国都。

《象传》说:"向王公报告,王公听从",是因为六四以有益于民众为自己的志向。

九五　有真诚施恩惠之心,用不着问,肯定预示大吉,他人会真诚地对我感恩戴德。

《象传》说:"有真诚施恩惠之心",毫无疑问,这样做必然吉祥。"他人真诚地对我感恩戴德",说明九五的志向得到了充分实现。

上九　没有人帮助他,有人攻击他,做事没有恒心,有凶险。

《象传》说:"没有人帮助他",说明大家都拒绝提供帮助。"有人攻击他",说明攻击来自外部。

☱ (乾下兑上) 夬第四十三

【导读】

夬是决断的意思。《夬》卦由五个阳爻和一个阴爻组成,阳爻势力强盛,阴爻孤居于上,摇摇欲坠,仿佛阳刚君子将予阴柔小人以决定性的制裁,故《夬》卦的夬有决断的意思。卦辞似乎是对《夬》卦这一卦画结构的形象化描述:"扬于王庭",指在朝廷上宣布对小人的制裁措施;"孚号有厉",指真诚地告诉大家,小人的势力虽面临崩溃,但仍不能掉以轻心,要防其死灰复燃;"不利即戎",指对小人的制裁应采用公正、公平的手段,以达到教育人民的目的,若采用武力解决,则不能达到应有的效果;"利有攸往",指对小人实施制裁后,就可以大有作为。不过,对于《夬》卦卦辞,尚有诸多不同的解读,如有的学者认为指占卜的人在朝廷上宣布占卜结果,有的学者认为是有人在朝廷上发出敌人来犯的消息,等等。

《彖传》从五个方面来解释《夬》卦的卦名、卦画结构及卦辞。首先,以《夬》卦的卦画结构为依据,解释夬的意思。《彖传》认为,《夬》卦阳刚众盛而阴柔孤弱,故象征阳刚者裁决阴柔者;《夬》卦下乾上兑,乾为健,兑为悦,又象征阳刚者在裁决阴柔小人时,既坚决果断,又温柔和悦,从而使这种裁决行动能十分顺利地进行。其次,解释卦辞"扬于王庭"。《彖传》认为,在朝堂上所宣布的决定的内容,就是"柔乘五刚",即上六阴爻居于五个阳爻之上,象征阴柔小人得志,迫害众阳刚君子。第三,解释卦辞"孚号有厉"。《象传》认为,之所以在裁决小人时要真诚地告诫大家存在危险,是要大家居安思危,只有心中时时危惧,如履薄冰,才能防止小人卷土重来,君子之道才能发扬光大。第四,解释卦辞"告自邑,不利即戎"。《象传》认为,卦辞中之所以说不利于用兵,是因为用兵只有刚决果断,缺乏温柔和悦,不符合《夬》卦"健而说,决而和"之旨,故会陷于绝境。第五,解释卦辞"利有攸往"。《象传》认为,《夬》卦只有一个阴爻,若阳爻继续增长,则阴爻将变为阳爻,《夬》卦亦将变为纯阳之《乾》卦,阴柔者的势力彻底消亡,而这无疑是振奋人心的大好局面,故卦辞中说"利有攸往",即有利于向前发展。

《象传》由《夬》卦上兑下乾象征"泽上于天",推出君子应"施禄及下,居德则忌",其间的逻辑关系是:泽水不断积聚,不知疏导,就会因过于满盈而造成堤坝溃决,洪水滔天;君子受此启发,从而不断把自己的财富、恩泽施与臣民,以防居积不施,招来臣民忌恨,造成决堤溃坝似的严重后果。也有学者释"泽上于天"为泽水化为蒸汽上腾于天,又变成雨降落,虽也能说通,但似有解释过度之嫌。

《夬》卦六爻,爻辞中无一"吉"、"利"等吉祥之辞,最好的占断之辞亦只是"无咎"。这是因为,《夬》卦为众阳刚君子裁决小人之卦,但小人上六高居《夬》卦之最上端,只有到最后才能被彻底裁决;而小人一日不除,则君子一日不能放松其警惕。

☱(乾下兑上)① 夬(guài)② 扬③于王庭④,孚⑤号⑥有厉⑦。告自邑(yì)⑧,不利即戎⑨,利有攸⑩往。

《彖(tuàn)⑪》曰:夬,决也,刚⑫决柔⑬也。健而说

（yuè）⑭,决而和⑮。"扬于王庭",柔乘五刚⑯也。"孚号有厉",其危乃光⑰也。"告自邑,不利即戎",所尚⑱乃穷也。"利有攸往",刚长⑲乃终也。

《象⑳》曰:泽上于天㉑,夬。君子以施㉒禄㉓及下,居德㉔则忌。

【注释】

①乾下兑上:指六画的《夬》卦由三画的兑卦和乾卦上下相叠而成。 ②夬:卦名,意为决断。 ③扬:宣扬;宣布。 ④王庭:朝廷。 ⑤孚:见"需第五"原文第一节注③。 ⑥号:号令。一说指呼号;一说指号哭。 ⑦厉:危险。 ⑧邑:城镇;村落。 ⑨即戎:用兵;动用武力。 ⑩攸:助词,相当于"所"。 ⑪彖:见"乾第一"原文第二节注①。 ⑫刚:指《夬》卦的五个阳爻。 ⑬柔:指《夬》卦的上六阴爻。 ⑭健而说:《夬》卦下乾上兑,乾为健,兑为悦,所以说健而说。说:即"悦"。 ⑮和:温和。 ⑯柔乘五刚:《夬》卦上六爻为阴爻,下面的五爻均为阳爻,阴为柔,阳为刚,所以说柔乘五刚。乘:凌驾。 ⑰光:发扬光大。一说指光明。 ⑱尚:崇尚;尊崇。 ⑲刚长:指阳爻增长。 ⑳象:见"乾第一"原文第三节注①。 ㉑泽上于天:《夬》卦上兑下乾,兑为泽,乾为天,所以说泽上于天。 ㉒施:给予;施与。 ㉓禄:福泽;恩惠。 ㉔居德:居积其所得。德:通"得",指得到。

【译文】

夬 在朝廷上宣布决定,真诚地告诉大家面临危险。从城邑中发出告示，不利于用兵，利于有所前往。

《彖传》说：夬，是决断的意思，即阳刚者裁决阴柔者。《夬》卦下乾上兑，乾为健，兑为悦，象征刚健而和悦，处理问题坚决果断而又温和有度。"在朝廷上宣布决定"，是因为《夬》卦中的上六阴爻居于五个阳爻之上，象征阴柔者凌驾于阳刚者之上。"真诚地告诉大家面临危险"，因为只有有防危之心，君子之道才能发扬光大。"从城邑中发出告示，不利于用兵"，说明崇尚武力会走上绝路。"利于有所前往"，说明阳刚者的势力若继续增长，阴柔者的势力将彻底终结。

《象传》说：《夬》卦上兑下乾，兑为泽，乾为天，象征泽水滔天，这就是《夬》卦的卦象。君子观此卦象，从而施恩惠于下民，若居积不施，则会招来忌恨。

初九　壮于前①趾②，往不胜为咎③。

《象》曰："不胜"而"往"，"咎"也。

九二　惕④号，莫(mù)⑤夜有戎⑥，勿恤⑦。

《象》曰："有戎，勿恤"，得中道⑧也。

九三　壮于頄(kuí)⑨，有凶。君子夬夬⑩独行，遇雨若⑪濡⑫，有愠(yùn)⑬，无咎。

《象》曰："君子夬夬"，终"无咎"也。

九四　臀无肤⑭，其行次且(zījū)⑮，牵羊悔亡，闻言不信。

《象》曰："其行次且"，位不当⑯也。"闻言不信"，聪⑰不明也。

九五　苋(xiàn)陆⑱夬夬,中行⑲,无咎。

《象》曰:"中行,无咎",中⑳未光㉑也。

上六　无号㉒,终有凶。

《象》曰:"无号"之"凶",终不可长也。

【注释】

①前:一说指前面的;一说指向前行进。　②趾:脚指头。③咎:灾殃。　④惕:警惕小心。　⑤莫:同"暮",指夜。⑥戎:军队,这里指敌人。　⑦恤:忧虑;担忧。　⑧得中道:指九二阳爻居下卦之中位。　⑨頄:颧骨。　⑩夬夬:刚毅果决的样子。　⑪若:而。　⑫濡:沾湿。　⑬愠:含怒;生气。　⑭肤:皮肉。　⑮次且:即"趑趄(zījū)",行走困难的样子。　⑯位不当:指九四阳爻居于阴位,所处的位置不适当。　⑰聪:听觉。　⑱苋陆:即商陆。多年生草本植物,叶卵形而大,夏季开红紫或白色小花。嫩叶可食用,根有毒。一说"苋"应作"莧(huán)",指一种细角山羊。⑲中行:行中道。　⑳中:指九五阳爻居上卦之中位。㉑光:发扬光大。　㉒号:一说指号令;一说指号哭。

【译文】

初九　脚指头强壮,前往不能取胜,从而造成灾殃。

《象传》说:"不能取胜"而"前往",必有"灾殃"。

九二　警惕呼号,夜里有敌人来犯,不用担忧。

《象传》说:"有敌人来犯,不用担忧",是因为九二之行为符合中道。

九三　颧骨强壮,有凶险。君子十分果断地独自前行,遇上下雨,身上被淋湿,有人对他生气,没有灾殃。

《象传》说:"君子十分果断",这样做最终"没有灾殃"。

九四　臀部没有皮肉,行走困难,牵羊而行,没有悔恨,但听了忠言未能信从。

《象传》说:"行走困难",是因为九四所处的位置不适当。"听了忠言未能信从",说明九四听后无法作出明智的判断。

九五　果断地除去苋陆,行中道,没有灾殃。

《象传》说:"行中道,没有灾殃",说明中正之道还没有发扬光大。

上六　无法号令众人,最终有凶险。

《象传》说:"无法号令众人"而"有凶险",说明上六高居上位的局面终究不能长久。

☰ (巽下乾上）姤第四十四

【导读】

姤是相遇的意思，这里特指事物间的互相接触、碰撞及发生相互作用，因此，《姤》卦卦辞要说明的就是相遇之道。从《姤》卦的卦辞和《象传》来看，它们主要蕴含以下三个方面的内容：

一是相遇极其重要，事物间只有彼此相遇，才能发生相互作用，从而引起发展变化。这正如天地相遇，才使万物蓬勃生长，男女相遇，才能生育后代一样。孤阴独阳，则必归于死寂。

二是人世间有各种不同的相遇，只有"刚遇中正"即阳刚者与守中正之道者相遇，才是最有益的相遇。历史上，舜之遇尧，姜太公之遇文王，孔明之遇刘备，都属这种性质的相遇，因此，它们都在历史上产生了积极的影响。

三是从《姤》卦的卦画结构来看，它由一个阴爻和五个阳爻组成，象征一阴与五阳相遇，即《象传》中所说的"柔遇刚也"。而据以上所述，只有刚遇中正，才最符合相遇之道，因此，这种柔与刚的相遇，必暗藏凶险，需要引起警惕。有趣的是，对于这种暗藏凶险的相遇，卦辞中是用"女壮，勿用取女"来形象地加以表述的。那么，卦辞为什么要用"女壮，勿用取女"来表达《姤》卦的含义，强壮的女子又为什么不能娶之为妻呢？

我们知道,《乾》卦六爻皆为阳爻,它代表天,是至刚纯阳之体,而《姤》卦由一个阴爻和五个阳爻组成,恰好把《乾》卦初爻的阳爻变成了阴爻,象征阳刚之体受到阴气的剥蚀,而此阴气能从阳刚之体中产生,其力量之大,自不待言;另外,《姤》卦的一阴爻五阳爻又有以一阴敌五阳之象;加上根据中国传统中的某些观念,认为女子以柔弱、贞静为佳,而强壮的女子,则往往多欲,会给男子的健康带来很大的危害,这样的女子,当然不适合娶之为妻。因此,卦辞中用身体强壮的女子来指代卦中的阴爻,是十分恰当的。

《象传》由《姤》卦上乾下巽象征"天下有风",推出君主"以施命诰四方",其间的逻辑关系是:风在中国古代有风化、教化之义,如《论语·颜渊》中说:"君子之德风,小人之德草,草上之风,必偃。"意为君子的德行好比风,小人的德行好比草,风吹向草,草就会倒伏。因此,君子受此启发,便要把政令、德教遍告四方,使人人都知道自己的主张。

纵观《姤》卦六爻爻辞,则可以发现这样两个特点:一是在与人相遇时,要持守中道,故九二阳爻居下卦之中位而"无咎",九五阳爻居上卦之中位而"含章,有陨自天",九四阳爻则因不中不正而"起凶";二是对适合相遇的对象必须专一,故初六阴爻对九四专一而"贞吉",否则就"见凶"。不过,因历代学者对该卦爻辞的理解分歧较多,因此,很难对该卦爻辞的特点作出恰当的归纳总结。

☰（巽[xùn]下乾上①）姤（gòu）② 女壮,勿用③取④女。

《彖（tuàn）⑤》曰:姤,遇也,柔遇刚⑥也。"勿用取女",不可与长⑦也。天地相遇,品物⑧咸章⑨也。刚遇中正⑩,天下大行也。姤之时义大矣哉。

《象⑪》曰:天下有风⑫,姤。后⑬以施命⑭诰⑮四方。

【注释】

①巽下乾上:指六画的《姤》卦由三画的乾卦和巽卦上下相叠而成。　②姤:卦名,意为相遇或遇到。　③勿用:不宜;不适合。用:适宜。　④取:通"娶"。　⑤彖:见"乾第一"原文第二节注①。　⑥柔遇刚:《姤》卦初六为阴爻为柔,其他五爻均为阳爻为刚,所以说柔遇刚。　⑦长:长久。　⑧品物:万物。　⑨章:显著;明显。　⑩刚遇中正:指九二和九五阳爻分别居下、上卦之中位。　⑪象:见"乾第一"原文第三节注①。　⑫天下有风:《姤》卦上乾下巽,乾为天,巽为风,所以说天下有风。　⑬后:君主。　⑭施命:发布命令。　⑮诰:同"告"。

【译文】

姤　女子很强壮,不适合娶她为妻。

《彖传》说:姤,是相遇的意思,《姤》卦一个阴爻在下,上面为五个阳爻,象征阴柔者与阳刚者相遇。"不适合娶该女子为妻",是因为不能与她长久相处。天和地相遇,万物都生长得十分茂盛。九二和九五阳爻分别居下、上卦之中位,象征阳刚者与守中正之道者相遇,从而使正道大行于天下。《姤》卦因时制宜的意义真是重大啊!

《象传》说:《姤》卦下巽上乾,巽为风,乾为天,象征风在天空下吹动,这就是《姤》卦的卦象。君主观此卦象,从而发布命令,遍告四方。

初六　系①于金柅(nǐ)②,贞③吉。有攸④往,见凶,羸豕(shǐ)⑤孚⑥蹢躅(zhízhú)⑦。

《象》曰:"系于金柅",柔道牵⑧也。

九二　包⑨有鱼,无咎⑩,不利宾。

《象》曰:"包有鱼",义⑪不及⑫"宾"也。

九三　臀无肤,其行次且(zījū)⑬,厉⑭,无大咎。

《象》曰:"其行次且",行未牵也。

九四　包无鱼,起⑮凶。

《象》曰:"无鱼"之"凶",远民也。

九五　以杞(qǐ)⑯包瓜⑰,含章⑱,有陨⑲自天。

《象》曰:九五"含章",中正⑳也。"有陨自天",志不舍㉑命㉒也。

上九　姤其角㉓,吝㉔,无咎。

《象》曰:"姤其角",上穷㉕"吝"也。

【注释】

①系:拴缚。　　②柅:位于车的下面让车停下来的木块。

③贞:占问。一说指"正"。　　④攸:助词,相当于"所"。

⑤豕:猪。　　⑥孚:一说通"浮",指轻浮;一说指哺乳;一说即"捊"(póu),意为牵引、引取。　　⑦蹢躅:即"踯(zhí)躅",指在一个地方来回地走。　　⑧牵:牵制;控制。

⑨包:即"庖",指厨房。一说指包容、包裹。　　⑩咎:灾殃。

⑪义:宜;理应。　　⑫及:涉及;到。　　⑬臀无肤,其行次且:见"夬第四十三"九四爻注。　　⑭厉:危险。　　⑮起:

产生;发生。一说指争执。　⑯杞:指杞柳,落叶乔木,枝条细长柔软。　⑰包瓜:一说指匏(páo)瓜;一说指包裹瓜。⑱含章:含有文采。　⑲陨:落下。　⑳中正:指九五阳爻居上卦之中位。　㉑舍:舍弃;违背。　㉒命:天命;命运。　㉓角:一说指兽角;一说指角落;一说指顶撞、侵犯;一说指斗殴。　㉔吝:悔恨。　㉕穷:极;尽。

【译文】

初六　拴系在车下用金属制成的刹车块上,占问得吉兆。有所前往,会有凶险,瘦弱的猪烦躁地来回走动。

《象传》说:"拴系在车下用金属制成的刹车块上",说明处柔之道是接受阳刚者的控制。

九二　厨房里有鱼,没有灾殃,不宜用来招待宾客。

《象传》说:"厨房里有鱼",理应不用它来招待"宾客"。

九三　臀部没有皮肉,行走困难,有危险,但没有大的灾殃。

《象传》说:"行走困难",说明其行为没有受到控制。

九四　厨房里没有鱼,有凶险。

《象传》说:"没有鱼"而"有凶险",是因为远离民众。

九五　用杞柳的枝叶包裹的瓜,隐含文采,从天上落下来。

《象传》说:九五爻辞中说的"隐含文采",是指九五阳爻居上卦之中位,象征其行中正之道。"从天上落下来",说明其志向是服从天命。

上九　碰到兽角上,有令人悔恨之事,没有灾殃。

《象传》说:"碰到兽角上",说明向上发展到极端会"有令人悔恨之事"。

䷬(坤下兑上)萃第四十五

【导读】

萃是会聚的意思,因此,《萃》卦卦辞要说明的就是会聚之道。它包含三个方面的内容。一是要会集众人,凝聚人心,必须采取有效的措施,卦辞中的"王假有庙"即君王前往宗庙祭祀就是一种极其有效的措施。因为君王去宗庙祭祀,这本身就是一种盛大的集体活动,参与者必众;同时,君王在祭祀时,又可以假借天或神的名义,号令众人,使众人服从。二是要会聚在有才德的大人的麾下,即卦辞中所说的"利见大人"。一个群体,只有团结在有才德的大人周围,才会有凝聚力和战斗力,否则,就只会是散沙一盘。三是要正心诚意,顺承天命,通过用大的牲畜来祭祀,达到天人感应,使天命得以彰显,此即卦辞中所说的"用大牲吉"。

《萃》卦的卦辞是极为吉利的,在短短的二十个字中,就有一个"吉"字,两个"亨"字,三个"利"字。《彖传》对《萃》卦为什么预示吉利作出了全面的解释。首先是从《萃》卦上下卦的特点来看,《萃》卦下坤上兑,坤之德是柔顺,兑的特点是和悦,既柔顺又和悦,当然就能吸引众人前来相聚。其次是从《萃》卦的爻位结构来看,九五阳爻居上卦之中位,六二阴爻居下卦之中位,象征阳刚者居中正之位与阴柔者相应合,这样,居上位者公正无私、不偏不倚,在下位者心悦诚服，就能上下同心同德、团结和睦。三是从《萃》卦卦辞中的内容来看，"王假有庙"、"用大牲"、"见大人"，意谓当天下万物荟萃、财富充足的时候，君王前去宗庙祭祀，祭祀时用大的牲畜，与有才德的大人见面，这些都是顺乎天命、合乎礼仪之事，这样的行为，当然就会带来吉祥。

《象传》的最后一句："观其所聚，而天地万物之情可见矣。"即观察事物聚合的特点，就可以明白天地万物的情状了。为什么这么说呢？俗话说：物以类聚，人以群分，从什么事物聚合在一起，它们相聚的特点及相聚时的具体表现，就可以分析出事物的性质及其发展方向。利用这种方法，当然也就可以明白天地万物的情状了。

《象传》由《萃》卦兑上坤下象征"泽上于地"，推出君子应"除戎器，戒不虞"，其间的逻辑关系是：水泽在地的上面，则需筑堤坝拦挡（此与《临》卦的"泽上有地"不同），若堤坝不固，则难免会造成泽中之水横溢泛滥之灾；同样，社会上的人群以不同的方式聚集，也有可能造成冲突，出现暴力，所以君子应该准备兵器，严加防范。

《萃》卦六爻，则有两个明显的特点：一是每爻皆得"无咎"；二是没有一爻完全预示吉祥，如九四爻虽得"大吉"，但其后仍附上了"无咎"二字。这表明，在《周易》的作者看来，事物间的聚合虽值得肯定，但完美无缺的聚合却极其难得。

☷☱（坤下兑上①）萃② 亨，王假（gé）③有④庙。利见大人，亨，利贞⑤。用大牲吉。利有攸⑥往。

《彖（tuàn）⑦》曰：萃，聚也。顺以说（yuè）⑧，刚中而应⑨，故聚也。"王假有庙"，致⑩孝享⑪也。"利见大人，亨"，聚以正也。"用大牲吉。利有攸往"，顺天命也。观其所聚,而天地万物之情⑫可见矣。

《象⑬》曰:泽上于地⑭,萃。君子以除⑮戎器⑯,戒⑰不虞⑱。

【注释】

①坤下兑上:指六画的《萃》卦由三画的兑卦和坤卦上下相叠而成。　②萃:卦名,意为会聚、聚合。　③假:通"格",指至、到。　④有:语气助词。　⑤贞:占问。一说指"正"。　⑥攸:助词,相当于"所"。　⑦彖:见"乾第一"原文第二节注①。　⑧顺以说:《萃》卦下坤上兑,坤为顺,兑为悦,所以说顺以说。说:即"悦"。　⑨刚中而应:指九五阳爻居上卦之中位,与居下卦之中位的六二阴爻相应合。　⑩致:奉献;献纳。　⑪享:祭祀。　⑫情:实情;情状。　⑬象:见"乾第一"原文第三节注①。　⑭泽上于地:《萃》卦上兑下坤,兑为泽,坤为地,所以说泽上于地。　⑮除:修治;修缮。　⑯戎器:兵器。　⑰戒:戒备。　⑱不虞:意外;不测。

【译文】

萃　亨通,君王前去宗庙祭祀。利于去见大人,亨通,有利之占问。祭祀时用大的牲畜为祭品则吉祥。利于有所前往。

《彖传》说:萃,是会聚的意思。《萃》卦下坤上兑,坤为顺,兑为悦,象征柔顺和悦;九五阳爻居上卦之中位,与六二阴爻相应合,象征阳刚者持守中道与阴柔者相应,所以才能聚合。"君王前去宗庙祭祀",是献上表示对祖先尽孝的祭品。"利于去见大人,亨通",是因为大家以正道相聚。"祭祀时用大的牲畜为祭品则吉祥。利于有所前往",因为这样做顺乎天命。观察事物聚合的特点,就可以明白天地万物的情状了。

《象传》说:《萃》卦下坤上兑,坤为地,兑为泽,象征水泽在地的上面,这就是《萃》卦的卦象。君子观此卦象,从而修治兵器,以防备意外之事。

初六　有孚①不终,乃乱乃萃②,若③号,一握④为笑,勿恤⑤,往无咎⑥。

《象》曰:"乃乱乃萃",其志乱也。

六二　引⑦吉,无咎,孚乃利用⑧禴(yuè)⑨。

《象》曰:"引吉,无咎",中⑩未变也。

六三　萃如⑪嗟(jiē)⑫如,无攸利,往,无咎,小吝⑬。

《象》曰:"往,无咎",上巽(xùn)⑭也。

九四　大吉,无咎。

《象》曰:"大吉,无咎",位不当⑮也。

九五　萃有位⑯,无咎,匪⑰孚。元⑱永贞⑲,悔亡。

《象》曰:"萃有位",志未光⑳也。

上六　赍(jī)咨㉑涕㉒洟(yí)㉓,无咎。

《象》曰:"赍咨涕洟",未安上也。

【注释】

①孚:见"需第五"原文第一节注③。　②萃:一说通"悴",指憔悴、困苦;一说指聚集;一说指病。　③若:而。　④一握:一说指顷刻之间;一说指一握手;一说指一屋子(握:借为"屋");一说同"哑喔",指笑声。　⑤恤:忧虑;担忧。

⑥咎：灾殃。 ⑦引：一说应作"弘"，即大；一说指长期；一说指牵引、援引。 ⑧利用：利于。 ⑨禴：禴祭，古代的一种祭祀活动，所用祭品较为简单。 ⑩中：指六二阴爻居下卦之中位。 ⑪如：语气助词。 ⑫嗟：叹息；忧叹。 ⑬吝：悔恨。 ⑭上巽：指六三阴爻顺从九四阳爻。巽：逊顺。 ⑮位不当：指九四阳爻居于阴位，所处的位置不适当。 ⑯有位：一说指处于尊位；一说指保有其位。 ⑰匪：同"非"，指无。 ⑱元：一说指有德之君长；一说指善、利；一说指大，且下面当有"吉"字。 ⑲永贞：占问长远之事的吉凶。 ⑳光：发扬光大。 ㉑赍咨：叹息。 ㉒涕：眼泪。 ㉓洟：鼻涕。

【译文】

初六 有诚信，但不能保持至终，从而造成混乱聚合，并且大声号哭，很快又破涕为笑。不用担忧，前往没有灾殃。

《象传》说："造成混乱聚合"，是因为其心志出现了迷乱。

六二 受人引领而获吉祥，没有灾殃，只要有诚信，就利于举行祭品较为简单的禴祭。

《象传》说："受人引领而获吉祥，没有灾殃"，是因为六二阴爻居下卦之中位，象征其守中道之志向没有改变。

六三 聚在一起忧叹，得不到什么利益，前往，没有灾殃，但有小小的令人悔恨之事。

《象传》说："前往，没有灾殃"，是因为六三阴爻顺从九四阳爻，象征阴柔者顺从居于上位的阳刚者。

九四 大吉，没有灾殃。

《象传》说："大吉，没有灾殃"，是因为九四阳爻居于阴位，所处的位置不适当。

九五　聚集财富以保有其位,没有灾殃,但是不能让众人信服。占问长期之事的吉凶,没有令人后悔之事。

《象传》说:"聚集财富以保有其位",说明其志向尚未能发扬光大。

上六　叹息流涕,没有灾殃。

《象传》说:"叹息流涕",是因为居上位而心中不安。

䷭（巽下坤上）升第四十六

【导读】

升是上升的意思。《升》卦的卦辞是十分吉利的，又是大为亨通，又是吉祥，又是利见大人。至于《升》卦为什么吉利，《象传》解释得十分清楚：《升》卦的初六、六四、六五、上六皆为阴爻，象征阴柔者的地位不断上升；《升》卦下巽上坤，象征谦逊而柔顺；九二阳爻居下卦之中位，与居上卦之中位的六五阴爻相应合，象征阳刚者持守中道而与阴柔者相应。阴柔者的地位不断上升，象征一个人的职位不断升迁，当然利于与有才德的大人相见，而用不着担心或忧虑；一个人的事业处于上升之势时，万事顺遂，所以"南征"可获吉祥。

在此需要说明的是"南征"的意义。"南征"即向南征伐，含义十分清楚，问题是为什么此处要说"南征"，而不是西征、东征等等呢？这是因为：正如房屋朝南，意味着面向阳光；南方与北方相比，显得更为温暖，因此，南有光明、温暖之意。而从《升》卦的卦象来看，下巽上坤，象征万物在大地上生长，而光明、温暖之地，无疑更适合万物的生长，所以说"南征吉"。

《象传》由《升》卦上坤下巽象征"地中生木"，推出君子"以顺德，积小以高大"，其间的逻辑关系是：树木从地上长出后，会不断地变大变高；君子观此卦象，从而随顺事物本身的特性，不横加干涉,使其不断地发展壮大。

在对《象传》的理解中,"顺德"二字的意义需稍作辨析。学者们有的把"顺德"理解为顺行其美德,有的理解成遵循美德,有的理解成循序渐进地修养美德,总之,均把"德"理解为美德。这样理解,虽无明显的错误,却说不上恰当。因为君子看到树木在大地上生长,从而顺从美德,使之由小变大,这样的表述,并不是很通顺。事实上,"德"除了指道德,还有"性质、属性"的意思,如果我们把此处的"德"理解成"性质、属性",则句意便成为:君子看到树木在大地上生长,从而顺从事物的特性,使之由小变大。这样一来,便前后贯通,毫无隔碍。因为树木之所以能由小到大,不断生长,正在于其不受人为的影响,在空气、阳光等的作用下,在大地上自由生长;君子正是从树木生长的这一特性中,感悟到要使事物发展壮大,关键在于顺事物的本然之理,不横加干涉。这正如孟子关于养浩然之气的描述:"其为气也,至大至刚,以直养而无害,则塞于天地之间……心勿忘,勿助长也。"即养浩然之气,应顺其自然,而不要拔苗助长,只有这样,浩然之气才会"积小以高大"。

《升》卦六爻,则反映了顺应自然之理步步上升之势,且六爻爻辞中多"吉"、"无咎",而无"凶"、"吝"、"悔"、"不利"等词,这与升蕴含向上、进步等义有密切的关系。

☷(巽[xùn]下坤上)①升② 元亨③,用④见大人,勿恤⑤。南征吉。

《彖(tuàn)⑥》曰:柔以时升⑦,巽而顺⑧,刚中而应⑨,是以大亨。"用见大人,勿恤",有庆也。"南征吉",志行也。

《象⑩》曰:地中生木⑪,升。君子以顺德⑫,积小以高大。

【注释】

①巽下坤上:指六画的《升》卦由三画的坤卦和巽卦上下相叠而成。　②升:卦名,意为上升。　③元亨:大为亨通。元:大。　④用:一作"利",帛书本《周易》亦作"利",当据之以改。　⑤恤:忧虑;担忧。　⑥彖:见"乾第一"原文第二节注①。清代阮元主持校刻的《十三经注疏·周易正义》作"象",应改为"彖"。　⑦柔以时升:指《升》卦的初六、六四、六五、上六均为阴爻,就像阴柔者根据时间条件而不断地上升。　⑧巽而顺:《升》卦下巽上坤,坤为顺,所以说巽而顺。巽:谦逊。　⑨刚中而应:指九二阳爻居下卦之中位,与居上卦之中位的六五阴爻相应合。　⑩象:见"乾第一"原文第三节注①。　⑪地中生木:《升》卦上坤下巽,坤为地,巽为木,所以说地中生木。　⑫顺德:顺从事物的特性。一说指顺行其美德;一说指循序渐进地修养美德。

【译文】

升　大为亨通,利于去见大人,不用担忧。向南征伐,吉祥。

《彖传》说:《升》卦的初六、六四、六五、上六皆为阴爻,象征阴柔者根据时间条件不断地上升;《升》卦下巽上坤,象征谦逊而又柔顺;九二阳爻居下卦之中位,与居上卦之中位的六五阴爻相应合,象征阳刚者持守中道而与阴柔者相应,所以大为亨通。"利于去见大人,不用担忧",说明将有吉庆之事。"向南征伐,吉祥",说明其志向得以实行。

《象传》说:《升》卦上坤下巽,坤为地,巽为木,象征地上生长树木,这就是《升》卦的卦象。君子观此卦象,从而顺从事物的特性,使其逐渐积累,由小变大。

初六　允①升,大吉。

《象》曰:"允升,大吉",上②合志也。

九二　孚③乃利用④禴(yuè)⑤,无咎⑥。

《象》曰:九二之"孚",有喜也。

九三　升虚⑦邑(yì)⑧。

《象》曰:"升虚邑",无所疑也。

六四　王用亨于岐山⑨,吉,无咎。

《象》曰:"王用亨于岐山",顺事⑩也。

六五　贞⑪吉,升阶⑫。

《象》曰:"贞吉,升阶",大得志也。

上六　冥⑬升,利于不息⑭之贞。

《象》曰:"冥升"在上⑮,消不富⑯也。

【注释】

①允:信;诚信。一说指进;一说指当,即宜的意思。　②上:一说指九二阳爻;一说指九二和九三阳爻;一说指六四、六五和上六阴爻。　③孚:见"需第五"原文第一节注③。　④利用:利于。　⑤禴:见"萃第四十五"原文第二节注⑨。　⑥咎:灾殃。　⑦虚:一说指空虚;一说指大丘;一说同"墟",指废墟。　⑧邑:城镇;村落。　⑨王用亨于岐山:岐山在今陕西省岐山县东北,山形如柱,故又名天柱山。参见"随第十七"上六爻注。　⑩顺事:顺从服侍。一说"顺"借

为"慎","顺事"指谨慎从事。　⑪贞：占问。一说指"正"。
⑫阶：台阶。　⑬冥：昏暗。　⑭不息：不停息；不止息。
⑮在上：指上六阴爻居《升》卦之最上位。　⑯消不富：一说指消除不富裕；一说指消减而不富裕；一说指自我消损，使不富裕。

【译文】

初六　诚信而上升，大为吉祥。

《象传》说："诚信而上升，大为吉祥"，是因为初六与居于上位的人心志相合。

九二　心存诚信，利于举行祭品较为简单的禴祭，没有灾殃。

《象传》说：九二爻辞中说的"诚信"，是指因为诚信而将有喜庆之事。

九三　登上空虚的城邑。

《象传》说："登上空虚的城邑"，说明心中没有任何疑虑。

六四　君王在岐山举行祭祀活动，吉祥，没有灾殃。

《象传》说："君王在岐山举行祭祀活动"，这是顺从服侍居于上位者。

六五　占问得吉兆，沿着台阶级级上升。

《象传》说："占问得吉兆，沿着台阶级级上升"，说明其志向得到了充分实现。

上六　在昏暗中继续向上升进，利于占问奋斗不息之事。

《象传》说：居于上位者"在昏暗中继续向上升进"，目的在于消除不富足的状态。

䷮（坎下兑上）困第四十七

【导读】

困是困穷的意思，因此，筮(shì)得《困》卦，便意味着不祥。然而，这是就普通人而言的。卦辞则撇开了普通人，专就有德有才之大人立论，认为大人筮得此卦，不但不是不祥，反而意味着亨通、吉祥、没有灾殃。这又是为什么呢？

原来，在《周易》看来，小人在面临困境时，不是垂头丧气、怨天尤人，就是铤而走险、为非作歹。君子在面临困境时，则会在坚持固有原则的前提下，积极想办法摆脱困境，在这个过程中，既磨炼了自己的意志，又增长了自己的才干，所以，困境对君子而言，是其成就德性的辅助，甚至是一种难得的财富，所以预示着亨通、吉祥、没有灾殃。

当然，对于有德有才的大人而言，在筮得《困》卦时，除了预示着亨通、吉祥、没有灾殃，还是有不如意的地方，这就是"有言不信"即说的话没有人相信。因为大人虽然最终必然能够脱困，但困境毕竟是困境，它意味着事业无成、身处险境、人微言轻。在这种情况下，最好的应对之道，就是埋头苦干，为最后摆脱困境积累能量，而不是把精力用在四处向人诉说自己的困境和不幸，或向人宣扬自己将来会如何有出息，以求得别人的同情和理解。因此，《象传》中告诫"大人"："尚口乃穷也"，即在处于困境时，崇尚言辞，只会使自己陷于绝境。

《象传》还以《困》卦的卦画结构为依据，从三个方面对《困》卦的卦辞作出了解释。首先是《困》卦为什么意味着陷入困境？这是因为，《困》卦上卦兑为阴卦，下卦坎为阳卦，阳处阴下，有阳刚被阴柔掩蔽之象；另外，上六阴爻居九五阳爻之上，九二阳爻被初六、六三两个阴爻包围，也有阳刚被阴柔掩蔽之象。而阳刚者被阴柔者所掩蔽，就意味着陷入困境，所以《象传》说："困，刚掩也。"其次是为什么"大人"筮得《困》卦就预示着吉祥？这是因为，《困》卦的九二、九五两个阳爻代表大人，它们分别居下、上卦之中位，象征阳刚者持守中道，所以预示着吉祥。第三，解释卦辞中的"亨"字。《象传》认为，《困》卦下坎上兑，坎为险，兑为悦，有君子身处险境而心中和悦之象，以这样的心态去对待困境，结果当然会亨通。

《象传》由《困》卦上兑下坎象征"泽无水"，推出君子应"致命遂志"，其间的逻辑关系是：泽中无水，无疑是困穷的表现，君子在面临仿佛泽中无水那样的困境之时，就应该坚持原则，放弃幻想；而到了关键时刻，则哪怕牺牲自己的生命，也要努力去实现自己的志向。

《困》卦六爻，则讲述了每爻所处的不同困境及具体的应对之道，其中下三爻以不妄动为主，上三爻则以积极行动以求脱困为主。从阴爻和阳爻的处境来看，九二、九四、九五这三个阳爻皆预示顺利，初六、六三、上六这三个阴爻则除了上六"征吉"，其他两爻皆为凶爻。

☷（坎下兑上）①困② 亨。贞③大人吉，无咎④。有言不信。

《彖(tuàn)⑤》曰：困，刚掩⑥也。险以说(yuè)⑦，困而不失其所⑧，"亨"，其⑨唯君子乎。"贞大人吉"，以刚中⑩也。"有言不信"，尚口⑪乃穷也。

《象⑫》曰：泽无水⑬，困。君子以致命⑭遂志⑮。

【注释】

①坎下兑上：指六画的《困》卦由三画的兑卦和坎卦上下相叠而成。　②困：卦名，意为困穷。　③贞：占问。一说指"正"。　④咎：灾殃。　⑤彖：见"乾第一"原文第二节注①。　⑥刚掩：指阳刚被阴柔所掩蔽。从《困》卦的卦画结构看，上卦兑为阴卦，下卦坎为阳卦，阳处阴下，有阳刚被阴柔掩蔽之象；上六阴爻居九五阳爻之上，九二阳爻被初六、六三阴爻包围，也有阳刚被阴柔掩蔽之象。　⑦险以说：《困》卦下坎上兑，坎为险，兑为悦，所以说险以说。说：通"悦"。　⑧所：处所；地方。　⑨其：副词，表示推测，意为"大概"。　⑩刚中：指九二和九五阳爻分别居下、上卦之中位。　⑪尚口：崇尚言辞。　⑫象：见"乾第一"原文第三节注①。　⑬泽无水：《困》卦上兑下坎，兑为泽，坎为水，泽在水上，则泽中无水，所以说泽无水。　⑭致命：舍弃生命。一说指通达天命。　⑮遂志：实现志向。

【译文】

困　亨通。大人占问得吉兆，没有灾殃。说的话没有人相信。《彖传》说：困，是指阳刚被阴柔所掩蔽。《困》卦下坎上兑，坎为险，兑为悦，象征身处险境而心中和悦，遭遇困厄而不改其操守，从而"亨通"，这大概只有君子才能做到吧。"大人占问得吉兆"，是因为九二和九五阳爻分别居下、上卦之中位,象征阳刚者持守中道。"说的话没有人相信",是因为此时崇尚言辞,只会陷于绝境。

《象传》说:《困》卦上兑下坎,兑为泽,坎为水,象征泽中无水,这就是《困》卦的卦象。君子观此卦象,从而宁可献出生命,也要为实现自己的志向而奋斗。

初六　臀困于株①木,入于幽谷,三岁不觌(dí)②。

《象》曰:"入于幽谷",幽③不明也。

九二　困于酒食④,朱绂(fú)⑤方来,利用⑥享祀⑦,征凶,无咎。

《象》曰:"困于酒食",中⑧有庆也。

六三　困于石,据⑨于蒺藜(jílí)⑩,入于其宫⑪,不见其妻,凶。

《象》曰:"据于蒺藜",乘刚⑫也。"入于其宫,不见其妻",不祥⑬也。

九四　来徐徐,困于金车⑭,吝⑮,有终⑯。

《象》曰:"来徐徐",志在下⑰也。虽不当位⑱,有与⑲也。

九五　劓刖(yìyuè)⑳,困于赤绂㉑,乃徐有说(tuō)㉒,利用祭祀。

《象》曰:"劓刖",志未得也。"乃徐有说",以中直㉓也。"利用祭祀",受福也。

上六　困于葛藟(lěi)㉔,于㉕臲卼(nièwù)㉖,曰㉗动悔有悔㉘,征吉。

《象》曰:"困于葛藟",未当㉙也。"动悔有悔",吉行㉚也。

【注释】

①株:树桩;露出地面的树根。　②觌:见;相见。汉代帛书本《周易》"觌"后有"凶"字,似应据之以补。　③幽:昏暗。④困于酒食:因酒食过度而难受。一说指酒食匮乏。　⑤朱绂:绂是古代的一种服饰,加在长衣的前面,也叫蔽膝。这里比喻禄位。一说指有权势的人。　⑥利用:利于。　⑦享祀:祭祀。　⑧中:指九二阳爻居下卦之中位。　⑨据:用手按着。　⑩蒺藜:一种植物,其果实的皮上有尖刺。⑪宫:房屋;住宅。　⑫乘刚:指六三阴爻居于九二阳爻之上。　⑬祥:吉凶的预兆。　⑭金车:饰有金属的车。这里代指九二阳爻。　⑮吝:悔恨。　⑯有终:有好的结局。　⑰志在下:心志在于与初六阴爻相应合。一说指甘居九五阳爻之下。　⑱不当位:指九四阳爻居于阴位。⑲与:帮助。　⑳劓刖:割鼻砍足。劓:割掉鼻子的刑罚。刖:把足砍掉的刑罚。一说应作"臲卼",指不安定的样子。㉑赤绂:同"朱绂"。　㉒说:通"脱",指解脱、脱落。㉓中直:指九五阳爻居上卦之中位。　㉔葛藟:葛和藤。葛是多年生藤本植物,藟是藤,它们都是蔓生植物。　㉕于:一说是发语词,无义;一说系衍字;一说前面省略"困"字。㉖臲卼:见以上注⑳。　㉗曰:助词。　㉘动悔有悔:动辄有悔,从而心中悔悟。　㉙未当:一说指上六阴爻居于九五阳爻之上,所处的位置不适当;一说指采取的行动不当。㉚吉行:指前行可获吉祥。

【译文】

初六　臀部因触碰到树桩而受困,进入幽谷,三年不能相见。

《象传》说:"进入幽谷",说明陷于昏暗不明的境地。

九二　因酒食过度而难受,即将得到禄位,有利于举行祭祀活动,出征有凶险,最终没有灾殃。

《象传》说:"因酒食过度而难受",因为九二阳爻居下卦之中位,象征其行中道,所以有吉庆之事。

六三　被石头绊倒,手按在蒺藜上,进入居室,见不到自己的妻子,有凶险。

《象传》说:"手按在蒺藜上",是因为六三阴爻居于九二阳爻之上,象征阴柔者凌乘阳刚者。"进入居室,见不到自己的妻子",这是不祥之兆。

九四　缓缓而来,受到饰有金属的车子的困阻,有令人悔恨之事,但有好的结局。

《象传》说:"缓缓而来",说明其心志是与居于下位的初六阴爻相应合。九四阳爻居于阴位,所处的位置虽不适当,但仍能得到他人的帮助。

九五　被割鼻砍足,在政治上遭受挫折,渐渐地有机会解脱,利于举行祭祀活动。

《象传》说:"被割鼻砍足",说明其志向未能实现。"渐渐地有机会解脱",是因为九五阳爻居上卦之中位,象征中正刚直。"利于举行祭祀活动",是因为这样做可以得到神灵的福佑。

上六　被葛藤缠住,处于不安定的状态中,意识到只要一动就会出现令人后悔之事,从而心中悔悟,出征则吉利。

《象传》说:"被葛藤缠住",是因为行动不当。"意识到只要一动就会出现令人后悔之事,从而心中悔悟",说明前行可获吉祥。

䷯（巽下坎上）井第四十八

【导读】

井指水井，在古代社会，水井是人们生活中不可或缺的。《周易》的作者通过对水井的观察，发现了它的三个特点：一是固定性，"改邑不改井"，村邑可以迁移，水井却无法迁移，一旦掘成，它就会永远固定在那里；二是恒常性，不管人们如何汲水，水井总是保持它相对稳定的水位，即所谓"无丧无得"；三是能养人，能给人们的生活带来方便，所以人们才"往来井井"，即来来往往地从井中汲水。根据水井的上述特性，卦辞中告诉人们，在生活和工作中，一定要保持恒常的德性，否则，就会像"汔至亦未繘井，羸其瓶"那样，带来凶险。也就是说，筮（shì）得《井》卦，如果不能保持恒常的德性，如在工作中半途而废，在感情上见异思迁，就会有凶险；否则，就不会有凶险。

《象传》主要以《井》卦的卦画结构为依据，来解释卦名和卦辞。首先是《井》卦下巽上坎，坎为水，所以意味着"巽乎水而上水"，即汲水的器具入水把水汲上来，因此，该卦便用来指水井。其次是解释为什么井具有固定不变的特性。《象传》认为，《井》卦中的九二、九五两个阳爻分别居下、上卦之中位，有阳刚者持守中道、恒久不变的意义，所以《井》卦的井有恒久固定之义。此外，《象传》对卦辞的内容也逐句作了解释,如以"未有功"即井水的功用还未实现来解释"汔至亦未繘井",强调汲水的瓦器毁坏预示着凶险,等等。

《象传》由《井》卦下巽上坎象征"木上有水",推出君子"以劳民劝相",其间的逻辑关系是:井水有养人、益人之功用,井水的这一功用的实现,需要付出劳动,需要把井水从井中提上来;君子受此启发,从而切实行动起来,去做有益于民众的事情,这就是去慰劳民众,劝勉他们互相帮助。

《井》卦六爻,从初六的"井泥"、九二的"井谷"、九三的"井渫"、六四的"井甃"、九五的"井洌"到上六的"井收",每爻爻辞中均有井字;且自下往上,反映出井越治越好、井水越来越清、爻辞越来越吉利的特点。

☲(巽[xùn]下坎上)①井② 改③邑(yì)④不改井,无丧无得,往来井井⑤。汔(qì)⑥至⑦亦未繘(yù)⑧井,羸⑨其瓶⑩,凶。

《彖(tuàn)⑪》曰:巽乎水⑫而上水⑬,井。井养而不穷也。"改邑不改井",乃以刚中⑭也。"汔至亦未繘井",未有功也。"羸其瓶",是以"凶"也。

《象⑮》曰:木上有水⑯,井。君子以劳民⑰劝⑱相⑲。

【注释】

①巽下坎上:指六画的《井》卦由三画的坎卦和巽卦上下相叠而成。　②井:卦名,指水井。　③改:迁移;变更。
④邑:城镇;村落。　⑤井井:一说指从井中汲水;一说指秩

序井然;一说指水井依然是水井;一说指不变;一说指洁净。
⑥汔:一说指接近;一说指干涸。　⑦至:一说意为"到",后面省略"井"字;一说通"窒",指淤塞。　⑧繘:一说指从井中汲水用的绳索;一说借为"矞(yù)",指"出";一说借为"矞",指穿、淘挖。　⑨羸:倾覆;败坏。　⑩瓶:汲水用的瓦器。　⑪象:见"乾第一"原文第二节注①。　⑫巽乎水:《井》卦下巽上坎,坎为水,所以说巽乎水。巽:一说指顺;一说指入。　⑬上水:使水上,即把水汲上来。　⑭刚中:指九二和九五阳爻分别居下、上卦之中位。　⑮象:见"乾第一"原文第三节注①。　⑯木上有水:《井》卦下巽上坎,巽为木,坎为水,所以说木上有水。　⑰劳民:一说指慰劳民众;一说指养民;一说指使民勤劳;一说指为民操劳。　⑱劝:劝勉。　⑲相:助。

【译文】

井　村邑迁移而井不会迁移,井水总是恒定的,不会因为人们是否取用而减少或增加,人们来来往往从井中汲水。汲水用的瓦器提至井口而未出井口时倾覆毁坏,有凶险。

《彖传》说:《井》卦下巽上坎,巽为入,坎为水,象征汲水的器具入水把水汲上来,这就是井的意义。井水养育人民,永远不会枯竭。"村邑迁移而井不会迁移",是因为《井》卦的九二和九五阳爻分别居下、上卦之中位,象征阳刚者持守中道。"汲水用的瓦器提至井口而未出井口",说明井水的功用还未实现。"汲水用的瓦器倾覆毁坏",所以会"有凶险"。

《象传》说:《井》卦下巽上坎,巽为木,坎为水,象征用木制的器具把水汲上来,这就是《井》卦的卦象。君子观此卦象,从而慰劳民众,并劝勉他们互相帮助。

初六　井泥①不食。旧井无禽②。

《象》曰："井泥不食"，下③也。"旧井无禽"，时舍④也。

九二　井谷⑤射鲋(fù)⑥，瓮⑦敝⑧漏。

《象》曰："井谷射鲋"，无与⑨也。

九三　井渫(xiè)⑩不食，为⑪我心恻⑫。可用⑬汲，王明，并受其福。

《象》曰："井渫不食"，行⑭"恻"也。求"王明"，受福也。

六四　井甃(zhòu)⑮，无咎⑯。

《象》曰："井甃，无咎"，修井也。

九五　井洌(liè)⑰寒泉，食。

《象》曰："寒泉"之"食"，中正⑱也。

上六　井收⑲勿幕⑳，有孚㉑，元㉒吉。

《象》曰："元吉"在上㉓，大成也。

【注释】

①泥：淤泥。　②禽：泛称鸟兽。一说为古"擒"字，意为获益。　③下：指初六阴爻处于《井》卦的最下位。　④时舍：指当时已被舍弃。　⑤井谷：一说指井口；一说指井底出水的窍穴；一说指井干涸无水。　⑥鲋：鲫鱼。一说指蛤蟆。　⑦瓮：陶制的容器。　⑧敝：破。　⑨无与：没有帮助。与：帮助。这里指九二与九五均为阳爻，不相应合。　⑩渫：淘去污泥。一说指污秽。　⑪为：使。　⑫恻：悲伤。　⑬用：以。　⑭行：行为。一说指德行；一说指过

路的行人。 ⑮甃：修砌井壁。 ⑯咎：灾殃。 ⑰冽：清澈。 ⑱中正：指九五阳爻居上卦之中位。 ⑲井收：一说指井口缩小；一说指从井中汲水的事已完成。 ⑳幕：盖。 ㉑孚：诚信。一说指罚；一说指证验。 ㉒元：大。 ㉓在上：指上六爻居《井》卦之最上位。

【译文】

初六　井中有污泥沉积，井水不可饮用。废弃的旧井没有鸟兽前来。

《象传》说："井中有污泥沉积，井水不可饮用"，是因为初六阴爻居《井》卦之最下位，象征所处的位置十分卑下。"废弃的旧井没有鸟兽前来"，说明此时该井已被人们舍弃不用。

九二　射击井底的鲫鱼，汲水用的陶制容器破裂漏水。

《象传》说："射击井底的鲫鱼"，说明缺乏别人的帮助。

九三　井水已洁净而不饮用，使我感到伤心。可以汲取这井水，若君王圣明，可使大家共享其福。

《象传》说："井水已洁净而不饮用"，这种行为确实"令人伤心"。祈求"君王圣明"，是为了享受福泽。

六四　修砌井壁，没有灾殃。

《象传》说："修砌井壁，没有灾殃"，说明此时修砌井壁是恰当的。

九五　井水清澈，像冰冷的泉水，可以饮用。

《象传》说："像冰冷的泉水一样的井水"可以"饮用"，是因为九五阳爻居上卦之中位，象征其有中正之德。

上六　水已从井中汲上来，不要把井口盖上，有诚信，大吉。

《象传》说：居于上位的上六"大吉"，是因为此时已大功告成。

䷰（离下兑上）革第四十九

【导读】

革是变革的意思。《革》卦无疑是极为吉祥的，因为卦辞中明确说："元亨，利贞，悔亡。"不过，《革》卦的吉祥也是有条件的，这就是"巳日乃孚"，即在祭祀时向神灵表示诚信。因为变革是极其重大的举措，只有变革者心存诚信，并有天时地利与人和，才能克服一切障碍，最终取得成功。

《彖传》则主要从三个方面来系统地论述变革之道。首先，它以《革》卦的卦画结构为依据，论述了变革的必然性：《革》卦下离上兑，离为火，兑为水泽，象征水和火之间互相争斗；离为中女，兑为少女，象征两个女子同居一室，其志向不相合，因此，必然会导致变革。其次，论述了变革时诚信、守正的重要性，认为变革者只有诚信、守正，变革才会获得众人的支持，取得"元亨"的结局。第三，论述了变革的时机和措施必须恰当，"革而当，其'悔'乃'亡'"，"革之时大矣哉"，都从不同的角度论述了选择恰当的时机和措施进行变革的重要性。

"汤武革命，顺乎天而应乎人"，则是《彖传》对"革"之义的重要发挥。它首次提出了"革命"的概念，并指出革命必须以"顺乎天而应乎人"为前提,而革命的实质也正在于"顺乎天而应乎人"。夏桀是夏朝的最后一位帝王,他穷奢极侈,暴虐专横,致使天怒人怨,诸侯离心。商汤顺应形势,起兵灭夏,鸣条一战,夏桀大败,夏朝也随之灭亡。商纣王自称"我生不有命在天",认为自己的帝位是上天授予,谁也夺不走,因此为所欲为,造酒池肉林,杀忠臣良将,最后众叛亲离。周文王励精图治,重用姜尚等贤人,使周的实力不断壮大。公元前1046年,周武王率八百诸侯伐纣,牧野一战,商军倒戈,商纣王自焚身死,商朝灭亡。因此,《象传》用"顺乎天而应乎人"来给汤武革命定性,认为汤武革命是"革而当"、革而得其时的典型。

《象传》由《革》卦上兑下离象征"泽中有火",推出君子"以治历明时",其间的逻辑关系是:泽本是聚水之地,现在却燃起了大火,这当然是极大的变化,因此《象传》称之为"革"。君子从这种变化中,认识到事物必然会发生变革,正如天地不断发生变革而形成一年四季一样。但是,变革意味着旧秩序的破坏和新秩序的建立,因此,变革不能随意发生,它必须做到恰当、合乎时宜,这就是《象传》中说的"革而当"、"革之时"的意义。古代社会,人们根据历法来安排工作和生活,在不同的季节,会采取不同的工作和生活方式,即随着四季之"革"而"革"自己的工作和生活,因此,历法不能混乱,历法的混乱意味着人们在工作和生活安排上的混乱。为了保证人们的工作和生活井然有序,君子就要"治历明时",即制定历法,明确四时变化之序。据传,我国早在尧帝时期,就对"治历明时"之事极为重视。帝尧认为,政事中最重要的,莫过于定天时,于是命羲氏、和氏两人制作浑天仪之类,以测量日月星辰的运行规律,并作为安排日常生活的依据。对此,《尚书·尧典》中有这样的记载:"乃命羲、和,钦若昊(hào)天,历象日月星辰,敬授人时。"

《革》卦六爻,则论述了变革的全过程及变革进行到不同阶段时所应采取的具体对策。如变革之初,要像用黄牛皮把自己紧紧捆起来一样不轻举妄动;变革开始后,则要小心谨慎,反复研究变革措施;变革大规模展开后,则要雷厉风行;变革完成后,则要致力于巩固变革成果;等等。

☲☱(离下兑上①)革② 巳日③乃孚④,元亨⑤,利贞⑥,悔亡。

《彖(tuàn)⑦》曰:革,水火相息⑧,二女⑨同居,其志不相得⑩,曰革。"巳日乃孚",革而信之⑪。文明以说(yuè)⑫,大"亨"以正。革而当,其"悔"乃"亡"。天地革而四时⑬成,汤武革命⑭,顺乎天而应乎人。革之时大矣哉。

《象⑮》曰:泽中有火⑯,革。君子以治历⑰明时⑱。

【注释】

①离下兑上:指六画的《革》卦由三画的兑卦和离卦上下相叠而成。　②革:卦名,意为变革。　③巳日:一说指祭祀之日(巳:通"祀");一说应作"己日",己为十天干之一;一说应作"已日",指十日。　④孚:见"需第五"原文第一节注③。　⑤元亨:大为亨通。元:大。　⑥贞:占问。一说指"正"。　⑦彖:见"乾第一"原文第二节注①。　⑧水火相息:《革》卦上兑下离,兑为泽水,离为火,水火不相容,都想克制对方,所以说水火相息。息:灭。　⑨二女:《革》卦下离上兑,离为中女,兑为少女,合称二女。　⑩相得:彼此投合。　⑪信之:指民众对变革者信服。　⑫文明以说:《革》卦下离

上兑,离为火为文明(意为文采光明,这里指文治教化),兑为悦,所以说文明以说。说:即"悦"。　⑬四时:四季。　⑭汤武革命:指商汤王推翻夏朝,周武王推翻商朝。　⑮象:见"乾第一"原文第三节注①。　⑯泽中有火:《革》卦上兑下离,兑为泽,离为火,所以说泽中有火。　⑰治历:制定历法。　⑱明时:明确四时变化之序。

【译文】

革　在祭祀之日对神灵表示诚信,大为亨通,有利之占问,没有令人后悔之事。

《彖传》说:《革》卦上兑下离,兑为水泽,离为火,象征水和火互相克制;兑为少女,离为中女,象征两个女子居住在一起,她们的志趣不能投合,所以意味着要发生变革。"在祭祀之日对神灵表示诚信",这样在变革时人们才会信服。离为文明,兑为悦,象征在上位者推行文治教化,民众高兴和悦,因为持守正道而大为"亨通"。变革的时机和措施适当,自然不会有令人后悔之事。天地发生变革而使一年四季更替,商汤王和周武王发动推翻夏桀和商纣暴政的革命,既顺从天命,又合乎民心。适合时宜进行变革的意义真是伟大啊。

《象传》说:《革》卦上兑下离,兑为泽,离为火,象征泽中有火,这就是《革》卦的卦象。君子观此卦象,从而制定历法,明确时序变化。

初九　巩①用黄牛之革②。

《象》曰:"巩用黄牛",不可以有为也。

六二　巳日乃革之,征吉,无咎③。

《象》曰:"巳日""革之",行有嘉④也。

九三　征凶,贞厉⑤。革言⑥三就⑦,有孚。

《象》曰:"革言三就",又何之⑧矣。

九四　悔亡。有孚改命⑨,吉。

《象》曰:"改命"之"吉",信⑩志也。

九五　大人虎变⑪,未占⑫有孚。

《象》曰:"大人虎变",其文⑬炳⑭也。

上六　君子豹变⑮,小人革面⑯。征凶,居贞⑰吉。

《象》曰:"君子豹变",其文蔚⑱也。"小人革面",顺以从君也。

【注释】

①巩:用皮革捆东西。　②革:皮革。　③咎:灾殃。　④嘉:吉庆。　⑤厉:危险。　⑥言:言论。一说是语气助词。　⑦就:一说同"鞫",指审问;一说指俯就;一说指成。　⑧之:往;到。　⑨改命:一说指改变命令;一说指革命,即革除旧命。二说皆可。　⑩信:一说通"伸",指伸张;一说指相信;一说指诚信。　⑪虎变:像虎一样威猛地推行变革。一说指变得尊贵(虎:兽中之尊者);一说指像虎一样随季节改变皮毛的样子。　⑫占:占卜吉凶。　⑬文:斑纹,这里也代指美德。　⑭炳:显著。　⑮豹变:像豹一样灵活快捷地推行变革。一说指升迁;一说指变出豹一样的文采。　⑯革面:改变脸色,指改正过错。一说指改变朝向(面:向);一说指面厚如革;一说指被免除(面:同"免")。　⑰居贞:占问居处。　⑱蔚:华美;有文采。

【译文】

初九　用黄牛皮革牢牢地捆束。

《象传》说:"用黄牛皮革牢牢地捆束",说明此时不宜采取行动。

六二　在祭祀之日推行变革,出征必吉利,没有灾殃。

《象传》说:"在祭祀之日""推行变革",这种行为必会带来吉庆。

九三　出征有凶险,占问预示有危险。关于变革的言论要经过多次讨论才确定下来,并要有诚信。

《象传》说:"关于变革的言论要经过多次讨论才确定下来",除此之外还能怎么做呢?

九四　没有令人后悔之事。有诚信,革除旧命,吉祥。

《象传》说:"革除旧命"而"获吉祥",是因为其志向为人们所信服。

九五　大人像虎一样威猛地推行变革,不用占问,大人之举必有诚信。

《象传》说:"大人像虎一样威猛地推行变革",说明大人的德行像虎身上的斑纹一样显著。

上六　君子像豹一样灵活快捷地推行变革,小人因此而改正过错。出征有凶险,占问居处,得吉兆。

《象传》说:"君子像豹一样灵活快捷地推行变革",说明君子的德行像豹身上的斑纹一样华美。"小人改正过错",说明他们能顺从君主的变革。

䷱（巽下离上）鼎第五十

【导读】

鼎指鼎器。在中国古代，鼎主要有两个方面的功用，一是用来烹煮或盛食物，二是象征国家政权。烹煮食物，使生命得以维持和延续；国家政权，则对人类的生活有举足轻重的影响，所以，《鼎》卦象征着大吉、亨通。

《象传》主要从三个方面来论述《鼎》卦的意义。它首先解释《鼎》卦的卦画结构，认为《鼎》卦下巽上离，巽为木，离为火，因此《鼎》卦象征以木烧火，烹饪食物。关于"鼎，象也"的意思，学者们多认为，这是就《鼎》卦的卦画结构而言的，意为《鼎》卦恰像鼎的形状：初六阴爻像鼎之足，中间三个阳爻像鼎之腹，六五阴爻像鼎耳，上九阳爻像鼎铉（横贯鼎耳以扛鼎的器具），此说颇有趣味。其次，指出鼎的功用是烹煮食物，而烹煮出来的食物则有两个方面的用途，一是用来祭祀上帝，二是用来奉养圣贤，即"亨以享上帝"和"大亨以养圣贤"。第三是以《鼎》卦的卦画结构为依据，解释为什么《鼎》卦预示"元亨"：《鼎》卦下巽上离，巽为顺，象征谦逊，离为火，象征聪明，所以《鼎》卦象征内心谦逊而又耳聪目明；《鼎》卦包含初六、六五两个阴爻，从初六到六五，象征阴柔者的地位不断上升;六五居上卦之中位,与居下卦之中位的九二阳爻正相应合,象征阴柔者居于尊位,又能持守中道以与阳刚者相应。一个人既谦逊,又耳聪目明,又能持守中道,又能得到阳刚者的支持,当然就预示着大为亨通。

《象传》由《鼎》卦巽下离上象征"木上有火",推出君子"以正位凝命",其间的逻辑关系是:用鼎烹煮食物时,木柴的摆放必须端正,木柴按某种结构叠放在一起,才能产生烈焰;同时,木柴产生的火必须持久而集中,才能产生良好的烹煮食物的功效。君子正是从用木柴烹煮食物的形象和过程中,体悟到自己必须"正位凝命",即端正自己的位置,完成自己的使命。

如上所述,《鼎》卦六爻,恰好形成一只鼎的形状。鼎的每一部分有其不同的功用,因此,六爻爻辞的吉凶都与其在鼎中所处的相应位置有密切的关系。

☰(巽[xùn]下离上①)鼎② 元③吉,亨。

《彖(tuàn)④》曰:鼎,象⑤也,以木巽火⑥,亨⑦饪也。圣人亨以享⑧上帝,而大⑨亨以养圣贤。巽而耳目聪明⑩,柔进而上行⑪,得中而应乎刚⑫,是以元亨⑬。

《象⑭》曰:木上有火⑮,鼎。君子以正位凝⑯命。

【注释】

①巽下离上:指六画的《鼎》卦由三画的离卦和巽卦上下相叠而成。 ②鼎:卦名,指鼎器。 ③元:大。 ④彖:见"乾第一"原文第二节注①。 ⑤象:指鼎的形象。 ⑥以木巽火:《鼎》卦下巽上离,巽为木为入,离为火,木遇火则燃,

以木巽火即把木放入火中。　⑦亨:通"烹",指烹饪。
⑧享:祭祀。　⑨大:一说指规模大;一说指大人、君主。
⑩巽而耳目聪明:《鼎》卦下巽上离,巽为顺,象征谦逊;离为火为明,象征耳聪目明,所以说巽而耳目聪明。　⑪柔进而上行:指《鼎》卦中的两个阴爻从初六至六五,有进而上升的意思。　⑫得中而应乎刚:指六五阴爻居上卦之中位,与居下卦之中位的九二阳爻相应合。　⑬元亨:因卦辞为"元吉,亨",故一说应作"元吉",一说应作"元吉,亨"。也有人认为,卦辞中的"元吉,亨"应作"元亨"。　⑭象:见"乾第一"原文第三节注①。　⑮木上有火:《鼎》卦下巽上离,巽为木,离为火,所以说木上有火。　⑯凝:完成。

【译文】

鼎　大吉,亨通。

《彖传》说:《鼎》卦像鼎器的形象,《鼎》卦下巽上离,巽为木为入,离为火,象征木头放入火中燃烧,这正是烹饪时的情形。圣人烹煮食物来祭祀上帝,而君主烹煮食物来奉养圣贤。巽为顺,离为明,象征人谦逊而又耳聪目明;从初六到六五阴爻,象征阴柔者的地位不断上升;六五阴爻居上卦之中位,与居下卦之中位的九二阳爻相应合,象征阴柔者持守中道而与阳刚者相应,所以大为亨通。

《象传》说:《鼎》卦下巽上离,巽为木,离为火,象征木头正在燃烧,这就是《鼎》卦的卦象。君子观此卦象,从而端正自己的位置,完成自己的使命。

初六　鼎颠①趾②,利出否(pǐ)③。得妾以④其子,无咎⑤。

《象》曰："鼎颠趾"，未悖⑥也。"利出否"，以从贵⑦也。

九二　鼎有实，我仇⑧有疾，不我能即⑨，吉。

《象》曰："鼎有实"，慎所之⑩也。"我仇有疾"，终无尤⑪也。

九三　鼎耳革⑫，其行塞⑬，雉⑭膏⑮不食，方雨亏⑯悔，终吉。

《象》曰："鼎耳革"，失其义⑰也。

九四　鼎折足，覆⑱公⑲𫗧（sù）⑳，其形渥（wò）㉑，凶。

《象》曰："覆公𫗧"，信如何㉒也。

六五　鼎黄耳，金铉（xuàn）㉓，利贞㉔。

《象》曰："鼎黄耳"，中㉕以为实㉖也。

上九　鼎玉铉，大吉，无不利。

《象》曰："玉铉"在上㉗，刚柔㉘节㉙也。

【注释】

①颠：倒。　②趾：足。　③否：恶，指污秽之物。
④以：与。一说指因为；一说指予、给。　⑤咎：灾殃。
⑥悖：违逆；违背。　⑦从贵：指初六阴爻与九四阳爻相应合，象征阴柔者顺从阳刚者。一说指初六位于九二阳爻之下，象征阴柔者顺从阳刚者。　⑧仇：仇人。一说指"匹"，即妻子。　⑨即：接近。一说指就食。　⑩之：往；到。
⑪尤：错误；罪过。　⑫革：这里指脱落。一说指发生变化。
⑬塞：隔阻；堵塞。　⑭雉：野鸡。　⑮膏：肥肉。

⑯亏:减损;减少。　⑰义:一说指宜、理应;一说指意义或道。　⑱覆:倒;倒出。　⑲公:指王公大人。　⑳悚:鼎中的食物。　㉑渥:沾;沾润。　㉒如何:怎么。　㉓铉:横贯鼎耳以举鼎的器具。　㉔贞:占问。一说指"正"。　㉕中:指六五阴爻居上卦之中位。　㉖实:充实;富足。　㉗在上:指上九阳爻居《鼎》卦之最上位。　㉘刚柔:阳刚和阴柔。　㉙节:有节度。一说指上九阳爻居阴位,故称有"节";一说指六五阴爻上承上九阳爻,故称有"节"。

【译文】

初六　鼎倾倒,鼎足朝上,利于清除其中的污秽之物。得到妾和她的儿子,没有灾殃。

《象传》说:"鼎倾倒,鼎足朝上",这并没有违背事理。"利于清除其中的污秽之物",是因为倒出秽物后可纳入贵重之物,仿佛初六之顺从尊贵者。

九二　鼎中盛满食物,我的仇人得了病,不能接近我,吉祥。

《象传》说:"鼎中盛满食物",说明出行时要慎重。"我的仇人得了病",说明最终不会有罪过。

九三　鼎耳脱落,难以搬移,肥美的野鸡肉一时无法吃到,天刚下雨,心中的后悔渐渐减少,最终吉祥。

《象传》说:"鼎耳脱落",说明其行为不恰当。

九四　鼎足折断,把王公的美食都倒了出来,鼎身上沾满了食物,有凶险。

《象传》说:"把王公的美食都倒了出来",这种人怎么能信任呢。

六五　鼎有黄色的耳,有用金属制成的举鼎器具,有利之占问。

《象传》说:"鼎有黄色的耳",说明六五阴爻居上卦之中位,象征其持守中道而使自己富足。

上九　鼎配有用玉装饰的扛鼎器具,大为吉祥,没有任何不利。

《象传》说:"用玉装饰的扛鼎器具"居于上位,说明刚柔之间配合适度。

䷲（震下震上）震第五十一

【导读】

震是雷声震动的意思。《震》卦下震上震，震为雷，《震》卦象征双雷叠在一起，因此，确切地说，《震》卦的震指巨大的雷声震动的意思。随着春雷震动，万物重新开始生长；疾雷震动，可使人人危惧，改过从善，故雷震意味着亨通。卦辞"震来虩虩，笑言哑哑。震惊百里，不丧匕鬯"则是用来补充说明因雷震而导致亨通的情况的。巨雷震动，人们莫不感到震惊，此即所谓"迅雷风烈必变"，但人们很快又能谈笑自若，这说明人们心中无愧。因为古人认为雷有赏善罚恶之功能，故没有作恶、心中无愧的人不用害怕雷声。举行祭祀活动时疾雷大作，祭祀者手持盛满了香酒的汤匙，里面的酒却一滴都没有洒落。祭祀者能如此神闲气定，说明其具有很高的道德修养。因此，上述卦辞正是通过人们闻雷声而不惧，来说明人们心中之亨通。

《象传》对卦辞逐句作了解释，其核心思想是揭示由雷震而引起的心中惊惧的好处和作用：惊惧可以带来福泽，因为人惊惧后就能小心行事；惊惧可以使人们的行为符合规则，因为行为符合规则，才会心安理得，不再惊惧。至于心理素质好到可以丝毫不受雷震影响的人，则说明其德才兼备，有资格担任祭祀活动的主祭者，也就是担任国家的统治者。

《象传》由《震》卦下震上震象征"洊雷"，推出君子应"恐惧修省"，其间的逻辑关系是：古人认为，当人间有大的罪恶时，雷便会代天实施惩罚；"洊雷"指雷接续而至，代表上天极为震怒。君子看到此种情形，深刻认识到人间的不善将会带来的严重后果，从而惶恐惕惧，重视自我修养。

《震》卦六爻，其主旨在于说明震而知惧，惧而知慎，则利于发展前行。初九阳爻为《震》卦主爻，其爻辞与卦辞多有重合，其《象传》则与《彖传》中的相关表述完全一致，这在《周易》三百八十四爻中是绝无仅有的。而且，在六爻爻辞中，唯有初九得"吉"，其他五爻，则多因"乘刚"、"位不当"、"中未得"等而恐惧不安或面临危险。

☳（震下震上①）震② 亨。震来虩（xì）虩③，笑言哑（è）哑④。震惊百里，不丧匕⑤鬯（chàng）⑥。

《彖（tuàn）⑦》曰：震，"亨"。"震来虩虩"，恐致⑧福也。"笑言哑哑"，后有则⑨也。"震惊百里"，惊远而惧迩（ěr）⑩也。"不丧匕鬯"⑪，出⑫可以守宗庙社稷⑬，以为祭主也。

《象⑭》曰：洊（jiàn）雷⑮，震。君子以恐惧修省（xǐng）。

【注释】

①震下震上：指六画的《震》卦由两个三画的震卦上下相叠而

成。　②震：卦名，意为雷声震动。　③虩虩：恐惧的样子。　④哑哑：笑声。　⑤匕：古代一种形似汤勺的取食器具。　⑥鬯：祭祀用的香酒。　⑦彖：见"乾第一"原文第二节注①。　⑧致：获得。　⑨则：准则。　⑩迩：近。　⑪不丧匕鬯：清代阮元主持校刻的《十三经注疏·周易正义》中无此四字，似系脱漏。　⑫出：出来。一说系衍文；一说指君主外出。　⑬社稷：土神和谷神，比喻国家。　⑭象：见"乾第一"原文第三节注①。　⑮洊雷：《震》卦下震上震，震为雷，二雷相叠，所以说洊雷。洊：重；再。

【译文】

震　亨通。雷震令人恐惧，人们很快又谈笑自若。巨大的雷声使百里之内都受到震惊，祭神者却没有洒落一滴汤匙中用来祭祀的香酒。

《彖传》说：《震》卦预示"亨通"。卦辞中说"雷震令人恐惧"，说明恐惧能给人带来福泽。"人们很快又谈笑自若"，说明恐惧后行为能符合准则。"巨大的雷声使百里之内都受到震惊"，说明无论远近都感到惊惧。"没有洒落一滴汤匙中用来祭祀的香酒"，这样的人就可以出来守护宗庙社稷，担任祭祀典礼的主祭人。

《象传》说：《震》卦下震上震，震为雷，象征雷接续而至，这就是《震》卦的卦象。君子观此卦象，从而心中惶恐惊惧，重视修身反省。

初九　震来虩虩，后笑言哑哑，吉。

《象》曰："震来虩虩"，恐致福也。"笑言哑哑"，后有则也。

六二　震来厉①,亿②丧贝③,跻(jī)④于九陵⑤,勿逐⑥,七日⑦得。

《象》曰:"震来厉",乘刚⑧也。

六三　震苏苏⑨,震⑩行,无眚(shěng)⑪。

《象》曰:"震苏苏",位不当⑫也。

九四　震遂⑬泥⑭。

《象》曰:"震遂泥",未光⑮也。

六五　震往来厉,亿⑯无丧有⑰事⑱。

《象》曰:"震往来厉",危行⑲也。其"事"在中⑳,大"无丧"也。

上六　震索索㉑,视矍(jué)矍㉒,征凶。震不于其躬㉓,于其邻,无咎㉔。婚媾㉕有言㉖。

《象》曰:"震索索",中未得㉗也。虽"凶""无咎",畏邻戒㉘也。

【注释】

①厉:危险。　②亿:极言数目之大。一说指意料、猜测;一说是感叹词,通"噫"。　③贝:古代指货币。　④跻:登。　⑤九陵:高陵。　⑥逐:追求;求取。　⑦七日:见"复第二十四"原文第一节注⑧。　⑧乘刚:指六二阴爻居于初九阳爻之上。　⑨苏苏:恐惧不安的样子。　⑩震:惊惧。　⑪眚:灾祸。　⑫位不当:指六三阴爻居于阳位,所处的位置不适当。　⑬遂:通"坠",指坠落。　⑭泥:淤泥;泥泞。　⑮光:发扬光大。一说指广大。　⑯亿:清代阮元主持校刻

的《十三经注疏·周易正义》作"意",唐代李鼎祚(zuò)的《周易集解》作"亿",似应作"亿"。　⑰有:助词,无实义。一说通"于";一说是"有无"之"有"。　⑱事:事情。一说指祭祀活动。　⑲危行:行动小心谨慎。　⑳中:指六五阴爻居上卦之中位。　㉑索索:恐惧的样子。　㉒矍矍:彷徨四顾的样子。　㉓躬:自身。　㉔咎:灾殃。　㉕婚媾:嫁娶。　㉖言:指责怪之言。　㉗中未得:即"未得中",指上六阴爻居位不中。　㉘戒:戒备;鉴戒。

【译文】

初九　雷声震动,人们恐惧不安,然后又谈笑自若,吉祥。

《象传》说:"雷声震动,人们恐惧不安",说明恐惧能给人带来福泽。"人们谈笑自若",说明恐惧后行为能符合规则。

六二　雷声震动,十分危险,丢失了大量钱财,登上高陵,不用追寻,七天之内会失而复得。

《象传》说:"雷声震动,十分危险",是因为六二凌乘阳刚者。

六三　雷声震动,恐惧不安,惊恐地前行,没有灾祸。

《象传》说:"雷声震动,恐惧不安",是因为六三所处的位置不适当。

九四　雷声震动,因恐惧而陷入泥泞之中。

《象传》说:"雷声震动,因恐惧而陷入泥泞之中",说明阳刚之德未能发扬光大。

六五　雷声震动,往来不停,有危险,但对事情不会有任何影响。

《象传》说:"雷声震动,往来不停,有危险",说明行动要小心谨慎。做"事情"符合中道,所以"不会有任何影响"。

上六　雷声震动,令人恐惧,双眼彷徨四顾,出征会有凶险。

雷电没有击中自己,而是击中了其邻居,没有灾殃。婚姻之事上会受到责怪。

《象传》说:"雷声震动,令人恐惧",是因为上六未居中位。虽然"有凶险"而"没有灾殃",是因为畏惧邻居所遭受的灾难,从而心中戒惧。

䷳（艮下艮上）艮第五十二

【导读】

艮是止的意思。《艮》卦下艮上艮，艮为山，象征静止，故《艮》卦的艮是止的意思。引申至人事，则有控制欲望的意思。卦辞为我们举了一个极形象、极浅显的例子：一个人的背部止而不动，就不可能看见其背后的人，即使那个背后的人就与你同在一个庭院之中，你也不可能看见他。卦辞中所谓背后的人，是象征性的说法，用来比喻人们欲望的对象。人们如果见不到欲望的对象，欲望就会减少，慢慢地就会心如止水，这正如老子所说："不见可欲，使民心不乱。"既然心中没有邪欲，当然就不会有灾祸，所以卦辞说"无咎"。不过，关于卦辞的含义，尚有诸多不同的理解，限于篇幅，在此就不一一介绍了。

《象传》从三个方面来解释《艮》卦的卦名、卦画结构、卦辞及其意义。首先，解释艮的含义。《象传》认为，艮是止的意思，但同时又强调，止不是指绝对的静止不动，而是指该止的时候就止，而到该行的时候还是要去行。因此，一个止字，包含了动和静的辩证法，即"动静不失其时"，也就是行动和静止都要适合时宜，只有这样，前途才会光明。其次，解释卦辞"艮其背"。《象传》把卦辞中的"艮其背"改为"艮其止"，并说"艮其止"就是"止其所"，这里含有背部止而不动是最合适的止的意思,这也是就背部止而不动则见不到欲望的对象,从而不会起欲念而言的。有学者认为,这里的"艮其止"应作"艮其背",有一定的道理。第三,以《艮》卦的卦画结构为依据,解释卦辞中"不获其身"以下几句的意思。《彖传》认为,《艮》卦的同位爻之间都为阴爻或阳爻,互不应合,就像人与人之间相背而立、互不相见一样;互不相见,则不起欲念,所以不会有灾殃。

《象传》由《艮》卦下艮上艮象征"兼山",推出君子应"思不出其位",其间的逻辑关系是:《艮》卦象征两山重叠,止而又止,永不移动;君子受此启发,从而立于自己的本位来考虑问题,不去干涉他人的事务。

《艮》卦六爻,则把爻位与人体各部位相对应,来阐发每爻的爻义,如初六对应脚指头,六二对应小腿肚子,九三对应腰部,六四对应上身,等等。从六爻爻辞来看,则恰当地反映了《彖传》中所说的"时止则止,时行则行"的宗旨。如初六"艮其趾"而"无咎",六四"艮其身"而"无咎",六五"艮其辅"而"悔亡",反映的是"时止则止"的道理;六二该行而"艮其腓",九三当动而"艮其限",结果不是"其心不快",就是"厉薰心",反映了违背"时行则行"造成的不良后果。

☲（艮[gèn]下艮上①）艮②　艮其背,不获③其身,行其庭,不见其人,无咎④。

《彖(tuàn)⑤》曰:艮,止也。时止则止,时行则行,动静不失其时,其道光明。艮其止⑥,止其所也。上下敌应⑦,不相与⑧也,是以"不获其身,行其庭,不见其人,无咎"也。

《象》⑨曰:兼山⑩,艮。君子以思不出其位⑪。

【注释】

①艮下艮上:指六画的《艮》卦由两个三画的艮卦上下相叠而成。　②艮:卦名,意为"止"。一说指谨慎;一说指注视。清代阮元主持校刻的《十三经注疏·周易正义》中无此"艮"字,今从高亨《周易大传今注》之说补之。　③获:得。一说通"护"。　④咎:灾殃。　⑤彖:见"乾第一"原文第二节注①。　⑥止:一说应作"背"。　⑦上下敌应:《艮》卦的初六与六四、六二与六五、九三与上九都系同位爻间阴爻与阴爻、阳爻与阳爻相对应,好比敌对的双方,所以说上下敌应。　⑧相与:相处;相交往。　⑨象:见"乾第一"原文第三节注①。　⑩兼山:《艮》卦下艮上艮,艮为山,就像两座山相重叠,所以说兼山。兼:二;两。　⑪位:本位。

【译文】

艮　背部止而不动,见不到对方的身体;在庭院中行走,见不到对方的人,没有灾殃。

《彖传》说:艮,是止的意思。适合止的时候就止,适合行的时候就行,动和静都适合时宜,前途就会光明。《艮》卦所谓的止,是指止于该止的地方。《艮》卦的同位爻之间属于阴爻与阴爻、阳爻与阳爻相对应,就像敌对的双方,不能互相往来,所以说"见不到对方的身体;在庭院中行走,见不到对方的人,没有灾殃"。

《象传》说:《艮》卦下艮上艮,艮为山,象征两座山相重叠,这就是《艮》卦的卦象。君子观此卦象,从而不超越自己的本位去思考问题。

初六　艮其趾①,无咎,利永贞②。

《象》曰:"艮其趾",未失正也。

六二　艮其腓(féi)③,不拯④其随⑤,其心不快。

《象》曰:"不拯其随",未退听也。

九三　艮其限⑥,列⑦其夤(yín)⑧,厉⑨薰心⑩。

《象》曰:"艮其限",危"薰心"也。

六四　艮其身⑪,无咎。

《象》曰:"艮其身",止诸⑫躬⑬也。

六五　艮其辅⑭,言有序⑮,悔亡。

《象》曰:"艮其辅",以中正⑯也。

上九　敦⑰艮,吉。

《象》曰:"敦艮"之"吉",以厚⑱终也。

【注释】

①趾:脚指头。　②永贞:占问长远之事的吉凶。贞:占问。一说指"正"。　③腓:腿肚子。　④拯:向上举。⑤随:一说指追随九三阳爻;一说指随从者初六阴爻。⑥限:界限,这里指腰部。　⑦列:通"裂"。　⑧夤:指夹脊肉。　⑨厉:危险。　⑩薰心:即"熏心",指烧灼其心。⑪身:这里指上身。　⑫诸:相当于"之于"。　⑬躬:自身;自己。　⑭辅:面颊。　⑮序:次序;秩序。　⑯中正:指六五阴爻居上卦之中位。一说"正"字为衍文。⑰敦:诚恳;淳厚。　⑱厚:敦厚;厚道。

【译文】

初六　脚指头止而不动,没有灾殃,利于占问长远之事的吉凶。

《象传》说:"脚指头止而不动",说明初六没有背离正道。

六二　腿肚子止而不动,不能向上追随,心中不痛快。

《象传》说:"不能向上追随",说明没有退而听从别人的意见。

九三　腰部止而不动,造成夹脊肉撕裂,对危险的担忧像火烧灼其心一样。

《象传》说:"腰部止而不动",从而造成对危险的担忧"像火烧灼其心一样"。

六四　上身止而不动,没有灾殃。

《象传》说:"上身止而不动",说明是自己让自己止而不动。

六五　控制自己的面颊,说话有条理,没有令人后悔之事。

《象传》说:"控制自己的面颊",说明六五能持守中道。

上九　很诚恳地止而不动,吉祥。

《象传》说:"很诚恳地止而不动"而"获吉祥",是因为上九能始终保持敦厚。

䷴（艮下巽上）渐第五十三

【导读】

渐是渐进的意思，指事物循序渐进地向前发展。《渐》卦下艮上巽，艮为山，巽为木，象征山上有木。木在山上，则显得很高，但这种高是树木渐渐生长的结果，故《渐》卦的渐有渐进的意思。事物循序渐进地向前发展，则基础稳固，发展顺利，故卦辞中说"利贞"即有利之占问。卦辞中以"女归吉"作喻，则是基于以下两个原因。一是古代女子出嫁，须经历复杂的步骤，而这样做的目的，是为了保障婚后夫妻关系的稳固。因此，女子出嫁一事极其恰当地反映了《渐》卦的渐进之义。二是《渐》卦下艮上巽，艮为阳卦，巽为阴卦，有阴阳交通之象；又巽为顺，艮为止，可象征女子柔顺地到男方安家，因此，《渐》卦的卦画结构也与女子出嫁之意相合。

《象传》从四个方面解释《渐》卦的卦名、卦画结构、卦辞及其意义。

首先，关于《渐》卦的卦名，《象传》说："渐之进也。"关于"渐之进"，学者们或认为"之"是衍字，或认为"之"应作"渐"，均因"渐之进也"四字显得突兀难解。我认为，还有一种可能性，就是"渐之进也"前面缺漏了一个"渐"字，完整的表述似应是："渐，渐之进也。"即渐是渐进的意思。

其次,以《渐》卦的卦画结构为依据,解释卦辞"女归吉"。《象传》认为,《渐》卦有初六、六二、六四这三个阴爻,初六以阴居阳,居位不正;六二、六四则皆为以阴居阴,居位得正。因此,《渐》卦的这一卦画结构仿佛阴柔者由不正之位向前行,行到正位就安居不动,此正符合"女归吉"之义,故《象传》中说:"进得位,往有功也。"

第三,仍以《渐》卦的卦画结构为依据,解释卦辞"利贞"。《象传》释"贞"为"正",认为六二、六四阴爻居于阴位,居位得正,象征阴柔者遵行正道,遵行正道则可以使国家的治理步入正轨;同时,九五阳爻居上卦之中位,象征阳刚尊者持守中正之道,这正是"利贞"的极好体现,故《象传》说:"进以正,可以正邦也。其位刚得中也。"

第四,指出《渐》卦的卦画结构蕴含行动不会陷于困境之义。因为《渐》卦下艮上巽,艮为止,巽为谦逊,象征安静而谦逊;人能安静而谦逊地去行动,其行动当然就不会陷于困境。

不过,对于《象传》的内容,学者们也有不同的解读,如关于"进得位"、"进以正",一说是就九五阳爻而言,一说是就九三和九五阳爻而言,这些理解都有一定的道理,但若以"女归吉"为前提来理解,则以指六二和六四阴爻更为恰当。

《象传》由《渐》卦下艮上巽象征"山上有木",推出君子应"居贤德善俗",其间的逻辑关系是:山上的树木不是一下子就长大的,而是有一个从小到大的渐进过程;君子受此启发,明白美德的培养及民风的改善也需要一个长期的过程,从而坚持不懈地修养自己的美德并改善风俗。

《渐》卦六爻,每爻均以大雁飞离水面后栖止的位置作喻。大雁系水鸟,离水越近,其处境就越好,因此,六爻所蕴含的吉凶也基本上以此为依据而展开。六爻爻辞中,除九三外,其余三爻为吉,两爻为无咎,可见循序渐进是一种很好的处世原则。

☴(艮[gèn]下巽[xùn]上)①渐② 女归③吉。利贞④。

《彖(tuàn)⑤》曰:渐之⑥进也。"女归吉"也,进得位⑦,往有功也。进以正,可以正邦也。其位刚得中⑧也。止而巽⑨,动不穷也。

《象⑩》曰:山上有木⑪,渐。君子以居⑫贤德善⑬俗。

【注释】

①艮下巽上:指六画的《渐》卦由三画的巽卦和艮卦上下相叠而成。　②渐:卦名,意为渐进。　③归:女子出嫁。　④贞:占问。一说指"正"。　⑤彖:见"乾第一"原文第二节注①。　⑥之:一说为衍字;一说应为"渐"字;一说为介词;一说作动词,意为前行。　⑦进得位:指初六阴爻上升至六二和六四阴爻,六二和六四均属以阴爻居阴位,所以说进得位。　⑧刚得中:指九五阳爻居上卦之中位。　⑨止而巽:《渐》卦下艮上巽,艮为止,所以说止而巽。巽:谦逊。　⑩象:见"乾第一"原文第三节注①。　⑪山上有木:《渐》卦下艮上巽,艮为山,巽为木,所以说山上有木。　⑫居:积储;蓄养。　⑬善:改善。

【译文】

渐　女子出嫁,吉祥。有利之占问。

《彖传》说:渐,是渐进的意思。"女子出嫁,吉祥",是因为阴柔者向上升进而居位得当,所以前往必可获成功。恪守正道而前进,可以使国家的治理步入正轨。九五阳爻居上卦之中位,象征阳刚者持守中道。《渐》卦下艮上巽,艮为止,巽为谦逊,象征安静而谦逊,这样其行动就不会陷于困境。

《象传》说:《渐》卦下艮上巽,艮为山,巽为木,象征山上有树木生长,这就是《渐》卦的卦象。君子观此卦象,从而不断地修养自己的美德并改善风俗。

初六　鸿①渐于干②,小子③厉④,有言⑤,无咎⑥。

《象》曰:"小子"之"厉",义⑦"无咎"也。

六二　鸿渐于磐⑧,饮食衎(kàn)衎⑨,吉。

《象》曰:"饮食衎衎",不素饱⑩也。

九三　鸿渐于陆,夫征不复⑪,妇孕不育⑫,凶。利御寇。

《象》曰:"夫征不复",离群丑⑬也。"妇孕不育",失其道也。"利"用"御寇",顺相保也。

六四　鸿渐于木,或得其桷(jué)⑭,无咎。

《象》曰:"或得其桷",顺以巽⑮也。

九五　鸿渐于陵,妇三岁不孕,终莫⑯之胜,吉。

《象》曰:"终莫之胜,吉",得所愿也。

上九　鸿渐于陆⑰,其羽可用为仪,吉。

《象》曰:"其羽可用为仪,吉",不可乱也。

【注释】

①鸿:大雁。　②干:岸。　③小子:小孩。　④厉:危

险。　⑤言:指责怪之言。　⑥咎:灾殃。　⑦义:宜;理应。　⑧磐:大而安稳的石头。　⑨衎衎:快乐;和乐。　⑩不素饱:不白白吃饱饭,指自食其力。素:白。　⑪复:还;返回。　⑫不育:无法生育,这里指流产。　⑬丑:众。　⑭桷:方形的椽子,这里指平直如方形椽子的树枝。　⑮顺以巽:指六四阴爻位于九五阳爻之下,有柔顺而谦逊的意思。顺:柔顺。以:而。巽:谦逊。　⑯莫:没有谁。　⑰陆:一说应作"阿",指大陵;一说应作"陂(bēi)",指堤岸;一说指陆地。

【译文】

初六　大雁渐渐飞至岸边,小孩有危险,会受到责怪,没有灾殃。

《象传》说:"小孩"虽有"危险",但理应"没有灾殃"。

六二　大雁渐渐飞至磐石,快乐地进食,吉祥。

《象传》说:"快乐地进食",说明不是白白吃饱饭。

九三　大雁渐渐飞至陆地,丈夫出征一去不回,妇女怀孕而不能顺利生育,有凶险。有利于抵御敌寇。

《象传》说:"丈夫出征一去不回",说明他离开了共同生活的群体。"妇女怀孕而不能顺利生育",是因为其行为违背了正道。"有利于抵御敌寇",说明九三应该和顺地与众人一起互相保护。

六四　大雁渐渐飞至树上,或可栖息在平直如方形椽子的树枝上,没有灾殃。

《象传》说:"或可栖息在平直如方形椽子的树枝上",说明六四柔顺而又谦逊。

九五　大雁渐渐飞至丘陵,妇女三年不能怀孕,但最终没有人能胜过她,吉祥。

《象传》说:"最终没有人能胜过她,吉祥",说明九五的心愿得到了实现。

上九　大雁渐渐飞至陆地,它的羽毛可用于礼仪活动,吉祥。

《象传》说:"大雁的羽毛可用于礼仪活动,吉祥",说明仪式不能混乱。

䷵（兑下震上）归妹第五十四

【导读】

归妹即嫁女的意思。《归妹》卦上震下兑，震为动，为长男；兑为悦，为少女，象征少女欣悦地顺从长男而动，故《归妹》卦意为嫁女。卦辞"征凶，无攸利"，征兆很不好。在《周易》六十四卦卦辞中，征兆如此不好的，除了《归妹》卦，只有《否》卦。《否》卦的卦辞是"不利君子贞，大往小来"。《否》卦为什么会预示不好？是因为《否》卦下坤上乾，下阴上阳，地在下，天在上，象征阴阳之气不交。而《归妹》卦上震下兑，震为阳卦，兑为阴卦，下阴上阳，也有天地阴阳之气不交之象，故卦辞说"征凶，无攸利"。有学者认为，《归妹》卦象征少女欣悦地随长男而动，有女子不待嫁娶而主动从男之意，此种行为不合礼义，故卦辞说"征凶，无攸利"。此说可作为参考。

《彖传》主要从两个方面说明《归妹》卦的卦名、卦画结构、卦辞及其意义。首先，《彖传》认为，"归妹"这一概念中蕴含三层意思。一是反映了天地阴阳交合的大道理。因为嫁出女儿，就可以让男女相结合，从而生育后代，此举与天地阴阳交合而产生万物的意义是一样的，因此是符合"天地之大义"的。二是归妹意味着"人之终始"。所谓"人之终始"即人终而又始，不断繁衍发展。在此，《彖传》把男女婚配作为人之"终"即一个阶段的结束，而把男女婚配生育后代作为新的阶段的开始。嫁出女儿、使男女婚配影响着人类的繁衍和发展,其意义当然是十分巨大的。三是说明《归妹》卦的嫁出女儿之义是由其卦画结构所决定的,因为《归妹》卦下兑上震,兑为悦,震为动,象征女子心中喜悦,并随着男子而动,所以归妹指嫁出女儿。其次,以《归妹》卦的卦画结构为依据,解释卦辞"征凶,无攸利"。《彖传》认为,《归妹》卦的九二、九四两个阳爻处于阴位,六三、六五两个阴爻处于阳位,居位皆失当,象征人所处的位置不正,人处位不正,则所行不顺,故出征必有凶险;同时,《归妹》卦的六三阴爻居于九二阳爻之上,六五阴爻居于九四阳爻之上,象征阴柔者凌乘阳刚者,仿佛丈夫受制于妻子,君子受制于小人,上下颠倒,大失正道,以此行事,当然不可能得到什么利益。

《象传》由《归妹》卦下兑上震象征"泽上有雷",推出君子应"永终知敝",其间的逻辑关系是:泽上有雷,则泽随雷动,此恰如婚姻生活中的女随男动;君子受此启发,认识到自己在夫妻生活中处于主导和关键的地位,也认识到夫妻和睦对于家庭稳定的重要性,从而努力使夫妻关系保持至终,不让其半途夭折。

《归妹》卦六爻,说的均是女子择配出嫁之事。然而值得注意的是,在《归妹》卦的三个阴爻中,除了六五,六三和上六阴爻一个受辱,一个"无攸利",皆非吉兆;相反,卦中的三个阳爻不是吉、利贞就是静待良机,预兆均不错。这是因为,中国古代重视女德,阴爻代表虚而无实,无实则无德;阳爻代表充实,充实则有德;六五阴爻虽亦为虚,却居上卦之中位,有守中之德,因其有德,故预示吉祥。

䷵(兑下震上)①归妹② 征凶,无攸③利。

《彖(tuàn)④》曰:归妹,天地之大义也。天地不交,而万物不兴⑤。归妹,人之终始也。说(yuè)以动⑥,所⑦归妹也。"征凶",位不当⑧也。"无攸利",柔乘刚⑨也。

《象⑩》曰:泽上有雷⑪,归妹。君子以永终⑫知敝⑬。

【注释】

①兑下震上:指六画的《归妹》卦由三画的震卦和兑卦上下相叠而成。　②归妹:卦名,意为嫁女。归:女子出嫁。妹:少女。　③攸:助词,相当于"所"。　④彖:见"乾第一"原文第二节注①。　⑤兴:兴起;产生。　⑥说以动:《归妹》卦下兑上震,兑为悦,震为动,所以说说以动。说:即"悦"。　⑦所:一说应作"所以";一说应作"故";一说是"可"的意思。　⑧位不当:指九二、九四阳爻居于阴位,六三、六五阴爻居于阳位,所处的位置皆不适当。　⑨柔乘刚:指六三阴爻位于九二阳爻之上,六五阴爻位于九四阳爻之上;阴为柔,阳为刚,所以说柔乘刚。乘:凌乘。　⑩象:见"乾第一"原文第三节注①。　⑪泽上有雷:《归妹》卦下兑上震,兑为泽,震为雷,所以说泽上有雷。　⑫永终:长久保持至终。　⑬敝:通"弊",指弊病、害处。

【译文】

归妹　出征有凶险,得不到什么利益。

《彖传》说:嫁出女儿,让男女婚配,这样做符合天地间阴阳相结合的大道理。天地阴阳不相交合,则万物不能繁殖生长。男女婚配,是人类得以不断繁衍的基础。《归妹》卦下兑上震,兑为悦,震为动,象征心中喜悦而行动,所以可嫁出女儿。"出征有凶险",是因为卦中六三、六五阴爻和九二、九四阳爻所处的位置不适当。"得不到什么利益",是因为阴柔者凌乘阳刚者。

《象传》说:《归妹》卦下兑上震,兑为泽,震为雷,象征大泽上有雷声震动,这就是《归妹》卦的卦象。君子观此卦象,从而努力使夫妻关系保持至终,并知道婚姻不和谐的弊病。

初九 归妹以娣(dì)①,跛②能③履,征④吉。

《象》曰:"归妹以娣",以恒⑤也。"跛能履""吉",相承⑥也。

九二 眇(miǎo)⑦能视,利幽人⑧之贞⑨。

《象》曰:"利幽人之贞",未变常⑩也。

六三 归妹以须⑪,反归⑫以娣。

《象》曰:"归妹以须",未当⑬也。

九四 归妹愆(qiān)⑭期,迟归有时⑮。

《象》曰:"愆期"之志,有待而行⑯也。

六五 帝乙⑰归妹,其君⑱之袂(mèi)⑲不如其娣之袂良。月几⑳望㉑,吉。

《象》曰:"帝乙归妹","不如其娣之袂良"也。其位在中㉒,以贵行也。

上六 女承㉓筐,无实;士刲(kuī)㉔羊,无血。无攸利。

《象》曰:上六"无实","承"虚"筐"也。

【注释】

①娣:嫁给同一个丈夫的姐妹俩中的妹妹。　②跛:腿瘸。
③能:而。一说指善于。　④征:行;远行。　⑤恒:伦

常。　⑥承:辅佐;帮助。　⑦眇:眼睛瞎。也指一只眼睛瞎。一说指眼睛小。　⑧幽人:隐居无争的人。一说指囚犯。　⑨贞:占问。一说指"正"。　⑩常:常道;正道。⑪须:同"嬃(xū)",指姐姐。一说指等待;一说指贱妾。⑫反归:休归;遣归。　⑬未当:指六三阴爻居于阳位,所处的位置不适当。　⑭愆:延误;失误。　⑮时:这里指"待",即等待。　⑯行:出嫁。　⑰帝乙:商代帝王,系商纣王之父。　⑱君:这里指国君的夫人。　⑲袂:衣袖,这里当指服饰。　⑳几:接近。　㉑望:月亮圆满。㉒中:指六五阴爻居上卦之中位。　㉓承:捧着。　㉔刲:刺杀。

【译文】

初九　嫁出女子而以该女子的妹妹陪嫁,腿瘸而能行走,行动可获吉祥。

《象传》说:"嫁出女子而以该女子的妹妹陪嫁",这是符合伦常的做法。"腿瘸而能行走","吉祥",是因为能帮助别人。

九二　一只眼睛虽瞎而仍能视物,有利于幽居无争之人占问。

《象传》说:"有利于幽居无争之人占问",是因为九二能坚守正道。

六三　嫁出女子而以该女子的姐姐陪嫁,结果被遣归,仍以该女子作为陪嫁。

《象传》说:"嫁出女子而以该女子的姐姐陪嫁",这种做法太不妥当。

九四　嫁出女子延误了时间,这样迟迟不嫁是想等待更好的机会。

《象传》说:"延误时间"的目的,是想等待更好的出嫁机会。

六五　帝乙嫁出女儿,嫁做正夫人的女儿的服饰不如陪嫁的妹妹的服饰好。月亮接近满月,吉祥。

《象传》说:"帝乙嫁出女儿","嫁做正夫人的女儿的服饰不如陪嫁的妹妹的服饰好"。但是六五居于中位,是以尊贵的身份出嫁的。

上六　女子手中捧筐,筐里没有东西;青年男子杀羊,放不出血来。得不到什么利益。

《象传》说:上六爻辞中说的"没有东西",是因为手中捧的是个空筐。

䷶（离下震上）丰第五十五

【导读】

丰是丰盛、盛大的意思。《丰》卦下离上震，离为明，震为动，象征明智地行动。人能明智地行动，则可远离灾祸，所事有成，从而能不断积累而至丰盛，故《丰》卦的丰有丰盛、盛大的意思。一个人积德丰厚、事业盛大，则必能亨通，甚至连君王也因此前来视察、看望。因君王只是闻名而来，别无他意，故用不着担心，而且最好是像正午的太阳尽情地放射其光芒一样，在君王面前充分展示自己的德行和才华。这就是卦辞"亨，王假之，勿忧，宜日中"的基本意思。

《彖传》从四个方面来解释《丰》卦的卦名、卦画结构、卦辞及其意义。首先，《彖传》认为，丰是大的意思，而丰之所以指大，是因为《丰》卦下离上震，离为明，震为动，象征人以光明之德指导其行动，从而能有大的成就，故丰有大的意思。其次，解释卦辞"王假之"。《彖传》认为，卦辞中说君王亲自前来，说明君王对盛德之人或盛大之事业表示重视。第三，解释卦辞"勿忧，宜日中"。《彖传》认为，卦辞中之所以说不用担忧，宜于像日在中天一样，是因为日在中天，则其光芒遍及天下，因此，盛德之人也应像中天之日一样，用其道德之光惠及天下。历代学者多认为"宜照天下"的主语是

"王",我认为,这里的主语应指王所到之处的主人,也就是吸引君王前来的盛德之人,"勿忧"是提示此盛德之人用不着对君王前来表示担忧。否则,若以"王"为主语,则"勿忧"二字显得很突兀,因为人们会很自然地问:王为何要忧? 第四,揭示处"丰"之道。《彖传》指出,丰盛、盛大,这是人人所追求的,但是,正如太阳到了中天就会向西偏斜,月亮圆满后又会亏缺,万事万物都不可能是只盈满而不亏虚的,因此,人处于丰盛、盛大之时,当知亏虚不足之时,从而不骄傲自满。

《象传》由《丰》卦上震下离象征"雷电皆至",推出君子应"折狱致刑",其间的逻辑关系是:离象征光明、明察,雷象征威严,威严而明察,恰与人间断案施刑的情形相似。因此,君子效法电之明察,从而明智地判决案件;效法雷之威严,从而严厉地实施刑法。

《丰》卦六爻,除上六外,其余各爻皆得"吉"或"无咎",充分体现了卦辞中所说的丰而能亨之理。具体而言,《丰》卦六爻爻辞还有以下两个特点:一是自六二至六五,皆以日全食的过程作喻;二是凡以阴爻居阴位、阳爻居阴位或阳爻与阴爻相应合的,皆象征陷于黑暗。

☷(离下震上)①丰② 亨,王假(gé)③之,勿忧,宜日中④。

《彖(tuàn)⑤》曰:丰,大也。明以动⑥,故丰。"王假之",尚⑦大也。"勿忧,宜日中",宜照天下也。日中则昃(zè)⑧,月盈⑨则食⑩,天地盈虚,与时消息⑪,而况于人乎,况于鬼神乎?

《象⑫》曰:雷电皆至⑬,丰。君子以折狱⑭致刑⑮。

【注释】

①离下震上:指六画的《丰》卦由三画的震卦和离卦上下相叠而成。　②丰:卦名,意为丰盛、盛大。　③假:通"格",指至、到。一说指宽大、大度。　④日中:日在中天。　⑤彖:见"乾第一"原文第二节注①。　⑥明以动:《丰》卦下离上震,离为明,震为动,所以说明以动。　⑦尚:崇尚、尊崇。　⑧昃:太阳偏西。　⑨盈:圆满;无残缺。　⑩食:通"蚀",指亏缺。　⑪消息:消长。　⑫象:见"乾第一"原文第三节注①。　⑬雷电皆至:《丰》卦上震下离,震为雷,离为火为电,所以说雷电皆至。　⑭折狱:断案;判决案件。　⑮致刑:施刑。

【译文】

丰　亨通,君王亲自前来,不用担忧,宜于像日在中天一样。

《彖传》说:丰,是盛大的意思。《丰》卦下离上震,离为明,震为动,象征明智地采取行动,所以盛大。"君王亲自前来",说明君王崇尚盛大。"不用担忧,宜于像日在中天一样",说明宜于用光明之盛德惠及天下。太阳到了中天,就会向西偏斜;月亮圆满了,就会亏缺,天地间的盈满和亏虚,都是随着时间而发生变化,更何况人呢,何况鬼神呢?

《象传》说:《丰》卦上震下离,震为雷,离为火为电,象征雷电交加,这就是《丰》卦的卦象。君子观此卦象,从而明智地判决案件,严厉地实施刑罚。

初九　遇其配主①,虽②旬③无咎④,往有尚⑤。

《象》曰:"虽旬无咎",过旬灾也。

六二　丰其蔀(bù)⑥,日中见斗⑦,往得疑疾,有孚⑧发⑨若⑩,吉。

《象》曰:"有孚发若",信以发志也。

九三　丰其沛⑪,日中见沬(mèi)⑫,折其右肱(gōng)⑬,无咎。

《象》曰:"丰其沛",不可大事⑭也。"折其右肱",终不可用也。

九四　丰其蔀,日中见斗,遇其夷主⑮,吉。

《象》曰:"丰其蔀",位不当⑯也。"日中见斗",幽⑰不明也。"遇其夷主",吉行⑱也。

六五　来章⑲,有庆誉,吉。

《象》曰:六五之"吉",有庆也。

上六　丰其屋,蔀其家,窥其户,阒(qù)⑳其无人,三岁不觌(dí)㉑,凶。

《象》曰:"丰其屋",天际翔也。"窥其户,阒其无人",自藏也。

【注释】

①配主:一说指相匹配之主,即九四阳爻;一说指相匹敌者。　②虽:帛书本《周易》作"唯"。　③旬:一说通"均",即均等;一说指十日。　④咎:灾殃。　⑤尚:崇尚;尊崇。一说即"赏";一说即"上"。　⑥蔀:遮蔽。　⑦斗:指北斗星。　⑧孚:见"需第五"原文第一节注③。　⑨发:明。　⑩若:语气助词。　⑪沛:通"旆(pèi)",指旗幡。

⑫沫:一说通"昧",指昏暗;一说指小星星。 ⑬肱:胳膊。 ⑭事:指做事。 ⑮夷主:同等之主(夷:同等)。一说指性格平和的主人。 ⑯位不当:指九四阳爻居于阴位,所处的位置不适当。 ⑰幽:昏暗。 ⑱吉行:指前行可获吉祥。 ⑲章:显著;明显。一说同"璋",指美玉。 ⑳阒:寂静;空寂。 ㉑觌:见;相见。

【译文】

初九　遇到与自己相匹配者,虽然力量均等,但没有灾殃,前往会受到尊崇。

《象传》说:"虽然力量均等,但没有灾殃",说明均势一旦打破,便会有灾殃。

六二　增大遮蔽物,遮住了太阳,以致正午时出现了北斗星,此时前往会得疑心之病,表明自己的诚信,吉祥。

《象传》说:"表明自己的诚信",这是用诚信来表明自己的志向。

九三　增大旗幡,遮住了太阳,以致正午时出现了小星星,右臂折断,没有灾殃。

《象传》说:"增大旗幡",说明不可采取大的行动。"右臂折断",说明终究不能发挥作用。

九四　增大遮蔽物,遮住了太阳,以致正午时出现了北斗星,遇到与之同等之主,吉祥。

《象传》说:"增大遮蔽物",说明九四所处的位置不适当。"正午时出现了北斗星",是因为天色昏暗不明。"遇到与之同等之主",说明前行可获吉祥。

六五　光明重现,有吉庆和美誉,吉祥。

《象传》说:六五爻辞中说的"吉祥",是指有值得庆贺之事。

上六　扩大房屋,遮蔽居室,通过门窗窥视,发现里面空无一人,三年见不到面,有凶险。

《象传》说:"扩大房屋",说明上六身居高位,如在天空中飞翔。"通过门窗窥视,发现里面空无一人",说明上六把自己藏了起来。

䷷（艮下离上）旅第五十六

【导读】

旅是出门旅行的意思。《旅》卦下艮上离，艮为止，离有附丽、依附之义，象征人依附某处而止息，此正是外出旅行之人找到旅店住下来的意思；又艮为山，离为火，火在山上燃烧时，移动迅速，仿佛人出门赶路，故《旅》卦的旅有出门旅行的意思。六五阴爻是《旅》卦的主爻，《周易》以阳为大，以阴为小，主爻属阴，故《旅》卦仅得"小亨"即小事亨通。但六五阴爻居尊得中，上承阳爻，象征阴柔者顺从阳刚者，故卦辞中说预示吉祥。

《彖传》从两个方面来解释《旅》卦的卦辞及其意义。首先，以《旅》卦的卦画结构为依据，来解释卦辞。《彖传》认为，《旅》卦的六五阴爻居上卦之中位，又位于上九阳爻之下，有阴柔者外出时持守中道并顺从阳刚者之义；《旅》卦下艮上离，艮为止，离为明，又象征外出者安静地依附于明德之人。人在外出时能谦逊自守，又能顺从有德的阳刚者，则其行必能顺利，故预示吉祥；但外出者只知依附、顺从他人，亦不可能有很大的收获，故只是小事亨通。其次，强调"旅之时"的意义。所谓"旅之时"，即选择合适的时机外出。一个人做任何事情，都需要选择合适的时机，出门旅行则更是如此，举凡气候条件、社会环境、交通状况等等，都是需要考虑的因素。

考虑得周全，则外出时能顺利；考虑得不周全，则顾此失彼，外出必然不顺。所以选择合适的时机外出是十分重要的。

《象传》由《旅》卦下艮上离象征"山上有火"，推出君子应"明慎用刑，而不留狱"，其间的逻辑关系是：山上有火，则明照四方，君子观火之明，观山之静止，从而在施行刑罚时明察而慎重；火在山上燃烧时，迅速窜行，绝不稽留，君子受此启发，从而迅速地处理案件，而不懈怠拖延。

《旅》卦由三个阴爻和三个阳爻组成，总起来看，阴爻比阳爻要好。阴爻除初六"取灾"外，六二为"得童仆贞"，六五为"终以誉命"；而阳爻则分别为"厉"、"心不快"和"凶"。这是因为，人在外出旅行时，以柔顺中正为佳，而卦中的三个阳爻则皆无此德。

☶（艮[gèn]下离上①)旅② 小亨，旅贞③吉。

《彖(tuàn)④》曰：旅，"小亨⑤"，柔得中乎外而顺乎刚⑥，止而丽乎明⑦，是以"小亨，旅贞吉"也。旅之时义大矣哉。

《象⑧》曰：山上有火⑨，旅。君子以明慎用刑，而不留狱⑩。

【注释】

①艮下离上：指六画的《旅》卦由三画的离卦和艮卦上下相叠而成。 ②旅：卦名，意为出门旅行。 ③旅贞：占问出门旅行之事。贞：占问。一说指"正"。 ④彖：见"乾第一"原文第二节注①。 ⑤小亨：一说此两字系衍文。 ⑥柔得中乎外而顺乎刚：指六五阴爻居外卦（即上卦）之中位，而又

位于上九阳爻之下。　　⑦止而丽乎明：《旅》卦下艮上离，艮为止，离为明，所以说止而丽乎明。丽：附丽；依附。
⑧象：见"乾第一"原文第三节注①。　　⑨山上有火：《旅》卦下艮上离，艮为山，离为火，所以说山上有火。　　⑩留狱：对案件拖延不决。

【译文】

旅　小事亨通，占问出门旅行之事，吉祥。

《彖传》说：旅，"小事亨通"，六五阴爻居外卦之中位，又位于上九阳爻之下，象征阴柔者在外持守中道，并顺从阳刚者；《旅》卦下艮上离，艮为止，离为明，象征安静地依附于明德之人，所以说"小事亨通，占问出门旅行之事可获吉祥"。选择合适的时机出门旅行有很重要的意义。

《象传》说：《旅》卦下艮上离，艮为山，离为火，象征山上有火在燃烧，这就是《旅》卦的卦象。君子观此卦象，从而在施用刑罚时明察慎重，又不拖延对案件的审判。

初六　旅琐琐①，斯②其所取灾。

《象》曰："旅琐琐"，志穷"灾"也。

六二　旅即③次④，怀⑤其资，得童仆贞⑥。

《象》曰："得童仆贞"，终无尤⑦也。

九三　旅焚其次，丧其童仆，贞厉⑧。

《象》曰："旅焚其次"，亦以⑨伤矣。以旅与⑩下⑪，其义⑫"丧"也。

九四　旅于⑬处⑭，得其资斧⑮，我心不快。

《象》曰:"旅于处",未得位⑯也。"得其资斧",心未快也。

六五　射雉⑰,一矢亡⑱,终以誉命⑲。

《象》曰:"终以誉命",上逮⑳也。

上九　鸟焚其巢,旅人先笑后号咷(táo)㉑,丧牛于易㉒,凶。

《象》曰:以旅在上㉓,其义"焚"也。"丧牛于易",终莫㉔之闻㉕也。

【注释】

①琐琐:一说指猥琐卑贱;一说借为"愈(suǒ)愈",指心中多疑。　②斯:此;这。　③即:就。　④次:途中止宿的处所。　⑤怀:怀藏。　⑥贞:忠诚;坚贞。一说贞后面当有"吉"字,贞指占问;一说指"正"。　⑦尤:错误;罪过。　⑧厉:危险。　⑨以:通"已",指已经。　⑩与:对付;对待。这里有苛待的意思。一说指施惠。　⑪下:指童仆。　⑫义:宜;理应。　⑬于:往;去。一说指寻取;一说指在。　⑭处:处所。一说指住处;一说指暂时栖身处。　⑮资斧:钱财;盘缠。一说指锐利的斧子。　⑯未得位:指九四阳爻居于阴位,所处的位置不适当。　⑰雉:野鸡。　⑱亡:一说指丢失;一说指未射中;一说指雉死。　⑲命:这里指帝王的赏赐。　⑳逮:及;达到。　㉑号咷:同"号啕",形容大声哭。咷:哭。　㉒易:见"大壮第三十四"原文第二节注⑬。　㉓在上:指上九阳爻居《旅》卦最上位。　㉔莫:没有谁。　㉕闻:通"问",指体恤过问。

【译文】

　　初六　出门旅行时举止猥琐,这是他自取灾祸。

　　《象传》说:"出门旅行时举止猥琐",这是因为初六没有志气,所以会招来"灾祸"。

　　六二　旅途中住进客舍,怀藏着钱财,得到忠诚的童仆。

　　《象传》说:"得到忠诚的童仆",说明最终不会有什么过失。

　　九三　旅途中所住的客舍被烧毁,失去了童仆,占问预示有危险。

　　《象传》说:"旅途中所住的客舍被烧毁",这也够令人悲伤的了。在旅行时苛待下人,当然会"失去"童仆。

　　九四　去某个地方旅行,得到了旅费,但心中仍然不痛快。

　　《象传》说:"去某个地方旅行",说明九四未能居于适当之位。"得到了旅费",但心中还是感到不痛快。

　　六五　用箭射野鸡,有一支箭没有射中,最终得到荣誉和赏赐。

　　《象传》说:"最终得到荣誉和赏赐",是因为六五能顺承居于上位者。

　　上九　鸟巢被烧毁,出门旅行的人先高兴地笑,后号啕大哭,在边界丢失了牛,有凶险。

　　《象传》说:出门旅行却又高高在上,其居室理应被"烧毁"。"在边界丢失了牛",最终也没有人来体恤过问。

☰☰（巽下巽上）巽第五十七

【导读】

巽是逊顺、顺从的意思。《巽》卦的上下卦皆为巽,一个阴爻处于两个阳爻之下,有阴柔者顺从阳刚者之象,故《巽》卦的巽指逊顺、顺从。一个人能以逊顺的态度处世行事,则诸事皆能顺遂,故卦辞说利于有所前往;大人物通常喜欢听话、顺从的人,故卦辞又说利于去见大人。但是,只知一味顺从他人,不可能成就大的事业,故筮(shì)得《巽》卦,只是"小亨"即小事亨通。

《彖传》从两个方面来解释《巽》卦的卦名、卦画结构及卦辞。首先,《彖传》认为,《巽》卦的上下卦皆为巽,巽为顺,故有上下皆顺从之义;上下皆能顺从,则统治者可以不断地发布命令,而且命令均能顺利地被执行。这是以《巽》卦的卦画结构为依据,来解释巽的意义。其次,以《巽》卦的卦画结构为依据,来解释整句卦辞。《彖传》认为,《巽》卦的九五阳爻居上卦之中位,象征阳刚者持守中正之道;初六和六四两个阴爻都位于阳爻之下,象征阴柔者顺从阳刚者。阴柔者能顺从阳刚者,阳刚者又能持守中正之道,所以《巽》卦预示小事亨通、利于有所前往、利于去见大人。需要说明的是,这里的"小亨"即小事亨通是就阴柔者而言的,《周易》以阳为大,以阴为小,因阴柔者能顺从,故小事亨通。

《象传》由《巽》卦上巽下巽象征"随风",推出君子应"申命行事",其间的逻辑关系是:《巽》卦上巽下巽,有风不断吹动的意思;随着风的不断吹动,万物也因之而运动;风又有教化的意思,因此,风不断吹动,又有不断实行教化之义。君子受此启发,从而反复地申述命令,以使命令能深入人心,使政事能顺利地推行。

《巽》卦六爻,以柔顺为佳,故初六、六四两个阴爻一为"利武人之贞",一为"悔亡",九二阳爻因为以阳居阴而得"吉,无咎"。但是《巽》卦所倡导之柔顺,并非一味顺从,而是必须寓进取于柔顺之中,否则也会预示不吉。如九三当行而不行为"吝",上九无所作为而"凶"。至于九五阳爻,则正是因为积极有为而得"吉,悔亡,无不利"。

☰(巽[xùn]下巽上①)巽② 小亨,利有攸③往,利见大人。

《彖(tuàn)④》曰:重巽⑤以申命⑥。刚巽乎中正⑦而志行,柔皆顺乎刚⑧,是以"小亨,利有攸往,利见大人"。

《象⑨》曰:随风⑩,巽。君子以申命行事。

【注释】

①巽下巽上:指六画的《巽》卦由两个三画的巽卦上下相叠而成。 ②巽:卦名,意为逊顺、顺从。一说指入。 ③攸:助词,相当于"所"。 ④彖:见"乾第一"原文第二节注①。 ⑤重巽:《巽》卦下巽上巽,所以说重巽。 ⑥申命:不断发布命令。申:重复。 ⑦刚巽乎中正:指九五阳爻居上卦之中位。刚:指九五阳爻。 ⑧柔皆顺乎刚:初六阴爻、六四

阴爻之上均为阳爻,象征阴柔者顺从阳刚者。 ⑨象:见"乾第一"原文第三节注①。 ⑩随风:《巽》卦下巽上巽,巽为风,好比风与风相随,所以说随风。

【译文】

巽 小事亨通,利于有所前往,利于去见大人。

《彖传》说:《巽》卦下巽上巽,两巽相叠,象征上下顺从,从而可以不断发布命令。阳刚者持守中正之道,从而使其志向得以实行;阴柔者都顺从阳刚者,所以"小事亨通,利于有所前往,利于去见大人"。

《象传》说:《巽》卦下巽上巽,巽为风,象征风与风相随而吹,这就是《巽》卦的卦象。君子观此卦象,从而不断申述命令,推行政事。

初六 进退①,利武人②之贞③。

《象》曰:"进退",志疑也。"利武人之贞",志治④也。

九二 巽在床下,用史巫⑤纷⑥若⑦,吉,无咎⑧。

《象》曰:"纷若"之"吉",得中⑨也。

九三 频⑩巽,吝⑪。

《象》曰:"频巽"之"吝",志穷也。

六四 悔亡,田⑫获三品⑬。

《象》曰:"田获三品",有功也。

九五 贞吉,悔亡,无不利。无初有终⑭。先庚⑮三日,后庚三日,吉。

《象》曰:九五之"吉",位正中⑯也。

上九　巽在床下,丧其资斧⑰,贞凶。

《象》曰:"巽在床下",上⑱穷也。"丧其资斧",正⑲乎"凶"也。

【注释】

①进退:不轻易决定进退。一说指欲进而退;一说指进退皆可。　②武人:勇武的人。　③贞:占问。一说指"正"。　④志治:心志治理得好,指心有定见。　⑤史巫:即史和巫。在中国古代,史掌管卜筮,巫掌管降神除灾。　⑥纷:多。　⑦若:语气助词。　⑧咎:灾殃。　⑨得中:指九二阳爻居下卦之中位。　⑩频:皱着眉头。　⑪吝:悔恨。　⑫田:狩猎。　⑬三品:指多种猎物。品:种类。　⑭有终:有好的结局。　⑮庚:指庚日。古代每月分为三旬,每旬以甲、乙、丙、丁、戊、己、庚、辛、壬、癸十天干记日,庚日即每旬的第七天。　⑯位正中:指九五阳爻居于阳位,又居上卦之中位。　⑰资斧:钱财;盘缠。一说指锐利的斧子。　⑱上:指上九阳爻。　⑲正:正当;适合。

【译文】

初六　不轻易决定进退,勇武之人占问有利。

《象传》说:"不轻易决定进退",说明心中存在疑虑。"勇武之人占问有利",说明其心有定见。

九二　卑顺地处于床下,用众多的史巫来祝祷祈神,吉祥,没有灾殃。

《象传》说:"用众多的史巫祝祷祈神"而"获吉祥",是因为九二能持守中道。

九三　皱着眉头不情愿地顺从,将有令人悔恨之事。

《象传》说:"皱着眉头不情愿地顺从"而"将有令人悔恨之事",是因为九二失去了自己的志向。

六四　没有令人后悔之事,打猎时获得多种猎物。

《象传》说:"打猎时获得多种猎物",说明六四立下了功劳。

九五　占问得吉兆,没有令人后悔之事,没有任何不利。起初不顺利,但有好的结局。在庚日前的三天和庚日后的三天,吉祥。

《象传》说:九五爻辞中说的"吉祥",是因为九五能持守中正之道。

上九　卑顺地处于床下,失去了钱财,占问得凶兆。

《象传》说:"卑顺地处于床下",说明上九陷入了困境。"失去了钱财",理应有"凶险"。

䷹（兑下兑上）兑第五十八

【导读】

兑是喜悦的意思。《兑》卦下兑上兑，兑为泽，泽水润泽万物，使万物欣悦成长，仿佛统治者施惠于民，使民众能快乐地生活，故《兑》卦的兑有喜悦的意思。另外，兑与巽正好相反，巽为一阴爻在二阳爻之下，象征阴柔者服从于内；兑为一阴爻在二阳爻之上，象征阴柔者舒展于外，物能舒展则快乐，故兑有喜悦之义。

《象传》主要从两个方面来解释《兑》卦的卦名、卦画结构、卦辞及其意义。首先，《象传》指出，兑是喜悦的意思，《兑》卦的九二、九五两个阳爻分别居下、上卦之中位，六三、上六两个阴爻分别居下、上卦之上位，有阳刚者内守中道而柔和处外之象。一个人内心有固定之操守，待人接物时又能温柔和悦，则必能使人感到高兴；依此行事，当然亦能顺利亨通。同时，《象传》又以有利、守正释卦辞中的"利贞"，认为阳刚者能以利人济物、坚守正道而使人喜悦，就能既顺应天道，又符合人心；因为天道的特点是刚健守正，人心则会因愿望得到满足而喜悦。其次，揭示喜悦在社会生活中的作用和价值。《象传》认为，统治者在动员民众去从事某项事业的时候，应以让民众感到喜悦为前提，如果能做到这一点，那么，民众即使再苦再累，哪怕让他们面对生死考验，他们也会乐意听从统治者的召唤。《象传》的这一观点,即使在当代社会,亦具重大价值。因为总有那么一些官僚,他们在制订政策、处理纠纷时,总是以有利于己为出发点,以强迫压制为手段,而很少去考虑民众的疾苦,更不要说去考虑如何让民众感到喜悦了。而这样做的后果,必然是造成干群关系紧张,民众对某些政府部门失去信任。

《象传》由《兑》卦下兑上兑象征"丽泽",推出君子应"朋友讲习",其间的逻辑关系是:泽与泽并连在一起,则两泽之水互相流通、浸润;君子受此启发,从而与朋友一起切磋学习,互相之间取长补短,共同提高。

《兑》卦六爻,由四个阳爻和两个阴爻组成,总起来看,阳爻的情况比阴爻要好得多。四个阳爻中,初九和九二得"吉",九四为"有喜",仅九五为"有厉";而两个阴爻中,六三因刻意谋求喜悦而得"凶",上六引诱他人享乐,虽无吉凶之断语,但应为不吉无疑。这说明,光明正大,诚信温和,乃处悦之正道。

☱(兑下兑上①)兑② 亨,利贞③。

《彖(tuàn)④》曰:兑,说(yuè)⑤也。刚中而柔外⑥,说以"利贞",是以顺乎天而应乎人。说以先民⑦,民忘其劳;说以犯难,民忘其死。说之大,民劝⑧矣哉。

《象⑨》曰:丽泽⑩,兑。君子以朋友讲习。

【注释】

①兑下兑上:指六画的《兑》卦由两个三画的兑卦上下相叠而成。　②兑:卦名,意为喜悦。　③贞:占问。一说指"正"。　④彖:见"乾第一"原文第二节注①。　⑤说:

通"悦",指喜悦、高兴。　　⑥刚中而柔外:九二和九五阳爻分别居下、上卦之中位,六三和上六阴爻分别居下、上卦之外位,所以说刚中而柔外。　　⑦先民:引导民众。　　⑧劝:劝勉;勉励。　　⑨象:见"乾第一"原文第三节注①。　　⑩丽泽:《兑》卦下兑上兑,兑为泽,仿佛两泽并连,所以说丽泽。

【译文】

兑　亨通,有利之占问。

《彖传》说:兑,是喜悦的意思。阳刚者持守中道而柔和处外,以利人济物、坚守正道而使人喜悦,所以既顺应天理,又符合民心。引导民众而使他们喜悦,民众就会忘掉自己所受的劳累;面临危难而使民众喜悦,民众就会舍生忘死。喜悦的巨大作用,在于可以劝勉民众奋发有为。

《象传》说:《兑》卦下兑上兑,兑为泽,象征泽与泽相连,这就是《兑》卦的卦象。君子观此卦象,从而与朋友一起切磋学习。

初九　和①兑,吉。

《象》曰:"和兑"之"吉",行未疑也。

九二　孚②兑,吉,悔亡。

《象》曰:"孚兑"之"吉",信志③也。

六三　来④兑,凶。

《象》曰:"来兑"之"凶",位不当⑤也。

九四　商⑥兑未宁,介⑦疾有喜⑧。

《象》曰:九四之"喜",有庆也。

九五　孚于剥⑨,有厉⑩。

《象》曰:"孚于剥",位正当⑪也。

上六　引⑫兑。

《象》曰:上六"引兑",未光⑬也。

【注释】

①和:温和。　②孚:见"需第五"原文第一节注③。　③信志:即"志信",指心志诚信。　④来:这里意为前来谋求。　⑤位不当:指六三阴爻居于阳位,所处的位置不适当。　⑥商:商酌;协商。　⑦介:一说指细微、微小;一说指隔开;一说指处于;一说借为"疥",指疥疮。　⑧有喜:指病愈。　⑨剥:侵剥,这里指侵剥别人的人。　⑩厉:危险。一说"厉"后应有"吉"或"无咎"。　⑪位正当:指九五阳爻居于阳位,所处的位置正当。　⑫引:引导;诱导。一说指援引;一说指延长。　⑬光:发扬光大。一说指光明;一说指广大。

【译文】

初九　温和喜悦,吉祥。

《象传》说:"温和喜悦"而"获吉祥",是因为行动时心中没有疑问。

九二　诚实喜悦,吉祥,没有令人后悔之事。

《象传》说:"诚实喜悦"而"获吉祥",是因为九二的心志诚信。

六三　前来谋求喜悦,有凶险。

《象传》说:"前来谋求喜悦"而"有凶险",是因为六三所处的位置不适当。

九四　商酌如何实现喜悦,还未安宁,小毛病得以痊愈。

《象传》说：九四爻辞中说的"喜"，是指有吉庆之事。

九五　信任侵剥别人的人，有危险。

《象传》说："信任侵剥别人的人"，但九五所处的位置却很正当。

上六　诱引他人享受喜悦。

《象传》说：上六爻辞中说的"诱引他人享受喜悦"，说明喜悦之道还未能发扬光大。

☵ (坎下巽上) 涣第五十九

【导读】

涣有两方面的意义，一方面指水势盛大，一方面指涣散、流散。《涣》卦下坎上巽，坎为水，巽为木，亦为风。当巽指木时，涣指水势盛大，因为水上有木，象征水上有木舟划行，水大到足以承舟，则水量自然不小，故卦辞中说"利涉大川"。当巽指风时，涣指涣散、流散，因为水上有风，则水在狂风的吹袭下四处奔流，有流散之象；以之比喻社会政治，则有天下人心涣散之象；为了凝聚人心，故"王假有庙"，即帝王前去宗庙祭祀，利用神灵的力量使民众重新团结起来。《涣》卦既象征乘着木舟顺利地渡过大河，又象征天下人心散而复聚，所以卦辞中说"亨"、"利贞"。

《彖传》对《涣》卦的卦辞逐句进行了解释。首先，以《涣》卦的卦画结构为依据，解释《涣》卦为什么预示亨通。《彖传》认为，《涣》卦相当于把《否》卦的六二阴爻与九四阳爻互换位置而成，两者互换位置后，六二阴爻就变成了九二阳爻，《否》卦的下卦坤也就成了下卦坎，九二阳爻居于初六和六三两个阴爻之间，但九二阳爻居中，象征阳刚者持守中道，所以不会陷于困境；九四阳爻变成六四阴爻后，居于外卦（即上卦）巽的最下位，但六四以阴爻居于阴位，居位得正，又上承九五阳爻，有阴柔者追随阳刚尊者之象。这样,《涣》卦便有阳刚者不陷于困境、阴柔者得位而追随阳刚者之象,所以预示亨通。其次,解释"王假有庙"。《彖传》认为,《涣》卦的九五阳爻居上卦之中位,象征阳刚君主持守中正之道,所以卦辞中用君王前去宗庙举行祭祀活动、以虔诚之心感格神灵来比喻。第三,解释"利涉大川"。《彖传》认为,《涣》卦下坎上巽,坎为水,巽为木,象征水上有木,仿佛人乘着木舟渡河;如此渡河,必能获得成功,所以卦辞中说利于渡大河。

《象传》由《涣》卦上巽下坎象征"风行水上",推出先王应"享于帝,立庙",其间的逻辑关系是:《象传》以风比教化,以水比民众,因此,风行水上即教化民众的意思;而在古代实行教化时,最有效的手段就是神道设教,即借助神灵的力量来推行教化;而要借助神灵的力量,就要举行祭祀活动,所以先王要祭祀天帝、设立宗庙。

《涣》卦六爻,则描述了洪水从初起、渐盛、冲向王宫到最后退去的全过程,每爻爻辞都根据其面临洪水时的不同处境揭示吉凶。不过,纵观六爻爻辞,不是"吉",就是"无咎"、"悔亡",而无"凶"、"吝"之兆,充分体现了人们在灾难面前乐观自信的精神。但是,有不少学者把"涣"理解为涣散,因此,在他们看来,《涣》卦的爻辞与洪水没有任何关系。

☷(坎下巽[xùn]上①)涣② 亨,王假(gé)③有④庙,利涉大川,利贞⑤。

《彖(tuàn)⑥》曰:涣,"亨",刚来⑦而不穷,柔得位乎外⑧而上同⑨。"王假有庙",王乃在中⑩也。"利涉大川",乘木⑪有功也。

《象⑫》曰:风行水上⑬,涣。先王以享⑭于帝⑮,立庙。

【注释】

①坎下巽上：指六画的《涣》卦由三画的巽卦和坎卦上下相叠而成。　②涣：卦名，其意既指水势盛大，也指涣散。　③假：通"格"，指至、到。一说指感格。　④有：语气助词。　⑤贞：占问。一说指"正"。　⑥彖：见"乾第一"原文第二节注①。　⑦刚来：指九二阳爻从上面下来。因《涣》卦由《否》卦变来，《否》卦的九四阳爻与六二阴爻对换后就成了《涣》卦，相当于阳爻由四位来到二位，故说刚来。一说指九二和九五阳爻分别居下、上卦之中位。　⑧柔得位乎外：指六四阴爻居于阴位，又在外卦之最下位。　⑨上同：指六四阴爻位于九五阳爻之下，有阴柔者追随阳刚者之象。　⑩王乃在中：指九五阳爻居上卦之中位。　⑪乘木：《涣》卦下坎上巽，坎为水，巽为木，木在水上，有乘木（即乘船）之象。　⑫象：见"乾第一"原文第三节注①。　⑬风行水上：《涣》卦上巽下坎，巽为风，坎为水，所以说风行水上。　⑭享：祭祀。　⑮帝：指天帝。

【译文】

涣　亨通，君王前去宗庙祭祀，利于渡大河，有利之占问。

《彖传》说：涣，"亨通"，是指阳刚者从上面下来而不会陷于困境，阴柔者在外面安于其位而与居于上位者心志相同。"君王前去宗庙祭祀"，是指君王居守中位。"利于渡大河"，是说乘船渡河必能取得成功。

《象传》说：《涣》卦上巽下坎，巽为风，坎为水，象征风在水面上吹拂，这就是《涣》卦的卦象。先王观此卦象，从而祭祀天帝，建立宗庙。

初六　用拯①马壮,吉。

《象》曰:初六之"吉",顺②也。

九二　涣奔其机③,悔亡。

《象》曰:"涣奔其机",得愿也。

六三　涣其躬④,无悔⑤。

《象》曰:"涣其躬",志在外⑥也。

六四　涣其群,元⑦吉。涣有丘⑧,匪夷所思⑨。

《象》曰:"涣其群,元吉",光大⑩也。

九五　涣汗⑪其大号,涣王居⑫,无咎⑬。

《象》曰:"王居,无咎",正位⑭也。

上九　涣其血⑮去,逖(tì)⑯出,无咎。

《象》曰:"涣其血",远害也。

【注释】

①拯:救。一说通"乘"。　②顺:指初六阴爻位于九二阳爻之下,象征阴柔者顺从阳刚者。　③机:通"几",指几案,一种小桌子。帛书本《周易》作"阶",指台阶。　④躬:自身。　⑤无悔:不后悔。帛书本《周易》作"无咎"。　⑥外:指外卦中的上九阳爻,六三阴爻与上九正相应合。　⑦元:大。　⑧丘:丘陵。　⑨匪夷所思:不是一般人按常理所能想象的,形容事情怪异之极。匪:同"非"。夷:平常。　⑩光大:发扬光大。　⑪涣汗:汗出如水流。一说指水势盛大(汗:大);一说指像汗水出而不返一样散发。帛书本《周易》"涣汗其"作"涣其汗"。　⑫王居:君王的住处,指王宫。一说指

王者之居积。 ⑬咎:灾殃。 ⑭正位:指九五阳爻居上卦之中位,所处的位置端正。 ⑮血:一说指血液;一说通"恤",指忧虑、忧患。 ⑯逖:远。一说通"惕",指警惕。

【译文】

初六　前来拯救的马很强壮,吉祥。

《象传》说:初六爻辞中说的"吉祥",是因为初六能顺从阳刚者。

九二　大水冲来,赶紧奔向几案,没有令人后悔之事。

《象传》说:"大水冲来,赶紧奔向几案",说明这样做符合自己的心愿。

六三　大水冲到身上,不后悔。

《象传》说:"大水冲到身上",说明六三的志向是与在外者相应合。

六四　大水冲向人群,大吉。大水冲上丘陵,这不是按常理所能想象的。

《象传》说:"大水冲向人群,大吉",说明六四守正顺上之道得到了发扬光大。

九五　汗出如水流,奔走呼号,大水冲向王宫,没有灾殃。

《象传》说:"王宫""没有灾殃",是因为九五所居的位置很正。

上九　对洪水的忧虑已经消除,离家远出,没有灾殃。

《象传》说:"对洪水的忧虑",是指考虑如何远离灾害。

䷻（兑下坎上）节第六十

【导读】

节是节制的意思。《节》卦下兑上坎，兑为泽，坎为水，象征泽上有水。泽上有水，说明泽中之水太多，已经溢出了池泽；为了使泽中之水不泛滥成灾，就需要增筑堤坝，予以控制，故《节》卦的节有节制的意思。泽水受到节制，则不会造成灾害；过多的欲望受到节制，则不会戕害身体；小人受到节制，则无法祸害社会，故节制意味着亨通。反之，如果以节制为苦，从而不加以节制，则会带来危害，所以卦辞说："苦节，不可贞。"也有学者认为，"苦节"是指节制得过分，过于苛严，这样理解也可以，但意思不如理解为以节制为苦显得顺畅。

《彖传》从四个方面来解释《节》卦的卦辞、卦画结构及其意义。首先，《彖传》认为，《节》卦之所以预示亨通，是因为《节》卦的卦画结构有"刚柔分而刚得中"的特点。所谓"刚柔分"，是指《节》卦上坎下兑，坎为阳卦为刚，兑为阴卦为柔，阳刚在上而阴柔在下，象征君臣上下各居其位，秩序井然；所谓"刚得中"，是指《节》卦的九二和九五阳爻分别居于下、上卦之中位，象征阳刚者持守中道，以居中不偏之道施政行事，其事情必然顺利。因为《节》卦的卦画结构象征秩序井然，行事顺利，所以《节》卦预示亨通。其次，解释卦辞

"苦节,不可贞"。《象传》认为,如果以节制为苦,那么在做事时就不会加以节制;不加以节制,则放纵无度,为所欲为,最终必会陷于绝境。所以《象传》明确指出,卦辞中之所以说"苦节,不可贞",是因为"其道穷也"。第三,进一步挖掘出《节》卦的卦画结构所蕴含的三层意义。《象传》认为,《节》卦下兑上坎,兑为悦,坎为险,象征以喜悦的心情去冒险,此为其一;《节》卦的六四阴爻居于阴位,九五阳爻居于阳位,象征阴柔者和阳刚者居位得正,并能自我节制,此为其二;《节》卦的九五阳爻居上卦之中位,既中又正,象征阳刚者持守中正之道,从而使诸事顺遂,此为其三。第四,揭示节制之道的意义。《象传》认为,任何事物都需要有节制,天地的运行有节制,从而使一年四季有规律地更替;同样,人类社会也需要有节制,统治者治理国家时则更需要有节制,只有制订各种合理的制度,而不是随心所欲,挥霍无度,才不会浪费财物、残害民众。

《象传》由《节》卦下兑上坎象征"泽上有水",推出君子应"制数度,议德行",其间的逻辑关系是:泽上有水,说明泽中之水已满溢出来,为了不使其造成灾害,就必须加筑堤坝予以控制;君子受此启发,认识到人的行为如果没有规矩,就会邪僻放荡,无所不为,严重危害社会的安定,因此,要订立规章制度,确立道德标准,来约束人们的行为,使归于正途。

《节》卦六爻,则以能节制为吉,不能节制为凶,如六四"安节"得"亨",九五"甘节"得"吉",上六"苦节"得"凶",等等。另外,《节》卦六爻还有一个明显的特点,就是初九与九二、六三与六四、九五与上六,其爻辞皆两两相对而成组,如初九"不出户庭",九二为"不出门庭";六三"不节",六四为"安节";九五"甘节",上六为"苦节"。而且,每爻爻辞都与该爻居位是否适当有关,如六三阴爻居于阳位,居位不正,故说"不节";六四阴爻居于阴位,居位得正,故说"安节";九五阳爻居于阳位,居位得正,故说"甘节";等等。

☵(兑下坎上①)节② 亨。苦节③,不可贞④。

《彖(tuàn)⑤》曰:节,"亨",刚柔分⑥而刚得中⑦。"苦节,不可贞",其道穷也。说(yuè)以行险⑧,当位⑨以节,中正⑩以通。天地节而四时⑪成。节以制度,不伤财,不害民。

《象⑫》曰:泽上有水⑬,节。君子以制数度⑭,议⑮德行。

【注释】

①兑下坎上:指六画的《节》卦由三画的坎卦和兑卦上下相叠而成。 ②节:卦名,意为节制。 ③苦节:以节制为苦。一说指节制过于苛严。 ④贞:占问。一说指"正"。 ⑤彖:见"乾第一"原文第二节注①。 ⑥刚柔分:《节》卦上坎下兑,坎为阳卦为刚,兑为阴卦为柔,所以说刚柔分;同时,《节》卦由三个阳爻和三个阴爻组成,阴阳爻的数目相等,所以说刚柔分。 ⑦刚得中:指九二、九五阳爻分别居下、上卦之中位。 ⑧说以行险:《节》卦下兑上坎,兑为悦,坎为险,所以说说以行险。说:即"悦"。 ⑨当位:指六四阴爻居阴位,九五阳爻居阳位,所处的位置适当。一说单就九五阳爻而言。 ⑩中正:指九五阳爻居上卦之中位。 ⑪四时:四季。 ⑫象:见"乾第一"原文第三节注①。 ⑬泽上有水:《节》卦下兑上坎,兑为泽,坎为水,所以说泽上有水。 ⑭数度:礼数法度。 ⑮议:评议;商议。

【译文】

节　亨通。以节制为苦,则不适合占问。

《彖传》说:节,"亨通",是因为《节》卦阳刚和阴柔各得其位,而阳刚者又能持守中道。"以节制为苦,则不适合占问",是因为以节制为苦的处世之道会使人陷于绝境。心情愉快地去涉险犯难,处于适当的位置而有节制,持守中正之道而得以畅通无阻。天地有节度,从而形成了一年四季。按照节制的原则来订立法度,就不会浪费财物,不会损害民众。

《象传》说:《节》卦下兑上坎,兑为泽,坎为水,象征泽的上面有水,这就是《节》卦的卦象。君子观此卦象,从而制订礼数法度,评议道德行为的标准。

初九　不出户庭①,无咎②。

《象》曰:"不出户庭",知通塞③也。

九二　不出门庭④,凶。

《象》曰:"不出门庭,凶",失时极⑤也。

六三　不节若⑥,则嗟(jiē)⑦若,无咎。

《象》曰:"不节"之"嗟",又谁咎⑧也。

六四　安节,亨。

《象》曰:"安节"之"亨",承上⑨道也。

九五　甘⑩节,吉,往有尚⑪。

《象》曰:"甘节"之"吉",居位中⑫也。

上六　苦节,贞凶,悔亡。

《象》曰:"苦节,贞凶",其道穷也。

【注释】

①户庭：门户和庭院，指家门之内。　②咎：灾殃。　③通塞：畅通和阻塞。　④门庭：门口和庭院。　⑤时极：指最佳的时机。　⑥若：语气助词。　⑦嗟：叹息；忧叹。　⑧咎：责怪；追究罪责。　⑨承上：指六四阴爻位于九五阳爻之下，象征阴柔者顺承居于上位的阳刚者。　⑩甘：情愿；甘心。　⑪尚：崇尚；尊崇。一说借为"赏"。　⑫居位中：指九五阳爻居上卦之中位。

【译文】

初九　足不出户，没有灾殃。

《象传》说："足不出户"，是因为初九明白何时外出顺畅，何时外出会遇到阻碍。

九二　足不出门，有凶险。

《象传》说："足不出门，有凶险"，是因为九二错失了极好的时机。

六三　不知节制，忧伤叹息，没有灾殃。

《象传》说："不知节制"而能"忧伤叹息"，又有谁会来责备呢？

六四　安于有节制，亨通。

《象传》说："安于有节制"而"亨通"，是因为六四顺承居于上位者的阳刚中正之道。

九五　甘心有节制，吉祥，前往会受到人们崇尚。

《象传》说："甘心有节制"而"吉祥"，是因为九五居位适中。

上六　以节制为苦，占问得凶兆，没有令人后悔之事。

《象传》说："以节制为苦，占问得凶兆"，是因为这样的处世之道必然会陷于绝境。

䷼（兑下巽上）中孚第六十一

【导读】

　　中孚是内心诚信的意思，这里的"中"指内心，"孚"指诚信。《中孚》卦上下各为两个阳爻，中间为两个阴爻，外实内虚，有虚心待物之象。人能虚心待物，则能表现内心之诚信，故《中孚》卦的中孚有内心诚信的意思。另外，《中孚》卦下兑上巽，兑为泽，巽为风，风行泽之上，则泽中之水随风而波动，有诚于中而感于外之象，这也可从一个角度说明《中孚》卦蕴含内心诚信之义。《中孚》卦下兑上巽，兑为泽，巽为木为舟，有水上行舟之象，故卦辞说"利涉大川"。卦辞中的"豚鱼，吉"，指用小猪和鱼为祭品来祭祀，吉祥。关于"豚鱼，吉"，历来歧解极多。最具代表性的是释为施诚信于小猪小鱼，此释是依据《象传》"'豚鱼，吉'，信及豚鱼也"而来的。我认为，这其实是对《象传》的误解。《象传》中的"信及豚鱼"，是指通过小猪小鱼来表达诚信，也就是以小猪小鱼为祭品来表达对神灵的虔诚，而不是指施诚信于小猪小鱼。所谓施诚信于小猪小鱼的说法，既违背生活常识，也有悖《周易》的内在逻辑。因为在中国古代，最隆重的祭礼是牛、羊、猪三牲齐备的太牢，用小猪和鱼为祭品，则属于薄祭。但因为此卦为《中孚》卦，中孚指内心诚信，根据

《周易》的观点,祭祀者只要心中诚信,则即使用很薄的祭品,也能感格神灵。如"损第四十一"的卦辞中就说:"有孚……二簋可用享",即只要有诚信,即使用简单的二簋食物也可以祭祀鬼神。也有学者释"豚鱼"为江豚,认为这里的"豚鱼,吉"是指祭祀江豚,所以吉祥。此说也显得牵强。

《彖传》从四个方面来解释《中孚》卦的卦名和卦辞。首先,以《中孚》卦的卦画结构为依据,解释中孚的含义。《彖传》认为,《中孚》卦的六三、六四两个阴爻居于卦的中位,有阴柔者居内而虚心之象;九二、九五两个阳爻分别居下、上卦之中位,有阳刚者持守中道之象;《中孚》卦下兑上巽,兑为悦,巽为谦逊,有统治者谦逊待下而民众和悦顺从之象。正因为《中孚》卦有虚心、守中、和悦、谦逊之象,所以中孚指内心诚信的意思。而统治者诚信,就能教育感化民众,故《彖传》说"孚乃化邦也"。其次,解释卦辞"豚鱼,吉"。《彖传》认为,所谓小猪和鱼吉祥,是指通过以小猪和鱼为祭品来表达诚信。第三,解释卦辞"利涉大川"。《彖传》认为,《中孚》卦下兑上巽,兑为泽,巽为木,象征木舟在水上划行,所以利于渡大河。第四,解释卦辞"利贞"。《彖传》认为,因为内心诚信,所以占问有利,这是符合天道的。也就是说,在《彖传》看来,人只要能做到诚信,行事就必会顺利。

《象传》由《中孚》卦下兑上巽象征"泽上有风",推出君子应"议狱缓死",其间的逻辑关系是:《象传》以风比教化,以泽比恩泽,因此,"泽上有风"象征通过恩泽和教化治理百姓;君子受此启发,从而慎重地审理案件,宽缓对死刑的判决,即不是机械地用法律条文来判决案件,而是力图通过感化的手段,使违法犯罪者幡然悔悟,重新做人。

《中孚》卦六爻,则可以清晰地划分为四种情况:第一种情况是无应合之爻且居位得正,此为最佳,如九五之"无咎";第二种情况是居位不正,但无应合之爻,此为其次,如九二之得遂心中之愿;第三种情况是居得其位,但有应合之爻,如初九与六四;第四种情况则是居不得位,又有应合之爻,此为最差,如六三与上九,它们一为"或泣或歌",一为"贞凶"。由此可见,《中孚》卦六爻有一个最大的特点,就是不以有应合之爻为佳,这是因为:"中孚"指的是内心诚信,而内心诚信,必须发自肺腑,而不是做表面文章。

䷼(兑下巽[xùn]上①)中孚② 豚(tún)鱼③,吉。利涉大川,利贞④。

《彖(tuàn)⑤》曰:中孚,柔在内⑥而刚得中⑦,说(yuè)而巽⑧,孚乃化邦也。"豚鱼,吉",信及豚鱼也。"利涉大川",乘木舟⑨虚也。中孚以"利贞",乃应乎天也。

《象⑩》曰:泽上有风⑪,中孚。君子以议⑫狱⑬缓死。

【注释】

①兑下巽上:指六画的《中孚》卦由三画的巽卦和兑卦上下相叠而成。 ②中孚:卦名,意为内心诚信。 ③豚鱼:小猪和鱼。豚:小猪。一说指江豚,一种外形像鱼的哺乳动物,生活在江河中。 ④贞:占问。一说指"正"。 ⑤彖:见"乾第一"原文第二节注①。 ⑥柔在内:《中孚》卦六爻中六三和六四两个阴爻居中,其上下均为阳爻,所以说柔在内。 ⑦刚得中:指九二和九五阳爻分别居下、上卦之中位。 ⑧说而巽:《中孚》卦下兑上巽,兑为悦,所以说说而巽。说:即"悦"。巽:谦逊。 ⑨乘木舟:《中孚》卦下兑上

巽,兑为泽,巽为木,好像木舟浮于水上。　⑩象:见"乾第一"原文第三节注①。　⑪泽上有风:《中孚》卦下兑上巽,兑为泽,巽为风,所以说泽上有风。　⑫议:审理。
⑬狱:讼案。

【译文】

中孚　用小猪和鱼为祭品进行祭祀,吉祥。利于渡大河,有利之占问。

《象传》说:《中孚》卦象征阴柔者居内而阳刚者恪守中道,和悦而谦逊,用诚信教育感化整个国家的民众。"用小猪和鱼为祭品进行祭祀,吉祥",说明是通过小猪和鱼来表达诚信。"利于渡大河",是因为乘坐着空的木船。内心诚信而"占问有利",这是符合天道的。

《象传》说:《中孚》卦下兑上巽,兑为泽,巽为风,象征大泽上有风吹拂,这就是《中孚》卦的卦象。君子观此卦象,从而慎重地审理案件,宽缓对死刑的判决。

初九　虞①,吉;有它②,不燕③。

《象》曰:初九"虞,吉",志未变也。

九二　鸣鹤在阴④,其子和(hè)之。我有好爵⑤,吾与尔靡⑥之。

《象》曰:"其子和之",中心愿也。

六三　得敌⑦,或鼓⑧或罢⑨,或泣或歌。

《象》曰:"或鼓或罢",位不当⑩也。

六四　月几⑪望⑫,马匹⑬亡,无咎⑭。

《象》曰:"马匹亡",绝类上⑮也。

九五　有孚挛(luán)如⑯,无咎。

《象》曰:"有孚挛如",位正当⑰也。

上九　翰音⑱登⑲于天,贞凶。

《象》曰:"翰音登于天",何可长也。

【注释】

①虞:安。一说指古代一种安神的祭礼;一说指考虑。
②有它:指另有他事。一说指有意外之事(它:"蛇"的古字)。
③燕:通"宴",指安定。　④阴:同"荫",指树荫。
⑤好爵:这里指美酒。爵:古代的一种酒器。　⑥靡:共。
⑦得敌:遇到敌人。一说指俘获敌人。　⑧鼓:指击鼓。
⑨罢:停止。一说通"疲",指疲乏。　⑩位不当:指六三阴爻居于阳位,所处的位置不适当。　⑪几:接近。　⑫望:月亮圆满。　⑬匹:配偶。　⑭咎:灾殃。　⑮绝类上:指六四阴爻断绝与同类(指与其相应合的初九阳爻)的联系而上附九五阳爻。　⑯挛如:系连不断的样子。一说挛同"娈",指好。　⑰位正当:指九五阳爻居于阳位,所处的位置正当。　⑱翰音:飞向高空的声音(翰:高飞)。一说指鸡。　⑲登:升。

【译文】

初九　安守不动,吉祥;另有他事,则不安定。

《象传》说:初九爻辞中说的"安守不动,吉祥",是因为其志向没有发生变化。

九二　鹤在树荫下鸣叫,小鹤鸣叫着应和。我有美酒,与你一起分享。

《象传》说:"小鹤鸣叫着应和",说明它发自内心地愿意这么做。

六三　遇到敌人,或击鼓进攻,或罢兵不战,或哭泣,或歌唱。

《象传》说:"或击鼓进攻,或罢兵不战",是因为六三所处的位置不适当。

六四　月亮接近满月,马失去其配偶,没有灾殃。

《象传》说:"马失去其配偶",说明六四断绝了与同类的联系而顺承居于上位者。

九五　持续不断地保持诚信,没有灾殃。

《象传》说:"持续不断地保持诚信",是因为九五所处的位置正当。

上九　声音高扬于天空中,占问得凶兆。

《象传》说:"声音高扬于天空中",这种状况怎么能维持长久呢?

䷽（艮下震上）小过第六十二

【导读】

小过指小者超过、小有过失的意思。《小过》卦由四个阴爻和两个阳爻组成，阴爻的数目多于阳爻，《周易》以阳为大，以阴为小，所以《小过》卦有小者超过的意思。这里的小者超过除了指阴爻的数目超过阳爻，也有超过"中"的意思；"中"指居中不偏，居中不偏即是常道、常规，因此，"小过"又有稍许超过常规的意思；而"过犹不及"，超过常规总是不好的，所以"小过"亦有小有过失之义。人在做事时只是稍微有些过失，于大局并无影响，故卦辞说"亨，利贞"，即亨通，有利之占问。但是，过失虽小，毕竟是有了过失，所以只适合做小事情，而不适合做大事情。试想一下，像向天上发射卫星之类的大事，一点错误都不允许发生，因此，此时若有小过，就不适宜发射了。但若是玩游戏之类的小事，即使小有过失，仍可照玩不误。卦辞中的"飞鸟遗之音，不宜上，宜下，大吉"是对"可小事，不可大事"的补充说明，这里的"上"，指向上发展，即做大事；"下"，指向下发展，即做小事，意即做小事情可"大吉"。关于"飞鸟遗之音"，有的学者认为它反映了古代的一种鸟占之俗，鸟占即根据鸟的鸣叫声来预测吉凶，可资参考。

《象传》从四个方面来解释《小过》卦的卦名、卦画结构及卦辞。首先,解释卦名"小过"及卦辞"亨"。《象传》认为,《小过》卦的小过是指"小者过",所谓"小者过",既指阴爻的数目多于阳爻,也指小有过失;因为只是小有过失,所以仍可亨通。其次,解释卦辞"利贞"。《象传》指出,小过既然意味着小有过失,为什么还说是有利之占问呢?这是因为,小过所谓的小有过失,不是因为不认真或不小心造成的,而是根据时势的需要有意为之,譬如矫枉过正、乱世用重典之类;过正、用重典都不是常道,都意味着有些过分,但是为了矫枉,为了整治乱世,则不得不如此,所以《象传》说这里的小过是"与时行也"。第三,解释卦辞"可小事,不可大事"。《象传》以《小过》卦的卦画结构为依据,指出:《小过》卦的六二、六五两个阴爻分别居下、上卦之中位,象征阴柔者持守中道;九四阳爻居于阴位,居位不正,又不居上卦之中位,九三阳爻亦不居下卦之中位,这都象征阳刚者居不当位又不能守中道。阴柔者无论就能力还是魄力来说都比不上阳刚者,现在却占据着主要的位置,所以只适合做小事,不适合做大事。第四,解释卦辞"飞鸟遗之音,不宜上,宜下,大吉"。《象传》认为,卦辞中之所以说不宜向上发展,而应向下,是因为鸟在空中飞翔时,越向上飞,则空气越稀薄,阻力越大,而在低空飞行,则可任意自在,即所谓"上逆而下顺也"。有学者认为,此处的"上逆"系指六五阴爻而言,六五居上而凌乘九四阳刚,故为逆;"下顺"系指六二阴爻而言,六二居下而上承九三阳爻,故为顺。这样理解也颇为通顺。

《象传》由《小过》卦下艮上震象征"山上有雷",推出君子应"行过乎恭,丧过乎哀,用过乎俭",其间的逻辑关系是:山上打雷时,山中之人极易被雷击中,君子因此比平时更加警惕,在各个方面都严格要求自己,行为比一般人更为恭敬,居丧比一般人更为哀痛,消费比一般人更为节俭,以至于在旁人看来都显得有些过分。

《小过》卦六爻,始终贯彻卦辞中所说的两个原则:一是"可小事,不可大事",二是"不宜上,宜下"。故初六阴爻欲上应九四阳爻而得"凶";九三阳爻欲上从上六阴爻亦得"凶";上六居穷极之地,仍欲向上发展,更得"凶"和"灾眚"。而六二阴爻不求超过六五阴爻,只求与初六相遇,得"无咎";九四向下与初六相遇,亦得"无咎";六五不求大有作为,从而有射得洞中猎物之收获。

☷(艮[gèn]下震上①)小过② 亨,利贞③。可④小事,不可大事。飞鸟遗⑤之音,不宜上,宜下,大吉。

《彖(tuàn)⑥》曰:小过,小者过⑦而"亨"也。过以"利贞",与时行也。柔得中⑧,是以小事吉也;刚失位而不中⑨,是以"不可大事"也。有飞鸟之象焉⑩,"飞鸟遗之音,不宜上,宜下,大吉",上逆而下顺也。

《象⑪》曰:山上有雷⑫,小过。君子以行过乎恭,丧过乎哀,用过乎俭。

【注释】

①艮下震上:指六画的《小过》卦由三画的震卦和艮卦上下相叠而成。 ②小过:卦名,意为小者超过、小有过失。
③贞:占问。一说指"正"。 ④可:适宜。 ⑤遗:留。
⑥彖:见"乾第一"原文第二节注①。 ⑦小者过:既指阴爻的数目多于阳爻(《周易》以阴为小),也指小有过失。
⑧柔得中:指六二和六五阴爻分别居下、上卦之中位。

⑨刚失位而不中:指九四阳爻居于阴位,居位不正,且九三和九四阳爻都没有居下、上卦之中位。 ⑩有飞鸟之象焉:一说《小过》卦内为两个阳爻,外为四个阴爻,有飞鸟展翅之象;一说《小过》卦下艮上震,艮为山,"震为鹄"(据《经典释文》引荀爽《九家集解本》,今本无此句),像鹄从山上飞过,所以称之为有飞鸟之象焉;一说此句系后人的解释,误入正文,当删。 ⑪象:见"乾第一"原文第三节注①。 ⑫山上有雷:《小过》卦下艮上震,艮为山,震为雷,所以说山上有雷。

【译文】

小过 亨通,有利之占问。适合做小事,不适合做大事。鸟飞过后留下叫声,不应向上,而应向下,大为吉祥。

《彖传》说:小过,意为只是小有过失,所以仍然"亨通"。有过失而仍为"有利之占问",是因为能根据合适的时机采取行动。《小过》卦象征阴柔者持守中道,所以做小事吉祥;阳刚者所处的位置不当而且不能持守中道,所以说"不适合做大事"。《小过》卦下艮上震,象征鸟从山上飞过,"鸟飞过后留下叫声,不应向上,而应向下,大为吉祥",说明向上会碰到阻碍而向下则会顺利。

《象传》说:《小过》卦下艮上震,艮为山,震为雷,象征山上有雷震动,这就是《小过》卦的卦象。君子观此卦象,从而行为比一般人更为恭敬,居丧时比一般人更为哀痛,消费比一般人更为节俭。

初六 飞鸟①以凶。

《象》曰:"飞鸟以凶",不可如何②也。

六二 过③其祖,遇其妣(bǐ)④;不及⑤其君,遇其臣。无咎⑥。

《象》曰:"不及其君",臣不可过也。

九三　弗过⑦防之,从⑧或戕(qiāng)⑨之,凶。

《象》曰:"从或戕之","凶"如何⑩也。

九四　无咎,弗过遇之,往厉⑪必戒⑫。勿用⑬永贞⑭。

《象》曰:"弗过遇之",位不当⑮也。"往厉必戒",终不可长也。

六五　密云不雨,自我西郊。公⑯弋(yì)⑰,取彼⑱在穴。

《象》曰:"密云不雨",已⑲上也。

上六　弗遇,过之,飞鸟离⑳之,凶,是谓灾眚(shěng)㉑。

《象》曰:"弗遇,过之",已亢㉒也。

【注释】

①飞鸟:指鸟向上飞。　②不可如何:意即无可奈何。
③过:超过;越过。　④妣:祖母。　⑤及:追上。
⑥咎:灾殃。　⑦过:过分;过多。一说指过失、错误。
⑧从:随从。一说同"纵",指放纵。　⑨戕:伤害;残害。
⑩如何:怎么办。　⑪厉:危险。　⑫戒:戒备。
⑬用:这里相当于"利"。　⑭永贞:占问长远之事的吉凶。
⑮位不当:指九四阳爻居于阴位,所处的位置不适当。
⑯公:指王公大人。　⑰弋:用绳系矢而射。　⑱彼:指猎物。这里当指六二阴爻。　⑲已:太;过分。一说指已经。
⑳离:通"罹(lí)",指遭遇不幸。　㉑灾眚:灾难。
㉒亢:极;过甚。

【译文】

初六　鸟向上飞,有凶险。

《象传》说:"鸟向上飞,有凶险",对此真是无可奈何。

六二　越过祖父,遇到了祖母;没有赶上君主,遇到了臣子。没有灾殃。

《象传》说:"没有赶上君主",是因为臣子不能逾越君主。

九三　不愿做过多的防范,随从他人,将会受到伤害,有凶险。

《象传》说:"随从他人,将会受到伤害",对于此种"凶险",又能怎么办呢?

九四　没有灾殃,不是很想与初六相遇,前往有危险,一定要作戒备。不利于占问长远之事的吉凶。

《象传》说:"不是很想与初六相遇",是因为九四所处的位置不适当。"前往有危险,一定要作戒备",说明这种局面终究不会长久。

六五　天空中浓云密布,但是没有下雨,云来自西郊。王公用系着绳的箭射获了洞穴中的猎物。

《象传》说:"天空中浓云密布,但是没有下雨",说明六五过于向上。

上六　没有相遇,行为过度,飞鸟遭遇不幸,有凶险,这就叫灾难。

《象传》说:"没有相遇,行为过度",是指上六的行为过于极端。

䷾（离下坎上）既济第六十三

【导读】

既济是已经成功的意思。有的学者释之为已经渡过，虽也可通，但取义过窄。在《周易》六十四卦中，《既济》卦是非常特殊的一卦，其特殊性就表现在：《既济》卦六爻，每一爻都居得其位，也就是阳爻皆居阳位，阴爻皆居阴位；而且初九与六四、六二与九五、九三与上六同位爻之间皆一一对应，上下之间秩序井然。就社会人事而言，仿佛天下一片太平，人人各安其位，个个安居乐业，长幼有序，尊卑有等，社会和谐之极。这种情况，在其他六十三卦中是找不到的，故卦名为《既济》，意为已经成功。另外，《既济》卦下离上坎，离为火，坎为水，象征火上炎而水下润，阴阳交融，刚柔相济，故"既济"意为成功。

事情既已成功，则一切皆可亨通，卦辞"亨小"，意为事情成功之时，连小事也可亨通。有学者指出，"小"字疑为衍文，因一个"亨"字已足以表达事情成功时万事亨通的意义，加一"小"字，有蛇足之嫌。此说颇有道理。万事亨通，当然是有利之占问，故卦辞曰"利贞"。卦辞中的"初吉，终乱"，指最初吉利，最终会有祸乱，反映了《周易》作者深刻的哲学思想。因为事物的发展总是遵循物极必反的原则,盛极必衰,衰极必盛;治极必乱,乱极必治。《三国演义》中说的"凡天下大势,分久必合,合久必分",说的也是这一道理。它说明事物的发展是没有止境的,当事情成功时,切不可居功自傲,以为万事大吉,而应居安思危,防微杜渐。

《彖传》从四个方面来解释《既济》卦的卦辞。首先,解释卦辞"亨小"。《彖传》认为,所谓"亨",是指"小者亨"即小事亨通。此处说"小者亨"并不是说只有小事亨通,而是连小事也亨通,以说明事情成功时一切皆亨通的状况。《彖传》只说"亨"而不说"亨小",对此,有的学者认为是脱漏,有的学者认为是省略,均有一定道理。其次,解释卦辞"利贞"。《彖传》认为,《既济》卦之所以预示是有利之占问,是因为卦中六爻皆为阳爻居阳位、阴爻居阴位,象征阳刚者和阴柔者居位得当且各守正道。第三,解释卦辞"初吉"。《彖传》认为,六二阴爻居《既济》卦下卦之中位,象征阴柔者能守中正之道。六二处《既济》开始不久,故言"初";六二在卦中好比臣子,臣子能持守中正之道,则上下尊卑有序,国家安定,故言"吉"。第四,解释卦辞"终乱"。《彖传》释卦辞中的"终"为"终止",所谓终止,即在事情成功后停止不前,不思进取,不谋变革和发展,所以最终会有祸乱。《既济》卦的上六阴爻居该卦之终,其所处的情形,与"终乱"之说极为吻合。因为上六居《既济》之极,必向《未济》转化;上六阴爻居于九五阳爻之上,有阴柔者凌乘阳刚者之象,仿佛阴柔者不再持守中正之道,而是图谋犯上。这样,上下有序的"既济"局面必将崩溃,混乱亦将随之而来,故《彖传》说"其道穷也",即既济之道已陷于绝境。

《象传》由《既济》卦上坎下离象征"水在火上",推出君子应"思患而豫防之",其间的逻辑关系是:水在火上,则火患被水所控制,而火患之所以能被控制,是因为事先有准备;君子受此启发,认识到若不事先对灾患有所防备,则灾患必将失控,所以君子要居安思危,考虑到有可能出现祸患而事先加以预防。

既济是已经成功的意思,事情既已成功,则当安享其乐,然而从六爻爻辞来看,除了九五"实受其福"、初九"无咎",其余各爻不但无吉祥之断语,相反,却多为诫语,如六二诫"勿逐",九三诫"小人勿用",六四"终日戒",其守成艰难、居安思危的思想表现得十分明显。

☷(离下坎上①)既济② 亨小,利贞③。初吉,终乱。

《彖(tuàn)④》曰:既济,"亨",小者亨也。"利贞",刚柔正而位当⑤也。"初吉",柔得中⑥也。"终"止则"乱",其道穷也。

《象⑦》曰:水在火上⑧,既济。君子以思患而豫⑨防之。

【注释】

①离下坎上:指六画的《既济》卦由三画的坎卦和离卦上下相叠而成。 ②既济:卦名,意为已经成功。既:已经。济:成功。 ③贞:占问。一说指"正"。 ④彖:见"乾第一"原文第二节注①。 ⑤刚柔正而位当:《既济》卦初九、九三、九五三个阳爻居阳位,六二、六四、上六三个阴爻居阴位,所处的位置皆适当;阳为刚,阴为柔,所以说刚柔正而位当。 ⑥柔得中:指六二阴爻居下卦之中位。 ⑦象:见"乾第一"原文第三节注①。 ⑧水在火上:《既济》卦上坎下离,坎为水,离为火,所以说水在火上。 ⑨豫:事先准备。

【译文】

既济　小事亦获亨通,有利之占问。开始时吉利,最终会有祸乱。

《彖传》说:既济,"亨通",是指小事情亨通。"有利之占问",是因为《既济》卦象征阳刚者和阴柔者各守正道,所处的位置均极为适当。"开始时吉利",是因为阴柔者能持守中道。"最终"停止会"有祸乱",是因为其所行之道已陷于绝境。

《象传》说:《既济》卦上坎下离,坎为水,离为火,象征水在火的上面,这就是《既济》卦的卦象。君子观此卦象,从而考虑有可能出现祸患而事先加以预防。

初九　曳(yè)①其轮,濡②其尾,无咎③。

《象》曰:"曳其轮",义④"无咎"也。

六二　妇丧其茀(fú)⑤,勿逐⑥,七日⑦得。

《象》曰:"七日得",以中道⑧也。

九三　高宗⑨伐鬼方⑩,三年克⑪之,小人勿用。

《象》曰:"三年克之",惫⑫也。

六四　繻(rú)⑬有衣袽(rú)⑭,终日戒⑮。

《象》曰:"终日戒",有所疑也。

九五　东邻杀牛,不如西邻之禴(yuè)祭⑯,实受其福。

《象》曰:"东邻杀牛",不如西邻之时⑰也。"实受其福",吉大来也。

上六　濡其首,厉⑱。

《象》曰:"濡其首,厉",何可久也。

【注释】

①曳:拖;拉。 ②濡:沾湿。 ③咎:灾殃。 ④义:宜;理应。 ⑤茀:古代女子的首饰。一说指障蔽车子的帷幔。 ⑥逐:追求;求取。 ⑦七日:见"复第二十四"原文第一节注⑧。 ⑧中道:指六二阴爻居下卦之中位。 ⑨高宗:指殷王武丁。 ⑩鬼方:我国古代西北地区的一个部落。 ⑪克:战胜。 ⑫惫:极度疲乏;困顿。 ⑬繻:一说指彩色的丝织品;一说应作"濡",指沾湿。 ⑭袽:败絮;破布。这里指古代船漏时用来堵漏洞之物。 ⑮戒:戒备。 ⑯禴祭:古代的一种祭祀活动,所用祭品较为简单。 ⑰时:指合乎时宜。 ⑱厉:危险。

【译文】

初九 拉住车轮,渡水的动物沾湿了尾巴,没有灾殃。

《象传》说:"拉住车轮",理应"没有灾殃"。

六二 妇人丢失了首饰,用不着寻找,七天后将会失而复得。

《象传》说:"七天后将会失而复得",是因为六二能持守中道。

九三 高宗征讨鬼方,用了三年时间才取胜,不要任用小人。

《象传》说:"用了三年时间才取胜",说明此事让大家都疲惫不堪。

六四 船漏时有用来堵漏洞的破衣服,整天处于警惕戒备的状态。

《象传》说:"整天处于警惕戒备的状态",是因为心中有疑虑。

九五 东邻杀牛举行祭祀,不如西邻举行薄祭更能切实地享受上天降下的福泽。

《象传》说:"东邻杀牛举行祭祀",不如西邻举行祭祀时选择的时机适宜。"切实地享受上天降下的福泽",说明巨大的吉祥将会接踵而来。

上六　渡水时头部沾湿,有危险。

《象传》说:"渡水时头部沾湿,有危险",这种状况怎么能长久呢?

䷿（坎下离上）未济第六十四

【导读】

未济是未获成功的意思。《未济》卦下坎上离，坎为水，离为火，水性润下，火性炎上，象征阴阳不交，行事不顺，故《未济》卦的未济指未获成功。另外，《未济》卦六爻，皆为阳爻居阴位、阴爻居阳位，居位皆不恰当，象征上下失位，名实不符，秩序大乱。在《论语·子路》篇中，孔子曾经说过："名不正，则言不顺；言不顺，则事不成"，故未济指未获成功的意思。《未济》卦与《既济》卦正好相反，《既济》卦是下离上坎，象征阴阳相交；六爻皆当位，象征秩序井然，故《既济》卦指已获成功。《周易》把《未济》卦列于《既济》卦之后，说明事物的发展不会有彻底终结的时候，旧的过程结束了，新的过程就会重新开始。因此，事物发展到既济，并非万事大吉；同样，事物进入未济，就必然会朝着既济的方向前进。卦辞中的"亨"，就是要告诉人们：虽然未济指未获成功，但终究是会获得成功的，从而激励人们奋发有为。但未济之"亨"，是就其可能性而言的，就其现实性来说，毕竟是未获成功，故卦辞又以"小狐汔济，濡其尾"作喻。狐狸的尾巴很大，因此渡水时一定要竖起尾巴，若尾巴被水沾湿，则会因阻力太大而游不动。小狐没有经验，在快要游到对岸时把尾巴沾湿了,则无法游到对岸,故卦辞说"无攸利"。

《彖传》从四个方面来解释《未济》卦的卦辞和卦画结构。首先,解释卦辞"亨"。《彖传》认为,《未济》卦之所以预示亨通,是因为六五阴爻居上卦之中位,象征阴柔者能持守中道。其次,解释卦辞"小狐汔济"。《彖传》认为,《未济》卦的九二阳爻居下卦坎之中位,坎为险,象征未脱离险境,故卦辞中以"小狐汔济"即小狐渡水还未游到对岸、身子仍在水中作喻。第三,解释卦辞"濡其尾,无攸利"。《彖传》认为,小狐之所以会在快要游到对岸时尾巴被水沾湿,以致功败垂成,是因为它"不续终",即不能坚持到终点。这反映了做事时持之以恒的重要性。第四,说明《未济》卦卦画结构的特点。《彖传》认为,《未济》卦的三个阳爻居于阴位,三个阴爻居于阳位,是六爻皆不当位;但初六与九四、九二与六五、六三与上九皆相应合,则又象征刚柔相济。《未济》卦六爻皆不当位,象征上下失序,事情未获成功;但六爻之间刚柔皆应,则象征社会上的各类人群能齐心协力,共济时艰,此为《未济》卦中的积极因素,故又预示《未济》卦必能克服混乱无序的状态,走向大治。

《象传》由《未济》卦上离下坎象征"火在水上",推出君子应"慎辨物居方",其间的逻辑关系是:火在水上,则火炎上而水润下,水火不能相交,象征阴阳不相调和,火势不能受到有效控制,事情未能获得成功;若能做到像《既济》卦那样"水在火上",便能阴阳交融,事情大获成功。君子受此启发,认识到确定事物的性质并使之处于恰当位置的重要性,从而审慎地辨别事物,并使它们各得其所。

《未济》卦六爻,下三爻与上三爻的情况有明显的区别。下三爻处于下卦坎险之中,又值天下混乱之时,宜静观待时而不宜盲动,故初六妄动而"吝",六三渡水不能成功而致"凶",九二则因能审时度势而得"吉"。上三爻处于上卦离中,光明已现,宜积极行动以重建秩序,故九四"伐鬼方"而得赏,六五以君子之德影响天下而获"吉",上九饮酒庆贺而"无咎"。总之,《未济》卦六爻向我们展示了从无序到有序的全过程。不过,上九爻辞中的"濡其首",则再次提醒我们:有序并不是事物发展的终结,事物总是从有序到无序,再到有序,不断地向前发展的。

☲（坎下离上①）未济② 亨。小狐汔(qì)③济④,濡⑤其尾,无攸⑥利。

《彖(tuàn)⑦》曰:未济,"亨",柔得中⑧也。"小狐汔济",未出中⑨也。"濡其尾,无攸利",不续终⑩也。虽不当位⑪,刚柔应⑫也。

《象⑬》曰:火在水上⑭,未济。君子以慎辨物居方⑮。

【注释】

①坎下离上:指六画的《未济》卦由三画的离卦和坎卦上下相叠而成。　②未济:卦名,意为未获成功。济:成功。　③汔:接近;将要。　④济:渡;过河。　⑤濡:沾湿。　⑥攸:助词,相当于"所"。　⑦彖:见"乾第一"原文第二节注①。　⑧柔得中:指六五阴爻居上卦之中位。　⑨未出中:指九二阳爻居下卦坎之中位,象征处于坎险中。　⑩续终:指继续游到终点。　⑪不当位:指九二、九四、上九三个阳爻居于阴位,初六、六三、六五三个阴爻居于阳位,所处的位置皆不适当。　⑫刚柔应:指初六阴爻与九四阳爻、九二阳爻与六五阴爻、六三阴爻与上九阳爻皆相应合,所以说刚柔

应。　⑬象:见"乾第一"原文第三节注①。　⑭火在水上:《未济》卦上离下坎,离为火,坎为水,所以说火在水上。
⑮居方:居于合适的地方。

【译文】

未济　亨通。小狐快要游到对岸时,尾巴被水沾湿,得不到什么利益。

《彖传》说:未济,"亨通",是因为阴柔者能持守中道。"小狐快要游到对岸",说明其身子仍在水中。"尾巴被水沾湿,得不到什么利益",是因为不能继续努力以达到终点。《未济》卦的阴爻和阳爻所处的位置虽然均不适当,但处于同位的阴阳爻之间却能互相应合。

《象传》说:《未济》卦上离下坎,离为火,坎为水,象征火在水的上面,这就是《未济》卦的卦象。君子观此卦象,从而审慎地辨别事物并使其各居于合适的地方。

初六　濡其尾,吝①。

《象》曰:"濡其尾",亦不知极②也。

九二　曳(yè)③其轮,贞④吉。

《象》曰:九二"贞吉",中⑤以行正也。

六三　未济,征凶。利涉大川。

《象》曰:"未济,征凶",位不当⑥也。

九四　贞吉,悔亡。震⑦用伐鬼方⑧,三年有赏于大国⑨。

《象》曰:"贞吉,悔亡",志行也。

六五　贞吉,无悔。君子之光⑩,有孚⑪,吉。

《象》曰:"君子之光",其晖(huī)⑫"吉"也。

上九　有孚于饮酒,无咎⑬。濡其首,有孚失是⑭。

《象》曰:"饮酒"濡首,亦不知节⑮也。

【注释】

①吝:悔恨。　②极:准则;法则。一说指终;一说指中。　③曳:拖;拉。　④贞:占问。一说指"正"。　⑤中:指九二阳爻居下卦之中位。　⑥位不当:指六三阴爻居于阳位,所处的位置不适当。　⑦震:一说为人名;一说指雷霆之势。　⑧鬼方:我国古代西北地区的一个部落。　⑨大国:这里指殷国。　⑩光:光明;光辉。　⑪孚:见"需第五"原文第一节注③。　⑫晖:光辉。　⑬咎:灾殃。　⑭是:正。　⑮节:节制。

【译文】

初六　尾巴被水沾湿,有令人悔恨之事。

《象传》说:"尾巴被水沾湿",说明初六也太不懂得行动的规则了。

九二　拉住车轮,占问得吉兆。

《象传》说:九二爻辞中说的"占问得吉兆",是因为九二既守中又能行正道。

六三　未能渡水到达对岸,出征会有凶险。利于渡大河。

《象传》说:"未能渡水到达对岸,出征会有凶险",是因为六三所处的位置不适当。

九四　占问得吉兆,没有令人后悔之事。震出兵征讨鬼方,三年后取得胜利,得到大国的赏赐。

《象传》说:"占问得吉兆,没有令人后悔之事",说明九四的志向得到了实行。

六五　占问得吉兆,没有后悔之事。君子之德发出光辉,有诚信,吉祥。

《象传》说:"君子之德发出光辉",说明君子之德发出的光辉能带来"吉祥"。

上九　在饮酒之事上守信用,没有灾殃。头部沾湿,虽有诚信,也会背离正道。

《象传》说:"饮酒"时头部沾湿,也太不知道节制了。

系辞传上

【导读】

《系辞传》是对《易经》的内容、结构、性质、作用和价值等进行全方位解释的文辞,"系辞"意为系连于《易经》经文下面的解释之辞。《系辞传》分为上下两篇,上篇即《系辞传上》,共十二章(关于《系辞传上》的分章,历来有不同分法),蕴含的思想极其丰富。首先是提出了"《易》与天地准"的思想,即认为《易经》是仿照天地创造出来的,包含了天地的所有特点和神妙之处,因此,掌握了《易经》,也就掌握了天地之道。其次是提出了"一阴一阳之谓道"的重要思想,认为阴和阳的对立、依存和转化是《易》道的全部内容。第三是提倡简约平易,认为"易简而天下之理得矣"。第四是提出了"书不尽言,言不尽意"的观点,认为文字不能彻底表达人的语言,语言不能彻底表达人的思想;但同时又指出,"圣人立象以尽意",即圣人通过"象"来彻底表达人的思想。这就深刻揭示了文字、语言、思想、象四者关系的实质。第五是提出了"形而上者谓之道,形而下者谓之器"的重要思想。把认识的对象划分为道和器两个方面和层面,是人类思维领域的一大突破,也为人类的精神追求开启了全新的局面。第六点,也是值得我们特别予以关注的,就是第九章中介绍了古人运用《易经》来预测吉凶的具体方法。

第一章

天尊①地卑②,乾③坤④定矣。卑高以⑤陈⑥,贵贱位⑦矣。动静⑧有常⑨,刚柔⑩断⑪矣。方⑫以类聚,物⑬以群分,吉凶生矣。在天成象⑭,在地成形⑮,变化见(xiàn)⑯矣。是故刚柔相摩⑰,八卦相荡⑱。鼓⑲之以雷霆,润之以风雨,日月运行,一寒一暑。乾道⑳成男,坤道㉑成女。乾知㉒大始㉓,坤作成㉔物。乾以易㉕知㉖,坤以简㉗能㉘。易则易知,简则易从㉙。易知则有亲,易从则有功。有亲则可久,有功则可大。可久则贤人之德,可大则贤人之业。易简而天下之理得矣。天下之理得,而成位㉚乎其中矣。

【注释】

①尊:高。　②卑:低。　③乾:象征天。　④坤:象征地。　⑤以:通"已",指已经。　⑥陈:陈列;陈设。　⑦位:指各得其所。　⑧动静:指天动地静。　⑨常:常道;规律。　⑩刚柔:指阳刚和阴柔。　⑪断:截断,这里指判然分明。　⑫方:一说指事物的走向;一说应作"人";一说指思想观念。　⑬物:一说指事物;一说指人物;一说指阴阳爻画。　⑭象:指日月星辰等天象。　⑮形:指山川草木等形体。　⑯见:显现;出现。　⑰刚柔相摩:指阳爻和阴爻互相交错配合而产生八卦。摩:碰撞;摩擦。　⑱八卦相荡:指八卦摆动重叠而产生六十四卦。荡:来回摆动。　⑲鼓:敲击;振动。　⑳乾道:天道;阳刚之道。

㉑坤道:地道;大地的属性。　㉒知:一说同"为",相当于"作"的意思;一说指知识、认识;一说指功能。　㉓大始:即"太始",指最初的开始。　㉔成:成就。　㉕易:平易;容易。　㉖知:一说指体现功能;一说指知晓;一说同"智",指智慧。　㉗简:简单;简约。　㉘能:功能;作用。　㉙从:遵从;遵循。　㉚成位:确定地位。一说指成就。

【译文】

天高而在上,地低而在下,乾和坤的位置、特性就是据此确定的。低和高的位置既已排定,贵和贱的地位也就确立了。天地的动和静有规律性,阳刚和阴柔的区别也就非常分明了。同类的道理聚合在一起,事物按其所属的群体相区分,吉凶也就因此而产生了。在天上形成日月星辰等天象,在地上形成山川草木等形体,事物变化的道理也就从中显现出来了。所以阴爻和阳爻交错配合而产生八卦,八卦之间摆动重叠而产生六十四卦。雷霆在天空中震动,风雨滋润着大地,日月在天空中交替往来,寒和暑不断更替。具有乾阳特性的成为男,具有坤阴特性的成为女。乾的功用是创生万物,坤的作用是成就万物。乾通过平易来体现其功能,坤通过简约来显示其作用。平易就容易为人所知晓,简约就容易为人所遵循。容易被人知晓就会有人来亲近,容易被人遵循就能取得成功。有人来亲近就可以长久,取得成功后事业就能发展壮大。可以长久,指的是贤人的品德;可以发展壮大,指的是贤人的功业。能够做到平易简约,天下的道理就都能掌握了。天下的道理都掌握了,就能恰当地给自己定位了。

第二章

圣人设卦①观象②,系辞③焉而明吉凶。刚柔④相推⑤而生变化。是故吉凶者,失得之象也;悔吝⑥者,忧虞⑦之象也;变化者,进退之象也;刚柔者,昼夜之象也。六爻(yáo)⑧之动,三极⑨之道也。是故君子所居⑩而安⑪者,《易》之序⑫也;所乐而玩⑬者,爻之辞也。是故君子居则观其象而玩其辞⑭,动则观其变而玩其占⑮,是以"自天佑之,吉,无不利⑯"。

【注释】

①卦:《周易》中一套有象征意义的符号,由阳爻(—)和阴爻(- -)相配合而成。由三个爻组成的卦有八个,称为八卦,由八卦重叠而形成了六十四卦。　②象:指卦象和爻象。　③系辞:在卦和爻的后面配上卦辞和爻辞。　④刚柔:指阳爻和阴爻。　⑤相推:互相推移。　⑥吝:悔恨。　⑦忧虞:忧虑。　⑧爻:组成八卦的长短横道,"—"为阳爻,"- -"为阴爻。　⑨三极:指天、地、人三才。　⑩居:平素家居。　⑪安:一说指安心;一说即"按",指考察。　⑫《易》之序:指《周易》的卦序。一说指六爻的序位。　⑬玩:玩味;品味。　⑭辞:指卦爻辞。　⑮占:占卜吉凶。　⑯自天佑之,吉,无不利:这是《大有》卦上九爻辞。

【译文】

圣人创设八卦和六十四卦,观察其卦象和爻象,并在每卦和每爻的后面配上文辞,以表明其中蕴含的吉凶。阳爻与阴爻互相推移而产生种种变化。所以吉和凶,是得到和失去的象征;悔和吝,是内心忧愁的象征;卦爻间的变化,是进取和退守的象征;阳刚和阴柔,是白昼和黑夜的象征。六爻的变化,体现了天、地、人三才的关系和内在规律。所以君子平素家居时细心考察的,是《易经》的卦序;愉快地玩味的,是每一爻的爻辞。所以君子平素家居时就考察《易经》的卦象和爻象,玩味卦辞和爻辞,准备有所行动时就观察卦爻象的变化并细细品味占问时所显示的吉凶,所以才能"有上天保佑,吉祥,没有任何不利"。

第三章

彖(tuàn)①者,言乎象②者也;爻(yáo)③者,言乎变者也;吉凶者,言乎其失得也;悔吝④者,言乎其小疵也;无咎⑤者,善补过也。是故列贵贱者存乎位⑥,齐⑦小大⑧者存乎卦⑨,辩⑩吉凶者存乎辞⑪,忧悔吝者存乎介⑫,震⑬无咎者存乎悔⑭。是故卦有小大,辞有险易⑮。辞也者,各指其所之⑯。

【注释】

①彖:这里指卦辞。　②象:这里指卦象。　③爻:这里指爻辞。　④吝:悔恨。　⑤咎:灾殃。　⑥位:指爻位。　⑦齐:分别。一说指"正",即确定;一说指"等",即相等。　⑧小大:指八卦中的阴卦和阳卦,阴卦为小,阳卦为大。　⑨卦:见《系辞传上》第二章注①。　⑩辩:即"辨",指辨别。　⑪辞:指卦爻辞。　⑫介:细微;微小。

一说指中介。　⑬震:惊惧,这里指惊惧戒备。　⑭悔:悔改。　⑮险易:指凶险和平易。　⑯之:到;往。

【译文】

象辞,是用来说明卦象的意义的;爻辞,是用来说明每一爻的具体变化的;吉和凶,是用来说明失去或得到的;悔和吝,是说明人们的行为存在瑕疵;无咎,说明善于补救过失。所以排列地位贵贱是通过六爻的爻位,分别大小要根据它是阳卦还是阴卦,辨别吉凶要根据卦爻辞的内容,担忧有悔吝之事就要注意防微杜渐,惊惧戒备而没有灾殃是因为知道及时悔改。所以卦有大小之别,卦爻辞有凶险和平易之分。每一则卦爻辞,都指出了行动的方向。

第四章

《易》与①天地准②,故能弥纶③天地之道。仰以观于天文④,俯以察于地理⑤,是故知幽明之故⑥。原⑦始反⑧终,故知死生之说⑨。精气⑩为物⑪,游魂⑫为变,是故知鬼神之情状。与天地相似,故不违。知⑬周⑭乎万物而道⑮济⑯天下,故不过⑰。旁行⑱而不流⑲,乐天⑳知命㉑,故不忧。安土㉒敦㉓乎仁,故能爱。范围㉔天地之化㉕而不过,曲成㉖万物而不遗㉗,通㉘乎昼夜之道㉙而知㉚,故神㉛无方㉜而《易》无体㉝。

【注释】

①与:以。　②准:根据。一说指取法;一说指等同。

③弥纶:普遍包括。　④天文:指日、月、星等天体在宇宙间运行等现象。　⑤地理:指山川土地之形势。　⑥幽明之故:无形和有形之事。故:事。　⑦原:推究;考查。　⑧反:类推。　⑨说:学说;理论。　⑩精气:古代指形成万物的阴阳元气。　⑪物:这里指有生命之物。　⑫游魂:游散的精气。　⑬知:一说指知识;一说同"智",指智慧。　⑭周:周遍。　⑮道:一说指道德;一说指道理;一说即"导",指引导。　⑯济:一说指救助、匡济;一说指成就。　⑰过:过失;错误。　⑱旁行:采用变通的手段处理问题。一说指遍行。　⑲流:放纵。一说指遗漏。　⑳乐天:乐于顺应天命。　㉑命:天命;命运。　㉒安土:安于所居住的环境。一说指安守地道。　㉓敦:诚恳;淳厚。　㉔范围:一说指规范;一说指包罗、包括。　㉕化:化育。　㉖曲成:多方设法以成全。　㉗遗:遗漏。　㉘通:贯通。　㉙昼夜之道:一说指白昼和黑夜变化的道理;一说指阴阳之道。　㉚知:一说同"智",指智慧;一说指知道。　㉛神:一说指精神;一说指神妙的变化。　㉜无方:一说指没有固定的方所;一说指变化不定。　㉝体:形体。

【译文】

《易经》是依据天地创作出来的,所以能囊括天地间的一切道理。抬头观察天上的日月星辰等天象,低头察看山川土地之形势,所以能明白所有无形和有形的事物。考察事物的开始,推究事物的终结,从而明白死和生的道理。精气可凝聚成有生命之物,精气游散后就会造成变化,从中就可以明白鬼神的真实情形。《易经》所蕴含的道理与天地的真实情况相吻合,所以不会与天地之道相违背。《易经》包含的知识遍及万物,其道理可以匡济天下,所以不会有什么过失。采取变通的手段处理问题而不会陷入放纵,能预知命运的安排并乐于顺从,所以不会有什么忧愁。安于所居住的环境,不断地培养自己的仁德,所以能充满爱心。《易经》能包罗天地化育万物之功而又不过分,多方设法以成全万物而没有遗漏,贯通阴阳变化之道而充满智慧,所以说神妙的事物变化无穷而《易经》之道没有固定的形体。

第五章

一阴一阳①之谓道②。继之③者善也,成④之者性⑤也。仁者见之谓之仁,知(zhì)⑥者见之谓之知,百姓日用而不知,故君子之道⑦鲜⑧矣。显诸⑨仁,藏诸用⑩,鼓万物⑪而不与圣人同忧,盛德大业至⑫矣哉!富有之谓大业,日新之谓盛德。生生⑬之谓易⑭,成象⑮之谓乾⑯,效法⑰之谓坤⑱。极数⑲知来⑳之谓占㉑,通变㉒之谓事㉓,阴阳不测㉔之谓神㉕。

【注释】

①一阴一阳:这里指任何事物都包含阴和阳两个方面,这两个方面既对立又依存,并互相转化。　②道:规律。　③之:指道。一说指万物。　④成:成就。　⑤性:事物固有的性质、特点。　⑥知:同"智",指智慧。　⑦君子之道:这里指对《易》道的全面把握。　⑧鲜:少。　⑨诸:相当于"之于"。　⑩用:指日用。　⑪鼓万物:相当于"鼓舞万物",指激发万物生长。　⑫至:极。　⑬生生:使生命

不断创生。前一"生"字为动词,指"使生长或创生";后一"生"字为名词,指"生命"。 ⑭易:指阴阳变化消长的现象。 ⑮成象:一说指画卦成为天的象征;一说指形成日月星辰等天象。 ⑯乾:象征天。 ⑰效法:一说指画卦仿效地;一说指仿效乾。 ⑱坤:象征地。 ⑲极数:穷尽蓍(shī)策之数。 ⑳知来:预知未来。 ㉑占:占卜吉凶。 ㉒通变:指使事物变化开通。 ㉓事:指事功。 ㉔不测:难以预计;不可知。 ㉕神:神奇;神异。

【译文】

阴和阳既互相对立,又互相依存和转化,这称为道。能承继这种道的是天地间的善德,使这种道得以充分实现的是事物的本性。仁者发现这种道包含仁德,就称之为仁;智者发现这种道蕴含智慧,就称之为智;百姓们每天都在应用这种道,对此却并不了解,所以能像君子那样全面地认识这种道的人是很少的。这种道通过仁德显现出来,隐藏在日用之中,激发万物生长而不像圣人那样怀有忧患之心,它的隆盛之德和弘大功业真是达到了极致! 拥有一切事物,这称为弘大的功业;不断变化更新,这称为隆盛之德。使万物不断生长变化,这称为易;形成日月星辰等天象,这称为乾;仿效乾的特性,这称为坤。穷尽蓍策之数的变化以预知未来,这称为占问;使事物开通变化,这称为事功;阴和阳的变化难以预料,这称为神奇。

第六章

夫《易》广矣大矣,以言乎远则不御①,以言乎迩

（ěr）②则静而正③，以言乎天地之间则备④矣。夫乾⑤，其静也专⑥，其动也直，是以大生焉；夫坤⑦，其静也翕（xī）⑧，其动也辟（pì）⑨，是以广生焉。广大配天地，变通配四时⑩，阴阳之义配日月，易简⑪之善配至德。

【注释】

①不御：没有止境；没有尽头。御：止。帛书本《周易》作"不过"。　②迩：近。　③静而正：宁静而端正。　④备：完备。　⑤乾：象征天。　⑥专：一说指专一；一说即"抟"，意为收聚。　⑦坤：象征地。　⑧翕：合。　⑨辟：开；打开。　⑩四时：四季。　⑪易简：平易简约。

【译文】

《易经》之道极其广大，从远的方面来说，它没有止境；从近的方面来说，它宁静而端正；从天地之间这么广泛的范围来看，它又无所不包。乾，静止时十分专一，运动时刚直不曲，从而具有大的特点；坤，静止时闭合伏藏，运动时展开显露，从而具有广的特点。《易经》之道的广和大可与天地相配，变化通达可与四季的更替相配，阴和阳的特性可与日月相配，平易简约的善德可与最高的道德相配。

第七章

子①曰："《易》其至②矣乎！夫《易》，圣人所以崇德③而广业④也。知（zhī）⑤崇礼卑，崇效天，卑法地。天地设位,而《易》行乎其中矣。成性⑥存存⑦,道义之门⑧。"

【注释】

①子:指孔子。一说此系假托孔子之名。　②至:达到了极点。　③崇德:尊崇道德;使道德高尚。　④广业:推广事业。　⑤知:同"智",指智慧。　⑥成性:成全万物的本性。　⑦存存:保护其生存。前一"存"字意为保护、维持,后一"存"字意为生存。一说指存之又存,即不断地积存。　⑧门:门径。

【译文】

孔子说:"《易经》之道真是完美到了极致!《易经》,是圣人用来提高道德修养并推广事业的。智慧要崇高,而礼仪则贵在谦卑;崇高的智慧仿效天,谦卑的礼仪效法地。天地确立了尊卑高下的位置,《易经》之道就在其中运行了。成全万物的本性并保护其生存,这就是通向道义的门径。"

第八章

圣人有以见天下之赜(zé)①,而拟②诸③其形容④,象⑤其物宜⑥,是故谓之象⑦;圣人有以见天下之动,而观其会通⑧,以行⑨其典礼⑩,系辞⑪焉以断其吉凶,是故谓之爻(yáo)⑫。言天下之至赜而不可恶⑬也,言天下之至动而不可乱也。拟之而后言,议⑭之而后动,拟议以成其变化⑮。

"鸣鹤在阴,其子和(hè)之。我有好爵,吾与尔靡之⑯。"子曰:"君子居其室,出其言善,则千里之外应之,况其迩(ěr)⑰者乎;居其室,出其言不善,则千里之外违之,况其迩者乎。言出乎身,加乎民;行发乎迩,见乎远。言行,君子之枢⑱机⑲,枢机之发,荣辱之主也。言行,君子之所以动天地也,可不慎乎?"

"同人先号咷(táo)而后笑⑳。"子曰:"君子之道,或出或处,或默或语。二人同心,其利㉑断金。同心之言,其臭(xiù)㉒如兰㉓。"

【注释】

①赜:幽深;深奥。一说指杂乱。　②拟:比照;模拟。　③诸:语气助词。　④形容:形状;形象。　⑤象:象征。　⑥物宜:与事物相适宜的意义。　⑦象:这里指卦象。　⑧会通:会合变通。　⑨行:推行。　⑩典礼:典制礼仪。　⑪系辞:见《系辞传上》第二章注③。　⑫爻:组成八卦的长短横道,"━"为阳爻,"--"为阴爻。　⑬恶:坏;不好。一说指厌;一说指妄为。　⑭议:斟酌;商议。一说指思考;一说指讨论;一说指玩辞。　⑮成其变化:一说指促成事物向好的方面变化;一说指在变化中成就功业;一说指形成变化的哲学。　⑯鸣鹤在阴,其子和之。我有好爵,吾与尔靡之:这是《中孚》卦九二爻辞。　⑰迩:近。　⑱枢:门上的转轴。　⑲机:发射弓箭的机关。　⑳同人先号咷而后笑:这是《同人》卦九五爻辞中的内容。　㉑利:锋利。　㉒臭:气味。　㉓兰:指兰花,多年生草本植物,叶子丛生,条形,花有多种颜色,气味芳香。

【译文】

圣人因为看到天下万物所蕴藏的道理极为深奥,从而模仿它们的形状,来象征与事物相适宜的意义,所以称之为卦象;圣人看到天下万物变动不居,从而观察其中的会合变通,以推行治理社会的典制礼仪,并配上文辞来判断吉凶,所以称之为爻。说明天下最深奥的道理而不可不恰当,说明天下最复杂的运动变化而不可混乱。用卦象比拟事物后再发表意见,对事情进行斟酌后再采取行动,通过比拟和审议来促成事物向好的方面变化。

《中孚》卦九二爻辞说:"鹤在树荫下鸣叫,小鹤鸣叫着应和。我有美酒,与你一起分享。"对此,孔子说:"君子在家中居住,口出善言,那么远在千里之外的人都会响应他,更何况那些离他很近的人呢;在家中居住,口出不善之言,那么远在千里之外的人都会反对他,更何况那些离他很近的人呢。言论从身上发出,影响到广大民众;近处发生的行动,远处的人也能看到。言论和行动,对于君子来说好比户枢和发射弓箭的机关那样的关键部位,这个关键部位的动作是否恰当,决定着荣还是辱。言论和行动,是君子用来影响天地万物的,能不慎重吗?"

《同人》卦九五爻辞中说:"与别人心意、行为相同,先号啕大哭,后欢笑欣喜。"对此,孔子说:"君子的处世之道,是要根据客观的情况,有时外出行事,有时在家安居;有时保持沉默,有时发表意见。两个人同心一意,其作用就像利刃能砍断金属一样。同心一意而说出的话,就像兰花发出的气味一样芳香。"

"初六:藉用白茅,无咎①。"子曰:"苟②错(cù)③诸④地而可矣,藉之用茅,何咎之有,慎之至也。夫茅之为物薄,而用可重也。慎斯⑤术也以往,其无所失矣。"

"劳谦君子,有终,吉⑥。"子曰:"劳而不伐⑦,有功而不德⑧,厚⑨之至也,语以其功下人者也。德言⑩盛,礼言恭。谦也者,致⑪恭以存⑫其位者也。"

"亢龙有悔⑬。"子曰:"贵而无位,高而无民,贤人在下位而无辅,是以动而有悔也⑭。"

"不出户庭,无咎⑮。"子曰:"乱之所生也,则言语以为阶⑯。君不密⑰则失臣,臣不密则失身,几事⑱不密则害成,是以君子慎密而不出⑲也。"

子曰:"作《易》者,其知盗乎?《易》曰'负且乘,致寇至⑳',负也者,小人之事也;乘也者,君子之器也。小人而乘君子之器,盗思夺之矣;上慢㉑下暴,盗思伐之矣。慢藏㉒诲盗,冶容㉓诲淫。《易》曰'负且乘,致寇至',盗之招也。"

【注释】

①初六:藉用白茅,无咎:这是《大过》卦初六爻辞。　②苟:假如;如果。　③错:借为"措",放置的意思。　④诸:相当于"之于"。　⑤斯:此;这。　⑥劳谦君子,有终,吉:这是《谦》卦九三爻辞。　⑦伐:自夸。　⑧不德:不自居其德。　⑨厚:敦厚;厚道。　⑩言:这里相当于"讲究"。　⑪致:极;最。一说指致力于。　⑫存:保存;保有。　⑬亢龙有悔:这是《乾》卦上九爻辞。　⑭贵而无位,高而无民,贤人在下位而无辅,是以动而有悔也:此语亦见于《乾》卦的《文言传》。　⑮不出户庭,无咎:这是《节》卦

初九爻辞。　⑯阶：根由；原因。　⑰不密：指不能保密。⑱几事：机密之事。一说指做事之始(几：事之初)。　⑲不出：一说指不轻易外出；一说指不轻易说出。　⑳负且乘，致寇至：这是《解》卦六三爻辞中的内容。　㉑慢：轻慢；懈怠。　㉒诲：教；导。这里指招引。　㉓冶容：把容貌打扮得过于艳丽。冶：艳丽。

【译文】

《大过》卦初六爻辞说："初六：祭祀时用洁白的茅草来衬垫祭品，没有灾殃。"对此，孔子说："如果直接把祭品放在地上也是可以的，现在又用洁白的茅草来衬垫，会有什么灾殃呢，这是慎重之极的做法。茅草是一种微不足道的东西，却可以发挥重要的作用。慎重地按照这种方式去行事，就不会有什么过失了。"

《谦》卦九三爻辞说："君子有功劳而仍保持谦虚，有好的结局，吉祥。"对此，孔子说："有功劳而不自我夸耀，建立了功业而不自居其德，这是敦厚之极的行为，说的是虽有功劳却仍甘居人下。德行讲究隆盛，礼节讲究恭敬。所谓谦虚，就是要人们用最恭敬的态度来保存其既有的地位。"

《乾》卦上九爻辞说："龙腾飞过高，将会发生令人后悔的事。"对此，孔子说："处于尊贵的地位而没有实权，高高在上而没有直接归他管辖的民众，贤明的人居于下位而无法辅佐他，所以一有行动就会出现令人后悔的事。"

《节》卦初九爻辞说："足不出户，没有灾殃。"对此，孔子说："祸乱的产生，往往是由言语引起的。君主说话不能保密就会失去臣子的忠心，臣子说话不能保密就有可能丢掉性命，机密之事不能保密就会造成危害，所以君子为了慎重地保密而不外出。"

孔子说："写作《易经》的人，大概对盗贼是很了解的吧？《易经》的《解》卦六三爻辞中说'背负着东西乘车,招来了盗寇',背负东西,这是小人干的事;乘坐的车辆,这是君子所用的工具。小人乘坐着本该由君子乘坐的车辆,盗贼就会谋算着要来夺取了;居于上位的人轻慢懈怠而处于下位的人横暴无礼,盗贼就会谋算着要来攻打了。收藏财物不谨慎就会招来盗贼,把容貌打扮得过于艳丽就会激起人的淫荡之心。《易经》所说的'背负着东西乘车,招来了盗寇',说明盗贼正是这样招引来的。"

第九章

大衍①之数②五十,其用四十有九。分而为二③以象两④,挂一⑤以象三⑥,揲(shé)⑦之以四以象四时⑧,归奇(jī)⑨于扐(lè)⑩以象闰⑪,五岁再闰⑫,故再扐⑬而后挂。天数五⑭,地数五⑮,五位⑯相得⑰而各有合⑱。天数二十有五,地数三十,凡天地之数五十有五,此所以成变化而行⑲鬼神也。《乾》之策二百一十有六,《坤》之策百四十有四⑳,凡三百有六十,当期(jī)㉑之日。二篇㉒之策,万有一千五百二十㉓,当万物之数也㉔。是故四营㉕而成易㉖,十有八变㉗而成卦㉘。八卦㉙而小成㉚,引而伸之,触类而长之,天下之能事㉛毕㉜矣。显道㉝神㉞德行,是故可与㉟酬酢(zuò)㊱,可与佑㊲神矣。

【注释】

①大衍:大的推演,指占筮(shì)。大:副词,表示程度高或范

围广。一说因五十为满数,故称"大";一说指广。衍:通"演",指推演。　　②数:这里指占筮用的蓍(shī)草的数目。　　③分而为二:指把四十九根蓍草任意分为两堆。　　④象两:指象征天地两仪。一说指象征阴阳两仪。　　⑤挂一:指从两堆蓍草中任意抽取一根放在一旁。一说指把它夹在左手小指和无名指之间。　　⑥三:指三才,即天、地、人。　　⑦揲:数。　　⑧四时:四季。　　⑨奇:余数;零数。　　⑩扐:手指之间。　　⑪闰:一回归年的时间为365天5时48分46秒,农历把一年定为354天或355天,所余的时间约每三年积累成一个月,加在一年里,这种做法,称为闰。　　⑫五岁再闰:指农历五年中有两次闰月。　　⑬再扐:这是省略的说法,指重复上述步骤,把余下的蓍草置于手指之间。　　⑭天数五:指一、三、五、七、九这五个奇数。　　⑮地数五:指二、四、六、八、十这五个偶数。　　⑯五位:一说指五个奇数和五个偶数;一说指五个奇数和五个偶数在河图中所处的方位,如一、六处北,二、七处南,等等。　　⑰相得:一说指相加;一说指奇数与偶数相配。　　⑱合:一说指和数;一说指配合。　　⑲行:通。　　⑳《乾》之策二百一十有六,《坤》之策百四十有四:《乾》卦由六个阳爻组成,每个阳爻都属老阳,其数为九,九数系三十六根蓍草除以四而得,即每个阳爻代表三十六根蓍草,六个阳爻则为二百一十六根蓍草;《坤》卦由六个阴爻组成,每个阴爻都属老阴,其数为六,六数系二十四根蓍草除以四而得,即每个阴爻代表二十四根蓍草,六个阴爻则为一百四十四根蓍草。策:蓍草。　　㉑期:一周年。　　㉒二篇:指《易经》的上经和下经。　　㉓万有一千五百二十:《易经》共六十四卦,共有三百八十四爻,其中阳爻一百九十二个,每个阳爻代表三十六根蓍草,共为六千九百一十二根蓍草;阴爻一百九十二个,每个阴爻代表二十四根蓍草,共为四千六百零八根蓍草,合起来为一万一千五百二十根蓍草。 ㉔自"天数五"至"当万物之数也":一说疑为后人的说明文字,非正文。 ㉕四营:即上文的分二、挂一、揲四、归奇四个步骤。 ㉖易:变化。一说指《易经》的一爻。 ㉗十有八变:即十八变,亦即十八次"四营"。 ㉘卦:见《系辞传上》第二章注①。 ㉙八卦:由阳爻"—"和阴爻"--"组合而成的八种形式,分别为乾(☰)、坤(☷)、坎(☵)、离(☲)、震(☳)、艮(☶)、巽(☴)、兑(☱)。 ㉚小成:初步的成就,指可在较小的范围内象征事物。 ㉛能事:一说指能取象之事物;一说指擅长的事。 ㉜毕:尽。 ㉝显道:彰显大道。 ㉞神:使神妙。 ㉟与:以。 ㊱酬酢:应对;应酬。 ㊲佑:辅助。

【译文】

占筮时用五十根蓍草,用于具体运算的则是四十九根。把这四十九根蓍草任意分为两堆,以象征天地两仪;从两堆蓍草中任意抽取一根,放到一旁,以象征天、地、人三才;以四根为一组分别点数两堆蓍草,以象征春、夏、秋、冬四季;把每堆中剩下的蓍草(不超过四根)置于手指之间,以象征闰月;农历五年中有两次闰月,所以占筮时也要重复上述步骤,并把再次演算后剩下的蓍草夹于手指之间,然后置于一旁。天数有一、三、五、七、九这五个,地数有二、四、六、八、十这五个,五个天数和五个地数分别相加各有其和数。天数相加的和数是二十五,地数相加的和数是三十,天数和地数的总和为五十五,正是依靠这些数字,才造成了各种变化并能与鬼神相通。《乾》卦六个阳爻包括二百一十六根蓍草,《坤》卦六个阴爻包括一百四十四根蓍草，两者相加为三百六十，相当于一年的天数。《易经》上下经六十四卦包括的蓍草，共为一万一千五百二十根，以此来代表天地万物的数目。所以经过分二、挂一、揲四、归奇四个步骤，就形成一次变化；经过十八次分二、挂一、揲四、归奇的步骤，就可以得出《易经》的一卦。乾、坤、震、巽、坎、离、艮、兑八个经卦可以在较小的范围内象征事物，以八卦为基础加以引申，碰到同类的事物就扩展其象征意义，天下的事物就全部包罗在其中了。《易经》能彰显大道，使道德品行趋于神妙之境，所以掌握了《易经》之道，就可以从容地应对一切，并可以辅助神灵。

第十章

子①曰："知变化之道者，其②知神③之所为乎。《易》有圣人之道四焉：以言④者尚⑤其辞⑥，以动⑦者尚其变，以制器者尚其象⑧，以卜筮（shì）⑨者尚其占⑩。"是以君子将有为也，将有行也，问焉而以言⑪，其受命也如响⑫，无有远近幽深，遂知来物⑬。非天下之至精⑭，其孰能与⑮于此。参（sān）伍⑯以变⑰，错综⑱其数⑲，通其变，遂成⑳天地之文㉑；极㉒其数，遂定天下之象㉓。非天下之至变㉔，其孰能与于此。《易》无思也，无为也，寂然不动，感而遂通天下之故㉕。非天下之至神㉖，其孰能与于此。夫《易》，圣人之所以极深㉗而研几㉘也。唯深也，故能通天下之志；唯几也，故能成天下之务；唯神也，故不疾而速，不行而至。子曰"《易》有圣人之道四焉"者，此之谓也。

【注释】

①子:指孔子。一说此系假托孔子之名。　②其:副词,表示推测,意为"大概"。　③神:神灵。一说指神妙作用;一说指自然规律。　④以言:指用《易经》之道来指导言论。　⑤尚:崇尚;尊崇。　⑥辞:卦爻辞。　⑦以动:指用《易经》之道来指导行动。　⑧象:指卦爻象。　⑨卜筮:用龟甲和蓍(shī)草来预测吉凶。　⑩占:占卜吉凶。　⑪问焉而以言:指通过言语来发问。　⑫响:回响;回声。　⑬来物:指即将到来之事的吉凶。物:事。　⑭至精:最精妙的东西。　⑮与:及;达到。　⑯参伍:三番五次,指反复不断地进行(参:通"三")。一说指错综复杂。　⑰变:变化。一说指变卦。　⑱错综:交错综合。　⑲数:指占筮用的蓍草的数目。一说指爻数。　⑳成:定。　㉑文:文采,指丰富多彩的事物。　㉒极:尽;穷尽。　㉓象:指物象。　㉔至变:最丰富的变化。一说指绝顶奇妙。　㉕故:事。　㉖至神:最神妙的东西。　㉗极深:穷极幽深。　㉘研几:探究事物的隐微之理。几:隐微。

【译文】

孔子说:"知道事物变化规律的人,大概就知道了神灵的所作所为吧。《易经》中包含了四个方面的圣人之道:用《易经》来指导言论的推崇它的卦爻辞,用《易经》来指导行动的推崇其中蕴含的变化,用《易经》来指导制造器皿的推崇它的卦爻象,用《易经》来预测的推崇它的占断功能。"所以君子将有所作为,将采取某种行动时,就说出自己的想法并用蓍草进行占问,蓍草接到命令后,就像声音发出的回声一样,无论是远是近,还是其道理幽深难明,都能推知将要发生之事的状况。若不是天下最为精妙的东西,怎么能达到如此之程度。反复不断地变化推演，交错综合蓍草的数目，贯通了其中变化的规律，就可以确定天地间丰富多彩的事物；穷尽了蓍草的数目，就可以确定天下的所有物象。若不是蕴含了天下最丰富的变化，怎么能达到如此之程度。《易经》本身没有思虑，没有作为，它寂静不动，但是通过占问，它就能发生感应，并能贯通天下所有的事物。若不是天下最为神妙的东西，怎么能达到如此之程度。《易经》，是圣人用来探究事物的最幽深、最隐微之理的。正因为《易经》之道幽深，所以能贯通天下人的心志；正因为《易经》之道隐微，所以能成就天下的事务；正因为《易经》之道神妙，所以用不着急疾而能速成，用不着行动而能达到目的。孔子说"《易经》中包含了四个方面的圣人之道"，说的就是这个意思。

第十一章

天一，地二；天三，地四；天五，地六；天七，地八；天九，地十①。子②曰："夫《易》何为者也？夫《易》开物③成务④，冒⑤天下之道，如斯⑥而已者也。"是故圣人以通天下之志，以定⑦天下之业，以断天下之疑。是故蓍(shī)⑧之德⑨圆⑩而神⑪，卦⑫之德方⑬以⑭知(zhì)⑮，六爻(yáo)⑯之义易⑰以贡⑱。圣人以此洗心⑲，退藏于密⑳，吉凶与民同患㉑；神㉒以知来㉓，知㉔以藏往。其孰能与㉕于㉖此哉？古之聪明睿知㉗、神武而不杀㉘者夫。是以明于天之道，而察于民之故㉙，是兴神物㉚以前㉛民用。圣人以此齐(zhāi)戒㉜，以神明其德㉝夫。是故阖(hé)㉞户谓之坤㉟，辟(pì)㊱

户谓之乾㊲,一阖一辟谓之变,往来不穷谓之通。见(xiàn)㊳乃谓之象㊴,形㊵乃谓之器㊶,制而用之谓之法㊷,利用出入㊸,民咸用之谓之神。

【注释】

①天一,地二;天三,地四;天五,地六;天七,地八;天九,地十:此句似应放在《系辞传上》第九章"地数五"之后,是对"天数五,地数五"的说明。参见第九章注⑭、⑮。　②子:指孔子。一说此系假托孔子之名。　③开物:揭示万物的真相。一说指沟通物情。　④成务:成就事业。务:事业。　⑤冒:包容;统括。　⑥斯:此;这。　⑦定:完成。　⑧蓍:蓍草,多年生草本植物,茎直立,开白色花。一说指蓍数。　⑨德:形状特性;性质。　⑩圆:圆形。一说指圆通。　⑪神:灵验。　⑫卦:见《系辞传上》第二章注①。　⑬方:方形。一说指方正。　⑭以:而。　⑮知:同"智",指智慧。　⑯爻:组成八卦的长短横道,"—"为阳爻,"- -"为阴爻。　⑰易:变化。一说指简易。　⑱贡:献,即告诉。一说指工巧。　⑲洗心:指净化心灵。　⑳退藏于密:退而隐藏于秘密之处。一说指把占筮(shì)的结果藏于密处。　㉑患:忧虑;担忧。　㉒神:指通过蓍草的神通。　㉓知来:预知未来。　㉔知:同"智",指通过卦体的智慧。　㉕与:及;达到。　㉖于:清代阮元主持校刻的《十三经注疏·周易正义》无此字,据该书的"校勘记"补。　㉗睿知:思虑深广,明智。　㉘杀:一说指刑杀;一说疑应为"德"字,指自夸。　㉙故:事。　㉚兴神物:指创设用蓍草来占问。兴:起,指创设。神物:指用蓍草占问。　㉛前:引导。

㉜齐戒：即斋戒，指洁净身心，以示虔诚。　㉝神明其德：使自己的德行达到极高的境界(神明：道德修养的最高境界，这里作动词)。一说指神化《易经》的作用。　㉞阖：关闭；闭合。　㉟坤：象征地。　㊱辟：开；打开。　㊲乾：象征天。　㊳见：显现；出现。　㊴象：形象。一说此处指日月星辰等天象。　㊵形：形体。　㊶器：器物。一说此处指地上的万物。　㊷法：效法。　㊸利用出入：指在日常生活中使用这些器物。一说指利于反复使用；一说指利用它们应对变化。

【译文】

　　一为天数，二为地数；三为天数，四为地数；五为天数，六为地数；七为天数，八为地数；九为天数，十为地数。孔子说："《易经》有什么作用呢？《易经》的作用就是揭示万物的真相，成就事业，包罗天下的道理，如此而已。"因此圣人通过《易经》来贯通天下人的心志，成就天下的事业，决断天下的疑难之事。所以蓍草圆形而十分灵验，卦体方形而充满智慧，六爻的意义充满变化并告人以吉凶。圣人通过《易经》来净化自己的心灵，退而隐藏于秘密之处，与民众一起为吉凶之事而担忧；凭借蓍草的神通预知未来，通过卦体的智慧保存往昔之事。谁能做到这样呢？只有古代的充满聪明智慧、神勇英武而又不残忍嗜杀的人。所以圣人明了天道变化的规律，明察百姓的事务，从而创设用蓍草来占问的方法，以引导民众运用它。圣人因此诚敬戒慎，以使自己的德行达到极高之境界。所以关上门户称为坤，打开门户称为乾，一闭一开称为变化，来来往往没有穷尽称为亨通。事物显现出来的称为象，具有形体的称为器物；根据这些象和器制作器物并供人们使用，这称为效法；在日常生活中使用这些器物，并且使百姓们都使用它们，这称为神奇。

是故《易》有太极①,是生两仪②,两仪生四象③,四象生八卦④,八卦定吉凶,吉凶生大业。是故法象⑤莫大乎天地;变通莫大乎四时⑥;县⑦象著明⑧莫大乎日月;崇高莫大乎富贵⑨;备物致用⑩,立⑪成器以为天下利,莫大乎圣人;探赜(zé)索隐⑫,钩深⑬致远⑭,以定天下之吉凶,成天下之亹(wěi)亹⑮者,莫大乎蓍(shī)龟⑯。是故天生神物⑰,圣人则⑱之;天地变化,圣人效之;天垂象⑲,见(xiàn)吉凶,圣人象之;河出图,洛出书⑳,圣人则之。《易》有四象,所以示㉑也;系辞㉒焉,所以告也;定之以吉凶,所以断也。

【注释】

①太极:宇宙的本体,阴阳未分时的混沌状态。　②两仪:指阴阳。　③四象:指春、夏、秋、冬四季;也指老阴、老阳、少阴、少阳四象。　④八卦:见《系辞传上》第九章注㉙。　⑤法象:效法的对象。　⑥四时:四季。　⑦县:同"悬"。　⑧著明:显明。　⑨富贵:财多位尊,这里特指天子的势位。　⑩备物致用:备办各种器物并尽其所用。　⑪立:"立"后当有缺字,一说缺"功",一说缺"象"。　⑫探赜索隐:探索隐微难见之理。赜:深奥。　⑬钩深:钩沉深邃之事。　⑭致远:招致远处之物。　⑮亹亹:勤勉不倦的样子。一说指芸芸众物。　⑯蓍龟:蓍草和龟甲,古人用它们来占问。　⑰神物:指蓍龟。　⑱则:效法。　⑲象:指日月星辰等天象。　⑳河出图,洛出书:系古代传说,指伏羲时有龙马从黄河中出来,其身上有八卦状的纹,伏羲仿此纹样而创作了八卦;夏禹时有神龟从洛水中出来,其背上有文字,禹仿此

而创作了《洪范》"九畴"(即治理天下的九条大法,内容见《尚书·洪范》)。有学者指出,"河出图,洛出书,圣人则之"一句,系后人所作文字,应删。　㉑示:指显示变化。
㉒系辞:见《系辞传上》第二章注③。

【译文】

所以《易经》之道中包孕着太极,太极生出阴阳,阴阳生出老阴、老阳、少阴、少阳四象,四象生出八卦,通过八卦可以判定事物的吉凶,趋吉避凶就可以建立大业。所以供人效法的对象没有比天地更大的;显示变化贯通没有比一年四季的更替更明显的;在天空中高高悬挂并显示光明没有能超过日月的;地位崇高没有能超过天子那样既富且贵的;备办各种器物并尽其所用,制成各种器具,以利于天下之人,没有比圣人更伟大的;探索隐微难见之理,钩沉深邃之事,招致远处之物,以确定天下之事的吉凶,并成就天下之人为之不懈地奋斗的功业,没有能超过蓍草和龟的。所以天创造了蓍草和龟这样的神异之物,圣人效法它们来进行卜筮;天地变化无穷,圣人用《乾》卦和《坤》卦来仿效这种变化;天上的日月星辰等天象显示出吉和凶,圣人就用卦和爻来进行象征;黄河出现龙图,洛水出现龟书,圣人依照龙图和龟书而创造了八卦和九畴。《易经》有老阴、老阳、少阴、少阳四象,它们是用来显示变化的;在卦和爻的后面配上文辞,是用来告诉人们卦和爻的意义的;在卦爻辞中确定吉和凶,是用来帮助人们进行决断的。

第十二章

《易》曰:"自天佑之,吉,无不利①。"子②曰:"佑者,助也。天之所助者顺③也,人之所助者信也。履④信思乎顺,又以尚⑤贤也,是以'自天佑之,吉,无不利'也。"

子曰:"书⑥不尽言,言不尽意⑦。"然则圣人之意,其不可见乎? 子曰:"圣人立象⑧以尽意,设卦⑨以尽情伪⑩,系辞⑪焉以尽其言,变而通之⑫以尽利,鼓之舞之⑬以尽神⑭。"

乾坤⑮,其《易》之缊(yùn)⑯邪(yé)⑰? 乾坤成列⑱,而《易》立乎其中矣;乾坤毁,则无⑲以见《易》;《易》不可见,则乾坤或几⑳乎息㉑矣。是故形而上者㉒谓之道,形而下者㉓谓之器㉔,化㉕而裁㉖之谓之变,推而行之谓之通,举而错(cù)㉗之天下之民谓之事业。是故夫象㉘,圣人有以见天下之赜(zé),而拟诸其形容,象其物宜,是故谓之象;圣人有以见天下之动,而观其会通,以行其典礼,系辞焉以断其吉凶,是故谓之爻(yáo)㉙。极㉚天下之赜者存乎卦;鼓㉛天下之动者存乎辞㉜;化而裁之存乎变;推而行之存乎通;神而明之㉝存乎其人㉞;默而成之,不言而信,存乎德行。

【注释】

①自天佑之,吉,无不利:这是《大有》卦上九爻辞。　②子:指孔子。一说此系假托孔子之名。　③顺:指顺从正道。　④履:践行。　⑤尚:崇尚;尊崇。　⑥书:文字。　⑦意:思想。　⑧象:一说指象征;一说指爻象。　⑨卦:见《系辞传上》第二章注①。　⑩情伪:即真伪。　⑪系

辞:见《系辞传上》第二章注③。 ⑫变而通之:通过变化而使之贯通。一说指变三百八十四爻使相交通;一说指错综爻象、组合卦象以沟通物情。 ⑬鼓之舞之:指摆弄蓍(shī)草进行卜筮(shì)的动作。 ⑭神:神奇;神异。 ⑮乾坤:指《乾》卦和《坤》卦。 ⑯缊:即"蕴",意为蕴藏。一说指深奥;一说当为"经","经"即"径",指门径。 ⑰邪:语气词,表示疑问或反诘。 ⑱成列:排成行列,这里指确立。 ⑲无:清代阮元主持校刻的《十三经注疏·周易正义》作"元",应改为"无"。 ⑳几:接近。 ㉑息:消亡。 ㉒形而上者:指没有具体形象的。 ㉓形而下者:指有具体形象的。 ㉔器:器物。 ㉕化:变化;改变。 ㉖裁:制;裁制。 ㉗错:通"措",指施行。 ㉘夫象:一说疑为衍文;一说应作"爻象"。 ㉙圣人有以见天下之赜……是故谓之爻:此段文字与《系辞传上》第八章开头的文字相同,一说疑为转抄所致;一说系作者有意为之,以呼应前文,引出下文。 ㉚极:尽;穷尽。 ㉛鼓:一说指占问;一说指鼓动、发扬。 ㉜辞:指卦爻辞。 ㉝神而明之:指彰显其神奇。 ㉞人:指掌握《易经》之道的人。

【译文】

《易经》的《大有》卦上九爻辞说:"有上天保佑,吉祥,没有任何不利。"孔子说:"佑,是帮助的意思。上天所帮助的,是顺从正道的人;众人愿意帮助的,是有诚信的人。履行诚信并愿意顺从正道,又能尊崇贤人,所以就能'有上天保佑,吉祥,没有任何不利'。"

孔子说:"文字不能彻底表达人的语言,语言不能彻底表达人的思想。"那么,圣人的思想难道真的无法表达出来吗?孔子说:"圣人设立象来充分表达自己的思想,设置卦来充分揭示事物的真伪,在卦爻后面加上文辞来充分表达自己的语言,通过变化使之贯通以充分获取其中的利益,反复摆弄蓍草以充分发挥《易经》的神妙作用。"

《乾》、《坤》两卦中蕴藏着全部的《易经》之道吧?《乾》、《坤》两卦一确立,《易经》之道就包含在其中了;《乾》、《坤》两卦一旦毁坏,《易经》之道也就无从体现;《易经》之道无法体现,《乾》、《坤》两卦也就接近消亡了。所以没有具体形象的抽象的东西就称为道,有形象的具体的东西就称为器,根据道来改变或裁制器物称为变化,推行这种变化之道称为通达,把它广泛地实施于天下民众之中,就称为事业。因此所谓象,是因为圣人看到天下万物所蕴藏的道理极为深奥,从而模仿它们的形状,来象征与事物相适宜的意义,所以称之为卦象;圣人看到天下万物变动不居,从而观察其中的会合变通,以推行治理社会的典制礼仪,并配上文辞来判断吉凶,所以称之为爻。把天下所有深奥的道理都蕴含在卦中;占问天下的各种变动并把其中的得失反映在卦爻辞中;把根据道改变或裁制器物体现在变化之中;把推行变化之道体现在事物的会通之中;通过掌握《易经》之道的人来彰显《易经》的神奇;至于静默无为而能获得成功,不用说话而能取得别人的信任,则依赖于德行。

系辞传下

【导读】

　　《系辞传下》共十二章(关于《系辞传下》的分章,历来有不同分法),提出了《乾》、《坤》两卦为《易经》之门的观点,并从各个不同的角度介绍了《易经》的结构和特点,《易经》的卦、爻、象等概念的内涵,学习《易经》的方法,等等。不过,其中特别值得我们关注的是其对《易经》创作过程的说明。首先是提出了伏羲创立八卦的观点:"古者包牺氏之王天下也,仰则观象于天,俯则观法于地,观鸟兽之文,与地之宜,近取诸身,远取诸物,于是始作八卦。"其次是说明《易经》创作于商周之际:"《易》之兴也,其当殷之末世、周之盛德邪,当文王与纣之事邪。"这为我们了解《易经》的产生提供了重要的线索。

第一章

　　八卦①成列②,象③在其中矣;因④而重⑤之,爻(yáo)⑥在其中矣;刚柔⑦相推⑧,变在其中矣;系辞⑨焉而命⑩之,动⑪在其中矣。吉凶悔吝⑫者,生乎动者也。刚柔者,立本⑬者也;变通者,趣时⁽¹⁴⁾者也。吉凶者,贞⁽¹⁵⁾胜者也;天地之道,贞观⁽¹⁶⁾者也;日月之道,贞明⁽¹⁷⁾者也;天下之动,贞夫一⁽¹⁸⁾者也。夫乾⁽¹⁹⁾,确然⁽²⁰⁾示人易⁽²¹⁾矣;夫坤⁽²²⁾,隤(tuí)然⁽²³⁾示人简⁽²⁴⁾矣。爻也者,效此⁽²⁵⁾者也;象⁽²⁶⁾也者,像⁽²⁷⁾此者也。爻象动乎内⁽²⁸⁾,吉凶见(xiàn)⁽²⁹⁾乎外⁽³⁰⁾。功业见乎变,圣人之情⁽³¹⁾见乎辞⁽³²⁾。天地之大德曰生,圣人之大宝曰位⁽³³⁾,何以守位曰仁,何以聚人曰财,理财⁽³⁴⁾正辞⁽³⁵⁾,禁民为非曰义⁽³⁶⁾。

【注释】

①八卦:见《系辞传上》第九章注㉙。　②成列:排成行列,这里指确立。　③象:八卦所象征的事物。一说指万物之象;一说指六十四卦卦象。　④因:根据。　⑤重:重叠。　⑥爻:组成八卦的长短横道,"—"为阳爻,"--"为阴爻。这里指六十四卦的三百八十四爻。　⑦刚柔:指阳爻和阴爻。　⑧相推:互相推移。　⑨系辞:见《系辞传上》第二章注③。　⑩命:告诉。　⑪动:一说指人的行动;一说指卦爻的变动。　⑫吝:悔恨。　⑬本:根本;基础。　⑭趣时:指努力与当时的形势、环境及条件相适应。趣:趋向。　⑮贞:正。一说应作"上",即"尚",指贵重。　⑯观:一说指仰观;一说指"示";一说指观照。　⑰明:光明。一说指晓悟。　⑱贞夫一:即"贞一",指守正专一。一说指执守常道(一:常道)。　⑲乾:象征天。　⑳确然:刚健的样子。　㉑易:平易;容易。　㉒坤:象征地。　㉓隤然:柔顺的样子。　㉔简:简单;简约。　㉕此:指乾坤易简之道。　㉖象:指卦象。　㉗像:模拟;仿效。　㉘内:指卦内。

㉙见:显现;出现。　㉚外:指卦外。　㉛情:思想情感。㉜辞:指卦爻辞。　㉝位:这里指天子之位。　㉞理财:管理财物。　㉟正辞:端正言辞法令。　㊱义:指处事适宜。

【译文】

八卦创立后,八卦所象征的事物就包括在其中了;把八卦重叠成六十四卦,所有的爻就包括在其中了;阳爻和阴爻互相推移,变化就包含在其中了;在卦爻后面加上文辞并告之以吉凶,卦爻的变动也就包含在其中了。吉、凶、悔、吝,这些都是卦爻变动产生的结果。阳爻和阴爻,是《易经》各卦的基础;阴阳的变化和会通,是为了适合具体的时宜。吉和凶,说明守正就能获胜;天地之道,是要以正道示人;日月之道,说明守正方能充满光明;天下万物的变动,说明事物都有其内在的规律。乾道刚健而示人以平易,坤道柔顺而示人以简约。爻,仿效的是乾坤易简之道;卦象,模仿的也是乾坤易简之道。爻象在卦内变动,吉凶体现在卦外的事物中。建功立业体现在能否把握变化之道,圣人的思想情感反映在卦爻辞上。天地最大的德行是化生万物,圣人最可宝贵的东西是天子之位,让圣人能守住此天子之位的是仁德,能把众人聚集起来的是财物,管理好财物,端正言辞法令,禁止民众做非法之事,这称为处事适宜。

第二章

古者包牺氏①之王(wàng)②天下也,仰则观象③于天,俯则观法④于地,观鸟兽之文⑤,与地之宜⑥,近取诸⑦身,远取诸物,于是始作八卦⑧,以通神明⑨之德,以类⑩万物之情⑪。作⑫结绳而为网⑬罟(gǔ)⑭,以佃⑮以渔,盖⑯取诸《离》⑰。包牺氏没,神农氏⑱作,斫(zhuó)⑲木为耜(sì)⑳,揉㉑木为耒(lěi)㉒,耒耨(nòu)㉓之利,以教天下,盖取诸《益》㉔。日中㉕为市,致㉖天下之民,聚天下之货,交易而退,各得其所,盖取诸《噬嗑(shìhé)》㉗。神农氏没,黄帝㉘、尧㉙、舜㉚氏作,通其变㉛,使民不倦㉜;神而化之,使民宜之。《易》穷㉝则变,变则通,通则久,是以"自天佑之,吉,无不利㉞"。黄帝、尧、舜垂衣裳㉟而天下治,盖取诸《乾》、《坤》㊱。刳(kū)㊲木为舟,剡(yǎn)㊳木为楫㊴,舟楫之利,以济㊵不通,致远以利天下㊶,盖取诸《涣》㊷。服牛㊸乘马,引重㊹致远,以利天下,盖取诸《随》㊺。重门㊻击柝(tuò)㊼,以待㊽暴客㊾,盖取诸《豫》㊿。断木为杵(chǔ)(51),掘地为臼,臼杵之利,万民以济(52),盖取诸《小过》(53)。弦木(54)为弧(55),剡木为矢,弧矢之利,以威天下,盖取诸《睽(kuí)》(56)。上古穴居而野处,后世圣人易之以宫室(57),上栋下宇(58),以待风雨,盖取诸《大壮》(59)。古之葬者,厚衣之以薪(60),葬之中野(61),不封(62)不树(63),丧期无数(64),后世圣人易之以棺椁(guǒ)(65),盖取诸《大过》(66)。上古结绳(67)而治,后世圣人易之以书契(68),百官以治,万民以察,盖取诸《夬(guài)》(69)。

【注释】

①包牺氏:即伏羲氏,也叫庖羲氏,传说中人类的始祖。据传人类是由他和其妹妹女娲(wā)结合而产生的。又传说他是

上古时的三皇之一,风姓,是八卦的创始人,并教民结网,从事渔猎畜牧。　②王:指统治。　③象:指日月星辰等天象。④法:这里指地形地貌。　⑤文:纹理;花纹。　⑥地之宜:一说指地上生长的植物;一说指适宜在地上存在的种种事物;一说"地"前当有"天"字,"天地之宜"指天地万象的内蕴。⑦诸:相当于"之于"。　⑧八卦:见《系辞传上》第九章注㉙。　⑨神明:天地间一切神灵的总称。一说指阴阳变化。⑩类:象征。　⑪情:实情;情状。　⑫作:一说指发明;一说为衍文。　⑬网:这里指捕鸟兽之网。　⑭罟:指捕鱼之网。　⑮佃:即"田",指狩猎。　⑯盖:大概。⑰取诸《离》:指受到《离》卦的启发。一说《离》卦(☲)的形状像一张网,故有此说;一说"离"有附丽之意,网所捕捉的鸟兽和鱼附于山林水泽,故有此说;一说"离"本应作"罗",指罗网,故有此说。　⑱神农氏:传说中农业和医药的发明者。又传说他尝百草,用草药治病。　⑲斫:砍;削。　⑳耜:古代的一种农具,安在耒的下端,形状如锹,用于翻土。㉑揉:使木变形。　㉒耒:上古时木制的翻土农具,叉形,尖头。　㉓耒耨:即犁与锄。耨:除草的农具。一说应作"耒耜"。　㉔取诸《益》:指受到《益》卦的启发。因《益》卦(䷩)上巽(xùn)下震,巽为木,震为动,恰如木制的器具翻动土地,故有此说。　㉕日中:日在中天,指正午。　㉖致:招致。　㉗取诸《噬嗑》:指受到《噬嗑》卦的启发。因《噬嗑》卦上离下震,离为日,震为动,有日中之时众人从事交易活动之象,故有此说。一说"噬嗑"谐音为"市合",故有此说,亦可作参考。　㉘黄帝:传说中中原各族的共同祖先,姬姓,少典之子,号轩辕氏、有熊氏,曾打败炎帝和蚩(chī)尤。

㉙尧：传说中远古时期的部落联盟首领，号陶唐氏，名放勋，史称唐尧。他死后由舜继位。　㉚舜：传说中远古时期的部落联盟首领，有虞氏，姚姓，名重华，简称虞舜。以孝闻名。尧把位禅让给他，他在晚年又禅让给禹。　㉛通其变：会通变化前人的成果。　㉜倦：懈怠。一说指穷。　㉝穷：极；尽。　㉞自天佑之，吉，无不利：这是《大有》卦上九爻辞。　㉟垂衣裳：衣指上衣，裳指下衣，垂衣裳指上下衣服分明并有序，象征确立尊卑贵贱的制度。一说垂衣裳相当于“垂拱”，指无为而治。　㊱取诸《乾》、《坤》：指受到《乾》、《坤》两卦的启发。乾在上为尊，坤在下为卑，乾坤象征尊卑，与衣裳象征尊卑一致，故有此说。　㊲刳：剖开并挖空。　㊳剡：削。　㊴楫：船桨。　㊵济：渡；过河。　㊶致远以利天下：一说疑为衍文。　㊷取诸《涣》：指受到《涣》卦的启发。《涣》卦(䷺)上巽下坎，巽为木，坎为水，有木舟行于水上之象，故有此说。　㊸服牛：驾乘牛车。一说指驯服牛。　㊹引重：牵拉重物。　㊺取诸《随》：指受到《随》卦的启发。《随》卦(䷐)上兑下震，兑为悦，震为动，有下面车动而乘坐在上面的人喜悦之象，故有此说。　㊻重门：层层设门。　㊼柝：打更用的梆子。　㊽待：防备。　㊾暴客：强盗。　㊿取诸《豫》：指受到《豫》卦的启发。《豫》卦(䷏)上震下坤，震为雷，坤为众人，有雷震而惊动众人之象，仿佛击柝以提醒民众，故有此说。另，“豫”又有防备之义。　(51)杵：舂米、捣衣等用的棒槌或木棒。　(52)济：利用；发挥（作用）。　(53)取诸《小过》：指受到《小过》卦的启发。《小过》卦(䷽)上震下艮(gèn)，震为动，艮为止，象征杵动于上，臼止于下，故有此说。(54)弦木：使木弯曲并加弦。　(55)弧：弓。　(56)取诸《睽》：

指受到《睽》卦的启发。《睽》卦(䷥)上离下兑，离为火，兑为泽水，两者性质相反，有违背、不相合之义，从而导致争斗，最后需以武力解决，故有此说。 (57)宫室：房屋。 (58)宇：屋檐。一说指房屋四周的墙。 (59)取诸《大壮》：指受到《大壮》卦的启发。《大壮》卦(䷡)上震下乾，震为雷，乾为健，象征雷雨动于上，房屋屹立不动于下，故有此说。 (60)衣之以薪：以柴草为衣服，即以柴草包裹。薪：柴草。 (61)中野：野中，指野外。 (62)封：堆土为坟。 (63)树：植树为标记。 (64)无数：没有规定的期限。 (65)椁：外棺，套在棺材外面的部分。 (66)取诸《大过》：指受到《大过》卦的启发。《大过》卦(䷛)上兑下巽，兑为泽，巽为木，有棺木埋入坑泽中之象，故有此说。 (67)结绳：指上古时无文字，通过在绳上打结来记事。 (68)书契：指文字。 (69)取诸《夬》：指受到《夬》卦的启发。《夬》卦(䷪)上兑下乾，夬有决断的意思；文字则有载明事物、明辨是非的功用，故有此说。

【译文】

远古时期包牺氏统治天下时，他抬头观看天上的日月星辰等天象，低头察看大地上的地形地貌，观看鸟兽身上的纹理，以及在大地上生长的各种植物，近的取法于自身，远的取法于各类事物，从而创作出了八卦，用来与神灵的德性相通，并象征万物的情状。搓绳并把它们编织成网，用来捕捉鸟兽和鱼，这大概是受到《离》卦的启发吧。包牺氏去世后，神农氏兴起，他砍削树木制成耜，把木头弯曲制成耒，并把耒和耨的好处教给天下的民众，这大概是受到《益》卦的启发吧。在正午时设立市场，招致天下的民众，并聚集天下的货物，完成交易后散去，使人们各自得到所需的物品，这大概是受到《噬嗑》卦的启发吧。神农氏去世后，黄帝、尧、舜兴起，他们会通变化前人的成果，使百姓用起来不会厌倦疲乏；对它们作神奇的改造，使其更适合民众之需要。《易经》之道反映了事物发展到尽头就会发生变化，变化就能通达，通达就能长久，所以《大有》卦上九爻辞说"有上天保佑，吉祥，没有任何不利"。黄帝、尧、舜制作衣裳区分尊卑而使天下大治，这大概是受到《乾》、《坤》两卦的启发吧。把木头从中间剖开，挖空后制成舟船，把树木刮削成船桨，舟船和船桨的好处是可以帮人渡过无法徒涉的水面，到达很远的地方并使天下之人获得利益，这大概是受到《涣》卦的启发吧。驾乘着用牛马拉的车，载着重物运到很远的地方，以利于天下之人，这大概是受到《随》卦的启发吧。设置重重门户并派人巡夜打更，以防备强盗，这大概是受到《豫》卦的启发吧。砍断树木制成舂米用的杵，在地上挖掘洞穴作为舂米用的臼，从而使民众得以利用臼和杵的好处，这大概是受到《小过》卦的启发吧。在弯曲的木条上加弦制成弓，把木棍削制成箭，用弓箭的作用，来威慑天下，这大概是受到《睽》卦的启发吧。上古时期的人或居住在洞穴中，或住在野外，后世的圣人则改成让人们居住在房屋之中，房屋的上面是栋梁，下面是屋檐，可以防御风雨的侵袭，这大概是受到《大壮》卦的启发吧。古代的人埋葬死者时，把死者用柴草厚厚地包裹起来，埋在野外，既不在上面堆土为坟，也不植树作为标记，而且没有明确的守丧期限，后世圣人则改成用棺椁来盛殓和埋葬死者，这大概是受到《大过》卦的启发吧。上古时期人们通过结绳记事的方法来处理事务，后世圣人则改成用文字，从而使百官能依靠文字来治理百姓，民众能依靠文字来弄清事理，这大概是受到《夬》卦的启发吧。

第三章

是故《易》者，象也；象也者，像①也。彖（tuàn）②者，材③也；爻（yáo）④也者，效天下之动者也。是故吉凶生而悔吝⑤著⑥也。

【注释】
①像：模拟；仿效。　②彖：这里指卦辞。　③材：通"裁"，指裁断、裁决。　④爻：组成八卦的长短横道，"—"为阳爻，"--"为阴爻。　⑤吝：悔恨。　⑥著：显现。

【译文】
所以《易经》的实质，就是象；所谓象，是指对事物形象的模拟。所谓卦辞，是对一卦之义的裁断；所谓爻，是仿效天下事物的变动的。所以才会从中产生吉凶，而悔和吝也会显现出来。

第四章

阳卦多阴①，阴卦多阳②，其故何也？阳卦奇（jī）③，阴卦耦（ǒu）④。其德行何也？阳一君而二民，君子之道也；阴二君而一民，小人之道也。

【注释】
①阳卦多阴：阳卦指八卦中的震（☳）、坎（☵）、艮（gèn，☶）三卦，其特点是由一阳爻二阴爻组成，阴爻比阳爻多，故称阳卦多

阴。　②阴卦多阳：阴卦指八卦中的巽（xùn,☴）、离（☲）、兑（☱）三卦，其特点是由一阴爻二阳爻组成，阳爻比阴爻多，故称阴卦多阳。　③阳卦奇：指阳卦中的阳爻为单数。奇：单数。　④阴卦耦：指阴卦中的阳爻为双数。耦：同"偶"，指双数。

【译文】

阳卦中阴爻多，阴卦中阳爻多，这是什么原因呢？这是因为阳卦中的阳爻是奇数，阴卦中的阳爻是偶数。阳卦和阴卦各自代表什么样的德行呢？阳卦代表一君统治二民，这体现了君子之道；阴卦代表二君统治一民，反映的是小人之道。

第五章

《易》曰："憧（chōng）憧往来，朋从尔思①。"子②曰："天下何思何虑③？天下同归而殊涂④，一致而百虑，天下何思何虑！日往则月来，月往则日来，日月相推⑤而明生焉；寒往则暑来，暑往则寒来，寒暑相推而岁成焉。往者屈也，来者信（shēn）⑥也，屈信相感而利生焉。尺蠖（huò）⑦之屈，以求信也；龙蛇之蛰，以存身也。精义⑧入神⑨，以致用⑩也；利用安身，以崇德也。过此以往⑪，未之或知也。穷神⑫知化，德之盛也。"

《易》曰："困于石，据于蒺藜（jílí），入于其宫，不见其妻，凶⑬。"子曰："非所困而困焉，名必辱；非所据而据焉，身必危。既辱且危，死期将至，妻其可得见耶？"

【注释】

①憧憧往来,朋从尔思:这是《咸》卦九四爻辞中的内容。 ②子:指孔子。一说此系假托孔子之名。 ③何思何虑:意为用不着去费思虑。 ④涂:即"途",指道路。 ⑤相推:互相推移。 ⑥信:通"伸",指伸直。 ⑦尺蠖:一种昆虫,身体细长柔软,行动时身体一屈一伸地前进。 ⑧精义:精研义理。 ⑨神:神奇;神异。 ⑩致用:尽其所用。 ⑪过此以往:即除此之外。 ⑫穷神:穷究事物之神妙。 ⑬困于石,据于蒺藜,入于其宫,不见其妻,凶:这是《困》卦六三爻辞。

【译文】

《易经》的《咸》卦九四爻辞中说:"相互之间往来不绝,朋友顺从你的想法。"对此,孔子说:"天下之事何必多费思虑呢?天下之事所经由的路各不相同,但最后都同归于一处;谋虑万端,结果都趋于一致,天下之事又何必多费思虑呢!太阳落下则月亮升起,月亮西沉则太阳升起,太阳和月亮互相推移而天地间充满光明;寒冷过去则暑热到来,暑热过去则寒冷到来,寒冷和暑热互相更替,就形成了年岁。往前时必先屈缩,回来时必先伸展,屈缩和伸展互相配合才能产生好的效果。尺蠖弯曲自己的身体,目的是为了伸展身体前进;龙和蛇蛰伏,是为了保全自己的身体。精研事物的义理达到神妙的境界,目的是为了充分发挥其作用;利用这些道理来安身立命,目的是为了提高自己的道德修养。除此之外,就不知道还有什么了。穷究事物的神妙之处和通晓变化之道,这是最大的德行。"

《易经》的《困》卦六三爻辞说:"被石头绊倒,手按在蒺藜上,进入居室,见不到自己的妻子,有凶险。"对此,孔子说:"在不应该被困的地方被困,名声必会受到损害;不应该依靠的东西而去依靠,必然会有生命危险。名声受到损害,生命面临危险,这就意味着死期即将到来,怎么还能见得到自己的妻子呢?"

《易》曰:"公用射隼(sǔn)于高墉(yōng)之上,获之,无不利①。"子曰:"隼者禽②也,弓矢者器也,射之者人也。君子藏器于身,待时而动,何不利之有?动而不括③,是以出而有获,语成器而动者也。"

子曰:"小人不耻不仁,不畏不义,不见利不劝④,不威⑤不惩⑥,小惩而大诫,此小人之福也。《易》曰'屦校(jùjiào)灭趾,无咎⑦',此之谓也。善不积不足以成名,恶不积不足以灭身。小人以小善为无益而弗为也,以小恶为无伤而弗去也,故恶积而不可掩⑧,罪大而不可解。《易》曰:'何校灭耳,凶⑨。'"

子曰:"危者,安其位者也;亡者,保其存者也;乱者,有其治者也。是故君子安而不忘危,存而不忘亡,治而不忘乱,是以身安而国家可保也。《易》曰:'其亡其亡,系于苞桑⑩。'"

【注释】

①公用射隼于高墉之上,获之,无不利:这是《解》卦上六爻辞。②禽:鸟类。 ③括:阻滞;闭塞。 ④劝:勤勉;努力。 ⑤威:刑罚;惩罚。 ⑥惩:惩戒。 ⑦屦校灭趾,无咎:这是《噬嗑(shìhé)》卦初九爻辞。清代阮元主持校刻的《十三

经注疏·周易正义》"屨"字作"履",应改为"屨"。　⑧掩:遮蔽。　⑨何校灭耳,凶:这是《噬嗑》卦上九爻辞。　⑩其亡其亡,系于苞桑:这是《否》卦九五爻辞中的内容。

【译文】

《易经》的《解》卦上六爻辞说:"王公站在高高的城墙上用箭射隼,射中后把它捕获,没有任何不利。"对此,孔子说:"隼是鸟类,弓矢是器械,用弓矢射隼的是人。君子把器械藏在身上,等待时机而行动,这会有什么不利呢？行动而没有阻滞,所以一出手就有收获,这说的是要具备现成的器械才可采取行动。"

孔子说:"小人不会因为自己不仁而感到羞耻,不会因为自己不义而感到畏惧,见不到利益就不会去努力,不采取刑罚措施就起不到惩戒的作用,受到小的惩罚而起到大的劝诫作用,这对小人来说是一种福分。《易经》的《噬嗑》卦初九爻辞说'脚上带着刑具,脚趾被割去,没有别的灾殃',说的就是这个道理。不积累善行就无法成名,不积累恶行就不会有亡身之祸。小人认为小的善行不会带来什么好处而不愿去做,认为小的恶行不会带来什么损害而不予以去除,以致最后恶行积累到无法遮蔽,罪行大到难以解救。所以《易经》的《噬嗑》卦上九爻辞说:'肩扛刑具,耳朵被割去,有凶险。'"

孔子说:"危险,是因为安享其位而不知防范；灭亡,是因为自以为已有的一切可以不用付出而长久保持；祸乱,是因为在局面稳定时不知道保持警惕。所以君子在安定时不忘危险,存在时担忧灭亡,局面稳定时预防祸乱,所以身体安康而国家政权得以保持。因此《易经》的《否》卦九五爻辞中说:'时时提醒自己:将要灭亡,将要灭亡,就会像系在丛生的桑树上一样稳固。'"

子曰:"德薄而位尊,知(zhì)①小而谋大,力小而任重,鲜②不及③矣。《易》曰:'鼎折足,覆公䰞(sù),其形渥(wò),凶④。'言不胜其任也。"

子曰:"知几⑤其神⑥乎?君子上交不谄,下交不渎⑦,其知几乎。几者动之微,吉⑧之先见者也。君子见几而作,不俟⑨终日。《易》曰:'介于石,不终日,贞吉⑩。'介如石焉,宁⑪用终日,断⑫可识矣。君子知微知彰,知柔知刚,万夫⑬之望⑭。"

子曰:"颜氏之子⑮,其殆(dài)⑯庶几⑰乎,有不善未尝不知,知之未尝复行也。《易》曰:'不远复,无祗(zhī)悔,元吉⑱。'""天地絪缊(yīnyūn)⑲,万物化醇⑳;男女㉑构精㉒,万物化生㉓。《易》曰'三人行,则损一人;一人行,则得其友㉔',言致一㉕也。"

子曰:"君子安其身而后动,易其心㉖而后语,定其交而后求,君子修此三者,故全也。危以动,则民不与㉗也;惧以语,则民不应也;无交而求,则民不与㉘也。莫㉙之与,则伤之者至矣。《易》曰:'莫益之,或击之,立心勿恒,凶㉚。'"

【注释】

①知:同"智",指智慧。　②鲜:少。　③不及:指不及于祸,即不遭遇祸患。　④鼎折足,覆公䰞,其形渥,凶:这是《鼎》卦九四爻辞。　⑤几:事物细微的征兆。　⑥神:神奇;神异。　⑦渎:通"嫟(dú)",指亵渎、轻慢。　⑧吉:"吉"字后面似应有"凶"字。　⑨俟:等待。

⑩介于石,不终日,贞吉:这是《豫》卦六二爻辞。　⑪宁:岂;难道。　⑫断:断然。　⑬万夫:万人;万民。　⑭望:景仰;仰望。　⑮颜氏之子:即颜回,孔子最得意的弟子,以德行著称。　⑯殆:大概。　⑰庶几:差不多;近似。　⑱不远复,无祗悔,元吉:这是《复》卦初九爻辞。　⑲絪缊:同"氤氲(yīnyūn)",烟气或云气弥漫的样子,此处指阴阳二气交感。　⑳醇:凝聚淳厚。一说指均匀。　㉑男女:泛指雌雄二性。　㉒构精:指两性交合。　㉓化生:化育生长。　㉔三人行,则损一人;一人行,则得其友:这是《损》卦六三爻辞。　㉕致一:即一致。一说指专一合作。　㉖易其心:指心平气和。易:和悦。　㉗与:参与。　㉘与:给予。　㉙莫:没有谁。　㉚莫益之,或击之,立心勿恒,凶:这是《益》卦上九爻辞。

【译文】

孔子说:"才德浅薄却高居尊位,智力有限却去图谋大事,力量很小却去承担重任,这样很少有不遭受祸患的。《易经》的《鼎》卦九四爻辞说:'鼎足折断,把王公的美食都倒了出来,鼎身上沾满了食物,有凶险。'说的就是力不胜任的情况。"

孔子说:"能够知道事物的细微征兆,这应该是够神奇的了吧? 君子与居于上位的人相交时不谄媚,与处于下位的人相交时不轻慢,这可以说是知道事物的细微征兆了吧。'几'是极其微小的变动,是最早显现出来的吉凶征兆。君子看到事物的细微征兆就采取行动,连一天都不会等待。《易经》的《豫》卦六二爻辞:'耿介如石,很快就能悟知事理,占问得吉兆。'既然耿介如石,怎么还需要一整天的时间呢? 当时就可明察事理。君子看到细微的征兆就能知道事物明显时的状况,看到阴柔就能推知阳刚,为万民所景仰。"

  孔子说:"颜回这个人的修养大概已经接近完美了吧,他对自己言行中的过错很快就能察觉,一经察觉就绝对不会再犯。《易经》的《复》卦初九爻辞说:'刚走不远就返回,没有后悔之事,大吉。'""天地间阴阳二气交感,万物化育凝聚;雌雄两性交合,万物化育生长。《易经》的《损》卦六三爻辞说'三个人同行,会减损一个人;一个人独行,则会得到朋友',说的是同心一意的意思。"

  孔子说:"君子在安定自身后再采取行动,在内心平静后再说话,确定交情后再向人求助,君子能做到这三个方面,所以做事才周全完备。在自身危险的情况下采取行动,民众不会来参与;在内心恐惧的情况下说话,民众不会响应;没有交情而向人求助,民众不会给予帮助。没有人来帮助,那么伤害他的人就会到来。这正如《易经》的《益》卦上九爻辞所说:'没有人帮助他,有人攻击他,做事没有恒心,有凶险。'"

第六章

  子①曰:"乾坤②,其《易》之门③邪(yé)④?"乾,阳物也;坤,阴物也。阴阳合德而刚柔⑤有体,以体⑥天地之撰⑦,以通神明⑧之德。其称名⑨也,杂⑩而不越⑪。于⑫稽⑬其类⑭,其衰世⑮之意邪?夫《易》彰往而察来,而微显⑯阐幽。开⑰而当名⑱辨物⑲,正言⑳断辞㉑则备㉒矣。其称名也小,其取类也大。其旨远,其辞文㉓,其言曲㉔而中㉕,其事肆㉖而隐。因贰㉗以济㉘民行,以明失得之报㉙。

【注释】

①子：指孔子。一说此系假托孔子之名。　②乾坤：指《乾》卦和《坤》卦。　③门：门户；关键。一说指门径。　④邪：语气词，表示疑问或反诘。　⑤刚柔：阳刚和阴柔。　⑥体：表现；体现。一说指体察。　⑦撰：一说指天地阴阳等自然现象的变化规律；一说指天地化生万物之功。　⑧神明：天地间一切神灵的总称。一说指神妙；一说指神奇而光明。　⑨称名：列举物名。一说指爻辞；一说指卦名。　⑩杂：多；繁多。　⑪越：僭越；不依次序超出。一说指散漫、散乱。　⑫于：助词，用于句首，无义。　⑬稽：考察。　⑭类：事理。一说指"事"。　⑮衰世：衰乱的时代，这里特指商朝末年。　⑯而微显：一说应作"微显而"；一说应作"而显微"。"微显"指从浅显的事物中发现微妙。　⑰开：陈说；表达。一说指开释；一说指展开。　⑱当名：指名称恰当。一说指恰当的名称。　⑲辨物：指明辨事物。一说指辨别事物。　⑳正言：言论端正。一说指准确的言辞。　㉑断辞：文辞决断。一说指判断事理。　㉒备：完备。　㉓文：有文采。　㉔曲：曲折；婉转。　㉕中：符合事理。　㉖肆：显明；显示。　㉗贰：一说指一阴一阳之道；一说指吉凶。　㉘济：帮助。一说指成。　㉙报：应；报应。

【译文】

孔子说："《乾》、《坤》两卦，是《易经》的门户吧？"乾，代表阳性的事物；坤，代表阴性的事物。阴和阳之间互相配合，从而有了事物或刚或柔的形体，以此来体现天地生化万物之功，来与神灵的德性相贯通。《易经》涉及的概念名称繁多，却井然有序。考察卦爻辞中的事理，反映的大概是殷末衰世的状况吧？《易经》能够彰显已经过去的事情,察知将要发生的事情,从浅显的事物中发现微妙之理,使幽深难测之事得以阐明。《易经》在进行表达时,名称恰当,明辨事物,言论端正,文辞决断,内容十分完备。《易经》所用的概念名称具体而微,但所涉及的事理却很广大。《易经》的旨意深远,文辞优美,语言婉转而符合事理,陈述事情显明直接却蕴含深刻的道理。《易经》用阴阳之理来帮助民众行动,并使人们明白得失报应的道理。

第七章

《易》之兴①也,其于中古②乎?作《易》者,其有忧患乎?是故《履》,德之基也③;《谦》,德之柄也④;《复》,德之本也⑤;《恒》,德之固也⑥;《损》,德之修也⑦;《益》,德之裕也⑧;《困》,德之辨也⑨;《井》,德之地也⑩;《巽》(xùn)》,德之制也⑪。《履》和而至⑫,《谦》尊而光⑬,《复》小而辨于物⑭,《恒》杂而不厌⑮,《损》先难而后易⑯,《益》长裕而不设⑰,《困》穷而通⑱,《井》居其所而迁⑲,《巽》称而隐⑳。《履》以和行㉑,《谦》以制礼㉒,《复》以自知㉓,《恒》以一德㉔,《损》以远害㉕,《益》以兴利㉖,《困》以寡怨㉗,《井》以辩义㉘,《巽》以行权㉙。

【注释】

①兴:兴起;产生。一说指复兴。　②中古:次于上古的时代。这里指商周之际。　③《履》,德之基也:指《履》卦说

明了道德修养的基础。因履在古代也指"礼",礼是生活中由于风俗习惯等而形成的行为准则和各种礼节,故有此说。又据《履》卦的《大象传》:"履。君子以辩上下,定民志","辩上下"指分别上下尊卑,故《履》卦与进行道德修养关系密切。
④《谦》,德之柄也:《谦》卦说明了道德修养的关键。因谦指谦虚,人能谦虚,则道德日进,仿佛刀、斧等有柄才能发挥作用,故有此说。 ⑤《复》,德之本也:《复》卦说明了道德修养的根本。《复》卦由下面的一个阳爻和上面的五个阴爻组成,下面的阳爻象征一阳复归,而阳代表君子、善,因此《复》卦有复归于善之义,故有此说。 ⑥《恒》,德之固也:《恒》卦说明了如何巩固道德修养。因恒有恒久的意思,道德修养必须持之以恒,才能不断巩固并提高,故有此说。 ⑦《损》,德之修也:《损》卦说明了如何进行道德修养。因损有损己益人或减损不善之义,故有此说。又据《损》卦的《大象传》:"损。君子以惩忿窒欲。""惩忿窒欲"指克制愤怒的情绪,遏抑过度的欲望,而此正是修德的关键。修:修养;修行。 ⑧《益》,德之裕也:《益》卦说明了如何充实道德修养。因益意为增益,一个人能给别人带来方便和好处,或能增益自己的善行,都会使自己的道德修养得到充实,故有此说。裕:充足;充裕。一说指宽大、宽容。 ⑨《困》,德之辨也:《困》卦说明了如何辨别是否有道德修养。因困有困穷之义,人处于困穷之时,最能检验他是否有道德修养。此正如《论语·卫灵公》中所说:"君子固穷,小人穷斯滥矣",即君子在面临困窘的时候,仍然会坚持原则;小人在面临困窘的时候,就会胡作非为了。故有此说。 ⑩《井》,德之地也:《井》卦说明了道德修养达到的境界。因井指井水,井水无私地养育民众,永不枯竭,象征

一种很高的德行,故有此说。地:达到的境界;地步。
⑪《巽》,德之制也:《巽》卦说明了听从道德规范的约束。因巽有逊顺、顺从之义,而《巽》卦的《大象传》中又说"君子以申命行事",有顺从命令约束之义,故有此说。制:约束。一说指制定规范;一说指裁断。　⑫《履》和而至:《履》卦说明通过和悦的方式达到目的。《履》卦下兑上乾,兑为和悦,履有践行之义,象征和悦地践行。人在行事时能保持和悦,必能达到目的,故有此说。至:到达。　⑬《谦》尊而光:《谦》卦说明自我贬抑才能光大其德。尊:即"撙(zǔn)",指节制、谦抑。一说指尊贵。　⑭《复》小而辨于物:《复》卦说明要从事物的细微之处辨明事物的道理。因复有回复正道之义,人要回复正道,必须先从细微之处察知是非,故有此说。　⑮《恒》杂而不厌:《恒》卦说明循环运行而不厌烦止息。因恒有恒久之义,故意味着运行不息。杂:通"匝",指圆周,即循环运行。一说指杂乱、复杂。　⑯《损》先难而后易:《损》卦说明凡事先难而后易的道理。因损是减损自己以增益他人,这样的事情,刚开始做时心里肯定不情愿,故难;坚持做下去,成了习惯,也就不难了,故易。　⑰《益》长裕而不设:《益》卦说明德行在于不断充实而不造作。因益指增益他人,增益他人的行为要发自内心,且长期坚持,而不是出于某种目的而设计谋虑,故有此说。设:假装;造作。　⑱《困》穷而通:《困》卦说明困穷到了极点必会通达。因为君子在面临困穷时能守志不变,故最后必能通达。　⑲《井》居其所而迁:此句较难理解,一说"而"下脱一"不"字,意为《井》卦说明安居其所而不迁移。但这毕竟只是一种猜测。若按原文来理解,我们可以把"迁"理解为上升,与《诗经·小雅·伐木》中的"出自幽谷,迁于

乔木"的"迁"同义,则句意为:《井》卦说明安居其所而德行不断上升。 ⑳《巽》称而隐:"称而隐",一说指称扬命令而不自我显露(称:称扬命令);一说指权衡时势而退藏(称:比较;权衡);一说指符合时宜而不露形迹(称:符合)。巽有顺从时势之义,因此,后两种理解似更恰当些。 ㉑《履》以和行:《履》卦可以用来使人们的行为和谐。具体原因可参阅本章的注⑫。 ㉒《谦》以制礼:《谦》卦可以用来约束人们的行为,使合于礼。因谦指谦虚,故有此说。制:控制;约束。一说指《谦》卦可以控制礼节。 ㉓《复》以自知:《复》卦可以用来使人有自知之明。因复有回复正道之义,故有此说。 ㉔《恒》以一德:《恒》卦可以用来使人的德行始终如一。因恒指恒久,故有此说。 ㉕《损》以远害:《损》卦可以用来使人远离祸害。因损有自损以益人及损去自身之不善之义,故能损之人,即可远离祸害。 ㉖《益》以兴利:《益》卦可以用来创办有利之事业。因益有增益之义,故有此说。 ㉗《困》以寡怨:《困》卦可以用来使人不怨天尤人。因《困》卦提倡君子面临困境而守志不移,故不会去怨天尤人。 ㉘《井》以辩义:《井》卦可以用来辨明道义。因井水无私地养育民众,其中体现了道义,故有此说。辩:通"辨"。 ㉙《巽》以行权:《巽》卦可以用来使人以变通的方法处理问题。因巽有顺应时势之义,故有此说。权:变通。

【译文】

《易经》的产生,大概是在中古时期吧?创作《易经》的人,心中大概怀有忧患吧?所以,《履》卦说明了道德修养的基础,《谦》卦说明了道德修养的关键,《复》卦说明了道德修养的根本,《恒》卦说明了如何巩固道德修养,《损》卦说明了如何进行道德修养,

《益》卦说明了如何充实道德修养，《困》卦说明了如何辨别是否有道德修养，《井》卦说明了道德修养达到的境界，《巽》卦说明了听从道德规范的约束。《履》卦说明通过和悦的方式达到目的，《谦》卦说明自我贬抑才能光大其德，《复》卦说明要从细微之处辨明事物的道理，《恒》卦说明循环运行而不厌烦止息，《损》卦说明凡事先难后易的道理，《益》卦说明德行在于不断充实而不造作，《困》卦说明困穷到了极点必会通达，《井》卦说明要安居其所而德行不断上升，《巽》卦说明要根据时势而不露形迹。《履》卦可以用来使人们的行为和谐，《谦》卦可以用来使人们的行为合于礼，《复》卦可以用来使人有自知之明，《恒》卦可以用来使人的德行始终如一，《损》卦可以用来使人远离祸害，《益》卦可以用来创办有利之事业，《困》卦可以用来使人不怨天尤人，《井》卦可以用来辨明道义，《巽》卦可以用来使人以变通的方法处理问题。

第八章

《易》之为书也不可远①。为道也屡迁②，变动不居③，周④流六虚⑤，上下无常⑥，刚柔⑦相易，不可为典要⑧，唯变所适⑨。其出入⑩以度⑪外内⑫使知惧，又明于忧患与故⑬，无有师保⑭，如临父母。初率⑮其辞⑯，而揆（kuí）⑰其方⑱，既⑲有典常⑳。苟㉑非其人㉒，道不虚行。

【注释】

①不可远：不可远离。一说指很难探究。　②迁：变更；变化。　③居：停息。　④周：反复；循环。　⑤六虚：指

六爻之位。　　⑥常：常规；常道。　　⑦刚柔：阳刚和阴柔。　　⑧典要：经常不变的准则、标准。　　⑨适：从；往。　　⑩出入：一说指六爻的往返；一说指出于本卦，入于变卦；一说指在内外卦之间变动。　　⑪度：一说指法则、度数；一说指经过；一说指审度。　　⑫外内：卦外和卦内。一说指外卦和内卦；一说指变卦和本卦。　　⑬故：一说指事、事情；一说指缘故；一说指历史、过去。　　⑭师保：古时任辅弼帝王和教导王室子弟的官，有师有保。也泛指老师。　　⑮率：遵行；遵循。　　⑯辞：指卦爻辞。　　⑰揆：揣度；揣测。　　⑱方：道理；规范。　　⑲既：即；便。　　⑳典常：常道；常法。　　㉑苟：假如；如果。　　㉒其人：这里指贤明之人。

【译文】

《易经》这本书不可远离。《易经》之道处于不停的变化之中，它变动而不停留，在六个爻位中反复流动，或上或下，没有恒定的模式，阳刚和阴柔互相变化，不可把它看作固定不变的法则，而是要一切以变化为准。《易经》之道通过卦内爻象的变动和卦外事物的吉凶显现出来，使人们知道惕惧，又能使人明白忧患与其中的缘故，虽然没有师保，却好像父母在面前教诲一样。开始时遵循卦爻辞，揣测其中的道理，慢慢地就会掌握其中的规律。但是，如果不是贤明之人，《易经》之道就不会因他而产生作用。

第九章

《易》之为书也，原始①要终②以为质③也。六爻（yáo）④相杂，唯其时物⑤也。其初⑥难知，其上⑦易知，本末⑧也。

初辞⁹拟之⑩,卒⑪成之终⑫。若夫⑬杂物⑭撰⑮德,辩⑯是与非,则非其中爻⑰不备⑱。噫⑲亦要⑳存亡吉凶,则居㉑可知矣。知(zhì)㉒者观其彖(tuàn)辞㉓,则思㉔过半矣。

二㉕与四㉖同功而异位,其善㉗不同,二多誉,四多惧,近㉘也。柔之为道,不利远㉙者,其要㉚无咎㉛,其用㉜柔中㉝也。三㉞与五㉟同功而异位,三多凶,五多功,贵贱之等㊱也。其柔㊲危,其刚㊳胜邪(yé)㊴。

【注释】
①原始:推究事物的开始。原:推究;考究。　②要终:探求事物的终结。要:探求;求取。　③质:一说指实质;一说指卦体。　④爻:组成八卦的长短横道,"—"为阳爻,"--"为阴爻。　⑤时物:时位和相对应的事物。　⑥初:指初爻。　⑦上:指上爻。　⑧本末:指事物从开始至结尾的经过。　⑨初辞:初爻爻辞。　⑩拟之:拟议事物的开始。一说指一旦拟定;一说指对全卦作出拟测。　⑪卒:事物的终结。一说指上爻爻辞。　⑫终:上爻爻辞。一说指事物的结局。　⑬若夫:助词,用在句子的开头,相当于"至于"。　⑭杂物:聚集事物。一说指错综爻画;一说指物象错杂。　⑮撰:通"算",指历数而选择。一说指确定;一说指撰述。　⑯辩:通"辨",指辨别。　⑰中爻:一卦中的二、三、四、五爻。　⑱备:完备。　⑲噫:一说是叹词;一说通"抑",表示转折。　⑳要:要点;重要之处。一说指探求。　㉑居:平素家居。　㉒知:同"智",指智慧。　㉓象辞:指卦辞。一说指卦爻辞。　㉔思:思索,引申指体

悟、领悟。　㉕二：指爻位中的二位。　㉖四：指爻位中的四位。　㉗善：这里兼指好坏。　㉘近：指逼近第五爻,第五爻在一卦中为君位。一说"近"前当有"远"字。㉙远：一说应作"近"。　㉚要：求取。一说指重要之处。㉛咎：灾殃。　㉜用：以。　㉝柔中：柔和守中。㉞三：爻位中的三位。　㉟五：爻位中的五位。　㊱等：区别。　㊲柔：指阴爻。　㊳刚：指阳爻。　㊴邪：语气词,表示疑问或反诘。

【译文】

《易经》这本书,是以推究事物的开始、探求事物的终结为实质内容的。六爻错综交杂,反映的是不同的时位和与其相对应的事物。根据初爻难以知道事物的全貌,根据上爻则容易知道事物的全貌,因为初爻和上爻象征着事物的开始和结尾。初爻爻辞模拟事物的开始,上爻爻辞则表示事物的终结。至于要聚集事物,历数并选择衡量其特性,辨别是非,则不依靠二、三、四、五这四个中爻就不能完备。啊！如果想要探求存亡吉凶,那么只要安居家中就可以得知。有智慧的人只要细细分析卦辞,就能领悟一卦中一半以上的意义了。

二爻和四爻功能相同,但因为居于不同的爻位,它们所代表的好坏也就有区别,二爻多赞誉,四爻多惊惧,这是因为四爻逼近代表君位的五爻。阴柔之道,不利于远离,想要没有灾殃,就应当柔和守中。三爻和五爻功能相同,但因为所居的爻位不同而有区别,三爻多凶险,五爻多事功,这是因为它们代表的贵贱等级不同而导致的。这说明阴爻居三和五位有危险,而阳爻居三和五位则可胜任吧。

第十章

《易》之为书也,广大悉备①。有天道焉,有人道焉,有地道焉。兼三才而两之②,故六③。六者非它也,三才之道也④。道有变动,故曰爻(yáo)⑤;爻有等⑥,故曰物;物相杂,故曰文⑦;文不当,故吉凶生焉。

【注释】

①备:完备。　②兼三才而两之:"三才"指天、地、人,三画卦中最上面的一画代表天,中间的一画代表人,最下面的一画代表地,故称"兼三才";把两个三画卦重叠起来,就称为"两之"。"才"字清代阮元主持校刻的《十三经注疏·周易正义》作"材",今据该书的"校勘记"改为"才"。　③六:指六爻。　④六者非它也,三才之道也:指六画卦中的六画,反映的仍是三才之道,其中最上面的两画代表天,中间的两画代表人,最下面的两画代表地。　⑤爻:组成八卦的长短横道,"—"为阳爻,"--"为阴爻。爻有交错和变化的意义。　⑥等:区别。　⑦文:指爻画。

【译文】

《易经》这本书包括的内容极为广泛而且齐备。其中既包括天道,又包括人道,也包括地道。把包括天、地、人三才的两个三画卦相重叠,所以就有了六画卦。这六画不是别的,反映的仍是天、地、人三才之道。道在不断地变化,所以把象征这种变化的称为爻;爻有位置、功能等方面的区别,所以也象征事物;事物之间互相错杂,就表现为不同的爻画;爻画所处的位置是否恰当,就产生了吉和凶。

第十一章

《易》之兴①也,其当殷②之末世,周③之盛德邪(yé)④,当文王⑤与纣⑥之事邪,是故其辞⑦危⑧。危者使平⑨,易⑩者使倾⑪。其道甚大,百物不废⑫。惧以终始,其要⑬无咎⑭,此之谓《易》之道也。

【注释】

①兴:兴起;产生。　②殷:朝代名,公元前1300—前1046年,是商代(汤建立于公元前1600年)迁都于殷(今河南安阳西北小屯村)后改用的称号。　③周:朝代名,公元前1046—前256年,姬发所建。　④邪:语气词,表示疑问或反诘。　⑤文王:见"明夷第三十六"原文第一节注⑨。　⑥纣:商朝最后一个君主,原称帝辛,是历史上有名的暴君。被姬发打败后自焚而死。　⑦辞:指卦爻辞。　⑧危:忧惧不安。　⑨平:平安;太平。　⑩易:轻率;轻视。　⑪倾:倾覆。　⑫废:败坏;衰败。　⑬要:求取。一说指要旨。　⑭咎:灾殃。

【译文】

《易经》的产生,大概是在商朝末年,周的德业开始兴盛的时候吧,反映的是周文王和商纣王的事情吧,所以它的卦爻辞中充满了忧惧不安。常怀忧惧者得以平安,轻率简慢者则会被倾覆。这个道理极为宏大,所有事物都因此而不衰败。自始至终抱着惊惧的心理,才能没有灾殃,这就叫作《易经》之道。

第十二章

　　夫乾①,天下之至健也,德行恒②易③以知险;夫坤④,天下之至顺也,德行恒简⑤以知阻。能说(yuè)⑥诸⑦心,能研诸侯之⑧虑,定天下之吉凶,成天下之亹(wěi)亹⑨者。是故变化云为⑩,吉事有祥⑪。象事⑫知器⑬,占⑭事知来⑮。天地设位,圣人成能⑯;人谋鬼谋⑰,百姓与能⑱。八卦⑲以象⑳告,爻彖(yáotuàn)㉑以情㉒言,刚柔㉓杂居㉔,而吉凶可见矣。变动㉕以利言,吉凶以情迁㉖,是故爱恶(wù)相攻而吉凶生㉗,远近相取而悔吝生㉘,情伪相感而利害生㉙。凡《易》之情,近而不相得㉚则凶,或害之,悔且吝。将叛者其辞㉛惭㉜,中心疑者其辞枝㉝,吉人㉞之辞寡,躁人之辞多,诬善之人其辞游㉟,失其守㊱者其辞屈㊲。

【注释】

①乾:象征天。　②恒:长久;固定。　③易:平易;容易。　④坤:象征地。　⑤简:简单;简约。　⑥说:通"悦",指喜悦、高兴。　⑦诸:相当于"于"。　⑧侯之:一说此两字当为衍文。　⑨亹亹:勤勉不倦的样子。　⑩云为:即有为,指采取行动。云:有。一说应作"有为";一说指"或口之所云,或身之所为"。　⑪祥:吉凶的预兆。　⑫象事:模仿事物的形象。一说指观其所象之事。　⑬知器:知道制作器物的方法。　⑭占:占卜吉凶。　⑮知来:预知未来。　⑯成能:施展才能。一说指成就事功。

⑰鬼谋:指通过卜筮(shì)与鬼神谋划。　⑱与能:参与其能力的发挥。与:参与。一说指参与事功。　⑲八卦:见《系辞传上》第九章注㉙。　⑳象:指卦象。　㉑爻象:卦爻辞。　㉒情:情理;道理。　㉓刚柔:指阳爻和阴爻。　㉔居:相处。　㉕变动:这里指六爻的变动。　㉖迁:变更;变化。　㉗爱恶相攻而吉凶生:爱和恶互相斗争就产生了吉凶。因为事物间相爱则吉,相恶则凶,故有此说。这里主要就阴阳爻之间的关系而言,阳爻和阴爻异性相吸,则生爱;阳爻与阳爻、阴爻与阴爻同性相斥,则生恶。攻:进攻;斗争。　㉘远近相取而悔吝生:远和近互相依托而产生了是否后悔和悔恨。这里的远和近是就爻与爻之间的关系而言的,在《周易》中,同位爻之间有相应与不相应的关系,相邻的爻之间有承与乘的关系,一般说来,同位爻之间互相应合则无悔吝,否则就有悔吝;阴爻凌乘阳爻有悔吝,顺承阳爻则无悔吝。取:依托;凭借。吝:悔恨。　㉙情伪相感而利害生:真实和虚伪互相感应而产生了利和害。事物之间以真情相感,则有利;以虚伪相感,则有害,故有此说。情:实情。　㉚相得:彼此投合。这里指爻与爻之间的关系。　㉛辞:言辞。一说这里指问蓍(shī)之辞及筮得的卦爻辞。　㉜惭:羞愧。　㉝枝:分散;散乱。　㉞吉人:善良的人。　㉟游:虚浮不实。　㊱守:操守;节操。　㊲屈:理亏;理由不足。

【译文】

乾是天下最为刚健的,它的德行是恒常平易并能知道险难之所在;坤是天下最为柔顺的,它的德行是恒常简约并能知道阻碍之所在。平易简约之道能使人内心愉悦,能研判诸侯们的思虑,确定天下事物的吉凶,并成就天下之人为之不懈地奋斗的功业。所以遵循变化之道而采取行动，吉利之事便会出现祥瑞。通过模仿事物的形象而知道如何制作器物，通过占问以预知未来。天地的位置确立后，圣人在其中施展自己的才能；圣人不光与人谋划，还通过卜筮与鬼神谋划，连普通百姓也参与其能力的发挥。八卦通过卦象来告知，卦爻辞通过揭示事理来陈述，阴爻和阳爻交杂处于一卦之中，事物的吉凶就可以反映出来。六爻的变动是根据是否有利而言的，是吉是凶则依据情理而变化，所以爱和恶互相斗争就产生了吉凶，远和近互相依托就产生了悔吝，真实和虚伪互相感应而产生了利和害。《易经》的实情是：爻与爻之间离得很近时，如果不能相处融洽，就会有凶险，或许还会受到伤害，从而产生后悔和悔恨。将要背叛的人说的话会有羞惭之意，心中有疑虑的人说的话支离散乱，善良的人说话简洁，急躁的人说话多，诬陷好人的人说的话虚浮不实，失去操守的人说的话不合道理。

说卦传

【导读】

《说卦传》分为六章(关于《说卦传》的分章,历来有不同分法),论述了《易经》的创作、筮(shì)法的发明、卦形的获得、变爻(yáo)的确立、八卦与方位的关系等内容。《说卦传》中最值得我们关注的内容是论述了八卦所象征的事物及其性质,指出乾为天,表示强健;坤为地,表示柔顺;震为雷,表示震动;巽(xùn)为风,表示进入;坎为水,表示深陷;离为火,表示附丽;艮(gèn)为山,表示静止;兑为泽,表示喜悦。这对于我们理解《易经》六十四卦的意义有重要的参考价值。当然,《说卦传》中所述的八卦的象征物还有很多,但以上八种是最具代表性的,也是最重要的。

第一章

昔者圣人之作《易》也,幽[①]赞[②]于神明[③]而生蓍(shī)[④],参天两地[⑤]而倚[⑥]数[⑦],观变[⑧]于阴阳[⑨]而立卦[⑩],发挥[⑪]于刚柔[⑫]而生爻(yáo)[⑬],和顺[⑭]于道德[⑮]而理[⑯]于义[⑰],穷理尽性[⑱]以至于命[⑲]。

【注释】

①幽:暗。一说指深。　②赞:帮助。　③神明:天地间一切神灵的总称。一说指神妙的变化。　④生蓍:发明用蓍草来进行占问。蓍:蓍草。　⑤参天两地:一说指考察度量天地;一说指天数三(参:三)、地数二,即天地奇偶之数。　⑥倚:立。　⑦数:指天数与地数相加而得的总数,即五十五。一说指奇偶之数;一说指七、八、九、六这四个筮(shì)数。　⑧变:通"辨",指明辨。　⑨阴阳:指七、八、九、六这四个数中的阴数和阳数。　⑩卦:见《系辞传上》第二章注①。　⑪发挥:把内在的性质或能力表现出来。　⑫刚柔:指阳爻和阴爻。　⑬爻:组成八卦的长短横道,"—"为阳爻,"--"为阴爻。这里指变爻。　⑭和顺:顺应;不违背。　⑮道德:理想的人格和行为准则。一说指事物的规律和特性。　⑯理:治理。　⑰义:正义。一说指合宜。　⑱穷理尽性:穷究事物的内在之理和固有特性。　⑲命:天命;命运。

【译文】

过去圣人创作《易经》的时候,暗中受到神灵的帮助而发明用蓍草来进行占问,通过考察天地的奇偶之数而确立天地的总数,观察辨别阴阳之数而设立卦,通过把握阳爻和阴爻的内在特性而确定变爻。顺应道德的要求并用正义来进行治理,穷究事物的内在之理和固有特性,以至于把握事物的命运。

第二章

昔者圣人之作《易》也,将以顺性命①之理。是以立天之道曰阴与阳,立地之道曰柔与刚②,立人之道曰仁与义。兼三才而两之③,故《易》六画④而成卦⑤;分阴分阳⑥,迭⑦用柔刚⑧,故《易》六位⑨而成章⑩。

【注释】

①性命:指万物的天赋和禀受。　②立地之道曰柔与刚:确立地道为柔和刚。因为地上的事物有柔有刚,如水、木为柔,土、金为刚,故有此说。　③兼三才而两之:见《系辞传下》第十章注②。　④六画:指六爻。　⑤卦:见《系辞传上》第二章注①。　⑥分阴分阳:指分为阴位和阳位。在六画卦中,初、三、五位为阳位,二、四、上位为阴位。　⑦迭:更迭;轮流。　⑧柔刚:指阴爻和阳爻。　⑨六位:指六个爻位。　⑩章:文采;花纹。一说指乐章;一说指文章。

【译文】

过去圣人创作《易经》,是为了顺应万物的天赋和禀受中所体现的内在规律。所以确立天道为阴和阳,确立地道为柔和刚,确立人道为仁和义。把包括天、地、人三才的两个三画卦相重叠,所以《易经》以六爻组成一卦;六爻又分为阴位和阳位,阴爻和阳爻更迭居于阴位和阳位上,所以《易经》的六爻组成了一个丰富多彩的系统。

第三章

天地①定位,山泽②通气,雷风③相薄④,水火⑤不相射（yì）⑥。八卦⑦相错⑧。数往者顺,知来者逆,是故《易》

逆数也⑨。

雷以动之⑩，风以散⑪之，雨以润之，日以烜（xuǎn）⑫之，艮（gèn）⑬以止之，兑⑭以说（yuè）⑮之，乾⑯以君⑰之，坤⑱以藏之。

【注释】

①天地：指乾和坤。　②山泽：指艮和兑。　③雷风：指震和巽（xùn）。　④薄：搏击；拍击。一说指入。　⑤水火：指坎和离。　⑥不相射：互不厌弃，指互相依存。射："斁（yì）"的古字，意为厌弃。帛书《周易》作"相射"。　⑦八卦：见《系辞传上》第九章注㉙。这里指八卦象征的事物。　⑧错：交错。　⑨数往者顺，知来者逆，是故《易》逆数也：人们述说往事总是由远及近，这称为顺；预测未来总是由近及远，这称为逆。《易经》是用来预测未来的，其特点是逆，所以说《易经》"逆数"即逆着顺序述说。数：述说；数说。一说指推算。对此句还有众多不同的理解。　⑩之：指万物。　⑪散：分散；散布。　⑫烜：晒干。　⑬艮：象征山。　⑭兑：象征泽。　⑮说：通"悦"，指喜悦、高兴。　⑯乾：象征天。　⑰君：主宰；统治。　⑱坤：象征地。

【译文】

天和地确定高和下的位置，山和泽的气息互相沟通，雷和风互相搏击震荡，水和火互相依存。八卦所象征的事物之间就是这样彼此交错关联的。述说往事总是按照由远而近的时间顺序，这称为顺；预测未来则是按照由近及远的时间顺序，这称为逆；《易经》是用来预测未来的，所以《易经》逆着顺序述说。

雷可以震动万物,风可以散布万物,雨可以滋润万物,太阳可以晒干万物,艮可以抑止万物,兑可以愉悦万物,乾可以主宰万物,坤可以收藏万物。

第四章

帝①出乎震②,齐③乎巽(xùn)④,相见(xiàn)⑤乎离⑥,致役⑦乎坤⑧,说(yuè)⑨言⑩乎兑⑪,战⑫乎乾⑬,劳⑭乎坎⑮,成⑯言乎艮(gèn)⑰。万物出乎震,震东方也。齐乎巽,巽东南也;齐也者,言万物之洁齐⑱也。离也者,明也,万物皆相见,南方之卦⑲也;圣人南面而听⑳天下,向㉑明而治,盖㉒取诸㉓此也。坤也者,地也,万物皆致养㉔焉,故曰致役乎坤。兑,正秋㉕也,万物之所说也,故曰说言乎兑。战乎乾,乾西北之卦也,言阴阳相薄㉖也。坎者,水也,正北方之卦也,劳卦㉗也,万物之所归也,故曰劳乎坎。艮,东北之卦也,万物之所成终而所成始也,故曰成言乎艮。

【注释】

①帝:指万物的创造和主宰者。　②震:指东方,时令上为春分。此处所说方位皆以"文王八卦方位图"为依据。
③齐:整齐。　④巽:指东南方,时令上为立夏。　⑤见:显现;出现。　⑥离:指南方,时令上为夏至。　⑦致役:一说指获得帮助(致:获得);一说指致力用事(役:事)。
⑧坤:指西南方,时令上为立秋。　⑨说:通"悦",指喜悦、

高兴。　⑩言:语气助词,即"焉"。　⑪兑:指西方,时令上为秋分。　⑫战:作战,这里指阴阳相结合。一说指战栗。　⑬乾:指西北方,时令上为立冬。　⑭劳:疲劳。⑮坎:指北方,时令上为冬至。　⑯成:成功;完成。⑰艮:指东北方,时令上为立春。　⑱洁齐:洁净整齐。一说指周备。　⑲卦:见《系辞传上》第二章注①。　⑳听:治理。　㉑向:面对;朝着。　㉒盖:大概。　㉓诸:相当于"之于"。　㉔致养:得到养育。　㉕正秋:指秋分。㉖薄:搏击;拍击。　㉗劳卦:象征疲劳之卦。一说因水不分昼夜地奔流,故有此说;一说因水属智,智者劳,故称之为劳卦。

【译文】

造物者使万物产生于震位,整齐地生长于巽位,充分呈现于离位,获得帮助于坤位,和悦于兑位,阴阳相结合于乾位,疲倦于坎位,完成于艮位。万物产生于震位,震是指东方。整齐地生长于巽位,巽是指东南方;齐,指的是万物洁净整齐的意思。离象征明,它使万物都得以呈现,离在方位上指南方;圣人面朝南而治理天下,面向着光明进行治理,大概就取法于此。坤象征地,万物都得到它的养育,所以说获得帮助于坤位。兑在时令上为秋分,万物都在此时和悦成熟,所以说和悦于兑位。阴阳相结合于乾位,乾在方位上指西北,表明阴和阳在此互相搏击。坎象征水,在方位上指北方,是象征疲劳的卦,万物在此时都归藏休息,所以说疲倦于坎位。艮在方位上代表东北,万物于此终结又重新开始,所以说完成于艮位。

第五章

神也者,妙①万物而为言者也。动万物者莫疾②乎雷,桡(náo)③万物者莫疾乎风,燥万物者莫熯(hàn)④乎火,说(yuè)⑤万物者莫说乎泽,润万物者莫润乎水,终万物始万物者莫盛乎艮(gèn)⑥。故水火相逮⑦,雷风不相悖⑧,山泽通气,然后能变化既成⑨万物也。

【注释】

①妙:作动词,意为使神妙。一说通"眇(miǎo)",指细微。②疾:急剧而猛烈。③桡:扰动;扰乱。④熯:干燥。⑤说:通"悦",指喜悦、高兴。⑥艮:象征山,这里的含义比山要丰富。⑦逮:及,指涉及、牵连。⑧悖:违逆;违背。⑨既成:已经完成。

【译文】

所谓神,是就其能让万物神妙地化育而言的。震动万物,没有比雷更急剧而猛烈的;扰乱万物,没有比风更迅疾的;使万物变干燥,没有能超过火的;使万物变得和悦,没有能超过泽的;滋润万物,没有能超过水的;使万物终结并重新开始,没有比艮更盛大的。所以水和火互相影响,雷和风不相悖逆,山和泽气息相通,然后才能使存在于天地间的万物发生变化。

第六章

乾,健也①;坤,顺也②;震,动也③;巽(xùn),入也④;坎,陷也⑤;离,丽也⑥;艮(gèn),止也⑦;兑,说(yuè)也⑧。

乾为马⑨,坤为牛⑩,震为龙⑪,巽为鸡⑫,坎为豕(shǐ)⑬,离为雉⑭,艮为狗⑮,兑为羊⑯。

乾为首⑰,坤为腹⑱,震为足⑲,巽为股⑳,坎为耳㉑,离为目㉒,艮为手㉓,兑为口㉔。

乾,天也,故称乎父;坤,地也,故称乎母。震一索㉕而得男㉖,故谓之长男;巽一索而得女㉗,故谓之长女。坎再索而得男,故谓之中男;离再索而得女,故谓之中女。艮三索而得男,故谓之少男;兑三索而得女,故谓之少女㉘。

乾为天㉙,为圜(yuán)㉚,为君,为父,为玉,为金,为寒,为冰,为大赤,为良马,为老马,为瘠㉛马,为驳㉜马,为木果㉝。

坤为地㉞,为母,为布㉟,为釜㊱,为吝啬㊲,为均㊳,为子母牛㊴,为大舆㊵,为文㊶,为众,为柄㊷;其于地也为黑。

震为雷㊸,为龙,为玄黄㊹,为旉(fū)㊺,为大涂㊻,为长子,为决(xuè)躁㊼,为苍筤(láng)㊽竹,为萑(huán)苇㊾;其于马也为善鸣,为馵(zhù)㊿足,为作足㊽,为的颡(sǎng)㊾;其于稼也为反生㊿;其究㊿为健,为蕃鲜㊿。

巽为木,为风㊿,为长女,为绳直㊿,为工㊿,为白,为长,为高,为进退,为不果㊿,为臭(xiù)㊿;其于人也为寡发,为广颡,为多白眼;为近利市㊿三倍;其究为躁卦㊿。

坎为水㊿,为沟渎㊿,为隐伏,为矫輮(róu)㊿,为弓轮;其于人也为加忧㊿,为心病,为耳痛,为血卦,为赤;其于马也为美脊,为亟心⁶⁷,为下首,为薄蹄⁶⁸,为曳(yè)⁶⁹;其于舆也为多眚(shěng)⁷⁰;为通,为月,为盗;其于木也为坚多心⁷¹。

离为火⁷²,为日,为电,为中女,为甲胄⁷³,为戈兵⁷⁴;其于人也为大腹;为干⁷⁵卦,为鳖,为蟹,为蠃(luó)⁷⁶,为蚌,为龟;其于木也为科⁷⁷上槁。

艮为山⁷⁸,为径路⁷⁹,为小石,为门阙(què)⁸⁰,为果蓏(luǒ)⁸¹,为阍(hūn)寺⁸²,为指,为狗,为鼠,为黔喙(huì)⁸³之属;其于木也为坚多节。

兑为泽⁸⁴,为少女,为巫,为口舌,为毁折,为附决⁸⁵;其于地也为刚卤(lǔ)⁸⁶;为妾,为羊。

【注释】

①乾,健也:乾象征天,天体运行不息,故表示刚健。
②坤,顺也:坤象征地,大地顺从于天,故表示柔顺。
③震,动也:震象征雷,雷震动万物,故表示震动。　④巽,入也:巽象征风,风无孔不入,故表示入。　⑤坎,陷也:坎象征水,水处于险陷之地,故表示陷入。　⑥离,丽也:离象征火,火必附着于物体而燃烧,故表示附丽。丽:附着;附丽。
⑦艮,止也:艮象征山,山静止不动,故表示静止。　⑧兑,说也:兑象征泽,泽滋润万物,使万物和悦,故表示愉悦。说:即"悦",指喜悦、高兴。　⑨乾为马:乾表示刚健,马健行不已,故乾像马。　⑩坤为牛:坤表示柔顺,牛性驯顺,故坤像牛。　⑪震为龙:震表示震动,龙健动于天地之间,故震像龙。　⑫巽为鸡:巽为风,为号令,鸡天明则鸣,与号令相

似,故巽像鸡。 ⑬坎为豕:坎为水坑,猪喜爱处于混浊的水坑中,故坎像猪。豕:猪。 ⑭离为雉:离为火为文明,表示文采光明,野鸡身上的羽毛五彩斑斓,故离像野鸡。雉:野鸡。 ⑮艮为狗:艮表示静止,狗善看守家门,阻止陌生人进入,故艮像狗。 ⑯兑为羊:兑表示愉悦,羊性温顺,为人所喜爱,故兑像羊。 ⑰乾为首:乾为天,圆而居上位,人的头亦圆,居于人体最上部,故乾像头。 ⑱坤为腹:坤为地,能包藏万物,正如人之腹能容纳各种食物,故坤像腹。 ⑲震为足:震为动,足与身体的运动关系最大,故震像足。 ⑳巽为股:一说巽为顺,大腿随足而动,故有此说(股:大腿);一说巽为木,大腿在身体中的形状与树干相似,故有此说。 ㉑坎为耳:坎为陷坑,耳朵的形状亦为向内凹陷,故坎像耳。 ㉒离为目:离为明,眼睛能明察万物,故离像目。 ㉓艮为手:艮为山,人之五指形状如山,故艮像手。一说艮为止,手能使物静止,故有此说。 ㉔兑为口:兑为悦,口能通过说话使人愉悦;又兑为泽,能纳百川,口能吃进各种食物,故兑像口。 ㉕索:求。 ㉖男:代指阳卦,八卦中只有一个阳爻的卦称为阳卦,包括震(☳)、坎(☵)、艮(☶)三卦。其中震为长男,因其初爻为阳;坎为中男,因其中爻为阳;艮为少男,因其上爻为阳。 ㉗女:代指阴卦,八卦中只有一个阴爻的卦称为阴卦,包括巽(☴)、离(☲)、兑(☱)三卦。其中巽为长女,因其初爻为阴;离为中女,因其中爻为阴;兑为少女,因其上爻为阴。 ㉘震一索而得男……故谓之少女:此处"一索"、"二索"、"三索"有特定的含义,如"震一索而得男",指坤(☷)得到乾(☰)的初爻,从而变为震(☳);如"离再索而得女",指乾(☰)得到坤(☷)的第二爻,从而变为离(☲),其余依此类推。不过,对此尚有不同的理解。　㉙乾为天:乾(☰)由三个阳爻组成,为纯阳之卦,表示健动不已;天由阳气积聚而成,运行不息,故乾象征天。　㉚圜:指天体。一说即“圆”。　㉛瘠:瘦弱。　㉜驳:马的毛色不纯。
㉝木果:树木的果实。　㉞坤为地:坤(☷)由三个阴爻组成,为纯阴之卦,表示柔顺;地由阴气积聚而成,宽厚柔顺,故坤象征地。　㉟布:一说为布帛之布;一说指一种货币。
㊱釜:古代的一种锅。　㊲吝啬:保住使不失去。　㊳均:平均。　㊴子母牛:小母牛。一说指育子的母牛。　㊵舆:车。　㊶文:文采;文饰。　㊷柄:器物的把儿。一说指根本。　㊸震为雷:震(☳)由两个阴爻和一个阳爻组成,二阴下降,一阳上升,阴阳相激震动,故震象征雷。　㊹玄黄:青色和黄色。玄:高空的深青色。　㊺旉:花朵。　㊻涂:即“途”,指道路。　㊼决躁:行动迅捷。决:迅捷的样子。躁:急疾;迅速。　㊽苍筤:青色。　㊾萑苇:指成熟的芦苇。
(50)异:马的后左足色白。　(51)作足:举起前足。作:起。
(52)的颡:白色的额头。的:白色。颡:额头。　(53)反生:倒着生,指果实生在地下,如土豆、花生之类。一说指顶着种子的甲壳破土萌生。　(54)究:终极。　(55)蕃鲜:茂盛而鲜明。蕃:茂盛。　(56)巽为木,为风:巽(☴)由两个阳爻和一个阴爻组成,二阳动于上,一阴静于下,恰如树木生长时根固定于下,枝叶生长不已,故巽象征木;又巽卦二阳上升,一阴下降,阴阳之间的巨大空间恰利于风的流动,故巽又象征风。
(57)绳直:一说指用准绳取直;一说指笔直如准绳。　(58)工:一说指工匠;一说指工巧;一说指乐工。　(59)不果:不果断。　(60)臭:气味。　(61)利市:好买卖。　(62)卦:见《系辞传上》第二章注①。　㊿坎为水:坎(☵)由两个阴爻和一个阳爻组成,且阳爻藏于二阴爻之中;水性属阴,水体明亮,有阴中藏阳之象,故坎象征水。　㊿沟渎:沟渠。　㊿矫輮:矫为使曲的东西变直,輮为使直的东西弯曲,引申指屈伸(輮:通"揉",指使东西弯曲)。一说引申指矫正。　㊿加忧:增添忧愁。　㊿亟心:指性子急躁。亟:性急;急躁。　㊿薄蹄:一说指马蹄薄;一说指以蹄踢地。　㊿曳:拖;拉。一说这里指拖曳不进。　㊿眚:败;损坏。　㊿坚多心:坚硬而多尖刺。心:木上的尖刺。　㊿离为火:离(☲)由两个阳爻和一个阴爻组成,且阴爻藏于二阳爻之中;火在燃烧时,火焰发于外,内有火焰依附之燃烧物,此燃烧物未成火时为阴质,故离象征火。　㊿甲胄:铠甲和头盔。胄:头盔。　㊿兵:兵器。　㊿干:干燥。他本多作"乾(qián)",乾无干燥之义,应改为"干"。　㊿蠃:同"螺"。　㊿科:空虚。　㊿艮为山:艮(☶)由一个阳爻和两个阴爻组成,且阳爻在上,阴爻在下;阳爻恰如高出地面之山,阴爻恰如山依附之大地,故艮象征山。　㊿径路:小路。　㊿门阙:古代宫殿、官府、祠庙、陵墓前由双阙组成的出入口。阙:一种高台,中间有道路,台上起楼观。　㊿蓏:瓜类植物的果实。　㊿阍寺:阍人和寺人,都是古代守官门的人。　㊿黔喙:黑嘴。黔:黑色。喙:鸟兽的嘴。　㊿兑为泽:兑(☱)由一个阴爻和两个阳爻组成,且阴爻在上,阳爻在下;阴爻恰如泽水,阳爻恰如泽下坚实的大地,故兑象征泽。　㊿附决:一说指附从他人的决断;一说指附着之处溃决;一说指溢出冲决;一说指瓜果等与枝藤分离。　㊿刚卤:土地坚硬而含盐碱。

【译文】

乾表示刚健,坤表示柔顺,震表示震动,巽表示进入,坎表示陷入,离表示附丽,艮表示静止,兑表示愉悦。

乾像马,坤像牛,震像龙,巽像鸡,坎像猪,离像野鸡,艮像狗,兑像羊。

乾像头,坤像腹,震像脚,巽像大腿,坎像耳朵,离像眼睛,艮像手,兑像口。

乾象征天,所以称为父;坤象征地,所以称为母。震是坤母首次向乾父求合而得的男性,所以称为长男;巽是乾父首次向坤母求合而得的女性,所以称为长女。坎是坤母第二次向乾父求合而得的男性,所以称为中男;离是乾父第二次向坤母求合而得的女性,所以称为中女。艮是坤母第三次向乾父求合而得的男性,所以称为少男;兑是乾父第三次向坤母求合而得的女性,所以称为少女。

乾象征的事物有:天,天体,君主,父亲,玉,金,寒冷,冰,大红色,良马,老马,瘦马,毛色斑驳的马,树上的果实。

坤象征的事物有:地,母亲,布,锅,吝啬,平均,小母牛,大车,文采丰富,大众,器物的柄;对于土地而言又象征黑色。

震象征的事物有:雷,龙,青和黄混杂的颜色,花朵,大路,长子,行动迅捷,青色的竹,成熟的芦苇;对于马来说,又象征擅长鸣叫,后左足白色,爱举起前蹄,额头为白色;对于庄稼来说,则象征果实长在地下的植物;它发展到终极,则象征刚健,象征事物茂盛而鲜明。

巽象征的事物有:树木,风,长女,用准绳取直,工巧,白色,长,高,或进或退,不果断,气味;对于人来说,则象征头发稀少,宽额头,眼白多;又象征可获近三倍之利的好买卖;巽卦发展到终极,则象征浮躁。

说卦传 429

坎象征的事物有：水，沟渠，隐伏，屈伸，弓和轮子；对于人来说，则象征增添忧愁，有心病，耳痛，血，红色；对于马来说，则象征背部漂亮，性子急躁，爱低头，马蹄薄，牵引车子；对于车来说，则象征常遭损坏；又象征畅通，月亮，盗贼；对于树木来说，则象征坚硬而多尖刺。

离象征的事物有：火，太阳，闪电，中女，铠甲和头盔，戈矛兵器；对于人来说，则象征腹部大；又象征干燥，鳖，蟹，螺，蚌，龟；对于树木来说，则象征树干空心而上端枯槁。

艮象征的事物有：山，小路，小石头，门阙，瓜果，守宫门的阍寺，手指，狗，鼠，黑嘴的鸟兽；对于树木来说，则象征坚硬多节。

兑象征的事物有：泽，少女，巫师，口和舌，毁坏摧折，果实脱离植株；对于地来说，则象征硬结的盐碱地；又象征妾和羊。

序卦传

【导读】

《序卦传》对《易经》六十四卦排列顺序中蕴含的内在逻辑作了详细说明。《序卦传》分为上下两段,分别说明《上经》三十卦和《下经》三十四卦的排列顺序。《序卦传》认为,《易经》六十四卦的排列不是随意的,而是有其严密的内在逻辑的。具体说来,其内在逻辑包括"相因"和"相反"两个方面。所谓"相因",指事物按照某种逻辑顺序向前发展,如《谦》、《豫》、《随》三卦的排列:"有大而能谦必豫,故受之以《豫》。豫必有随,故受之以《随》。"所谓"相反",指事物发展到极端,则向其相反的方向发展,如《泰》、《否(pǐ)》、《同人》三卦的排列:"泰者通也。物不可以终通,故受之以《否》。物不可以终否,故受之以《同人》。"但是,关于《易经》六十四卦的排列是否真的存在《序卦传》中所说的内在逻辑,历代学者有不同的观点。

有天地①,然后万物生焉。盈②天地之间者唯万物,故受③之以《屯(zhūn)》,屯者盈也,屯者物之始生也。物生必蒙④,故受之以《蒙》,蒙者蒙也,物之稚⑤也。物稚不可不养也,故受之以《需》,需者饮食之道也⑥。饮食必有讼⑦,故受之以《讼》。讼必有众起,故受之以《师》,师者众也。众必有所比⑧,故受之以《比》,比者比也。比必有所畜⑨,故受之以《小畜》。物畜然后有礼,故受之以《履》。履⑩而泰⑪,然后安,故受之以《泰》,泰者通也。物不可以终通,故受之以《否(pǐ)》。物不可以终否⑫,故受之以《同人》⑬。与人同者,物必归焉,故受之以《大有》⑭。有大者不可以盈⑮,故受之以《谦》。有大而能谦必豫⑯,故受之以《豫》。豫必有随⑰,故受之以《随》。以喜随人者必有事⑱,故受之以《蛊》,蛊者事也。有事而后可大,故受之以《临》,临者大也⑲。物大然后可观⑳,故受之以《观》。可观而后有所合㉑,故受之以《噬嗑(shìhé)》,嗑者合也。物不可以苟合㉒而已,故受之以《贲(bì)》,贲者饰㉓也。致㉔饰然后亨则尽矣,故受之以《剥》,剥者剥㉕也。物不可以终尽㉖剥,穷上反㉗下,故受之以《复》。复㉘则不妄矣,故受之以《无妄》。有无妄㉙然后可畜,故受之以《大畜》。物畜然后可养㉚,故受之以《颐》,颐者养也。不养则不可动,故受之以《大过㉛》。物不可以终过,故受之以《坎》,坎者陷也。陷必有所丽㉜,故受之以《离》,离者丽也。

【注释】

①天地:这里也指《乾》、《坤》两卦。　②盈:满;充满。
③受:继;承。　④蒙:通"萌",指萌生。一说指蒙昧未开。

⑤稚:幼小。　⑥需者饮食之道也:此说与《需》卦《大象传》的"需。君子以饮食宴乐"之说有关。　⑦饮食必有讼:指争夺饮食必会导致争讼。讼:争讼。　⑧比:亲近;和睦。⑨比必有所畜:关系亲密必然会有积蓄。畜:积蓄。一说指想让别人来亲近必先有积蓄。　⑩履:践行。　⑪泰:通达;通畅。　⑫否:闭塞。　⑬同人:指与别人心意、行为相同。　⑭大有:指极其富有的意思。　⑮盈:骄傲;自满。　⑯豫:和悦欢乐。　⑰随:跟随;随从。　⑱有事:指从事某种事情。　⑲临者大也:临就是大的意思。《临》卦的临指居高临下进行统治,并不指大,由此可明显看出《序卦传》的解释与前文不同。类似的例子还有不少。　⑳观:观看,此处指仰观。　㉑合:一说指上下融合;一说指合于正道;一说指合乎心意。　㉒苟合:苟且附和、曲意迎合。㉓饰:文饰。　㉔致:极;最。　㉕剥:剥落。　㉖尽:一说疑为衍文。　㉗反:返回。　㉘复:还;返回。㉙无妄:不妄为。　㉚养:颐养;保养。　㉛大过:指过于大。　㉜丽:附丽;依附。

【译文】

有了天地,然后才生长出了万物。充满天地之间的只有万物,所以继象征天、地的《乾》《坤》两卦的是《屯》卦,屯是阴阳之气充盈的意思,又指万物开始生长。事物生长必然从萌芽状态开始,所以继之以《蒙》卦,蒙是萌生的意思,指事物还处于幼小的状态。幼小的事物不能不养育,所以继之以《需》卦,需反映的是用饮食来养育的道理。争夺饮食必然会导致争讼,所以继之以《讼》卦。争讼必然有众多的人起来参与,所以继之以《师》卦,师就是众人的意思。众多的人之间必然会发生亲密的关系,所以继之以《比》卦,比是亲近和睦的意思。关系亲密必然会带来财物的积聚，所以继之以《小畜》卦。财物积聚后便会产生礼仪制度，所以继之以《履》卦。践行礼仪制度而通畅，然后就能安定，所以继之以《泰》卦，泰就是通畅的意思。事物不可能一直通畅，所以继之以《否》卦。事物不可能一直闭塞，所以继之以《同人》卦。与别人心意、行为相同，事物必然前来归附，所以继之以《大有》卦。财富极多但是不应该因此而骄傲自满，所以继之以《谦》卦。财富极多而又能谦虚就必然能和悦欢乐，所以继之以《豫》卦。和悦欢乐则必定有人来随从，所以继之以《随》卦。以喜悦的心情随从别人必然会从事某种事情，所以继之以《蛊》卦，蛊是从事某种事情的意思。做事情才能发展壮大，所以继之以《临》卦，临就是大的意思。事物盛大然后受到人们的仰观，所以继之以《观》卦。事物受到人们的仰观就能使人们心意相合，所以继之以《噬嗑》卦，嗑就是相合的意思。事物之间不能苟且相合，所以继之以《贲》卦，贲就是文饰的意思。文饰太过分则亨通也就到了尽头，所以继之以《剥》卦，剥是剥落的意思。事物不能一直剥落下去，往上达到了极点就会向下回返，所以继之以《复》卦。能够回复正道就不会妄为，所以继之以《无妄》卦。不妄为就会有积聚，所以继之以《大畜》卦。财物积聚多了就可用于保养，所以继之以《颐》卦，颐就是保养的意思。不经过保养就不可采取行动，所以继之以《大过》卦。事物不能一直处于过大的状态，所以继之以《坎》卦，坎是陷入危险的意思。陷入危险时一定要找到可以依附的地方，所以继之以《离》卦，离就是依附的意思。

有天地然后有万物，有万物然后有男女，有男女然后有夫妇，有夫妇然后有父子，有父子然后有君臣，有君臣然后有上下,有上下然后礼义有所错（cù）①。夫妇之道②不可以不久也,故受之以《恒》,恒者久也。物不可以久居其所,故受之以《遁》,遁者退③也。物不可以终遁,故受之以《大壮④》。物不可以终壮,故受之以《晋》,晋者进也。进必有所伤,故受之以《明夷》,夷者伤也。伤于外者必反于家,故受之以《家人》。家道⑤穷必乖⑥,故受之以《睽（kuí）》,睽者乖也。乖必有难,故受之以《蹇（jiǎn）》,蹇者难也。物不可以终难,故受之以《解》,解者缓也。缓必有所失,故受之以《损》。损而不已必益,故受之以《益》。益而不已必决⑦,故受之以《夬（guài）》,夬者决也。决必有遇⑧,故受之以《姤（gòu）》,姤者遇也。物相遇而后聚,故受之以《萃》,萃者聚也。聚而上者谓之升,故受之以《升》。升而不已必困,故受之以《困》。困乎上者必反下,故受之以《井》。井道不可不革⑨,故受之以《革》。革物者莫若鼎⑩,故受之以《鼎》。主器⑪者莫若长子⑫,故受之以《震》,震者动也。物不可以终动,止之,故受之以《艮（gèn）》,艮者止也。物不可以终止,故受之以《渐》,渐者进⑬也。进必有所归,故受之以《归妹》。得其所归者必大,故受之以《丰》,丰者大也。穷大⑭者必失其居,故受之以《旅》。旅而无所容,故受之以《巽（xùn）》,巽者入⑮也。入而后说（yuè）⑯之,故受之以《兑》,兑者说也。说而后散之,故受之以《涣》,涣者离也。物不可以终离,故受之以《节⑰》。节而信之,故受之以《中孚⑱》。有其信者必行之,故受之以《小过⑲》。有过物⑳者必济㉑,故受之以《既济㉒》。物不可穷也,故受之以《未济㉓》终焉。

【注释】

①错:通"措",指施行。一说指安置。　②夫妇之道:这里也指《咸》卦,因为《咸》卦下艮上兑,艮为少男,兑为少女,有男女间交互感应的意思。　③退:引退;退避。　④大壮:大为强壮。　⑤家道:指家庭赖以成立和维持的规则、道理。　⑥乖:背离;违背。　⑦决:溃决;堤岸溃破。　⑧遇:遇合。　⑨革:变革,这里有整治清理的意思。　⑩鼎:鼎器,古代用作炊具,这里取鼎可以把食物由生变熟的功能。　⑪主器:掌管鼎器,代指执掌权力。主:主宰;掌管。器:这里指鼎器,代指权力。　⑫长子:指震,震在八卦中代指长子。　⑬进:这里指渐进、缓进。　⑭穷大:这里指过于大。　⑮入:进入,这里指进入居所。　⑯说:通"悦",指喜悦、高兴。　⑰节:节制。　⑱中孚:指内心诚信。　⑲小过:指小者超过、小有过失。　⑳过物:超乎寻常;不同一般。　㉑济:成功。　㉒既济:指已经成功。　㉓未济:指未获成功。

【译文】

有了天地然后才有万物,有了万物然后才有男女两性,有了男女两性然后才有夫妻,有了夫妻产生后代然后才有父子,有了父子然后才有君臣关系,有了君臣关系然后才有地位的上下之分,有了地位的下上之分然后才能实施礼义。夫妻关系不能不长久保持,所以在象征夫妻感应的《咸》卦后继之以《恒》卦,恒是长久的意思。

事物不能在一个地方久居不动，所以继之以《遯》卦，遯是退避的意思。事物不能一直退避，所以继之以《大壮》卦。事物不能始终处于强壮的状态，所以继之以《晋》卦，晋是前进的意思。前进必会遭受损伤，所以继之以《明夷》卦，夷就是损伤的意思。在外面受到损伤必然会返回家中，所以继之以《家人》卦。立家之道被破坏就必然会出现背离之事，所以继之以《睽》卦，睽就是背离的意思。发生背离之事后必然会面临艰难，所以继之以《蹇》卦，蹇就是艰难的意思。事物不能一直处于艰难之中，所以继之以《解》卦，解就是松缓的意思。过于松缓必然会带来损失，所以继之以《损》卦。不断地减损自己一定会带来好处，所以继之以《益》卦。持续不断地增益一定会造成溃决，所以继之以《夬》卦，夬就是溃决的意思。溃决之后必然会有某种遇合，所以继之以《姤》卦，姤就是遇合的意思。事物相遇后就能聚合，所以继之以《萃》卦，萃就是聚合的意思。聚合后向上发展称为升，所以继之以《升》卦。不断地上升一定会导致困穷，所以继之以《困》卦。在上面遇到困穷就必然会返回下面，所以继之以《井》卦。水井的特点是要不时地加以整治清理，所以继之以《革》卦。改变事物效果最明显的是鼎，所以继之以《鼎》卦。掌握权力最合适的是长子，所以继之以《震》卦，震是震动的意思。事物不能一直震动不止，应该让它停下来，所以继之以《艮》卦，艮就是静止的意思。事物不能一直静止不动，所以继之以《渐》卦，渐就是渐进的意思。前进就必然会有归宿，所以继之以《归妹》卦。得到合适的归宿就必定能壮大，所以继之以《丰》卦，丰就是盛大的意思。过于盛大一定会失去其居所，所以继之以《旅》卦。外出旅行而找不到容身之所，所以继之以《巽》卦，巽是进入居所的意思。进入居所之后感到喜悦，所以继之以《兑》卦，兑就是喜悦的意思。喜悦之后又会离散，所以继之以《涣》卦，涣就是离散的意思。事物不能一直离散,所以继之以《节》卦。能节制就会受到信任,所以继之以《中孚》卦。有诚信的人一定会履行承诺,所以继之以《小过》卦。超乎寻常的人必能获得成功,所以继之以《既济》卦。事物的发展不会穷尽,所以继之以《未济》卦并作为六十四卦的终结。

杂卦传

【导读】

《杂卦传》是对《易经》六十四卦卦义的概括说明，但它不像《序卦传》那样依照六十四卦的排列顺序来展开论述，而是把六十四卦中除了《大过》、《姤(gòu)》、《渐》、《颐》、《既济》、《归妹》、《未济》、《夬(guài)》八卦的五十六卦按照非"错"即"综"的原则两两对举进行解释。所谓"错"，指两个六画卦之间的同位爻的爻性完全相反，如《乾》卦(䷀)和《坤》卦(䷁)、《小过》卦(䷽)和《中孚》卦(䷼)、《离》卦(䷝)与《坎》卦(䷜)等。所谓"综"，是指两个六画卦之间适成颠倒关系，如《睽》卦(䷥)与《家人》卦(䷤)，把《睽》卦倒置，即成《家人》卦，反之亦然；如《比》卦(䷇)与《师》卦(䷆)，把《比》卦倒置，即成《师》卦，反之亦然。因其论述时打乱了六十四卦的排列顺序，完全根据作者的需要杂而论之，所以称为《杂卦传》。

　　《乾》刚《坤》柔。《比》乐①《师》忧②。《临》、《观》之义，或与或求③。《屯(zhūn)》见(xiàn)而不失其居④，《蒙》杂而著⑤。《震》起也⑥，《艮(gèn)》止也。《损》、《益》，盛衰之始也⑦。《大畜》时也⑧,《无妄》灾也⑨。《萃》聚而《升》不来也⑩。《谦》轻而《豫》怠也⑪。《噬嗑(shìhé)》食也,《贲(bì)》无色也⑫。《兑》见而《巽(xùn)》伏也⑬。《随》无故也⑭,《蛊》则饬(chì)也⑮。《剥》烂也⑯,《复》反⑰也。《晋》昼也⑱,《明夷》诛也⑲。《井》通而《困》相遇也⑳。《咸》速也㉑,《恒》久也。《涣》离㉒也,《节》止㉓也。《解》缓也,《蹇(jiǎn)》难也。《睽(kuí)》外也㉔,《家人》内也㉕。《否(pǐ)》、《泰》,反其类㉖也。《大壮》则止㉗,《遁》则退也。《大有》众也,《同人》亲也。《革》去故㉘也,《鼎》取新也㉙。《小过》过㉚也,《中孚》信也。《丰》多故㉛也,亲寡㉜《旅》也。《离》上而《坎》下也㉝。《小畜》寡也。《履》不处也㉞。《需》不进也㉟。《讼》不亲也。《大过》颠也㊱。《姤(gòu)》遇也,柔遇刚也。《渐》女归待男行也㊲。《颐》养正也。《既济》定㊳也。《归妹》女之终㊴也,《未济》男之穷也㊵。《夬(guài)》决也,刚决柔也㊶,君子道长,小人道忧㊷也。

【注释】

①《比》乐:比指亲密,人与人关系亲密,故欢乐。　②《师》忧:师指军队,军队杀人征战,故忧愁。　③《临》、《观》之义,或与或求:临指居高临下进行统治,故须施与;观指吸引民众前来仰观,故有求取之义。与:施与。　④《屯》见而不失其居:见即现,指呈现,屯象征万物初生,呈现形象,故说见;初生的万物不离其所宜处之地,才能正常生长,故称不失其居。　⑤《蒙》杂而著:据《序卦传》:"蒙者蒙也,物之稚

也",则蒙是萌生的意思,指事物还处于幼小的状态,因此,这里的杂而著指错杂而显著,即万物错杂生长而形态显著。
⑥《震》起也:震为雷,雷动而万物奋起。一说起指起始。
⑦《损》、《益》,盛衰之始也:人能减损自己,则受人拥护而致兴盛;人只知增益自己而不顾他人的利益,则必受人反对而致衰败。　⑧《大畜》时也:《大畜》卦表示积蓄能力与德行,以等待时机。时:时机。此正如该卦的《大象传》中所说:"君子以多识前言往行,以畜其德。"　⑨《无妄》灾也:《无妄》卦的六三爻辞中有"无妄之灾"之句,意为不妄为而有灾祸,因此《无妄》卦讲的是如何防止灾祸。　⑩《萃》聚而《升》不来也:萃指聚合,故说《萃》聚;升指上升,上升即向上而不向下,故说不回返。来:回来;返回。　⑪《谦》轻而《豫》怠也:谦指谦虚,谦虚之人轻己重人;豫指和悦欢乐,人过于享乐则会怠惰。　⑫《贲》无色也:贲指文饰,文饰不能太过,最好的文饰就是不用色彩。　⑬《兑》见而《巽》伏也:兑指喜悦,喜悦时其形显现于外;巽指逊顺,逊顺者必内敛。见:同"现",指显现。伏:隐藏。　⑭《随》无故也:《随》卦的《大象传》说:"君子以向晦入宴息",意即君子在天将黑时入室休息,故《随》卦表示没有做什么事情。故:事。一说指故旧、成见。　⑮《蛊》则饬也:蛊指治理坏事或弊乱,所以《蛊》卦表示起而治事。饬:整治。　⑯《剥》烂也:剥指剥落,食物、瓜果等烂熟后会自然剥落。烂:烂熟。　⑰反:返回。
⑱《晋》昼也:《晋》卦下坤上离,坤为地,离为日,象征日出地上,为白昼。　⑲《明夷》诛也:《明夷》卦下离上坤,离为日,坤为地,象征日入地中,光明泯灭。诛:除去。　⑳《井》通而《困》相遇也:井必通畅才有水,故《井》卦表示通畅;困指

困穷,人之所以困穷,必是因为遇到阻碍。遇:抵挡;阻遏。 ㉑《咸》速也:咸指感应,事物相感应时,极其迅速。速:迅速。 ㉒离:离散。 ㉓止:制止。 ㉔《睽》外也:睽指违背、不合,违背不合之人必被排除在外。 ㉕《家人》内也:家人指一家之人,一家之人必内部团结和睦。 ㉖反其类:指事理相反。类:事理。 ㉗《大壮》则止:大壮指大为强壮,大为强壮时要注意停下来,否则会走向反面。 ㉘故:旧。 ㉙《鼎》取新也:鼎指鼎器,鼎器作为一种炊具,能使生的食物变成熟的,故称取新。 ㉚过:指稍有超过或过失。 ㉛《丰》多故:丰指丰盛、盛大,事业盛大时,故旧朋友都会前来相聚。故:故旧;旧友。一说指忧患之事。 ㉜亲寡:亲人寡少。 ㉝《离》上而《坎》下也:离为火,火性上炎;坎为水,水往下流。 ㉞《履》不处也:履指践行,有践行礼义的意思,践行礼义应始终保持而不停止。处:停止;止歇。 ㉟《需》不进也:需指等待,即等待时机而行动,故不冒进。 ㊱《大过》颠也:《大过》卦下巽上兑,巽为木,兑为泽,木在泽下,有木舟沉没之象。颠:颠倒。 ㊲《渐》女归待男行也:此说与《渐》卦卦辞"女归吉"有关。女归指女子出嫁,女子出嫁须等待男子迎娶而行。 ㊳定:完成;成功。 ㊴终:结局;归宿。 ㊵《未济》男之穷也:未济指事情未获成功,故称为穷。之所以说"男之穷",一说是因为《未济》卦的三个阳爻皆处于阴位,居位不当;一说是因为《未济》卦的上爻为阳爻。 ㊶《夬》决也,刚决柔也:此语也见于《夬》卦的《象传》。 ㊷忧:败。一说当读为"消"。

【译文】

《乾》卦表示阳刚,《坤》卦表示阴柔。《比》卦表示欢乐,《师》

卦表示忧愁。《临》卦和《观》卦的意义，前者是施与，后者是求取。《屯》卦表示万物开始呈现其形象并各得其所，《蒙》卦表示万物错杂生长并且形态显著。《震》卦表示震动奋起，《艮》卦表示安稳静止。《损》卦和《益》卦分别表示兴盛和衰败的开始。《大畜》卦讲的是积蓄能力、德行以待时机，《无妄》卦讲的是防止灾祸。《萃》卦讲的是聚合，《升》卦讲的是上升而不回返。《谦》卦讲的是不要过分看重自己，《豫》卦讲的是沉溺于享乐容易让人怠惰。《噬嗑》卦讲的是咀嚼食物，《贲》卦讲的是文饰时不要用色彩。《兑》卦喜悦外现而《巽》卦逊顺内敛。《随》卦表示无事休息，《蛊》卦则表示起而治事。《剥》卦表示因烂熟而剥落，《复》卦表示返回。《晋》卦表示白昼，《明夷》卦则表示光明泯灭。《井》卦表示通畅，《困》卦表示受到阻遏。《咸》卦表示感应迅速，《恒》卦表示恒久。《涣》卦表示离散，《节》卦表示制止。《解》卦表示缓解，《蹇》卦表示艰难。《睽》卦表示因背离而被排除在外，《家人》卦表示团结和睦于内。《否》卦和《泰》卦的意义正好相反。《大壮》卦表示事物大为强壮时要知道停下来，《遁》卦表示要懂得退避。《大有》卦表示收获极多，《同人》卦表示与人亲近。《革》卦表示除去旧的东西，《鼎》卦表示取得新的东西。《小过》卦指小有过失或超过，《中孚》卦表示有诚信。《丰》卦表示多故旧朋友，《旅》卦表示亲人寡少。《离》卦表示火性上炎，《坎》卦表示水往下流。《小畜》卦表示积蓄较少。《履》卦表示践行礼义而不停止。《需》卦表示不冒进。《讼》卦表示互不亲近。《大过》卦象征木舟覆没，事物颠倒。《姤》卦表示相遇，即阴柔者遇到阳刚者。《渐》卦表示女子出嫁须等待男子迎娶而行。《颐》卦表示以正道颐养。《既济》卦表示已经成功。《归妹》卦表示女子有其归宿，《未济》卦表示男子面临困穷的局面。《夬》卦表示决断，即阳刚者裁决阴柔者，因此君子之道增长，小人之道败亡。

附录一：《周易》重要概念术语释义

B

八卦 由阳爻"—"和阴爻"--"组合而成的八种形式，分别为乾(☰)、坤(☷)、坎(☵)、离(☲)、震(☳)、艮(☶)、巽(☴)、兑(☱)。又称经卦。

比 指六画卦中相邻的两个爻之间的关系，如初与二、二与三、三与四、四与五、五与上均为相比的关系。"承"和"乘"则属两种较为特殊的比的关系。参见承乘。

别卦 见六十四卦。

卜筮 用龟甲和蓍草来预测吉凶。卜：用龟甲来预测吉凶。筮：用蓍草来预测吉凶。

C

承乘 反映相邻的上下爻之间关系的术语，下爻相对于上爻为承，上爻相对于下爻为乘。如下爻为阴，上爻为阳，则称为阴承阳、阳乘阴；反之，则称为阳承阴、阴乘阳。《周易》认为，在一般情况下，阳乘阴、阴承阳预示有利或吉祥，阳承阴、阴乘阳则预示不利或有凶险。

D

大象传 见《象传》。

大衍之数 指运用《易经》占筮时所用的蓍草数，共为五十根。

衍：通"演"，指推演。详见《系辞传上》第九章。

当位 在一个六画卦中，二、四、六位为偶数位，也称阴位；一、三、五位为奇数位，也称阳位。《周易》认为，阴爻居阴位、阳爻居阳位就是当位（也称"位当"、"得位"、"正位"等），当位通常预示有利或吉祥；阴爻居阳位、阳爻居阴位就是不当位（也称"位不当"、"未得位"、"未当位"等），不当位通常预示不利或有凶险。不过，对此不能作绝对化的理解。

G

卦 《周易》中一套有象征意义的符号，由阳爻"—"和阴爻"--"相配合而成。由三个爻组成的卦有八个，称为八卦；由六个爻或八卦重叠而形成了六十四卦。

卦辞 六十四卦每卦的开头用来说明全卦宗旨、意义或所预示的吉凶的文辞。如《乾》卦卦辞为："元亨，利贞"，意为："大为亨通，有利之占问"。

卦名 指每一卦的名称，包括八卦的卦名（如乾、坤、坎、离）和六十四卦的卦名（如《乾》、《震》、《泰》、《旅》）。六十四卦中有八个卦的卦名与八卦的卦名完全相同。在本书中，凡涉及六十四卦的卦名时多用书名号，涉及八卦的卦名时则不用书名号。

卦位 指组成六十四卦的两个经卦的位置，位于下面的称为下卦，又称内卦；位于上面的称为上卦，又称外卦。如《泰》卦（☷☰）上面为经卦中的坤卦，下面为经卦中的乾卦，就称《泰》卦为由内卦乾和外卦坤组成，又称为下乾上坤：

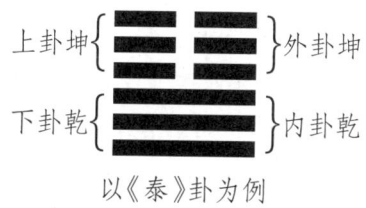

以《泰》卦为例

卦象 指八卦及六十四卦所象征之事物。就八卦而言，如乾象征天、坤象征地、震象征雷、坎象征水，等等。就六十四卦而言，如《谦》卦象征山在大地的下面、《晋》卦象征太阳从大地上升起、《坎》卦象征水接续而至，等等。具体内容可参见《说卦传》及《大象传》。

卦序 指八卦和六十四卦的排列次序，通常指六十四卦的排列次序。通行本《周易》从《乾》、《坤》两卦开始，到《未济》卦结束。《周易》中的《序卦传》认为，六十四卦的这种排列顺序不是随意的，而是有其内在根据的，从《乾》、《坤》两卦开始，是因为《乾》象征天，《坤》象征地，有天地才有万物；最后以《未济》卦结束，是因为未济的意思是没有完成，而事物的发展是没有止境的。卦序在《周易》正文中用卦名加序号的方式来表示，如"乾第一"、"坤第二"、"未济第六十四"。

卦主 在六画卦中，对该卦的卦义起决定作用的爻，称为卦主，如《乾》卦（☰）的九五爻、《大有》卦（☲）的六五爻。也称主爻。

H

河图 据古代传说，伏羲时有龙马从黄河中出来，其身上有八卦状的纹，此即所谓河图；伏羲仿此纹样而创作了八卦。

J

经卦 见八卦。

L

两仪 指阴和阳。

六十四卦 指由六个爻重叠组成的六十四个符号，也可以看作是由八卦两两重叠组成的符号。如☰（乾）、☷（泰）、☶（无妄）等。也称为别卦。

洛书 据古代传说，夏禹时有神龟从洛水中出来，其背上有文字,此即所谓洛书;禹仿此而创作了《洪范》"九畴"(即治理天下的九条大法,内容见《尚书·洪范》)。

N

内卦 组成六画卦的两个三画卦中位于下面的那个三画卦。又叫下卦。参见卦位。

S

三才 指天、地、人。三画卦中最上面的一画代表天,中间的一画代表人,最下面的一画代表地;六画卦中最上面的两画代表天,中间的两画代表人,最下面的两画代表地。

上卦 见外卦。

十翼 见《易传》。

时中 合乎时宜,无过与不及。

说卦传 对八卦的性质及其所象征的事物等进行说明的文辞。《说卦传》指出,乾为天,表示强健;坤为地,表示柔顺;震为雷,表示震动;巽为风,表示进入;坎为水,表示深陷;离为火,表示附丽;艮为山,表示静止;兑为泽,表示喜悦。这对于我们理解《易经》卦爻辞的意义有重要的参考价值。

四象 指春、夏、秋、冬四季,也指老阴、老阳、少阴和少阳。

T

太极 宇宙的本体,阴阳未分时的混沌状态。

同位爻 指六画卦中的初爻与四爻、二爻与五爻、三爻与上爻。因六画卦可看作由两个三画卦重叠而成,则四爻、五爻、上爻在上卦中的位置与初爻、二爻、三爻相同,故称。

彖传 专门用来解释《易经》六十四卦中每一卦的卦名、卦辞及其意义的文辞。《彖传》与六十四卦相配,也分为六十四节;又与上下经相配,分为上下两篇。《彖传》的"彖"是"断"的意思,即用来论断卦名和卦辞的意义。

W

外卦 组成六画卦的两个三画卦中位于上面的那个三画卦。又叫上卦。参见卦位。

文言传 对《乾》、《坤》两卦卦辞和爻辞的意义进行解释和发挥的文辞。在《周易》六十四卦中,只有《乾》、《坤》两卦有《文言传》,有学者解释说,这是因为《乾》、《坤》两卦在六十四卦中的地位较其他各卦重要,所以才有这种特殊的待遇。与《乾》、《坤》两卦的《彖传》和《象传》对《乾》、《坤》卦爻辞的解释相比,《文言传》的解释要更为详细和系统。

X

系辞传 对《易经》的内容、结构、性质、作用和价值等进行全方位解释的文辞。《系辞传》文字较多,分为《系辞传上》和《系辞传下》两部分。"系辞"的意思是系连于《易经》经文下面的解释之辞。《系辞传》值得我们重视的内容主要有三个方面:一是提出了伏羲创立八卦、《易经》产生于商周之际的观点;二是提出"一阴一阳之谓道",开始用阴阳理论来解释万物;三是具体介绍了运用《易经》进行占筮的方法。

下卦 见内卦。

象传 专门用来解释卦名、卦义、爻辞等的文辞。"象"是形象、象征的意思,因《象传》解释卦名、卦义、爻辞多以卦象和爻象为依据,故称。其中用来解释卦名、卦义的文辞共六十四条,随经文分为上下两篇,称为《大象传》;解释爻辞的文辞共三百八十四条(加上"用九"和"用六"则为三百八十六条),也随经文分为上下两篇,称为《小象传》。《大象传》在解释卦名、卦义时采用了统一的体例,即先讲该六画卦由哪两个三画卦组成,再解释这种组成的意义,最后说明人(主要指君子、君主等)如何根据此卦象行事。《小象传》的体例较《大象传》复杂,因为它在解释爻辞时除了根据爻象、爻位,还对爻辞的意义进行发挥。

小象传 见《象传》。

序卦传 对《易经》六十四卦卦名的意义及排列顺序进行详细说明的文辞。全文分为两段,第一段论述前三十卦的排列顺序,第二段论述后三十四卦的排列顺序。《序卦传》认为,六十四卦的每个卦名都有其特殊的含义,而六十四卦的排列恰好反映了这种含义发展变化的顺序。《序卦传》注重对事物内部联系的认识,具有重要的启发意义。

Y

阳卦 八卦中只有一个阳爻的卦,包括震(☳)、坎(☵)、艮(☶)三卦。其中震代表长男,因其初爻为阳;坎代表中男,因其中爻为阳;艮代表少男,因其上爻为阳。

阳位 指一个六画卦中的一、三、五这三个爻位,因其为奇数位,奇数属阳,故称。

阳爻 见爻。

爻 指一长画"—"和两短画"--"两种符号,其中"—"称为阳爻,"--"称为阴爻。阳爻和阴爻互相重叠就形成了八卦和六十四卦。

爻辞 每一爻后面用来说明该爻的内容或预示的吉凶等的文字。如《益》卦初九爻辞:"利用为大作,元吉,无咎",意为:"利于做大事,大吉,没有灾殃"。

爻题 《周易》称阴爻为六,阳爻为九,把六和九与爻位相结合,就称为爻题。如《泰》卦(䷊)的爻题依次为初九、九二、九三、六四、六五、上六;

以《泰》卦为例

爻位 指组成六画卦的每一个爻在卦中的位次,由下至上分别为初、二、三、四、五、上:

以《同人》卦为例

爻象 指阴爻和阳爻所象征的事物及其特性。如阳爻象征日、明、刚健、白天、君子等,性质多为正面、积极、进取;阴爻象征月、暗、柔弱、夜晚、小人等,性质多为负面、消极、退守。

易经 成书于西周时期的卜筮书。《易经》由六十四卦的卦名、卦序、卦辞、爻题、爻辞组成,共有六十四篇,分为上、下两部分,上半部分共三十卦,从《乾》卦开始,到《离》卦结束,称为《上经》;下半部分共三十四卦,从《咸》卦开始,到《未济》卦结束,称为《下经》。

易传 对《易经》进行解释的文字,共有七种,分别为《彖传》、《象传》、《文言传》、《系辞传》、《说卦传》、《序卦传》、《杂卦传》,其中《彖传》、《象传》、《系辞传》依据《易经》分为上下经的体例,也分为上下篇,所以《易传》共由十篇文章组成。这十篇文章紧紧围绕《易经》展开论述,阐发《易经》中所蕴含的微言大义,仿佛《易经》的羽翼,所以又称之为《十翼》。《易传》对《易经》的思想作了深入挖掘和阐发,从而使《周易》成为一部充满丰富哲理的著作。

阴卦 八卦中只有一个阴爻的卦,包括巽(☴)、离(☲)、兑(☱)三卦。其中巽代表长女,因其初爻为阴;离代表中女,因其中爻为阴；兑代表少女，因其上爻为阴。

阴位　指一个六画卦中的二、四、六这三个爻位，因其为偶数位，偶数属阴，故称。

阴阳　自然界中两种对立和相互消长的气或力量。《周易》中把阴阳交替视作宇宙的根本规律，并引申为上下、君臣、夫妻等关系。也指根据《易经》卜筮时所得的七、八、九、六这四个数中的阴数和阳数，其中六、八为阴数，七、九为阳数。

阴爻　见爻。

应位　在一个六画卦中，初与四、二与五、三与上在位置上存在对应关系，《周易》认为，若对应之爻为一阴一阳，则称为有应（通常用"上下应"、"刚柔应"等来表示），有应预示有利或吉祥；若对应之爻同为阴爻或阳爻，则称为无应（也称为"敌应"），无应则预示不利或有凶险。不过，对此不能作绝对化的理解。

Z

杂卦传　对《易经》六十四卦卦义的概括说明，但它不像《序卦传》那样依据六十四卦的排列顺序来展开论述，而是把六十四卦中的五十六卦根据其意义两两对举来进行解释。因其论述时完全打乱了六十四卦的排列顺序，故称。

占断之辞　《易经》作为卜筮之书，卦爻辞中充满了大量判断或预示祸福的词，如吉、亨、利、悔、吝、厉、咎、凶等，这些词就称为占断之辞。占断之辞有相对固定的含义，对我们理解《周易》的内容极为重要，其中吉指吉祥，亨指亨通，利指有利，悔指后悔，吝指悔恨，厉指危险，咎指灾殃，凶指凶险。

中与中正　《周易》把六画卦中的二位和五位称为中位，这是因为二位居下卦之中位，五位居上卦之中位。因此，凡居二位和五位的爻都可以称为中。另外,二位属阴位,五位属阳位,所以,如果阴爻居二位或阳爻居五位,就不光是中,而且又正,称之为中正。中象征守中不偏,正象征行正道,所以凡是处于中位尤其是中正之位的爻大多预示有利或吉祥。

周易 由《易经》和《易传》两部分组成。也专指《易经》。为了避免混淆,本书在提到《周易》时,均包含《易经》和《易传》两部分。

主爻 见卦主。

附录二：古人用《周易》进行预测的方法

《周易》分为《易经》和《易传》两部分，其中《易经》在古代的主要功能是进行预测。那么，古人是怎样用《易经》来进行预测的呢？在《系辞传上》的第九章中，向我们介绍了古人利用《易经》进行预测的具体步骤和其中的原理。但是，光看原文中的论述，我们还是无法真正掌握用《易经》进行预测的方法，故在此根据《系辞传上》第九章中的论述，结合唐代孔颖达《周易正义》和宋代朱熹《周易本义》中的说明，并配以相关的图片，来详细介绍利用《易经》进行预测的步骤。

第一步：准备五十根蓍草（亦可用竹签、火柴棍等来代替），取

出其中一根放在一旁不用,以象征太极。(此即"大衍之数五十,其用四十有九")

第二步:把余下的四十九根蓍草随意分为左右两堆,分别象征天和地。(此即"分而为二以象两")

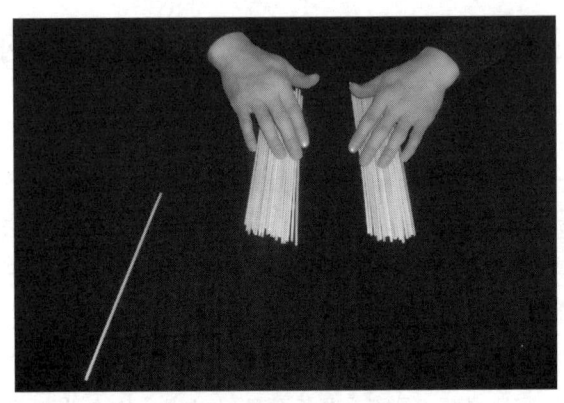

第三步:从右边一堆蓍草中取出一根,夹在左手的小指与无名指之间,以象征人。(此即"挂一以象三")

第四步:用右手数左边一堆蓍草,以四根为一组,一直数到剩下四根或少于四根为止,把此剩下的蓍草夹于左手无名指和中指之

间,以象征闰月;再用左手以同样的方法数右边一堆蓍草,把剩下的蓍草夹于左手中指与食指之间。(此即"揲之以四以象四时,归奇于扐以象闰")

上述的"分二"、"挂一"、"揲之以四"、"归奇"四个动作称为"四营"即四次经营,一个四营则称为"一变"。(此即"四营而成易")

第五步:把夹于左手手指间的蓍草从手上取下,合在一起,置于一旁。

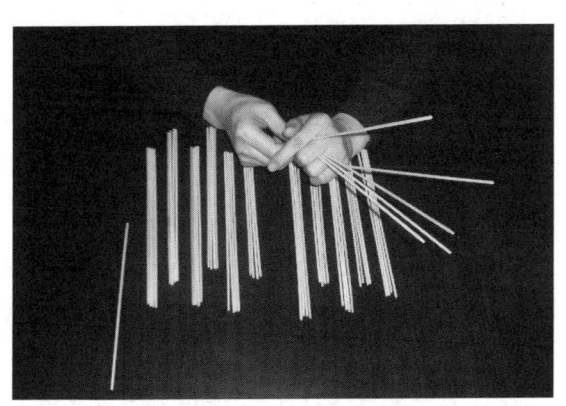

第六步：把除第一步和第五步中取出放在一旁外的所有蓍草合在一起，再重复第二步至第五步的动作。

第七步：把除第一步、第五步、第六步中取出放在一旁外的所有蓍草合在一起，再重复第二步至第五步的动作。

经过上述步骤，可得到三组蓍草。见下图：

第八步：清点第五步、第六步、第七步中得到的蓍草数，把它们加起来，得出一个和数；用四十九减去这个和数，得出一个差数；再用此差数除以四，得出的数必为六、七、八、九这四个数中的一个，其中的六称为老阴，用"-- ×"表示（前人以"×"表示老阴，我认为这样缺乏直观性，故稍加改造）；七称为少阳，用"—"表示；八称为少阴，用"--"表示；九称为老阳，用"— □"表示（前人以"□"表示老阳，我认为这样缺乏直观性，故稍加改造）。这样，经过上述八个步骤，便得到了《易经》六画卦中的第一个爻，即初爻。

再把上述第二步至第八步的动作重复五次，便可依次得到二爻、三爻、四爻、五爻、上爻，这样，一个完整的卦形就出现了。（此即"十有八变而成卦"）

那么，得到一个完整的卦形以后，如何利用它来预测吉凶呢？

这就必须首先弄清变爻和不变爻的概念。变爻就是上述的老阴和老阳，因为它们已发展到阴和阳的极点，即将发生向阳或阴的转化；不变爻就是上述的少阴和少阳，因为它们的阴气或阳气尚未充盈，暂时不会发生向阳或阴的转化。根据占筮的原则，是占变爻，不占不变爻。也就是根据一卦中变爻的爻辞来判断吉凶。举例来说，假如筮得这样一个卦形：䷊，说明它是《泰》卦，其中的六五阴爻属于变爻，所以就用《泰》卦六五爻辞来判断吉凶："帝乙归妹，以祉，元吉。"意思是"帝乙的妹妹出嫁，因而得福，大为吉祥"，即占得此爻预示大吉。不过，既然六五爻为变爻，则六五阴爻应变为九五阳爻，其卦形也就会变成䷄，即《需》卦，这样，在预测吉凶时，亦可同时参阅《需》卦九五爻的爻辞："需于酒食，贞吉。"即"在有酒和食品的地方停留等待，占问得吉兆"。在这里，《泰》卦称为本卦，《需》卦称为之卦，形式上就表述为"《泰》之《需》"。

上面是一卦中有一个变爻的情况，如果同时出现两个、三个甚至六个变爻的情况，又该怎样来判断吉凶呢？在此，我们以朱熹和蔡元定合撰的《易学启蒙》为依据，列表如下：

一爻变	用本卦变爻的爻辞判断吉凶
二爻变	用本卦两个变爻的爻辞判断吉凶，但以居上一爻的爻辞为主
三爻变	用本卦及之卦的卦辞判断吉凶，但以本卦卦辞为主，之卦卦辞为辅
四爻变	用之卦的两个不变爻的爻辞判断吉凶，但以居下一爻的爻辞为主
五爻变	用之卦的一个不变爻的爻辞判断吉凶

六爻变	用之卦的卦辞判断吉凶（若六爻皆为老阳,则用《乾》卦的"用九"文辞判断吉凶;若六爻皆为老阴,则用《坤》卦的"用六"文辞判断吉凶）
六爻皆不变	用本卦的卦辞判断吉凶

以上就是利用《易经》进行预测的全过程。不过,有几个问题需要在此加以说明。

一是上述步骤是根据本章的内容、孔颖达的《周易正义》、朱熹的《周易本义》等总结出来的,但是,本章中所说的步骤是否就是古人用《易经》占筮的最初做法,孔颖达与朱熹对本章中所介绍的占筮步骤的理解是否正确,这都是存在疑问的。

二是《易学启蒙》中介绍的占筮方法只是占筮的基本原则,具体占断时则要灵活运用。尤其是对卦爻辞的解释,则更要根据具体的条件和对象加以变通。

三是古人对占筮有不少具体的要求,如占筮时内心一定要虔诚;对某一件事,只能占一次,否则就不会灵验;占筮一定要用蓍草,因为只有蓍草才能通神,其他的东西则无法通神,等等。对于此类说法,当然用不着拘执,因为用《易经》来进行预测,只不过是一种特殊的游戏而已。

图书在版编目（CIP）数据

周易 / 冯国超译注 . -- 北京：华夏出版社，2017.2（2020.1 重印）
（华夏国学经典全本全注全译丛书）
ISBN 978-7-5080-9104-4

Ⅰ . ①周… Ⅱ . ①冯… Ⅲ . ①《周易》– 译文 ③《周易》– 注释 Ⅳ . ① B221

中国版本图书馆 CIP 数据核字（2016）第 305841 号

周易

译 注 者	冯国超
责任编辑	刘淑兰　裘挹红　黄　欣
出版发行	华夏出版社
经　　销	新华书店
印　　刷	三河市少明印务有限公司
装　　订	三河市少明印务有限公司
版　　次	2017 年 2 月北京第 1 版 2020 年 1 月北京第 4 次印刷
开　　本	880mm×1230mm　1/32
印　　张	14.75
字　　数	357 千字
定　　价	29.00 元

华夏出版社　地址：北京市东直门外香河园北里 4 号　邮编：100028
　　　　　　　网址：www.HXPH.com.cn　　电话：（010）64618981
若发现本版图书有印装质量问题，请与我社营销中心联系调换。